JN115837

現代企業法のエッセンス

福原紀彦［編著］

文眞堂

はしがき

私たちが生きる現代社会は，資本化（Capitalization）とグローバル化（Globalization）が電子（デジタル）情報の利活用（Digitalization）によって高度に進展し，生活や活動の新しい様式（New Normal）が開発され，デジタルトランスフォーメーション（DX＝Digital Transformation）の名のもとに，各種組織や社会構造全体が大きな変革期を迎えています。

現代の経済社会で大きな役割を担っている企業という事業組織にとっても，AI・データサイエンスが支えるSociety5.0と称される近未来社会を見据えて，人類共通の持続的開発目標（SDGs）に向けた取組み（カーボンニュートラル，働き方改革等）や経営姿勢（パーパスと呼ばれる社会的存在意義を認識した実践）が求められています。

そして，企業の組織と取引活動を法的に秩序づけている企業法と称する法分野が，企業の価値と社会的効用を向上させるために，コーポレート・ガバナンスを強化しつつ著しい進化を遂げ，社会の多様性に応じて複雑な様相を呈しています。そのため，人々が，それぞれの立場から企業法の各分野の規律を理解して活用するためには，まずは，現代の企業法が展開しつつある姿を総覧して，各分野での課題と法制度の概要を理解することが有用でしょう。また，すでに企業法の理解をある程度深め活用している人々にとっては，立場上接している分野だけでない企業法全体を今一度見直して，知識をリフレッシュし理解を再構築することが必要となるでしょう。

本書は，それらのニーズに応え，現代企業法の全体像と各分野に込められた知識と知恵と工夫のエッセンスを，分かりやすく提供しようとするものです。この欲張った構想のもとに，最近の民法（債権関係）改正，商法（運送・海商関係）改正，会社法改正等の内容を取り入れ，現代企業法の入門書・概説書としてコンパクトな一冊にまとめることは至難ともいうべきかもしれません。しかし，コロナウイルス感染症の度重ねる蔓延の渦中にあっても学びを止めない学生や社会人の皆さんに，オンラインやWebサイトで提供する授業や研修の度に，何かを伝えたい届けたいとの気持ちが強くなることは事実です。そうした思いが，執筆者一同に共有され，至難な本書の刊行を後押ししてくれたように思います。

本書は，大学における法学導入教育，社会科学系・人文科学系・自然科学系の各学部における企業法関係教育，法科大学院その他専門職大学院における法学未修者向け教育，企業その他各種事業体に勤務する社会人の法学初修・継続教育，各種団体での入門講座のテキストや副読本として，幅広く利用されることを想定しています。

現代企業法のエッセンスを随所でクローズアップし，フィーチャーするために，本書では，いくつかの工夫を施しています。まず，各章の冒頭にエッセンスとして，最も伝えたい大切なポイントを質問形式で読者に問いかけています。問題意識をもって読み聴き調べることで，学修効果が高まるからです。次に，イントロダクションとして，各章の予備知識や全体像を記述しています。常に全体像を描いて個別の事項を理解してこそ，知識や知恵はネットワーク化されて活用に向かうからです。また，脚注方式で，用語解説を行い，本文中の用語の理解を確認し深めています。さらに，各章末に，トピックを取り上げて，コラム記事を掲載しました。本文の理解をさらに発展させるきっかけになるでしょう。本書の構想と工夫が読者の皆さんの学修の一助になれば幸いです。他方で，もっと内容に取り込みたい分野や簡潔にしたい分野の調整など，編者の責務を十分に果たせなかった点も残されています。それらは，読者の皆さんの御意見も踏まえて，今後の改善に委ねたいと思います。

本書は，多様な教育機会を担当する研究者・実務家が，日頃の研究会（現代企業法制研究会等）への参加を通じ獲得した多様なニーズを共有して執筆したものです。なにかと多忙で，不自由で困難な状況が続くなか，重要な法令改正時期と編者の都合で編集が長期に及んだにもかかわらず，刊行の趣旨に賛同されて協力を戴いた執筆者の皆さんに，編者として心から敬意と感謝の意を表します。また，文眞堂の前野眞司様には，さまざまな御配慮を戴き，執筆者一同を代表して感謝申し上げます。

2022年2月　　福原紀彦

凡　　例

≪法令の略語≫

商＝商法
商施規＝商法施行規則
商登＝商業登記法
不正競争＝不正競争防止法
会＝会社法
会整＝会社法の施行に伴う関係法律の整備等に関する法律（平成 17 年法律第 87 号）
会施＝会社法施行令
会施規＝会社法施行規則
計規＝会社計算規則
手＝手形法
小＝小切手法
保険＝保険法
金商＝金融商品取引法
通則法＝法の適用に関する通則法
民＝民法
会更＝会社更生法
民再＝民事再生法
破＝破産法

その他，適宜，本文中で方法を紹介して略記する。

≪凡例の表記方法≫

判例の表記方法は，一般の慣例に従う。

参考文献

1. 基本文献

(1) 代表的な体系書・基本書

伊藤靖史=大杉謙一=田中亘=松井秀征『リーガルクエスト会社法（第5版）』有斐閣（2021年）　＝　**伊藤他・リークエ**

江頭憲治郎『株式会社法（第8版）』有斐閣（2021年）　＝　**江頭・株式会社法**

江頭憲治郎『商取引法（第8版）』弘文堂（2018年）　＝　**江頭・商取引法**

落合誠一『会社法要説（第2版）』有斐閣（2016年）　＝　**落合・要説**

落合誠一・他『商法Ⅰ〔第6版〕』有斐閣（2019年）　＝　**落合他・商法Ⅰ**

神田秀樹『会社法（第23版）』弘文堂（2021年）　＝　**神田・会社法**

近藤光男『商法総則・商行為法〔第8版〕』有斐閣（法律学叢書）（2019年）　＝　**近藤・商法**

高橋美加＝笠原武朗＝久保大作＝久保田安彦『会社法（第3版）』弘文堂（2020年）　＝　**高橋（美）他・会社法**

田中亘『会社法（第3版）』東京大学出版会（2021年）　＝　**田中（亘）・会社法**

(2) 本編著者の著書

福原紀彦『企業法要綱1 企業法総論・総則（第2版）』文眞堂（2020年）　＝　**福原・総論**

福原紀彦『企業法要綱2 企業取引法（第2版）』文眞堂（2021年）　＝　**福原・取引**

福原紀彦『企業法要綱3 企業組織法』文眞堂（2017年）　＝　**福原・組織**

　同上（追補）文眞堂（2021年）　＝　**福原・組織（追補）**

福原紀彦『企業法要綱4 支払決済法』文眞堂（2022年予定）　＝　**福原・決済**

布井千博・福原紀彦『企業の組織・取引と法』放送大学教育振興会（2007年）　＝　**布井=福原・企業**

2. その他の文献

【会社法】

◎体系書（令和元年会社法改正以降の文献）

青竹正一『新会社法（第5版）』信山社（2021年）

川村正幸=品谷篤哉=山田剛志=尾関幸美『コア・テキスト会社法』新世社（2020年）

河本一郎＝川口恭弘『新・日本の会社法（第2版）』商事法務（2020年）
黒沼悦郎『会社法（第2版）』商事法務（2020年） ＝ **黒沼・会社法**
近藤光男『最新株式会社法（第9版）』中央経済社（2020年）
柴田和史『会社法詳解（第3版）』商事法務（2021年）
高橋英治『会社法概説（第4版）』中央経済社（2020年） ＝ **高橋（英）・会社法**
松岡啓祐『最新会社法講義（第4版）』中央経済社（2020年）
丸山秀平『やさしい会社法（第14版）』法学書院（2021年）
丸山秀平=藤嶋肇=高木康衣=首藤優『全訂株式会社法概論』中央経済社（2020年） ＝ **丸山他・全訂**
三浦治『基本テキスト会社法（第2版）』中央経済社（2020年） ＝ **三浦・会社法**
宮島司『会社法』弘文堂（2020年）
弥永真生『リーガルマインド会社法（第15版）』有斐閣（2021年）
山本爲三郎『会社法の考え方（第11版）』八千代出版（2020年） ＝ **山本・会社法**

◎立案担当者等による解説（会社法令和元年改正）

竹林俊憲（編著）『一問一答令和元年改正会社法』商事法務（2020年）
別冊商事法務編集部（編）『令和元年改正会社法①』別冊商事法務447号（2020年），同②454号（2020年），同③461号（2021年）
堀越健二・他「民法（債権関係）改正に伴う会社法改正の概要」商事法務2154号10頁（2017年）

◎法律専門誌特集（会社法令和元年改正）

神田秀樹・他「2019年会社法改正」ジュリスト1542号14頁以下（2020年3月）
竹林俊憲・他「企業統治強化に向けた会社法の改正」法律のひろば73号4頁以下（2020年3月）
舩津浩司・他「令和元年改正から見た会社法の基本問題」法学教室485号8頁以下（2021年2月）

◎注釈書

TMI総合法律事務所（編著）『実務逐条解説 令和元年会社法改正』商事法務（2021年）
弥永真生『コンメンタール会社法施行規則・電子公告規則（第3版）』商事法務（2021年）

◎講座・演習書・解説書・他

江頭憲治郎=中村直人（編著）『論点体系会社法（1～6）（第2版）』第一法規（2021年）
近藤光男＝志谷匡史『改正株式会社法Ⅴ』弘文堂（2020年）
太田洋=野澤大和（編著）『令和元年会社法改正と実務対応』商事法務（2021年）
野村修也=奥山健志（編著）『令和元年改正会社法 改正の経緯とポイント』有斐閣

（2021年）
酒井克彦（編著）『改正会社法対応キャッチアップ企業法務・税務コンプライアンス』ぎょうせい（2021年）
徳本穣=服部秀一=松嶋隆弘（編著）『令和元年会社法改正のポイントと実務への影響』日本加除出版（2021年）

【DX・産業競争力強化法等】

太田洋=野澤大和・他（編著）『バーチャル株主総会の法的論点と実務』商事法務（2021年）
武井一浩・他（編著）『デジタルトランスフォーメーション法制実務ハンドブック』商事法務（2020年）

【商法総則・商行為法・会社法総則】

◎平成29年民法（債権関係）改正・平成30年商法（運送・海商関係）改正後の文献

青竹正一『商法総則・商行為法』信山社（2019年）
大塚英明・他『商法総則・商行為法（第3版）』有斐閣（アルマ）（2019年）
川村正幸・他『コア・テキスト 商法総則・商行為法』新世社（2019年）
北居功・高田晴仁（編著）『民法とつながる商法総則・商行為法〔第2版〕』商事法務（2018年）　＝　**北居=高田・民法**
北村雅史（編）『商法総則・商行為法』法律文化社（2018年）
藤田勝利・他（編）『プライマリー商法総則・商行為法（第4版）』法律文化社（2019年）
丸山秀平『基礎コース商法Ⅰ（第4版）』新世社（2018年）　＝　**丸山・商法Ⅰ**
弥永真生『リーガルマインド商法総則・商行為法（第3版）』有斐閣（2019年）　＝　**弥永・商法**
大野晃宏・他（編著）『一問一答：平成30年商法改正』商事法務（2018年）　＝　**問答平成30改正**

○平成17年改正後の文献

浅木慎一『商法総則・商行為法入門（第2版）』中央経済社（2005年）
大江忠『（第4版）要件事実商法（1）』第一法規（2018年）
末永敏和『商法総則・商行為法：基礎と展開（第2版）』中央経済社（2006年）
関俊彦『商法総論総則〔第2版〕』有斐閣（2006年）
田邊光政『商法総則・商行為法（第4版）』新世社（2016年）
蓮井良憲・他『商法総則・商行為法（新商法講義1）〔第4版〕』法律文化社（2006年）
畠田公明『商法・会社法総則講義』中央経済社（2008年）

平出慶道・他（編）『商法概論Ｉ』青林書院（2007 年）
森本滋（編）『商法総則講義〔第 3 版〕』成文堂（2007 年）
吉田直『ケーススタディ会社法総則・商法総則』中央経済社（2007 年）
『別冊ジュリスト 商法判例百選』有斐閣（2019 年） ＝ **商百選**
『別冊ジュリスト 商法（総則・商行為）判例百選〔第 5 版〕』有斐閣（2008 年） ＝ **商総行百選**
『別冊ジュリスト 会社法判例百選〔第 3 版〕』有斐閣（2016 年） ＝ **会百選**
『別冊ジュリスト 手形小切手判例百選〔第 7 版〕』有斐閣（2014 年）

○伝統的文献

大隅健一郎『商法総則〔新版〕』有斐閣（1978 年） ＝ **大隅・総則**
鴻常夫『商法総則（新訂第 5 版）』弘文堂（1999 年）
田中誠二『全訂商法総則詳論』勁草書房（1976 年） ＝ **田中誠・総則**
戸田修三『概説商法Ｉ（改訂版）』南雲堂深山社（1977 年） ＝ **戸田・商法Ｉ**
服部栄三『商法総則〔第 3 版〕』青林書院新社（1983 年） ＝ **服部・総則**

※ その他，適宜，本文中で示して紹介する。

『現代企業法のエッセンス』ポータルサイト入口 ☞
PC からはこちら ☞ http://www.bunshin-do.co.jp/contents/5176/

現代企業法のエッセンス

目　次

第1章

経済社会における企業と法

Essence

□ 1. 私たちが生活する経済社会とはどのようなものか,「企業」とはどのような経済主体なのか,「会社」とはどのよう企業形態か。
□ 2. 経済社会と企業にとって,「法」はどのような役割を担っているか。また,「企業法」とは,どのような法分野なのか。
□ 3. 企業法には,どのような特色があり,どのような領域があるか。
□ 4. 企業法の法源には,どのような種類があるか。また,普通取引約款とはなにか,その法的拘束力の根拠はなにか。

Introduction

市場経済原理を中心とする経済社会において,企業は,利潤を追求し,経済的価値を増大させることを目的に存在する経済主体である。企業は,その存立目的を達成するのに適した組織を形成し,取引活動を展開して,さまざまな社会的役割を現実に果たしている。そして,会社は,多様な企業形態のひとつであり,法人企業として最も進んだ企業形態である。

法というルールは,国家の権力によって強制され,実現が保障される社会規範であり,経済社会の秩序を形成・維持し,企業の果たす社会的経済的機能を保障して,企業の組織・活動の公正と合理性・効率性を確保している。

企業に関する法規範は多くの法分野にわたって存在し,それらを企業関係法(広義の企業法)と総称できる。しかし,「企業法」とは,企業の経済主体としての特色と組織・活動における需要を反映した法分野のなかで,狭義には,企業と企業その他の経済主体との間の利害関係の調整を主な目的として,民事規律を中心に形成される法分野をいう。企業法は,民事実体法において民法の特別法の地位にあるが,その意味は,今日,変容している。

企業法の主な存在形式(法源)には,商法典と会社法典等の商事制定法ほか,商事条約,商慣習(法),自治法がある。

1. 経済社会と企業

(1) 市場経済社会における企業

経済社会の原理には,「協同経済」「計画経済」および「市場経済」という3つの原理があり,わが国の経済社会は,今日,商品経済とも呼ばれる市場経済の原理を中心とした体制で営まれている。そして,私たちが生活する経済社会では,利潤を獲得する目的で商品やサービスを供給する「企業」が経済活動の中心的役割を担っている。

「企業」とは,継続的な意図をもって計画的に営利行為を実現する独立の経済主体のことである。企業という経済主体は,他の経済主体(国家,地方公共団体,個人,家庭等)と較べると,利潤を追求すること(経済的価値の増大)に存立目的があり,それを本質としている点で独自性がある。企業は,私たちの生活に必要な商品やサービスを生産・提供するとともに,雇用者への給与支給,投資家への利益配当,国家への納税を通じて,さまざまな経済主体にとって収入や所得の源泉となる等,現実的で多様な役割を担っている。

企業は,その存立目的を達成して多様な役割を果たすために,さまざまな活動を展開する。その活動の中心をなす企業取引(企業が当事者となる取引)は,経済主体としての企業の特質を反映して,計画性,集団・大量性,継続・反復性,迅速性,定型性,連鎖性等の特色を有する。また,経済市場において合理的・効率的に意思決定し行動するために,企業組織が形成されている。

Glossary

経済社会の原理:経済社会を編成する3つの原理は,国や時代によって,そのあり方や組み合わせに濃淡があり,また,それらの原理は,社会体制を支える経済原理となる場合のほか,部分社会や組織・団体で採用される経済原理となる場合もある。「協同経済」は,相互扶助や連帯等の価値感を共有し,複数の個人や団体が力を合わせて同じ目的や共通の利益のために物事を行うという協同の原理で営まれる。歴史上,各種の共同体の運営にみられる原理であり,今日でも団体や家族の内部にみられる。「計画経済」は,中央集権的に策定される計画に従って資源配分を行うことを原理として営まれ,社会主義国では国家的体制にみられ,自由主義国でも組織や団体の内部にみられる。「市場経済」は,各個人の私的所有権を広く認めて,財とサービスを市場において取引し,資源配分を行うことを原理として営まれ,自由主義国の体制として行われ,社会主義国でも活用されている。

(2) 各種の企業形態と会社

経済社会の高度化とともに資本（もと手）の集積と結合・集中が必要となるので，そのために，さまざまな企業形態が考案され整備されてきた。その企業形態は，出資の源泉，営利目的の有無，支配・経営権の所在および法人格の有無からみて，各種の形態に分類されている。

まず，企業は「公企業」と「私企業」とに分類される。公企業は，国または地方公共団体その他これに準ずる行政主体が，社会公共の利益を図る目的から，法律にもとづいて出資し，直接または間接に経営する企業形態である。これに対して，私企業は，私人が出資者となって設立し経営する企業形態である。

私企業は，さらに，営利目的の有無により，「営利企業」と「非営利企業」とに分かれる。ここに営利目的とは，企業の対外的活動によって利潤を獲得し，獲得された利潤を出資者に分配する目的をいう。

営利企業の形態には「個人企業」と「共同企業」とがある。複数の者が共同して出資・経営する共同企業は，個人企業と較べると，多くの資本と労力を結合して企業の規模を拡大し，企業経営に伴う危険と損失を分担・軽減して，より多くの利潤を獲得できる利点を有している。

わが国での共同企業の法的形態には，民法上の組合，商法上の匿名組合，海上企業が利用する船舶共有，および，会社法上の会社等がある。会社は，独立の法人格が付与されることにより，法律関係が明確になり，企業存立の継続性が確保される点に特色があり，共同企業の利点を活かして営利活動を行うのに最も適した企業形態である。

【各種の企業形態】

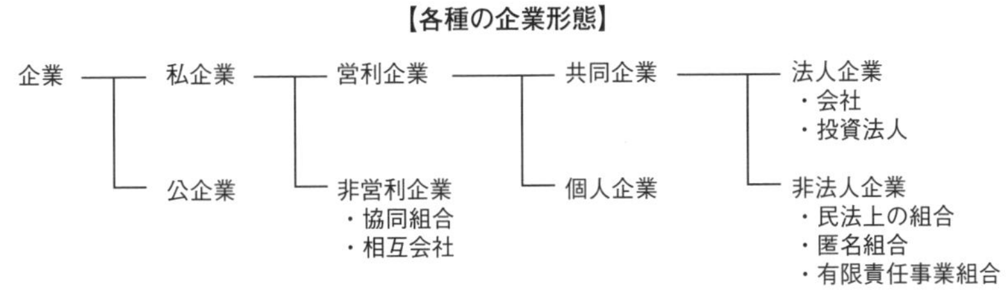

(3)　会社形態の高度化・多様化

会社は，事業活動に必要な資本（もと手）を結合し集中する仕組みに注目すると，機能資本の結合段階である合名会社から，機能資本と無機能資本の結合段階である合資会社へ，そして遊休無機能資本をも糾合する段階の株式会社という順に，高度化し多様化している。制度上，機能資本家たる出資者は業務執行権限を有する無限責任社員と位置づけられ，無機能資本家で持分資本家たる出資者は，業務執行権限を委譲する有限責任社員と位置づけられてきた。

合名会社は，個人企業から進化した最初の会社企業形態であり，機能資本どうしが参加しあう資本集中形態である。古く，中世ヨーロッパにおいて先代の商売を引き継いだ複数の子らによって構成された団体がその源とされ，フランスで，商号に社員全員の名前を用いることを要求していたことに，「合名」という名称の由来がある。

合資会社は，合名会社から進化した会社企業形態であり，機能資本に加えて無機能資本が参加する資本集中形態である。合資会社は，中世イタリアにおけるコンメンダに起源があるといわれ，商法上の匿名組合と起源が同じである。機能資本家たる無限責任社員が所有とともに経営を担うが，無機能資本家たる有限責任社員においては所有と経営が分離している。

株式会社は，本来，社会に散在する巨額の資本を広範囲・最高度に集中して（無機能資本を社会の要請する規模で機能させて），大規模な企業活動を長期的・継続的に営むために案出された共同企業形態である。株式会社としての特徴をもつ会社は，歴史上，1603年に設立されたオランダの東インド会社が最初とされている。株式会社は，本来，大規模で公開的な（誰でも出資者になれる）会社形態として想定されるが，現実には本来的ではない利用形態もある。

2. 経済社会と企業に関する法

(1)　経済社会と企業に関する法の役割

近代市民社会における「法」（近代市民法）は，国家の権力によって強制され実現が保障される社会規範であり，市民経済社会に必要な秩序（原因と結果の因果関係）を形成して維持する役割を果たしている。

近代市民法は，権利能力の平等，私的所有権の絶対，私的自治を三大原則とし，さらに，過失責任を原則としている。すなわち，市場における一定の経済主体を「人」という法主体（権利義務の帰属主体＝権利能力者，自然人または法人）として位置づけ，経済関係を権利義務関係によって秩序づけている。経済関係上の損益の帰属点となる一定の企業は，法律関係上，権利義務の帰属点として位置づけられている。

また，近代市民法においては，私的自治の原則のもとに，契約自由の原則が確立している。市場経済原理の基調といえる自由放任主義（レッセフェール，laissez-faire）と，企業の語源にも由来する創造的・進取気鋭の精神（エンタープライズ，enterprise）にもとづき，企業の取引活動に関する法規範は自由を原則として構築されている。

（2） 企業関係法と企業法の意義

現代の経済社会における法規範は，公法，刑事法および民事法の分野をはじめとして，さまざまな法分野を形成している。

そのなかで，企業の組織と取引活動につき，公正と合理性・効率性を確保して，経済社会において企業の果たす機能を保障するために，企業に関する法規範が数多く存在する。すなわち，企業は，さまざまな経済主体との間で多様な

【企業の生活関係】

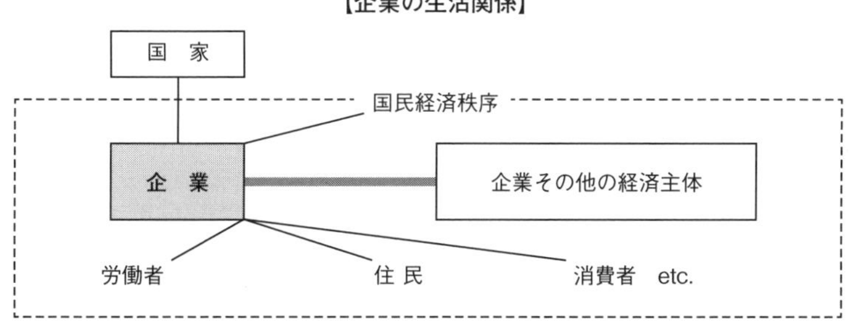

Glossary

近代市民社会：中世の身分制封建社会を否定して，近代において成立した社会体制をいい，自立的個人である市民によって成り立つ社会をいう。自由・平等の思想のもとに市民の基本的人権を確保し，政治的には民主主義の理念に基づき，経済的には資本主義にもとづいて形成された社会を意味する。

生活関係を有しているので，企業の生活関係を規律・規制する法規範は，憲法・行政法・税法等の公法分野，刑法等の刑事法分野，民法・商法・会社法等の民事法分野ほか，労働法・社会保障法，独占禁止法等の経済法，知的財産法，倒産法等，多岐にわたっている。

それら企業に関する法規範は，広い意味で，企業法と表現されることもあるが，ビジネス法と呼ばれることもある。本書では，それらは企業関係法と総称し，そのなかで，企業法という用語は，後述のように，狭義で使用する。

企業に関する法規範の**エンフォースメント**は，行政規律・刑事規律・民事規律の組み合わせによって確保されている。

一般に，法規範に関して「○○法」という場合には，その名前どおりの法律・法典をさす場合（形式的意義）と，その名前によって法の分野を理論的統一的に認識する場合（実質的意義）がある。

「企業法」という呼称は，商法という法分野を理論的統一的に理解する上で用いられ，狭義には，実質的意義における商法のことを意味している。すなわち，企業法とは，企業の需要と特色に応じて，企業の存立と活動を保障し，企業と企業その他の経済主体との間の利害関係の調整を主な目的として，民事規律を中心に形成される法分野のことをいう。

理論的統一的に法の分野を実質的意義で理解する場合，その法分野を認識するために必要な具体的な法規範の存在形式・姿形（すがたかたち）のことを「法源」という。世界各国の法文化が属する主な**法系**として大陸法系と英米法系とがあるが，大陸法系に属し成文法主義を採るわが国では，条文という姿形で存在する法規範である法律（法典・国会制定法）が法源の中心である（もっ

Glossary

法のエンフォースメント：法規範で定められた内容を実現する力，実効力のことをいう。「行政規律」では役所による許認可や監督，「刑事規律」では犯罪の認定と刑罰の執行という強い力が働き，国の機関によってオートマチックに執行される。これに対して，「民事規律」は，人と人との権利義務責任関係を設定して，有効・無効の扱いや損害賠償責任等を用意しているが，それらの実現には，当事者たる私人が主導する役割を担う。

法系：世界の各国・各地域において法の継受により形成された法の系統。ローマ法文化を継受したヨーロッパ大陸の諸国は大陸法系に属し，日本も明治以降，この法系に属し，制定法中心主義・成文法主義を特徴とする。他方，イギリス法文化を継受している英国・米国等の諸国・地域は英米法系に属し，判例法主義を特徴とする。今日では，大陸法系の国々でも，蓄積された判例の果たす役割は大きく，他方，英米法系の国々でも，制定法が数多く登場している。

とも，法律のほかにも法源は認められる)。わが国では，今日，商法および会社法という名の法律（商法典・会社法典）が企業法の法源の中心をなしている。

3. 企業法の地位

(1) 民法の特別法としての地位

近代市民法の体系において，商法という名の法分野（企業法）は，大きな分類として私法の分野に属し，民事実体法の重要な一部門をなす。

民事実体法の分野において，その一般法としての民法に対して，商法（企業法）と呼ばれる法分野が独自に存在することが認識され，商法は民法の特別法として理解されてきた。すなわち，商法（企業法）は，民法規定の補充・修正や特殊化，民法にない規定の新設によって，企業の需要と特色に応じていると理解されている。

もっとも，今日では，商法が民法の特別法であるという意味合いに変化が見られる。すなわち，企業取引に関する規律については，その関係が存続するものの，企業組織に関する規律については，会社法と**一般法人法**等が制定され，

【法の体系における企業法の地位】

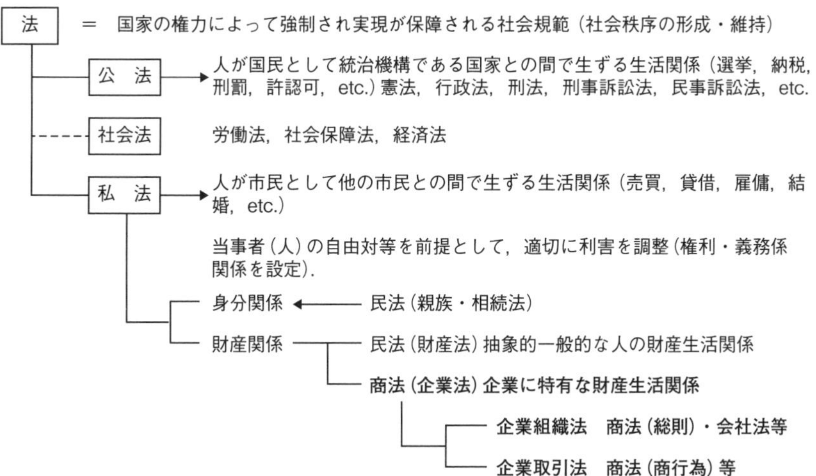

会社法が企業組織法を中心として法人に関する法制度全般を先導する場面が増えてきた現状に照らすと，その関係はかなり希薄となっている。

(2)　企業法と経済法・消費者法

経済法分野も，企業の組織・取引を規律対象とする法分野である。わが国では，自由市場を維持する競争政策の見地から経済主体を規制する独占禁止法（私的独占の禁止及び公正取引の確保に関する法律〔昭和22年法律54号〕）に代表される競争法を中心に，その他，各種業法等の経済規制法も含めて理解される。業法は，特定の事業ないしその取引類型の特殊性にもとづき企業の組織や活動について種々の政策目的から規制し，業種・業態にもとづく監督規制が数多く定められている（銀行法，保険業法等）。他方，資本市場の基本法としての金融商品取引法がある（本書第11章 Column ⑪参照）。

経済法は，公正な競争により自由主義経済秩序を実現・維持するため，企業の組織と活動を国民経済秩序全体のなかで位置づけて規制しており，商法（企業法）は，企業をめぐる経済主体間の利益調整を図ることを主眼としていて，規律の次元とエンフォースメントが異なっている。もっとも，業法のなかには，一般法となる商法・会社法上の民事的規律を一部修正する規律がある。金融商品取引法には，投資家保護を目的として，金融商品取引業に関する業法規制と民事規律とがある。

消費者法と呼ばれる分野も，企業を対象とする規律を設けている。消費者契約法，割賦販売法，特定商取引法等が含まれる。商法（企業法）と消費者法は，いずれも，企業と消費者との間（B to C）の関係を規律するが，消費者法の分野は，消費者という経済主体の属性と役割を前提に，消費者の保護と自立

Glossary

一般法人法：一般社団法人及び一般財団法人に関する法律（平成18年法律48号，平成20年12月1日施行）。一般社団法人及び一般財団法人の設立，組織，運営及び管理について定め，剰余金の分配を目的としない社団及び財団について，その行う事業の公益性の有無にかかわらず，準則主義（登記）による簡便な法人格の取得を可能とする。その法的規律には，直前に制定の会社法で整備された組織法規律が多く援用されている。なお，公益法人として税優遇を受けるためには，別途に制定・施行された「公益社団法人及び公益財団法人の認定等に関する法律」（平成18年法律49号，略称は公益認定法）により，内閣総理大臣又は都道府県知事の公益認定を受けることを要する。認定を受けた法人は，公益社団法人及び公益財団法人と称され，税制上の優遇を受ける一方，行政庁の監督に服する。

を理念として，企業と消費者間の関係を規律するものであり，商法（企業法）とは存在理由とエンフォースメントの手法を異にしている。

(3) 企業法と労働法

労働法の分野は，企業に雇用されている者との関係で企業活動等が規律の対象となり，労働基準法，労働組合法，男女雇用機会均等法，最低賃金法等がある。商法（企業法）は企業の補助者に関する規律を設けており，労働法の対象と重複があるように見える。しかし，企業の補助者には，企業に雇用されて労務を提供する面と，企業の対外的営業活動を補助するために取引関係上一定の地位にたつ局面とがある。労働法は前者の場面を労働者の生活利益の保護の観点から規制するのに対して，商法（企業法）は後者の場面を関係者の利益調整の観点から規律している。

4. 企業法の特色・傾向と体系

(1) 企業法の理念と内容上の特色

商法（企業法）は，企業の組織と取引活動に内在する技術的性格である営利性・集団性・反覆性・定型性・連鎖性等の需要を十分に充足し，企業の存立と活動を保障している。企業生活関係の特殊な需要は，企業の組織に関する側面と企業の活動とりわけ取引に関する側面とに反映し，企業組織の側面では，企業の維持強化という理念（価値）にもとづき，企業活動の側面では，企業取引の円滑化という理念（価値）にもとづき，それぞれ，商法（企業法）の規範内容に特色をもたらしている。

1）企業組織法の特色 ― 企業の維持強化（企業価値の維持・向上）

市場経済原理の秩序を維持しつつ利潤追求活動を効率的に遂行するためには，それに適した企業組織が形成され，それが適切に運営され活用されることが必要となる。この需要は企業の維持強化という表現で，商法（企業法）の理念のひとつと理解され，商法（企業法）の内容上のいくつかの特色に反映している。企業の維持強化という価値観は，主に企業組織に関する側面で認識されているが，企業取引に関する側面でも認識される。

企業の維持強化ということは，企業が現実に果たしている社会的役割に由来して認められるものである。企業は，人的・物的要素の結合からなる有機的一体として，それを構成する各要素の価値の合計を超える高い価値を有している。したがって，その企業価値を生成・維持し，さらに向上させることで，企業の社会的役割をより大きく果たすことになる。そこでは，企業の所有者（出資者）の利益の最大化を図りつつも，企業の「利害関係人（ステークホルダー）」の利害を調整することが必要であり，また，企業を通じて私的利益が追求されるあまりに反社会的・非倫理的行動が生ずることを防止しなければならない。

企業の維持強化（企業価値の維持・向上）を図るための商法（企業法）の内容上の特色は，主に企業組織法の分野での特色として，次のような点に現れている。すなわち，①企業の存立基盤の形成・確保（企業の独立性の確保，資本集中の促進と再編成，労力の補充と活用），②企業経営の効率性と合理性の確保，③企業金融の円滑化，④既存状態尊重主義，⑤危険の分散と負担の緩和，⑥企業価値の維持・企業解体の回避（狭義の企業維持）である。

2）企業取引法の特色 — 企業取引の円滑化

企業の利潤追求の目的は，企業取引の連鎖によって形成される流通過程を経て実現されるので，個々の企業取引の法的な安全を確保することが，企業取引の円滑化として強く要請される。企業は相互の依存関係のもとに維持・強化され，その相互依存関係は組織面での関係とともに取引面での関係によって構築される。したがって，企業取引の円滑化ということは，主に企業取引に関する側面に位置づけられる価値観であるが，企業組織に関する側面でも認識される価値観である。

企業取引の円滑化を図るための企業取引法の内容上の特色として，次のような諸点が指摘できる。すなわち，①営利性の前提と保障，②自由主義と簡易迅速化・定型化（i．自由主義と契約の自由，ii．迅速化・定型化），③権利の証券化とペーパーレス化・IT化，④取引安全の確保（i．公示主義，ii．外観主義），⑤厳格責任主義である。

(2) 企業法の発展傾向上の特色

企業法の分野の発展傾向上の特色として，他の法分野に較べて，①進歩的傾向，および，②国際的傾向が著しいことが指摘されている。

まず，企業法の分野は，新規立法や会社法等の法改正が頻繁に行われる等，絶えず進歩発展する経済状況や企業生活関係のあり方に素早く対応して，きわめて進歩的で流動的な傾向を有している。この傾向は，今日，IT（Information Technology）や FinTech（Finance＋Technology）の進化による DX（Digital Transformation）法制の登場によって，いっそう強まっている。

次に，企業法の分野では，各国の法規定が国際的に統一化される傾向がある。企業活動は，経済的合理主義を基調として高度に技術的であり，国際的に展開することから，その秩序を支えることを任務とする法規範は国際的に共通する部分が多くなる。各国の商法規定・会社法規定が次第に一致し，世界的に統一化する傾向がみられる。グローバル化は，現代企業法の主要な特徴である。

(3) 企業法の体系

企業法は，企業組織法と企業取引法との領域に大きく分類でき，これに企業法総則と支払決済法を加えて，体系的に理解することができる。

【企業法の理論的体系試案】

理論的体系（各領域）	主要な法規範（法源）と関連規律
企業法総則	商法総則編，商法商行為編の一部（総則） 会社法総則，会社法雑則の一部（登記等），商業登記法，etc.
企業組織法	会社法，会社法整備法（特例有限会社）， 有限責任事業組合法，各種協同組合法，保険業法（相互会社）， 商法商行為編の一部（匿名組合），投資信託投資法人法，etc.
企業取引（活動）法	商法商行為編，国際海上物品運送法，保険法，金融商品取引法， 金融商品販売法，割賦販売法，特定商取引法， 消費者契約法，独占禁止法，各種業法・消費者関連法，etc.
支払決済法	手形法，小切手法，電子記録債権法， 商法商行為編の一部（交互計算）， 銀行法，資金決済法，各種金融関連法，etc.

5. 企業法の法源

(1) 種　類

企業法（実質的意義における商法）の法源には，商事制定法としての商法典と**商事特別法**のほか，**商事条約**，商慣習・商慣習法，商事自治法がある。

商事制定法は，商法の法源として主要な地位を占めるが，反面において，一度制定されると固定性と被弾力性のために現実の経済の進展と複雑化する企業生活関係に即応した規律が困難となることから，商慣習法が商法の法源として実質的に重要な役割を果たしている。商慣習法は，慣習の形式で存在する商事に関する法規範であり，商法典は明文をもって商法の法源であることを示してきた。企業活動は反復継続性があり商慣行を形成しやすく，商慣習法は制定法の間隙を埋めたり現実との乖離を是正する役割を果たす。歴史的にみて，今日の商法規定の大部分が，商人間で発達した慣習法を制定法の形に整えたものである（商法の慣習的起源性）。

商事自治法は，会社その他の団体がその組織および構成員に関して自主的に定めた規則であって，その団体の自治法として商法の法源に属する。商事制定

Glossary

商事特別法：「附属法令」（商法典に附属する法令であり，商法典の規定を施行し，またはこれを具体化するために制定されたもの）と「特別法令」（商法典とは独立して存在する特別法令であり，商法典を補充または変更するために制定されたもの）の二種類がある。

附属法令には，商法施行法（明治32年法律49号），商法施行規則（平成14年法務省令22号），商業登記法（昭和38年法律125号）等がある。特別法令には，不正競争防止法（平成5年法律47号），会社法（平成17年法律86号），手形法（昭和7年法律20号），小切手法（昭和8年法律57号），保険法（平成20年法律56号），担保付社債信託法（明治38年法律52号），社債，株式等の振替に関する法律（平成13年法律75号），金融商品取引法（昭和23年法律25号），国際海上物品運送法（昭和32年法律172号）等，多数がある。

商事条約：条約は，国家間で文書によって交わされる拘束力ある合意であり，批准・公布されると国内法と同じ効果をもつと解されるので（憲98条2項参照），法源に加えることができる。しかし，公布後の商事条例がすべて商法の法源になるのでなく，商事条約のうち，直接に国民相互間の商事関係を規律するものに限り，商法の法源として認められる。例えば，船舶衝突ニ付イテノ統一ニ関スル条約（大正3年条約1号），海難ニ於ケル救援救助ニ付イテノ規定ノ統一ニ関スル条約（大正3年条約2号），国際航空運送に関して，1929年ワルソー条約（昭和28年条約17号），1955年ハーグ議定書（昭和42年条約11号），1999年モントリオール条約（平成15年条約6号），国際物品売買契約に関する2008年国際連合条約（いわゆるウィーン売買条約・平成20年条約8号）等がある。

法の任意法規に優先するが，強行法規に反することはできない。商事自治法には，会社の定款，取引所の業務規程等がある。会社の定款や取引所の業務規定は，第三者をも拘束するが，これは法律において制定の根拠があり，法的拘束力が認められているからである（会社法上，会社は定款を作成しなければならず〔会 26 条・575 条〕，定款による幅広い自治を認める傾向にある〔会 309 条・326 条 2 項等〕。金融商品取引法により，金融証券取引所の業務規定の作成が義務づけられている〔金商 117 条〕）。

（2） 普通取引約款の法源性

特定の種類の取引において予め定められ画一的に適用される定型的な契約条項を普通取引約款（約款）という。普通取引約款は，経済社会の発展とともに新たな企業取引が登場するにあたり，それに伴う制定法と取引慣行との宿命的な乖離や制定法の不備を克服する方法として機能している。

しかし，約款が，経済的地位・交渉力の不均衡から強制されてしまうことは妥当ではない。普通取引約款の機能を維持しつつ，その問題性に対処するために，国家的規制（立法・行政・司法による規制）が必要となる。①契約条件開示を要求し契約内容を規制する立法的規制は，効果が大きいが柔軟性に欠けることもある。②主務大臣の認可や標準約款の公表等による行政規制は，個別約款毎に，また，社会経済事情の変動等に応じた規制が可能であり，多く行われている。③司法による規制は，約款利用の具体的な事情や相手毎に個別的な規制が可能であるが，事後的であり規制の効率は大きくない。それぞれの特色を踏まえた適切な規制が求められる。

普通取引約款の法源性については，その拘束力の根拠の問題と関連して，従来から理論上の争いがある。約款による契約が普遍的となってきた現在では，約款自体を商慣習法と解し，あるいは，約款を団体が自主的に制定する商事自治法の一種と解して，約款の法源性を肯定する見解がある。確かに，約款の拘束力は，契約条件の具体的内容が取引の技術的構造を考慮した対価関係からみて公正である場合には是認されてよいし，公企業の利用者平等取扱義務を担保する法技術として利用される場合にも合理性がある。しかし，取引当事者の一方が優越した取引力や供給独占的地位を有していることが通用の支えとなって，取引条件を一方的に押しつけることになると問題である。したがって，約款自体に法としての効力を認めることは妥当ではない。

従来の判例は，約款の拘束力を認めるために，いわゆる意思の推定理論を採るが（大判大4・12・24民録21・2182商総行百選2），同様の問題を回避できず，妥当でない。そこで，約款の法源性を認めず，特定の取引について約款によるということを内容とする商慣習法の成立が認められる結果，個々の契約が約款に拘束されるにすぎないと解することが妥当である（白地慣習法説・通説）。なお，約款が利用される業界や市場において，約款によるとの客観的意思を認定し，これに普通取引約款の規範性の根拠を求める考え方もある。

なお，民法（債権関係）改正法により**定型約款**に関する規程が新設された。

（３）　判例・学説・条理の法源性

判例は，先例となる裁判のことであり，判例法主義をとる英米法系の諸国では重要な法源と認められるが，大陸法系に属して成文法主義をとるわが国では，その法源性は認められない。わが国でも，判例（とくに最高裁の判例）が先例として後の裁判を拘束する事実から，その社会的作用を重視して，判例を法源に加える見解がなくもないが，判例には事実上の拘束力があるにすぎない。

学説は，その権威とともに事実上の影響力があるが，直接には法規範ではなく，法解釈上の資料になるにすぎず，法源に加えることはできない。

条理は，当該法律関係における事物自然の性質に適合する原理ないし物事の道理のことであり，これを法源と認める見解もある（明治8年太政官布告第103号裁判事務心得第3条に「民事ノ裁判ニ成文ノ法律ナキモノハ習慣ニ依リ習慣ナキモノハ条理ヲ推考シテ裁判スベシ」との規定があることを根拠とする）が，条理は，あくまで法解釈の指導理念とでもいうべきものであり，これも法源に数え

Glossary

定型約款：定型取引（ある特定の者が不特定多数の者を相手方として行う取引であって，その内容の全部または一部が画一的であることがその双方にとって合理的なもの）において，契約の内容とすることを目的としてその特定の者により準備された条項の総体をいう。定型取引を行うことの合意（定型取引合意）をした者は，一定の場合には，定型約款の個別の条項についても合意をしたものとみなされる。

ることは妥当ではない。

(4) 法源の適用

1) 商法1条2項の趣旨と「商慣習(法)」の地位

商法(平成17年改正商法)は,「商人の営業,商行為その他**商事**については,他の法律に特別の定めがあるものを除くほか,この法律の定めるところによる」(商1条1項)と規定し,商法典の制定趣旨を確認するとともに,「商事に関し,この法律に定めがない事項については商慣習に従い,商慣習がないときは,民法(明治二十九年法律八十九号)の定めるところによる」(同条2項)と定めている(平成17年改正商法では,**法の適用に関する通則法**3条と平仄を合わせるための法制的な観点から,改正前商法での「商慣習法」なる用語を「商慣習」に改め,同時に民法に法律番号を付すという改正が行われた)。本条2項は,商法典と商慣習法との関係では制定法である商法典が優先することを定めているが,このことは,通則法3条の定める制定法優先主義の趣旨から明らかである。本条項の意味は,「商慣習」(=商慣習法)が,その果たす役割に鑑みて,制定法たる民法に優先して適用されることを認めたことにある。

商慣習(法)が商法典の規定を改廃ないし変更できる場合があるかについて,これを肯定する意見が多い。解釈論として,本条2項に「この法律に定めがない事項について」というのは強行規定がない場合と解して,商慣習法の本質上,商法典中の任意規定について商慣習法が商法典を改廃する効力を有するとの見解がある。さらに進んで,任意規定はもとより強行規定に対しても商慣習(法)の改廃力の可能性を認める見解も有力である(この場合,商慣習法の本質に鑑みて全面的な改廃力を認める目的論的解釈ではなく,法的安定性を考慮し,強行規定がその実効性を全く喪失した場合に限って商慣習法の改廃力を認める限定

Glossary

商事:商法1条1項にいう商事とは,同条が商法典の適用について定めていることから,形式的意義における商法(商法典)の適用対象となっている生活事実をいう。商事につき民法も適用されるが,これにより民法が商法の法源に数えられるわけではない。

法の適用に関する通則法:「法例」(明治31年法律第10号)にかわるものとして,法の適用関係について定める法律(平成18年法律第78号)で,2007年(平成19)1月1日に施行された。法律の趣旨(1条),法律の施行期日(2条)および慣習の法的効力(3条)に関する規定を置き,その他は,準拠法(適用される法律)の決定・適用に関する国際私法の規定である。

的解釈に努めることが必要である)。

2）商事に関する法規の適用順序

商慣習（法）に特別の地位を認めるほかは，商事に関する法規の適用は一般原則に従う。すなわち，制定法相互間では特別法が一般法に優先し，商事条約は国内法に優先し（憲98条2項），商事自治法は契約と同様に最も優先して適用される。以上により，商法の法源について，その適用の順序を形式的に整理すれば，①商事自治法，②商事条約，③商事特別法，④商法典，⑤商慣習（法）ということになる。その後，法の適用順序としては，⑥民事条約，⑦民事特別法，⑧民法典，⑨民事慣習（法）ということになる。

（福原　紀彦）

References

福原・総論，同・取引，同・組織，落合他・商法Ⅰ，近藤・商法，大隅・総則，田中誠・総則，戸田・商法Ⅰ，服部・総則，西原寛一『商行為法（増補2版）』有斐閣（1973年），濱田惟道（編著）『現代企業法講義1商法総論・総則』青林書院（1992年），白井厚・他（監修）『現代の経済と消費生活』コープ出版（1994年），弥永真生『リーガルマインド商法総則・商行為法（第3版）』有斐閣（2019年），永井和之（編）『法学入門』中央経済社（2014年）。

Column ①　企業組織とコーポレート・ガバナンス

企業組織のあり方が，コーポレート・ガバナンス（企業統治）の問題として，学問分野を横断する多様な議論を沸き起こしている。この議論は，企業の不祥事や社会的非行への非難による企業倫理を認識することに始まり，さらに，今日では，企業効率の向上や企業価値の増大を主要な目的として論じられている。

この問題を解く最有力理論とされるエージェンシー理論によると，企業は多様なエージェンシーの「契約の束（ネクサス）」とみなされ，企業所有者による一元的な企業観ではなくステーク・ホルダーによる多元的な企業観のもとに，企業価値が企業をめぐる多様なエージェンシー関係の均衡状態を反映する。企業価値を高めることが国民全体の価値を最大化することになるとする。コーポレート・ガバナンスの目的は，企業が淘汰されないように，いかにして経営者に企業価値を高めるべく経営させるか，キャッシュフローの無駄遣いを抑止し，資本コストを下げるような経営をさせるか，すなわち，経営者がプリンシパルである株主や債権者の不備につけ込んで不正で非効率的な行動を行うという「エージェンシー問題」の発生を，いかにして抑制するかにある。

そして，コーポレート・ガバナンスの方法は，経営者と株主，経営者と債権者という2つの主要なエージェンシー関係のもとで整理されている（菊澤・後継② 134頁）。株主と経営者とのエージェンシー問題を抑止するには，株主と経営者との間の情報の非対称性を緩和すること（時価会計制度の導入，会計監査制度，IRによる積極的な情報提供，情報の開示や透明性を高める法制度）が必要であり，株主と経営者の利害を一致させること（モニタリング・システムの強化〔平時のマネジメント組織型コーポレート・ガバナンスと，有事の株式市場型コーポレート・ガバナンス〕，経営者の所有経営者化による自己統治のためのインセンティブ付与〔ストック・オプションやMBOの活用〕）が必要である。他方で，債権者と経営者とのエージェンシー問題を抑止するには，この場合にも，債権者と経営者との間の情報の非対称性を緩和することが必要であり，債権者と経営者の利害を一致させること（モニタリング・システムの強化，債権者兼株主による組織型・市場型のコーポレート・ガバナンスの実現等）が必要である。

コーポレート・ガバナンスとは，企業をより効率的なシステムとして進化させるために，多様な批判的方法を駆使して，企業をめぐって対立する複数の利害関係者が企業を監視し規律を与えることである（菊澤・後継① 272頁）。さまざまな制度と連携して，その実効性を確保することが，現代企業法の最大の課題であるといえよう。

（福原 紀彦）

References：落合・要説，菊澤研宗①『比較コーポレート・ガバナンス論』有斐閣（2004年），菊澤研宗②『組織の経済学入門（改訂版）』有斐閣（2016年），田中亘=中林真幸『企業統治の法と経済』有斐閣（2015年），福原紀彦「会社法と事業組織法の高度化」『商事立法における近時の発展と展望』中央経済社（2021年）。

第 2 章

企業法としての商法・会社法

Essence

□ 1. 企業法としての商法と会社法は，どのように形成され展開してきたか。

□ 2. 商法における「商人」と「商行為」という概念には，どのような役割があるか。商法上の商人と商行為の概念にはどのようなものがあり，それらは，どのような関係にあるか。また，会社法上の「会社」と「商人」「商行為」はどのような関係にあるか。

□ 3. 会社法は，会社の「類型」と「種類」をどのように定めているか。会社の種類が生じるのは，どのような視点からであるのか。

□ 4. 企業法が現代的に展開している諸相として，会社法はどのように企業組織法領域の発展を先導しているか。また，企業取引法と支払決済法の領域には，どのような諸相がみられるか。

Introduction

商法・会社法の分野は，経済社会の発展とともに，商行為主義から商人主義へと立法主義を改めつつ，企業法として展開を遂げてきた。わが国の商法典は，商行為主義を原則として商人主義を一部加えているが，新しく制定された会社法典は企業法としての自己完結的な体系を構築している。

商人と商行為の概念は，商法典の適用範囲を画定し，商法典の条文配列の基礎となっている。会社は商人であるが，商法総則規定ではなく会社法総則・雑則の規定が適用される。ただし，会社は商人として商法商行為編の規定の適用を受ける。

会社法の法規範は，合名会社・合資会社・合同会社と株式会社という種類の会社形態に適用されるほか，他の事業組織体についても準用される場面が多く，企業組織法の領域全体を先導している。株式会社法の分野では，今日，企業統治，企業金融，企業会計，企業再編の各領域でパラダイムシフトがみられる。

企業取引法と支払決済法の領域では，商法や手形法・小切手法における伝統的な企業取引・支払決済の法規範に加えて，新しい法規範が形成されている。

1. 商法・会社法の形成と発展

(1) 商法・会社法の生成と史的展開

1) 前　史

今日では企業法（商法）の分野に属している諸規定や制度（商事法制と呼ばれてきた制度）は，貨幣経済が行われた社会では古くから存在していたことが推測される。紀元前20世紀に編纂された世界最古の法典であるハンムラビ法典には，売買・寄託・運送・仲立・代理・コンメンダ類似の共同企業・内水航行等に関する諸規定が存在し，古代ギリシャでは，銀行や海商の制度が発達していた（紀元3世紀のロード海法はギリシャ海法を継受したものといわれている）。しかし，商事法制が独立した法部門を形成していたわけではなかった。古代ローマでは，古代東方とギリシャの諸制度を継受し発達させ（銀行引受手形や交互計算類似の制度等），優れた法文化が築かれていたが，市民法および弾力性のある万民法が商取引の需要をも十分に満たしていたため，一般私法から区別される独自の商事法制部門の成立をみなかった。

2) 中世商人法

中世になると，地中海沿岸において，貨幣経済の普及と交通の発達により商業が盛んとなり，各種の営業が発達し，これに従事する身分の商人の階級が形成されることになった。しかし，中世の民族移動に伴う部族国家の成立後，部族法典が数多く成立したが，農業や牧畜を営むゲルマン人のもとに，ゲルマン法では独自の商事法制部門が未発達であった。また，利息禁止を謳う教会法は商取引にとって障碍となった。そのため，商人階級の間に，営業活動を規律する上で適切な慣習法が発達することになり，イタリアの諸都市がビザンチン帝国との商取引にもとづいて商業都市として栄えるにつれて，都市法および組合法が発達することとなった。そこでは，商慣習法や商人団体（ギルド）の規約が都市の条例となり，特別な商事裁判所が設置され，ここに営業活動に特有な商事特別法の部門が誕生するに至った。そこには，現代の商法上の諸制度である商号，商業帳簿，合資会社，匿名組合，交互計算等の由来をみることができる。これが商法の起源といわれる「中世商人法」である。

しかしながら，中世商人法には，①主として慣習法から成ること，②都市法として地方毎に存在する法であったこと，③身分としての商人階級にのみ適用される法であったこと，および，④内容が私法的法規のほか行政法・刑事法・訴訟法等の公法的法規を包含していたこと等に，史的特質があった。

3）近代商法の成立

ヨーロッパでは，中世の封建制度が崩れて近世になると，中央集権国家が成立して国家的統一が図られ，中世商人法は次第に国家規模での立法に吸収されるようになり，近代商法の成立をみるに至った。

近代国家的商事立法の嚆矢は，フランスのルイ 14 世よって制定された 1673 年商事条例および 1681 年海事条例であるが，最初の近代的商法典と位置づけられるのは，1807 年にナポレオンによって制定されたフランス商法典である。同法典は，商人法（商人階級に特有な法）から商行為法（一定の商行為に関する特別法）への転換を図り，商業活動を国家的後見から解放するという歴史的な意義を有する。また，株式会社に関する世界最初の一般的立法でもあった。

続いて 1861 年に制定された普通ドイツ商法典（旧法典）は，フランス商法典の商行為法主義を採り，さらに，公法的規定を除外して私法的規定がほとんどを占めた。1897 年にはドイツ商法典（新法典）が成立し，ここでは，商行為法主義を排して，商法を商人の営業のみに関する特別法として改め，中世商人法とは異なる純然たる商人法主義を採るに至った。このようにフランスおよびドイツで制定をみた商法典が，広くヨーロッパや中南米の大陸法系の諸国での近代立法の模範となった。

他方，イギリスおよびアメリカ合衆国等の英米法系の国々では，商事法制が慣習法として発展を遂げつつも，大陸法系の国々とは異なる展開を遂げた。イギリスでは，判例法主義のもとにあって，体系的な商法典が存在しないが，発達した商慣習法も 18 世紀にコモンローに吸収されてしまい，商法部門が独自に観念されないこととなった。もっとも，会社法分野をはじめとして，商事に関する多くの成文法が制定されている。アメリカ合衆国では，イギリス法を基本的に継受しているが，連邦制度のもとで商事に関する立法権は各州にあり，州毎に商事立法の内容が異なることから，州法の統一の取り組みが進んだ。各州が自主的に採用することが期待されるモデルとして「統一商法典（Uniform

Commercial Code)」が有名である。

4）近代商法の展開と現代的諸相

先進国における近代商法は，19 世紀を通じて確立された後，資本主義経済社会の展開とともに，企業法としての成熟度を増していくことになった。各国では，企業法（商法）分野の発展的傾向と国際的傾向のもとに，継受する法系（大陸法系〔さらにフランス法系・ドイツ法系〕と英米法系）による特色が薄らぎ，とりわけ株式会社企業を法的に規整する会社法の分野においては，経済社会の実情に即した改正が頻繁に行われている。

（2） 日本の商法の生成と展開

1）明治以前と明治以降の近代商法の継受

わが国においても，古代から中世・近世の時代では，個々の商事制度が慣習法によって規律されていた。もっとも，古代の律令において「市」の施設および売買取引の規定があり，中世では海事慣習法を集めた「廻船式目」や「海路諸法度」が制定されていた。そして，江戸時代には，商事制度が慣習法のもとに相当程度に発達を遂げていた。

明治維新によって成立した明治政府は，先進諸国に倣った経済の近代化を図るために，従来の慣習法をほとんど考慮せずに，ヨーロッパ諸国の成文法を模範にした商事立法を進めた。明治初期には，「商船規則」「国立銀行条例」「株式取引所条例」「約束手形条例」「商標条例」「預金条例」「裁判所条例」等の制定がみられた。

わが国における最初の包括的で統一的な商法典が，ヘルマン・レスラー（ロエスレル）の草案にもとづいて制定され，1890（明治 23）年に公布された。これが旧商法典である（商ノ通則，海商，破産の 3 編 1064 条から成る）。しかし，法典施行をめぐる論争の結果，施行が延期され，至急の施行を要する第 1 編第 6 章会社，同 12 章手形，第 3 編破産の諸規定が明治 26 年に施行されるにとどまり，全部の施行は明治 31 年まで延期されたが，翌年に新商法典が制定され，破産編を除き廃止された。旧商法典の修正を名目として，法典調査会の起草にもとづく新商法典が制定され，1899（明治 32）年に公布された（明治 32 年法律 48 号）。この新商法典は，編別と内容をドイツ旧商法典に倣い，第 1 編総則，

第2編会社，第3編商行為，第4編手形，第5編海商という5編689条から成り，商行為主義を基調にした折衷主義を採用した。この新商法典が度重なる改正を経て，現行商法として今日に至っている。

2）商法の改正と展開

明治32年制定の商法典は，その規制対象を必ずしも企業に限定しておらず，企業に関する法としての体裁を完全に整えていないが，企業生活の特殊な需要に応ずるために歴史的に形成されてきた実定法の中心的存在となった。明治44年に，商法典は，会社編を中心に大改正がなされ，1930年の手形法条約および1931年の小切手法条約の成立を受けて，「手形法」（昭和7年法律20号）および「小切手法」（昭和8年法律57号）が制定されて，商法典中にあった手形編は廃止された。昭和13年には，商法典の総則編と会社編の大改正がなされ，同時に，「有限会社法」（昭和13年法律74号）が制定された。

第二次大戦後，昭和25年には，アメリカ法を参照して，会社編とくに株式会社に関する画期的な改正が行われ，その後，会社編と特別法の改正が相次いだ（昭和30年・37年・41年・49年・56年，平成2年・5年・6年・9年・11年・12年・13年・14年・15年・16年の改正）。

3）会社法の制定と企業法の展開

平成17年には，商法典の第2編会社，「株式会社の監査等に関する商法の特例に関する法律（いわゆる商法特例法）」および「有限会社法」を統合して全979条から成る大法典の「会社法」（平成17年法律86号）が成立し，「会社法の施行に伴う関係法律の整備等に関する法律」（平成17年法律87号）によって，商法典も改正された。さらには，平成18年の信託法の改正，平成20年の保険法（平成20年法律56号）の制定により，商法典はさらに改正された。保険法は，平成20年6月6日に成立し，平成22年4月1日に施行され，同時に，「保険法整備法」により商法第2編第10章が削除された。

平成26年には会社法が改正され（平成26年法律90号），同整備法（平成26年法律91号）によって商法典も一部改正された。また，平成28年に民法（債権関係）改正法と同整備法が成立したことに伴い，商法と会社法が改正され，さらに，平成30年に商法（運送・海商関係）の改正（平成30年法律29号）、令和元年に会社法の改正（令和元年法律70号）が行われた。

【商法典と会社法典の編成】

＊現行「商法」の編成	＊現行「会社法」の編成
第1編　総　則 第1章　通則（第1～3条） 第2章　商人（第4～7条） 第3章　商業登記（第8～10条） 第4章　商号（第11～18条） 第5章　商業帳簿（第19条） 第6章　商業使用人（第20～26条） 第7章　代理商（第27～31条） 第8章　雑　則（第32条） 第2編　商行為 第1章　総則（第501～523条） 第2章　売買（第524～528条） 第3章　交互計算（第529～534条） 第4章　匿名組合（第535～542条） 第5章　仲立営業（第543～550条） 第6章　問屋営業（第551～558条） 第7章　運送取扱営業（第559～568条） 第8章　運送営業（第569～594条） 第1節　総則（第569条） 第2節　物品運送（第570～588条） 第3節　旅客運送（第589～594条） 第9章　寄　託（第595～683条） 第1節　総則（第595～598条） 第2節　倉庫営業（第599～683条） 第3編　海　商 第1章　船舶（第684～707条） 第2章　船長（第708～736条） 第3章　海上物品運送に関する特則（第737～787条） 第4章　船舶の衝突（第788～791条） 第5章　海難救助（第792～807条） 第6章　共同海損（第808～814条） 第7章　海上保険（第815～841条） 第8章　船舶先取特権及び船舶抵当権（第842～850条）	第1編　総　則（第1～24条） ＝会社法の目的，定義等，会社に関する基本的事項。 第2編　株式会社（第25～574条） ＝設立，株式，新株予約権，機関，計算，定款変更，事業譲渡，解散，清算等，株式会社の組織・運営等に関する事項。 第3編　持分会社（第575～675条） ＝合名会社，合資会社及び合同会社の組織・運営等に関する事項。 第4編　社債（第676～742条） ＝社債に関する事項。 第5編　組織変更，合併，会社分割，株式交換，株式移転及び株式交付（第743～816条の10） ＝組織変更，合併，会社分割，株式交換，株式移転及び株式交付の契約の内容，手続及び効果等に関する事項。 第6編　外国会社（第817～823条） ＝外国会社に関する事項。 第7編　雑　則（第824～959条） ＝会社の解散命令等・訴訟・非訟・登記・公告に関する事項。 第8編　罰則（第960～979条） ＝罰則に関する事項 附　則

2. 企業法としての商法・会社法の基本概念

(1)「商人」と「商行為」

民事法上の権利義務の帰属主体である「人」のなかに，商法上の規定が適用される法主体として「商人」概念が定められ，他方，民事法上の法律要件である「法律行為」のなかに，商法上の特別の効果をもたらす要件として「商行為」概念が定められている。

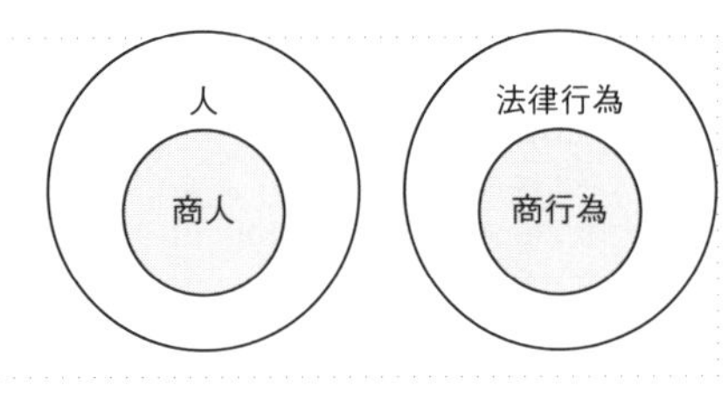

例えば，「人」であれば経済活動において帳簿を作ることが義務づけられるわけではないが，「商人」は，その営業のために使用する財産について法務省令で定めるところにより適時に正確な商業帳簿を作成しなければならない（商19条2項）。また，代理の方式については，一般的な「法律行為」の代理では，代理人が相手方に本人のためにすることを示すことが必要であるが（顕名主義。民99条·100条），「商行為」の代理では，代理人が本人のためにすることを示さないときでも，その行為は本人に対して効力を生ずる（非顕名主義。商504条）。このように，「商人」および「商行為」の概念は，民法の規定を適用するのではなく，企業と企業取引の需要を満たす商法の規定を適用する場面と範囲を明確に定めるという機能を有している。

「商人」および「商行為」の概念は，商法典を体系的に構築する（条文を配列する）ための基礎概念でもある。わが国の商法典は，商法総則編において，商法の適用に関する通則的規定を定めるとともに，第4条に「商人」の定義規定を置き，続いて，商人概念を中心にした商人に関する規定を置き，商法商行為編において，商法501条乃至503条で商行為概念を定義した上で，続いて，商行為に関する規定を置くというように，条文を配列し，法典を体系的に構築している。

商人および商行為の概念を定める立法主義には，商行為概念を先験的に（その時期までの経験により）定めておいて，これから商人概念を導く「商行為主義」と，商人概念を定めておいて，これから商行為概念を導く「商人主義」と

【商人・商行為・会社の概念の関係】

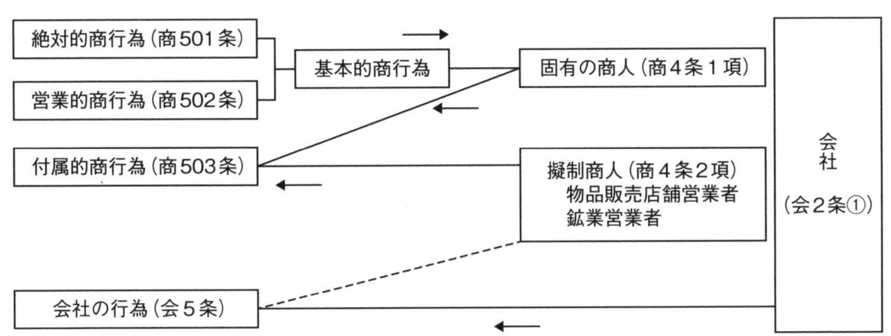

がある。わが国の商法典は，明治期の制定時にドイツ旧商法典に倣って商行為主義を採ることに始まり，昭和13年改正において擬制商人の規定を設けたことから，商行為主義を基本にしつつ，一部に商人主義を採用するという立場を採っている（折衷主義とも呼ばれる）。すなわち，商人とは，自己の名をもって（権利義務の帰属主体として），商行為をなすことを「業とする」（営利を目的にして同種の行為を反復継続して行う）者をいう（固有の商人。商4条1項）。また，「店舗その他これに類似する設備によって物品の販売をなすことを業とする者」または「鉱業を営む者」は，商行為をなすことを業としなくても，商人と看做される（擬制商人。商4条2項）。

商人に該当すれば商法の規定がすべて適用されるというのではなくて，商人であれば商人に関する商法規定（商法第1編総則と第2編商行為の商人の規定）が適用される。なお，**小商人**には，商法規定の一部が適用されない。

商人たる地位を商人資格といい，その取得と喪失の時期について，会社の場合は法人格の取得と喪失の時期と同じであるが，会社以外に商人となり得る法人と個人商人の場合は，営業または事業の開始時期に取得し，開業準備行為を

Glossary

小商人：（こしょうにん）商人のうち，その営業のために使用する財産の価額が一定の金額を超えないものをいい（商7条1項），その財産の価額および基準となる金額は法務省令で50万円と定められている（商施規3条）。小商人は，小規模の企業であるから，商号・商業帳簿・商業登記に関する商法規定の一部が適用されない（商7条）。小規模企業に，法制上，過剰な負担をかけたり，過大の保護を与えたりすることを，いずれも避けるためである。小商人に対して，商法が全面的に適用される通常の商人のことを，「完全商人」と呼ぶことがある。

したときに取得すると解されている。

他方，商行為には，固有の商人概念を導く「基本的商行為」として，**絶対的商行為**（商501条）と**営業的商行為**（商502条）とがある。また，商人概念を前提として，商人が行う行為は商行為と推定され，この商行為は「付属的商行為」と呼ぶ（商503条）。商行為であれば，商行為に関して商法（とくに第2編商行為）で規定された民法とは異なる効果が発生するのである。

平成17年制定の会社法は，会社たる法主体を定めて（会2条1号），適用範囲を定めている（会5条）。会社法は，商行為主義に立脚してきた商法の体系から離れ，新しい商人法主義の立場を採り，企業法体系を明確にしている。

（2）　会社に関する通則

会社は法人であり（会3条），会社の住所は，本店所在地にあるとされる（会4条）。会社（外国会社を含む。6条第1項，8条及び9条において同じ）がその事業としてする行為及びその事業のためにする行為は商行為とされる（会5条）。会社の行為は，商法503条2項により，その事業のためにするものと推定される（最判平20・2・22民集62・2・576商百選29）。

会社は，当然に，商法上の商人である。ただし，商法11条～31条の「商人」には会社は含まれない（商11条）。商法第2編（商行為編）の商人に関する規定は会社にも適用され，商行為に関する規定は会社の行為にも適用される。

Glossary

絶対的商行為：行為自体の客観的性質から当然に商行為とされるものをいう。商人であるかどうかにかかわらず，一回だけの行為であっても，何らの条件を付けることなく，商行為と認定される。現行法上，絶対的商行為として，以下のものが定められている（商501条各号）。①投機購買およびその実行行為（同条1号），②投機売却およびその実行行為（同条2号），③取引所においてする取引（同条3号），④手形その他の商業証券に関する行為（同条4号），⑤担保付社債信託法による信託の引受（担保付社債信託法3条）。

営業的商行為：営業として（営利を目的に継続反復して）なされるときに商行為となるものをいい，現行の商法上，以下の①～⑬が列挙されている（商502条）。ただし，専ら賃金を得る目的で物を製造し，または労務に従事する者の行為（手内職者の行為等）は除外される（商502条但書）。①投機貸借およびその実行行為（同条1号），②他人のためにする製造または加工に関する行為（同条2号），③電気またはガスの供給に関する行為（同条3号），④運送を引き受ける行為（同条4号），⑤作業または労務の請負（同条5号），⑥出版・印刷または撮影に関する行為（同条6号），⑦客の来集を目的とする場屋の取引（同条7号），⑧両替その他の銀行取引（同条8号），⑨保険（同条9号），⑩寄託の引受け（同条10号），⑪仲立ちまたは取次ぎに関する行為（同条11号），⑫商行為の代理の引受け（同条12号），⑬信託の引受け（同条13号）。

(3) 会社法上の会社

1) 会社の類型と種類

会社法上，会社には，株式会社と持分会社との2つの類型があり，持分会社には，合名会社，合資会社および合同会社がある（会2条1号・575条1項）。このように，わが国の現行法上，会社の「種類」として，株式会社・合名会社・合資会社および合同会社の4種類が認められている。会社の種類が法律上限定されるのは，法律関係を明確にして，会社と関係をもつ者の予測可能性を高め，法的安定を図るとともに，監督規制を容易にするためである。

2) 会社の種類

会社の種類を区別する基準は，主として，会社債権者に対する関係からみた社員（出資者）の責任の態様にある。その態様として，社員が会社債権者に対しても直接に会社債務を弁済する義務を負う場合を直接責任といい，会社に対して出資義務を負うにすぎない場合を間接責任という。そして，それぞれの義務が一定額を限度とする場合を有限責任，そうでない場合を無限責任という。

【会社法制定と会社種類の変容】

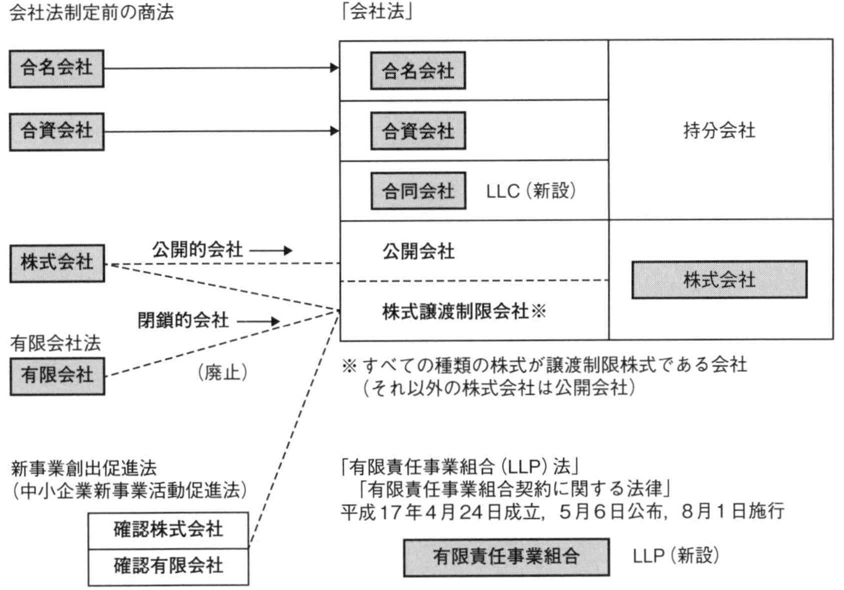

【会社の種類と社員の責任態様】

株　式　会　社		間接有限責任
持分会社	合名会社	直接無限責任
	合資会社	直接無限責任・直接有限責任
	合同会社	（間接）有限責任

（注）条文上，有限責任社員の責任については持分会社に共通の規定があるが（会 580 条 2 項），合同会社の社員は実質的には間接有限責任の扱いを受ける（会 578 条・604 条 3 項・583 条 2 項・630 条 3 項）。

合名会社は，会社債務につき会社債権者に対し連帯して直接無限の弁済責任を負う社員だけで構成される一元的組織の会社である（会 576 条 2 項・580 条 1 項）。合名会社は，会社債務につき会社債権者に対し連帯して直接無限の弁済責任を負う社員だけで構成される一元的組織の会社である。合名会社では，所有と経営とが一致しており，各社員が原則として業務を執行し，会社を代表する。社員の地位の譲渡は自由ではない。

合資会社は，二元的組織の会社であり，合名会社の社員と法的に同じ地位に立つ直接無限責任社員と，会社債務につき，会社債権者に対し連帯して直接の弁済責任を負うが，出資額を限度とする責任しか負わない直接有限責任社員とで構成される会社である（会 576 条 3 項・580 条）。

株式会社は，会社債務につき会社債権者に対しては何らの弁済責任を負うことなく会社に対して株式の引受価額を限度とする出資義務を負うにすぎない有限責任の社員（＝株主）だけで構成される一元的組織の会社である（会 104 条）。現行法上，その責任は間接有限責任である。

株式会社が機能を発揮するための特質として，株式制度および株主有限責任の原則が**株式会社の基本的特質**として指摘されてきた。株式制度のもとで，投

Glossary

株式会社の基本的特質：第一次的特質として株式制度と株主有限責任，第二次特質として資本制度が指摘されてきたが，資本制度は最低資本金制度の廃止等を受けて大きく変容している。最近では，株式会社形態の特質として，①出資者による所有，②法人格の具備，③出資者の有限責任，④出資者と業務執行者との分離（取締役会構造の下での中央集権化された経営管理），⑤出資持分（株式）の譲渡性の 5 つを指摘する見解が主張されている（神田・後掲書会社法入門 4 頁，Reinier H. Kraakman et al., *The Anatomy of Corporate Law*, 2nd ed., Oxford Univ. Press, 2009，同書初版の翻訳書として，布井千博（監訳）『会社法の解剖学』レクシスネクシスジャパン〔2009 年〕）。

資資本の回収を可能とするために株式譲渡の自由を原則とし，所有が分散しても資本多数決原理の導入によって統一的意思形成を可能とし，所有と経営を分離して合理的な経営を可能としている。また，株主有限責任によって投資の促進を図る一方で会社債権者の保護を強化している。この株式会社制度は，今日，利用実態に即した柔軟な対応を可能とする傾向にある。

会社法の施行とともに有限会社法は廃止され（会整1条3号），従前の有限会社は，会社法にもとづく株式会社として存続し（会整2条1項），商号中に「有限会社」を用い，旧有限会社法とほぼ同様の規律に服することになった。この会社を「特例有限会社」という（会整3条）。

合同会社は，定款所定の出資額を限度とする有限責任を負うにすぎない社員だけで構成される一元的組織の会社である（会576条4項・580条2項）。条文上，有限責任社員の責任については，持分会社に共通の規定があるが（会580条2項），合同会社の社員は，実質的には間接有限責任の扱いを受ける（会578条・604条3項・583条2項・630条3項）。合同会社については，従来から会社形態を分類する枠組みに馴染まないところも多い。合同会社は，日本版LLC（Limited Liability Company）とも呼ばれ，創業の活発化，情報・金融・高度サービス産業の振興，共同研究開発・産学連携の促進等を図るため，会社法で新たに創設された会社の種類である。**合同会社**では出資者の有限責任が確保されつつ，会社の内部関係については組合的規律が適用される。

3. 現代企業法の諸相

(1) 会社法の展開と企業組織法の新地平

1）定款自治とガバナンス重視の法システムへ

会社の法分野は，民法と商法の法人に関する法分野の延長に誕生した。どのような形態・組織の企業であれば，会社という独立の法的主体となることができるかを定めて，権利義務関係の発生・変動のシステムを整える。民事規律により出資者・債権者等の関係人の利害調整を図るとともに，他の規律も援用して反社会的非倫理的行動を防止している。企業形態を法的に定型化することと，強行法規によって企業組織を整えることで，市場での利害関係人の予測可能性を高めている。しかし，その後，会社法は，市場と組織の機能を高めるための多様性を確保するために，定款自治の拡大と任意法規化の傾向を強めている。とくに，組織の役割を考慮した競争力・収益力・企業価値の向上を図るために，ガバナンスを重視する組織規律が求められている。株式会社の法制度の改正において，この傾向が強く現れている。

2）単体の企業組織の規律から企業結合・企業集団の規律へ

会社法は，当初，個人企業から新たに法人たる会社企業を形成する場面を想定し，単一の法人組織をめぐる利害関係の調整を主眼としていた。その後，資本の集積と集中が進むにつれて，市場構造の高度化に伴う資本の再編成が求められるようになると，複数の法人組織を視野に収めた規律が必要となり，企業再編・企業結合・企業集団の形成を秩序づけて，そこでの利害関係の調整を目的とした規定整備が進んでいる。

3）株式会社法の理論的体系とパラダイムシフト

株式会社法は，伝統的に，設立，株式，機関，計算，新株発行・社債，基礎的変更，合併等，その他の規定群を擁していた（平成17年改正前商法第2編会

Glossary

合同会社：合同会社の特徴は，機能が類似する「有限責任事業組合」との相違にも注目すれば，以下のとおりである。①有限責任社員のみから成る人的会社であり，内部規律としては合名会社・合資会社と同一規定が適用される。合同会社は法人格を有するが，有限責任事業組合は本質が組合契約であって法人格を有しない。②設立は，社員全員の合意による定款の作成，出資全額の払込及び設立登記による（会575～579条）。③構成員たる社員は1人でもよく，法人でよい。ただし，出資の目的は金銭その他の財産のみである（会576条1項6号）。有限責任事業組合は構成員が1人では存続できない。④業務執行においては，原則として所有と経営が一致する。ただし，定款で業務執行社員を定めることができる（会590条1項）。業務執行社員に関して，旧物的会社の規律（責任・代表訴訟等）が導入されている（会597条他）。合同会社では必ずしも全社員が業務執行を担当する必要がないが，有限責任事業組合では，全組合員が何らかの形で業務執行に携わることが必要である。⑤内部組織に関して，社員間及び社員と会社間の事項の設定は定款により自由である（会585条他）。各社員の議決権は出資比率と無関係に定めることができる（会577条）。監査機関の設置も自由である。⑥利益分配は，所定の財源規制を遵守すれば，定款で自由に決定でき，出資比率と無関係に個々の社員の業績への貢献度等に応じて分配することもできる（会622条）。⑦加入・持分譲渡につき，成立後は原則として社員全員の承認が必要とされる（会604条他）。退社の自由がある（会606条）。⑧組織変更・資金調達その他として，社員全員の同意による株式会社への「組織変更」ができ（会744条他），社債発行可など資金調達の多様性が確保されている（会676条以下）。有限責任事業組合では，株式会社等の会社との間での組織変更は認められない。また，合同会社では会社間で合併等の組織再編行為が可能であるが，有限責任事業組合では会社との間での組織再編行為は認められない。⑨合同会社においては，現行の法人税法上，法人税の納税主体である。有限責任事業組合では構成員課税である。

【株式会社法の各領域におけるパラダイムシフト】

	戦後商法時代	平成13年商法改正〜 会社法（平成17年）〜	会社法改正 （平成26年・令和元年）
企業統治 （ガバナンス）	**規制強化**	**多様化・定款自治拡大** 公開会社のガバナンス強化（守りから攻めへ） 委員会等設置会社導入 内部統制システム整備 中小規模・非公開会社の機関設計整備	**企業統治のあり方の整備** 取締役会モニタリング機能強化 社外取締役の活用（平成26・令和元），監査等委員会設置会社（平成26），等 取締役への適切なインセンティブの付与 取締役報酬設計の多様化とガバナンス強化，補償契約，役員等損害賠償責任保険，等（令和元） 株主総会規律の見直し 総会資料電子提供制度， 株主提出議案数の制限（令和元）
企業金融 （ファイナンス）	**規制緩和**	**規制緩和，市場機能の重視** 金庫株解禁，株式種類多様化 **ファイナンス（オプション理論）の導入** 新株予約権制度	**企業調達面でのガバナンス** 支配株主移動を伴う募集株式発行等の規整，等（平成26） **社債管理の改善** 社債管理補助者制度，等（令和元）
企業会計 （アカウンティング）	財産法→損益法 利益配当規制	国際会計基準への対応，資本制度変容 横断的・統一的な剰余金分配規制へ 中小会社の会計ガバナンス	——
企業再編 （リ・オーガナイゼーション）	未整備	**組織再編制度整備**（平成11・12年） 会社分割・株式交換・株式移転 会社法で継承・規制緩和 **組織再編の機動性強化と活用範囲拡大** 合併対価の柔軟化 簡易組織再編，略式組織再編	**親子会社規律・組織再編制度の整備・充実** 多重株主代表訴訟，株式買取請求権，キャッシュアウト，組織再編差止請求権，詐害的会社分割，企業グループ内部統制，等（平成26） 株式交付制度（令和元）

社等)。これは，株式会社発生史論的な発想，すなわち，株式会社を新たに創設する段階に着目して，解散に至るまでの諸段階について，法律関係を設定しつつ関係人の利害調整を図ることを主たる目的としていたことにもとづく。

しかし，市場との関連で理解される株式会社組織の意義と役割に照らすと，発生史論的発想から展開し，現代的な理論的体系を構想することができる。すなわち，会社統治（コーポレート・ガバナンス），会社金融（コーポレート・ファイナンス），会社会計（コーポレート・アカウンティング），組織再編（リ・オーガナイゼーション）として（これに設立〔ファンデーション〕を加えて）である。この体系は，隣接諸科学の成果を活用しやすくし，領域毎に法改正の傾向を整理して株式会社法のパラダイムシフトを認識するのに役立つ（神田・後掲書会社法入門20頁参照)。

4）ソフトローの活用

企業の組織と取引に関する従来の法的規律を補強するために，新たな規律環境が生じており，そのなかで，**ソフトロー**（soft law）の活用が注目される。ソフトローとして，わが国では，従来より，証券取引所（金融商品取引所）の定める上場規則や金融庁が定める各種の行動規範等が重要な役割を果たしている。また，平成26年改正の会社法が改正政省令とともに施行された平成27年は，日本における「コーポレート・ガバナンス元年」と呼ばれ，ハードロー（改正会社法等）とソフトロー（2014年のスチュワードシップ・コードと2015年のコーポレートガバナンス・コードの施行）の双方の規範が整い，その後も改訂が図られている（最新改正は2021年6月，本書第8章コラム⑧参照)。

5）企業組織法の展開の諸相

会社法は，会社に関する自己完結した法体系を構築しているが，会社企業のためだけに閉じた法体系としてではなく，企業組織全般に開かれた法体系として，各種企業組織の法規律の先導的な役割を果たしている。

今日の企業は，資本の集積・集中の過程を経て，スタンド・アローンとしての単体の組織にとどまらず，ネットワークとしての組織集団を形成する一方

Glossary

ソフトロー　国家権力によって強制が保証されている通常の法規範である「ハードロー」には該当しない規範であるが，現実の経済社会において国や企業が何らかの拘束感をもって従っている規範である。

【投資目的の共同事業形態】

形態	種類	根拠法（一部略称）	課税
組合型	任意組合	民　法	パススルー
	投資事業有限責任組合	投資事業有限責任組合法	パススルー
	有限責任事業組合	有限責任事業組合法	パススルー
	匿名組合	商　法	—
法人型	特定目的会社	資産流動化法	ペイスルー
	投資法人	投信法	ペイスルー
信託型	信託	信託法	パススルー
	投資信託	投信法	—
	特定目的信託	資産流動化法	ペイスルー

で，技術革新と経営革新を背景にした多様な組織化ニーズ（ベンチャーや中小企業の振興を含む）に対応すべく展開している。とくに，金融の高度化に対応して，投資・資産運用スキームにおける活用が広範囲に進んでいる。会社制度の柔軟化（定款自治の拡大）を図り，固有性の限界（法人性・法人税制）を超えるアイディアにより，「組合か社団か」という硬直した理論的枠組みを脱して，「組合の特例化と社団法人の特殊化」を図る多様な制度的展開が見られる。

企業組織（事業体）の4要素としては，①法人格，②構成員課税（パススルー税制），③組織の内部自治，④構成員の有限責任が挙げられるが（大杉・後掲①参照），それらの要素の関連も理論的に固定化されるのではなく，社会のニーズに対応した制度設計を生み出している。今日では，会社法以外の法律によっても各種の共同事業体が認められるようになっており，とりわけ，投資の促進を主な目的とした共同事業形態（投資ビークル）が次々と誕生している（前掲図表は，あらた監査法人・他〔編〕『集団投資スキームの組成・会計・税務』中央経済社〔2010年〕，渡邊芳樹「事業体に対する課税形態と構成員課税（パススルー税制）に係る実務上の問題点」森信〔編著〕後掲書82頁等に拠る）。

（2） 企業取引法の展開

企業取引に関する法的規律は，商法第2編（商行為）において伝統的な取引に関する諸規定があるほかに，経済社会の高度化による企業取引の発展とともに，多様に展開している。

第1に，企業取引の最も基本的な形態である売買取引に関する法的規律の展開場面がある。そのひとつとして，企業取引の特徴である継続性を受けた**フランチャイズ契約**の展開がある。もうひとつには，企業取引の国際的傾向の展開を受けて，国際売買の法的規律の統一傾向が注目できる。第2には，貨幣経済社会における実物取引と金融取引のうち，後者の金融取引に関する法的規律の発展が著しい（金融・金融市場・金融システムにおける金融取引と金融機関の位置づけと機能の変容を受けて，銀行取引，信託，保険取引，および，金融商品取引について，法改正の動向が注目できる）。第3に，企業取引の当事者特性を反映する法的規律の展開として，消費者取引に関する法的規律が発展している（消費者保護法から消費者法への展開を受けて，特殊な販売形態に対する特定商取引法の規律，信用販売に関する割賦販売法の規律，消費者契約法の規律等が生成・展開している）。第4に，高度情報化社会における電子情報活用の機能に着目すると，その機能を発揮させるための法的障碍除去と法的安全確保を軸として，電子商取引に関する法的規律が生成・発展している。

もとより，企業取引法の現代的諸相は，それらによって網羅される訳ではない。エネルギー，情報通信，各種サービス等を対象とする企業取引，海上・航空・宇宙を舞台とする企業取引，企業組織再編や業務提携を目的とする企業取引等の展開も著しい。

(3)　支払決済法の展開

企業取引が目的を達成するために，取引当事者間で発生する債権債務関係を対価の支払いによって解消することを「決済」といい，企業取引の決済では，さまざまな「支払手段」を用いて，制度上の仕組みや実務上の「決済システ

Glossary

フランチャイズ契約：ある事業者（フランチャイザー，本部）が他の事業者（フランチャイジー，加盟店）との間で契約で，自己の商標，サービスマーク，トレード・ネームその他の営業の象徴となる標識，および経営のノウハウを用いて，同一のイメージのもとに商品の販売その他の事業を行う権利を与え，一方，フランチャイジーはその見返りとして一定の対価（ロイヤルティ）を支払い，事業に必要な資金を投下してフランチャイザーの指導および援助のもとに事業を行う両者の継続的関係を構築する契約である（一般社団法人日本フランチャイズチェーン協会による定義）。フランチャイズ契約は，継続的な売買取引を実現するとともに，そのためにノウハウを提供する点に特色がある。

ム」を通じて行われる。今日，IT 化や FinTech による支払決済の手段・方法の多様化と高度化によって，支払決済法に属する法規範の生成と展開が目覚ましい。

支払決済の手段・方法として，法定通貨・金銭による現金支払が一般的であるが，企業間の特殊な決済手段としては，伝統的な相殺（民 505～512 条）や**交互計算**（商 529～534 条）に加えて「ネッティング」の制度が普及している。また，支払証券としての約束手形・為替手形・小切手の利用を秩序づける手形法と小切手法があるが，このうち約束手形にみられる信用取引を伴う支払決済としては，最近では，電子記録債権法による電子記録債権が普及し（本書第 19 章参照），他方で，クレジットカードの利用の一部が割賦販売法によって秩序づけられている。

為替手形・小切手にみられる送金を伴う支払決済として，銀行振込や為替取引のほか，最近では，資金決済法による資金移動が普及している。従来からあった金券や商品券に加えて，プリペイドカード・前払式支払手段・デビッドカードが普及し，電子マネーと総称される各種の支払決済手段は，資金決済法や割賦販売法等によって対応が進んでいる。さらには，暗号資産（旧称・仮想通貨）が大きな発展可能性の期待を担って登場して普及しつつあり，資金決済法等による規制が展開している（本書第 20 章参照）。

（福原 紀彦）

References

福原・総論，同・取引，同・組織，同・決済，神田・会社法，同『会社法入門（新版）』岩波書店（2015 年），大杉謙一①「事業形態の多様化と法制の課題」神田秀樹＝財務省財務総合政策研究所編『企業統治の多様化と展望』金融財政事情研究会（2007 年）137 頁，②「組織法の観点からの新型 LLC の論点」森信茂樹編著『合同会社（LLC）とパススルー税制』金融財政事情研究会（2013 年）143 頁，ビジネス法体系研究会編『企業組織法』レクシスネクシス・ジャパン（2016 年）6 頁，福原紀彦「会社法と事業組織法の高度化」『商事立法における近時の発展と展望』中央経済社（2021 年）。

Glossary

交互計算：商法商行為編に規律を置く企業取引の支払手段で，商法上，商人間または商人と非商人との間で平常取引をなす場合に，一定の期間内の取引から生ずる債権債務の総額につき，期末に一括して差引計算をなし，その残額を当事者の一方が他方に支払うべきことを約する契約である（商 529 条）。その差引計算をなすべき期間である交互計算期間は，当事者の特約がなければ，6 か月である（商 531 条）。交互計算により，反覆継続して大量に行われる企業取引の決済が簡易化され，相殺が果たす担保的機能が保障される。

Column ② 会社法の制定による商法の変容

伝統的に，わが国の商法典は，商法総則編において，商法の適用に関する通則的規定と商人概念を中心にした商人に関する規定を定め，商法商行為編において，商行為概念を定義した上で商行為に関する規定を定めて，商人および商行為という基本的概念を用いて体系的に構築されていた。そして，平成 17 年改正前では，商法総則編第 2 章以降に商人に関する規定を設け，会社に関する規律もそこに含まれていたので，商法総則編は，全体として，会社を含む商人全般の総則規定としての位置づけが与えられていた。

しかし，会社に関する新たな統一的で体系的な法律として会社法が制定され，従来の商法総則にあった会社に適用されるべき規定については，すべて会社法の総則編等に自足的に規定が置かれることになった。その結果，平成 17 年改正後の商法典では，商法第 1 編（総則編）の第 2 章以降の規定は，会社形態を採らない商人の規定として整理された（商 11 条参照）。

会社法と商法総則編との双方に規定を置く場合，会社法上，会社については「営業所」の語を用いずに「本店」「支店」とするのに対して，商法上，個人商人等については，本店・支店に関する規定や規律は削除され，営業所に関する規律として整理された。また，会社法上，会社については「事業譲渡」等の表現が用いられるが，商法では，従来通りの「営業」の用語により「営業譲渡」等の表現が用いられている。

わが国では，企業法通則法としての実体法規が，商法総則編と会社法総則等とに分化したが，会社企業形態が主な企業形態であることから，需要の重点はむしろ会社法総則等に移動している。

【会社法制定による商法の変容】

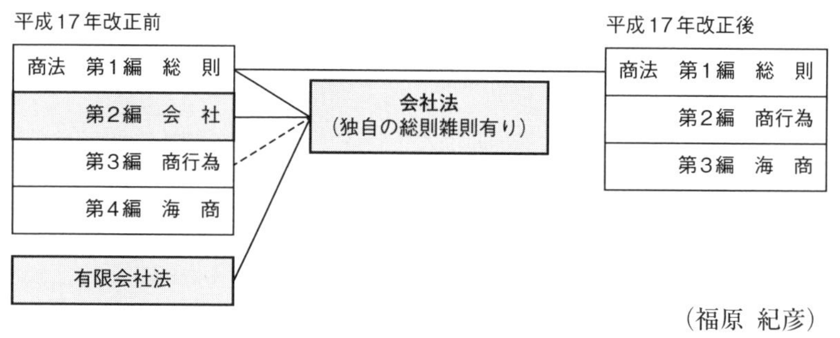

（福原 紀彦）

References：福原・総論，落合他・商法Ⅰ。

第 3 章

企業の名称と補助者

Essence

□ 1. 企業の名称である商号は，法律上，どのような意味・機能をもっているのか，また，社会的・経済的に，どのような機能を果たしているのか。
□ 2. 商号の法規整は，どのように行われているのか。
□ 3. 企業活動の補助者には，どのような種類があるのか。
□ 4. 企業補助者に関する法律関係は，どのような構造になっていて，どのような法的性質を持っていて，そして，どのように法規整されているか。

Introduction

企業は，利潤の獲得を目的とし，継続的な意図をもって，計画的に営利行為を実現することを目指す独立の経済主体であるが，企業は，その目的達成のために種々の法制度を用いる。商号，そして，補助者は，その代表的な法制度である。

企業は，企業活動を展開する上で，必要不可欠の制度として，商号を用いている。商号は，法律上，権利義務の帰属主体を表示し，他の権利義務の帰属主体と区別する名称として機能する上に，社会的・経済的には，商号は営業そのものを表示して，他の営業と区別するための名称として機能し，商人・会社の信用の標的となっており，顧客吸引力（good will）を有し，独自の財産的価値を有するからである。商法・会社法は，このような商号の社会的・経済的機能を保障し，財産的価値を保護し，商号の選定や利用関係をめぐる利害の調整を図っている。

また，企業は，取引活動を展開し発展させるため，さまざまな人的補助者を必要とする。企業組織の内部の補助者として，特定の商人に従属して，「代理」という形態で補助する「商業使用人」と，企業組織の外部にあって，自ら独立の商人として他の商人等を「代理」，「媒介」，「取次」という形態で補助する「代理商」，「仲立人」，「問屋」・「準問屋」・「運送取扱人」がある。企業補助者に関する法律関係には，3つの法律関係，すなわち，①企業と企業補助者との関係，②企業補助者と取引の相手方との関係，③企業と取引の相手方との関係があるが，商法・会社法は，これらの当事者の利益を保護し，利害の合理的調整を図っている。

1. 企業の名称―商号―

(1) 商号の意義

商号とは，商人・会社が，その営業・事業活動において，自己を表示するために用いる名称である（商11条以下，会6条以下）。

第1に，商号は，商人・会社の名称である。したがって，商人・会社でない者がその営業・事業に関して用いている名称は商号ではない。

第2に，商号は，商人・会社の営業上の名称である。したがって，個人商人の場合において，営業に関しない一般生活に用いる氏名とか，営業外の特定生活に用いる芸名・雅号・通称等は，商号ではない。

第3に，商号は，商人・会社が自己を表示するために用いる名称である。したがって，商人・会社がその営業・事業に関して用いる**商標**や**営業標**とは区別される。

第4に，商号は名称であるから，文字をもって表示され，かつ呼称できるものでなければならない。

(2) 商号の選定

1) 商号選定自由の原則

商号の選定は原則として自由であり，商人（会社および外国会社を除く）は，その氏，氏名その他の名称をもってその商号とすることができる（商11条1項）。

2) 商号選定に関する制限

第1に，会社は，株式会社，合名会社，合資会社又は合同会社の種類に従い，それぞれその商号中に株式会社，合名会社，合資会社又は合同会社という文字を用いなければならず，また，その商号中に，他の種類の会社であると誤認されるおそれのある文字を用いてはならない（会6条2項・3項）。会社は，

Glossary

商標：商人・会社がその製造または販売する商品や役務を表示するために用いる記号である（商標法2条1項）。商品商標はトレードマーク，役務商標はサービスマークとも呼ばれる。

営業標：商人・会社がその営業・事業の同一性を表示するために用いる記号である。

その種類によって，社員（出資者）の責任態様や法律関係を生じさせる機関構成等が異なるからである。

第2に，会社でない者は，その名称又は商号中に，会社であると誤認されるおそれのある文字を用いてはならない（会7条・978条参照）。個人商人等が，一般に大きな信頼を寄せられる会社形態を装い，そのことで公衆がその個人商人等を会社であると誤解する弊害を防止するためである。

第3に，銀行，信託，保険業等の公共的な事業を営む会社は，その商号中に，銀行・信託・保険という文字を用いることを要し，これらの事業を営まない者は商号中にその事業であることを示すべき文字を用いてはならない（銀行法6条，信託業法14条，保険業法7条）。

第4に，何人も，不正の目的をもって，他の商人・他の会社である誤認させるおそれのある名称または商号を使用してはならない（商12条1項・会8条1項，商13条・会978条参照）。この規定に違反する名称又は商号の使用によって営業上の利益を侵害され，又は侵害されるおそれがある商人・会社は，その営業上の利益を侵害する者又は侵害するおそれのある者に対し，その侵害の停止又は予防を請求することができる（商12条2項，会8条2項）。

第5に，「商号単一の原則」という制限がある。会社の場合，会社の商号は常に1個であり，数個の事業を営む場合でも数個の商号を持つことはできない。会社の商号は会社の全人格を表すものであるからである。これに対して，個人商人の場合，その営む営業に1個の商号のみを有することができる（したがって，個人商人が数個の営業を営む場合，各営業について，別個の商号を有することができる）。同一の営業に関し数個の商号の使用を認めると，公衆が混同・誤認するおそれがあるとともに，他人の商号選定を制約するおそれもあるからである。

(3)　商号の登記

個人商人は，商号を登記するか否かは自由である（商11条2項）。ただし，登記する場合は，営業所ごとに「商号登記簿」（商登6条1号）に行わなければならない（商登28条1項）。これに対し，会社の場合は，設立登記の際に，各種の会社の登記簿（商登6条5号～9号）に必ず登記しなければならならない

（会911条3項2号・912条2号・913条2号・914条2号，商登34条1項）。

商号の登記は，登記しようとする商号が，すでに他人が登記した商号と同一であり，かつ，その営業所（会社の場合は本店）の所在場所がその他人の商号の登記に係る営業所の所在場所と同一であるときは，することができない（商登27条）。

（4）商号権

商人は，商号に関して，他人の妨害を受けることなく商号を使用する権利（商号使用権）と，他人が同一または類似の商号を使用することを排斥する権利（商号専用権）を有する。この2つの権利を包括して「商号権」という。

（5）商号の譲渡

商号は財産的価値を有する。したがって，他人に譲渡することができる。ただし，商号の譲渡は，営業の譲渡とともにする場合，または，営業を廃止する場合に限って認められる（商15条1項）。商号は営業と密接に結びついており，営業と離れた商号のみの譲渡を認めると，一般公衆において，譲渡人の営業と譲受人の営業とを混同・誤解するおそれがあるからである。また，営業を廃止する場合には，営業の混同・誤解が生ずる可能性が少ないからである。

商号の譲渡は当事者間の意思表示のみによって効力を生ずる。しかし，登記をしなければ第三者に対抗することができない（商15条2項，商登30条・32条参照）。

（6）商号の廃止・変更

登記商号を廃止または変更したときは，商号の登記をした者は，遅滞なく，廃止または変更の登記をしなければならない（商10条，会909条，商登29条2項）。商号を登記した者が，商号の廃止・商号の変更の登記をしないときは，当該商号の登記に係る営業所（会社にあっては本店）の所在地において同一の商号を使用しようとする者は，登記所に対し，当該商号の登記の抹消を申請することができる（商登33条1項）。

(7) 名板貸

1) 名板貸の意義と制度趣旨

名板貸とは，ある者（名板貸人）が自己の（氏・氏名または）商号を使用して営業・事業をなすことを他人（名板借人）に許諾することをいう。

名板貸の関係にある場合に，名板貸人は，自己を営業主と誤認をして名板借人と取引をした相手方に対し，その取引によって生じた債務につき，取引の当事者である名板借人と連帯して，弁済する責任を負う（商14条，会9条）。趣旨は，**禁反言則**または**権利外観理論**を基礎とし，相手方の外観に対する信頼を保護し，取引の安全を図ることにある。

2) 名板貸人の責任の成立要件

第1に，名板貸人が営業・事業を行う商人・会社であるとの外観の存在である。なお，判例は，特段の事情がない限り，名板貸人の営業と名板借人の営業の同種性であること要するものとしている（最判昭43・6・13民集22・6・1171）。

第2に，名板貸人の名板借人に対する営業・事業のための商号使用の許諾（外観作出への与因・帰責事由）である。許諾の態様としては，明示であると，黙示であるとを問わない（最判昭30・9・9民集9・10・1247，最判昭42・2・9判時483・60）。

第3に，相手方による営業主の誤認である（外観への信頼）。相手方の誤認とは，名板貸人の事実を知らなかったという善意を意味する。この善意につき，重大な過失がないことを要すると解されている（最判昭41・1・27民集20・1・111）。相手方の誤認に関する立証責任は，名板貸人にある（前掲昭43・6・13）。

3) 名板貸人の責任の範囲と内容

名板貸人は，名板借人と連帯して，名板借人の取引によって生じた債務について責任を負う。両者の関係は不真正連帯であり，名板借人と取引をした相手方は，その選択により，名板貸人または名板借人のいずれに対しても弁済を請

Glossary

禁反言則：訴訟において，一定の事実に反する，または，ある事実の存在を否定する主張を許さないという英米法上の原則。

権利外観理論：真実に反する外観を作出した者は，その外観を信頼してある行為をなしたものに対し外観にもとづく責任を負うべきであるとするドイツ法上の法理論。

求できる。なお，名板貸人が弁済したときは，全額につき名板借人に不当利得にもとづき求償できる（民 703 条）。

名板貸人の負う債務には，取引自体から生じた債務のほか，名板借人の債務不履行による損害賠償債務や契約解除による原状回復義務等，取引に関連して生じた債務が含まれる（最判昭 30・9・9 民集 9・10・1247）。

2. 企業活動の補助者

(1)　商業使用人

1）商業使用人・会社の使用人の意義

商業使用人とは，特定の商人に従属して（主として雇用関係にあって），その対外的な商業上の業務を補助する者（主として「営業代理権」を与えられている者）である（商 21 条～26 条，会 10 条～15 条）。

商業使用人には，その営業代理権の範囲に着目して，営業主・会社に代わって，営業・事業に関する一切の裁判上または裁判外の行為をなす権限を有する商業使用人である「支配人」（商 21 条，会 11 条），「ある種類又は特定の事項の委任を受けた使用人」（商 25 条，会 14 条），「物品の販売等を目的とする店舗の使用人」がある（商 26 条，会 15 条）。

(2)　支配人

1）支配人の意義

支配人の意義に関しては，「支配権」を付与された使用人であると解する説（通説）と，営業・事業の主任者たる地位に選任された使用人であると解する説（有力説）の対立がある。

2）支配人の選任・終任と登記

i　支配人の選任　　個人商人は，支配人を選任し，その営業所において，その営業を行わせることができ（商 20 条），会社（外国会社を含む）は，会社の業務執行機関によって支配人を選任し，その本店または支店において，その事業を行わせることができる（会 10 条・348 条 2 項・3 項 1 号・362 条 4 項 3 号・590 条 2 項・591 条 2 項）。

ⅱ　支配人の終任　支配人たる地位は，代理権の消滅（民111条・651条～655条），または，雇用関係の終了（民626条～628条・631条）によって終了する。また，支配人たる地位は営業・事業の存在を前提とするから，営業の廃止，会社の解散も，支配人の終任事由となる（大判明40・4・9民録13・415）。ただし，営業主の死亡は支配人の終任事由とはならない（商506条）

ⅲ　支配人の登記　支配人の選任およびその終任は登記することを要する（商22条，会918条，商登6条4号・43条・44条・29条）。

3）支配人の代理権

支配人は，商人・会社から，営業・事業に関する権限を授与されており，この権限は「支配権」と呼ばれることがある。

ⅰ　支配権の特色　第1に，支配人は，商人・会社に代わって，その営業・事業に関する一切の裁判上，または，裁判外の行為（営業・事業の目的たる行為のほか，営業・事業のためにする行為）をする包括的な代理権を与えられている（包括性。商21条1項，会11条1項）。

第2に，商人・会社は，支配人の代理権に制限を加えることができ，制限に違反した支配人の行為の効果は商人・会社に帰属しない。しかし，商人・会社は，制限をもって，善意の第三者に対抗することができない（不可制限性。商21条3項，会11条3項）。

ⅱ　支配権の範囲　支配権の範囲は，客観的に判断される（客観性）。すなわち，通説・判例によれば，支配人の行為が商人・会社の営業・事業に関するものであるかどうかは，その行為の性質を客観的に観察して決すべきであるとされている（最判昭32・3・5民集11・3・395，最判昭54・5・1判時931・112）。したがって，支配人が権限を濫用して自己の利益のために取引をしたときでも，その行為は，客観的に支配権の範囲内の行為と認められる以上，商人・会社に対して効力を生ずる。ただし，判例によれば，相手方が支配人の意図を知り，または，知りうべかりしものであったときは，民法93条但書の類推適用により，商人・会社にはその行為の効果が帰属しないと解されている（最判昭51・10・1金商512・33）。

ⅲ　支配権の限界　支配権の範囲は広範囲にわたる。しかし，支配権は商号によって個別化された特定の営業・事業の範囲に限定され（商号単位の限界），また，支配権は営業所によって個別化された特定の営業・事業の範囲に限定される（営業所単位の限界）。

4）支配人の義務

第1に，支配人は，善管注意義務等，受任者としての種々の義務を負う（民644条・645条等）。

第2に，支配人は，商人・会社の許可を受けなければ，①自ら営業を行うこと（営業避止義務），②自己または第三者のために商人・会社の営業・事業の部類に属する取引をすること（競業避止義務），③他の商人または会社（もしくは外国会社）の使用人となること，④（他の）会社の取締役，執行役または業務を執行する社員となることができない（商23条1項，会12条1項）。支配人は商人・会社に従属しており，商人・会社の営業に専念させる必要があるとともに，支配人は商人・会社との緊密な関係にあり，商人・会社の機密事項を容易に知り得る立場にあることから，その立場を濫用することを防ぐためである。

支配人が義務に違反した場合，支配人の解任事由となる。また，支配人が②の取引をしたときには，損害賠償の問題となる（損害の推定規定。同条2項）。ただし，義務違反による取引自体は有効である。

5）表見支配人

i　表見支配人の意義と制度趣旨　表見支配人とは，実際は支配人ではないが，商人の営業所の営業の主任者・会社の本店または支店の事業の主任者であることを示す名称を付した使用人である（商24条，会13条）。

ある使用人が，支配人ではないにもかかわらず，例えば営業本部長とか支店長の肩書が付されている場合，取引の相手方が，その名称から，当該使用人が支配人であると信頼して取引をしてしまうことがあり得る。このような場合，当該肩書を付された使用人は支配人としての権限を有しない。そのため，法律効果は商人・会社に有効に帰属しない。そこで，善意の取引の相手方を保護するために，当該使用人は営業・事業に関する裁判外の行為について一切の権限があるものとみなされる。これは権利外観理論ないし禁反言則にもとづくものである。

ii　表見支配人の要件　第1に，真実と異なる外観として，営業所（本店または支店）の営業・事業の主任者であることを示すべき名称が用いられていることが必要である。営業・事業の主任者たることを示すべき名称には，本店の営業部長や支店長がある。支店長代理，支店次長，支店の庶務係長等は，他に上席の者がいることが明らかであるから，営業・事業の主任者たるべき名称とはいえず，これらの肩書の使用人は表見支配人には該当しない。

第2に，商人・会社の帰責原因として，営業・事業の主任者たることを示すべき名称を付与していることが必要である。そうした名称の使用を黙認している場合も帰責性を認めてよいと解されている。

第3に，取引の相手方の保護事由として，善意であることを要する。表見支配人制度は，取引の相手方の外観に対する信頼の保護を目的とするものであるから，相手方が悪意の場合には，適用されない（同条但書）。ここに悪意とは，支配人でないことを知っていることをいう（通説）。悪意の認定時期は取引に入った時点であり（最判昭33・5・20民集12・7・1042），商人・会社が相手方の悪意を立証する責任を負う（最判昭32・11・22民集28・807）。重過失は悪意と同視して保護に値しないと解される（東京高判平元・6・7金法1249・30）。

(3) 代理商

1）代理商の意義と種類

代理商とは，商業使用人ではなく，自ら独立の商人として，特定の商人・会社のために，平常の営業・事業の部類に属する取引の代理をなす者（締約代理商），または，**媒介**をなす者（媒介代理商）をいう（商27条，会16条）。

2）代理商と本人（会社）との関係―内部関係―

i　一般的関係　代理商と商人・会社との間の法律関係は，両者の間で締結される代理商契約により定められる。代理商契約の法的性質は，締約代理商の場合は委任（民643条）であり，媒介代理商の場合は準委任（民656条）である。

ii　代理商の義務　第1に，代理商は，代理商契約に特別の定めがない限り，委任・準委任の規定に従って義務を負う（民644条・645条）。

Glossary

媒介：仲介，斡旋，勧誘等，本人と相手方との間に法律行為が成立するように尽力する事実行為を行うこと。

第2に，代理商は，取引の代理または媒介を行ったときは，遅滞なく商人・会社に通知を発しなければならない（商27条，会16条）。民法645条の特則としての義務であり，取引の迅速性の要請に応じている。

第3に，代理商は，商人・会社の許可を受けなければ，以下の行為をしてはならない。①自己又は第三者のためにその商人・会社の営業・事業の部類に属する取引をすること，②その商人・会社の営業・事業と同種の事業を行う他の会社の取締役，執行役又は業務を執行する社員となること（商28条1項，会17条1項）。これは，本人との利益衝突を生じさせる行為を制限するものである。

代理商が①の行為をしたときは，当該行為は有効ではある。しかし，代理商は，商人・会社に対して損害賠償責任を負う（商28条2項，会17条2項）。

iii　代理商の権利　　第1に，代理商は，代理商契約に特別の定めがない限り，委任・準委任の規定にもとづく権利（民649条・650条）を有する。

第2に，代理商は，民事留置権（民295条）および商人間の留置権（商521条）を有するほか，代理商固有の特別留置権を有する（商31条，会20条）。

3）代理商と第三者との関係―外部関係―

代理商が第三者と取引をする場合，その取引に関する権限は代理商契約の内容によって定まることになる。

4）代理商契約の終了

商人・会社および代理商は，代理商契約の期間を定めなかったときは，2か月前までに予告し，その契約を解除することができる（商30条1項，会19条1項）。代理商契約の継続性が考慮された規定である。また，やむを得ない事由があるときは，契約期間の定めの有無にかかわらず，商人・会社および代理商は，いつでも，その契約を解除することができる（商30条2項，会19条2項）。そのほか，代理商契約は委任に関する民法・商法上の一般的終了原因により終了する（民653条，商506条。なお，委託者の死亡は代理商契約の終了原因にならない）。

（4）　仲立人

1）仲立人の意義

商法上，**仲立人**とは，他人間の商行為の「媒介」をなすことを業とする者をいう（商502条11号・543条）。媒介される行為は，契約の一方当事者にとって商行為であればよい。仲立人に媒介を委託する者は，特定の者でも，不特定の者でもよい。

仲立契約は，通常，仲立人が委託者のために法律行為の成立に尽力する義務を負い，委託者がこれに対し報酬を支払う義務を負う契約である。この契約の法的性質は，媒介という事実行為の委託を目的とするものであるから，準委任（民656条）である。

2）仲立人の義務

第1に，仲立人は委託者に対し受任者としての義務を負う（民664条）。

第2に，仲立人が媒介する行為につき見本を受け取ったときは，その行為が完了するまで見本を保管することを要する（商545条）。取引の目的物の品質をめぐる紛争の証拠保全のために課された義務である。

第3に，仲立人は，媒介によって取引が成立したときは，遅滞なく，各当事者の氏名または商号，行為の年月日およびその要領を記載した結約書を作成し，これに署名して，各当事者に交付することを要する（商546条1項）。結約書は，当事者間の紛争を防止し，紛争の迅速な解決を図るために仲立人が作成する証拠書類である。なお，仲立人が報酬請求権を行使するための要件とされている（商550条）。

第4に，仲立人は帳簿を作成し，結約書への記載事項を記載することを要する（仲立人日記帳。商547条1項）。取引について証拠保全を図るために課せられる義務である。

第5に，当事者がその氏名または商号を相手方に示さないように仲立人に命じたときは，仲立人は，当事者に交付する結約書および仲立人日記帳の謄本に，その当事者の氏名または商号を記載してはならない（商548条）。取引当

Glossary

仲立人：非商人間の不動産の売買・賃貸の媒介を行う宅地建物取引業者や結婚仲介業者等，商行為以外の法律行為の媒介を業とする者を民事仲立人という。民事仲立人は，他人間の法律行為の媒介を引受けることを業とするので商人である。したがって，商人一般の商法規定の適用はある。しかし，仲立人ではないため仲立営業に関する商法上の特別規定の適用はない。

仲立契約：本文の仲立契約を「双方的仲立契約」という。これに対して，仲立人が委託者のために法律行為の成立のために尽力すべき義務を負わず，その尽力がなされ法律行為が成立した場合に，委託者が仲立人に対して報酬を支払う義務を負う仲立契約を「一方的仲立契約」という。

事者の個性が重視されず当事者が誰であるかを知る必要がない場合が多く，また，匿名が有利に取引を行い利益になる場合もある。このような匿名当事者の要請に応じるために課された義務である。

第6に，仲立人が当事者の一方の氏名または名称を黙秘した場合には，仲立人は相手方に対し自ら履行の責任を負わなければならない（商549条）。匿名の当事者がわからない一方の相手方を保護するためである。

3）仲立人の権利

仲立人は商人であるから，特約がなくても，媒介した行為について相当の報酬（仲立料）を請求することができる（商512条）。仲立料は，双方の当事者が当事者双方平分して負担する（商550条2項）。

(5)　取次商―問屋・準問屋・運送取扱人―

1）取次商の意義

取次商は，**「自己の名をもって」「他人のために」**法律行為をなすことを仕事の内容とし，手数料を得る営業をいう。

取次ぎの対象が，物品の販売または買入の場合が問屋営業（商551条），物品の販売または買入以外の行為の場合は準問屋営業（商558条），物品運送の場合が運送取扱営業（商559条）となる。

取次契約の法的性質は，委任契約ないし準委任契約である。したがって，取次商は，一般的な権利義務として，委任者に対して，受任者として，民法上の善管注意義務・報告義務等を負い（民644条・645条），費用の前払請求権・償還請求権等の権利を有する（民649条・650条）。

2）問屋営業

i　問屋の意義　問屋とは，物品の販売または買入の取次ぎを行うことを業とする者をいう（商551条）。金融商品取引業者である証券会社や商品先物取引業者が典型的な問屋である。

ii　問屋の法律関係　第1に，問屋と委託者の間において（内部関係）

Glossary

「自己の名をもって」：自ら法律行為の当事者となり，自己に法律効果である権利義務が帰属する。

「他人のために」：委託者である「他人の計算において」という意味であり，「他人の計算において」とは，他人に経済的効果，すなわち損益が他人に帰属することを意味する。

は，問屋契約が締結され，問屋が自己の名をもって他人である委託者のために物品の売買という法律行為を行うことの委託を引き受ける。したがって，問屋契約は，委任契約である（民643条以下）。

第2に，問屋と委託者との関係（内部関係）は，法的には代理関係ではない。しかし，経済的には代理類似の関係にあり，両者の間には代理に関する規定が準用される（商552条2項）。この結果，問屋の行った売買の実質的効果は委託者に帰属することになる。

第3に，問屋と取引の相手方の関係（外部関係）は，通常の売買契約である。したがって，問屋自身が売主または買主として取引の相手方に対し，売買契約から生ずる一切の権利義務の主体となる（商552条1項）。

第4に，委託者と取引の相手方とは原則として直接の法律関係に立たない。したがって，委託者は，問屋から権利の譲渡を受けない限り，取引の相手方に対して売買契約にもとづく権利を自ら直接行使することはできない。

iii　問屋の義務　第1に，問屋は，代理商と同様，委託者のために売買をなしたときは，遅滞なく（委託者からの請求を待つことなく），委託者にその通知を発することを要する（商557条・27条）。

第2に，問屋は，当事者の別段の意思表示や別段の慣習がない限り，売買の相手方がその債務を履行しないときは，委託者に対し自ら履行をする責任を負う（履行担保責任。商553条）。取引相手方に対して直接に法律関係を有しない委託者を保護し，問屋制度の信用を維持するための規定である。

第3に，問屋は，委託者が売買価格を指定したときは，価格指定に従う義務を負う（指値遵守義務）。問屋がこの義務に違反したときは，委託者は，売買の効果が自己に帰属することを否定し，損害賠償責任を請求できる。ただし，問屋が価格指定に従わなかった場合でも，その差額を問屋自身で負担するときは，その売買は委託者に対し，受任事務の実行として効果が帰属する（商554条）。

iv　問屋の権利　第1に，問屋は，委託者が問屋の買い入れた物品の受取りを拒み，または受け取ることができないときは，供託権および自助売却権を有する（商556条・524条）。

第2に，問屋は，その有する債権が弁済期にあるときは，弁済を受けるまで問屋が委託者のために占有する物または有価証券を留置することができる（商

557条・31条)。

第3に，問屋は，取引所の相場のある物品の販売または買入の委託を受けたときは，自ら，その買主または売主となることができる（介入権。商555条1項)。問屋に介入権を認めるのは，委託者が問屋を利用する場合，その取引相手方が誰であるかを問わないのが通常であり，問屋自らが売買の相手方となっても差し支えなく，問屋にも委託者にも，時間と費用の節約が図れて便利なことが多いからである。問屋が介入権を行使すると，問屋は売買の当事者と同一の地位に立つとともに，受任者たる問屋の地位も併有する。したがって，問屋は，委託者に対して，報酬や費用を請求することができる。

3）準問屋営業

準問屋は，物品の販売または物品運送以外の行為の取次ぎを行うことを業とする者をいう（商558条)。広告や出版の取次業，保険契約の取次業，旅客運送の取次業等が該当する。

4）運送取扱営業

i　意義　運送取扱人とは，自己の名をもって物品運送契約の取次ぎを行うことを業とする者をいう（商559条1項)。陸上運送であるか海上運送であるかを問わない。運送取扱契約は，委託者と運送取扱人との間の委任契約である。

ii　運送取扱人の義務と責任　運送取扱契約とは，運送取扱人は，一般的義務として，委託者に対して，善管注意義務を負う（民644条)。

運送取扱人は，一般的義務を怠り，委託者に損害が生じたときは，債務不履行にもとづき損害賠償責任を負う（民415条)。商法上は，運送取扱人は，運送品の受取，引渡，保管，運送人の選択その他運送に関する注意を怠らなかったことを証明できなければ，運送品の受取りから荷受人への引渡しまでの間の運送品の滅失・毀損または延着について損害賠償の責任を免れない旨を定めている（商560条)。この規定は，民法の一般原則を具体化した注意規定と解される。

運送取扱人の責任については，運送人の損害賠償の定型化の規定（商576条）は準用されないが，高価品の特則（商577条）と責任の消滅に関する規定（商585条1項）が準用される（商564条)。

iii 運送取扱人の権利 第1に，運送取扱人は，委託者に対し，受任者としての権利（民649条・650条），報酬請求権（商512条・561条1項）を有する。

第2に，運送取扱人は，反対の特約がない限り，自ら運送を引き受けることができる（介入権。商563条1項前段）。ただし，運送賃は定型化されていることが多いので，問屋の介入権行使の場合のような制限はない。この介入権の行使により，運送取扱人は委託者に対し運送人としての権利義務を有する（商563条1項後段）。また，委託行為を実行したことになるので，運送取扱人としての権利義務をも併有する。

第3に，運送取扱人は，運送品に関し受け取るべき報酬，運送賃その他委託者のためになした立替または前貸について，その弁済を受けるまで，その運送品を留置することができる（商562条）。

iv 運送取扱人の有する債権の消滅時効 運送取扱人が委託者または荷受人に対して有する債権は，1年を経過したときは時効によって消滅する（商564条・586条）。

v 荷受人の地位 運送取扱人と荷受人との間には直接の法律関係がない。しかし，荷受人は，運送品が到達したときは，運送取扱人に対する権利を取得する（商564条・581条1項）。また，荷受人は，運送品を受け取ったときは，運送取扱人に対し報酬その他の費用を支払う義務を負う（商564条・581条3項）。

（新里 慶一）

References

福原・総論73～86頁・95～115頁，福原・取引95～112頁，弥永・商法33～45頁・67～84頁・109～123頁，濱田惟道（編著）『現代企業法講義1　商法総論・総則』青林書院（1992年）131～162頁，丸山秀平『基礎コース商法I（総則・商行為法/手形・小切手法）（第4版）』新世社（2018年）33～48頁・95～110頁，森田邦夫（編著）『現代企業法講義2　商行為法』青林書院（1993年）141～176頁。

Column ③　支配人による代理権の濫用

支配人（代理人）X が商人・会社（本人）Y のための取引であると言って Z から商品を買い入れて，その商品を横流しして利益を得る場合のように，X が自己の利益を図って代理行為を行った場合，取引の相手方 Z は，Y に対して，売買代金の請求が認められるか。このように，支配人が客観的には商人・会社の営業・事業に関すると評価される行為を，商人・会社の名で，しかし，自己の利益のために行った場合を「代理権の濫用」という。

従来，代理権の濫用における法律関係には条文がなかった。そこで，学説・判例において，法律関係をめぐって，激しい議論が展開されてきた。

判例によれば，支配人の行為が営業主の営業に関するものであるかどうかは，その行為の性質・種類等から客観的・抽象的に観察して決すべきであり，支配人の主観的事情によるべきではない，とされている（最判昭 32・3・5 民集 11・3・395，最判昭 54・5・1 判時 931・112）。したがって，客観的に支配権の範囲内の行為と認められる場合，営業主に対して効果が帰属することになる。しかし，相手方が代理人の背任的意図を知っている場合，営業主に効果を帰属させるという結論は妥当とはいえない。そこで，判例は，代理人の背任的意図について悪意または善意有過失の場合，民法 93 条但書の類推適用により，営業主はその行為につき責に任じない，としていた（最判昭 51・10・1 金商 512・33）。

学説においては，基本的に判例と同様の有権代理的な考え方に立つが，本人が悪意者または善意・重過失者に対して代理行為の効果が帰属しないことを主張することができることの根拠を権利濫用ないし信義則に求める見解が有力に主張されていた。

しかし，この有権代理的な理論構成に対して，代理人は本人の利益のために行為する義務があり，この義務に違反して行動した場合には無権代理になるとし，相手方が善意無過失である場合，表見代理で保護されると解する見解も主張されていた。

ところで，2017 年改正民法は，107 条において，「代理権の濫用」の見出しの下，「代理人が自己又は第三者の利益を図る目的で代理権の範囲内の行為をした場合において，相手方がその目的を知り，又は知ることができたときは，その行為は，代理権を有しない者がした行為とみなす。」とする新規定を設けた。この規定の内容は，代理権の濫用行為を有権代理的に捉えることを基本として，代理人の背任的意図につき悪意または善意有過失である相手方に対する関係で無権代理と構成するものである。

今後は，この新規定が，支配人の代理権濫用行為に適用されると解するかどうかが問題となるであろう。なぜなら，この新規定では，相手方保護の主観的要件は善意・無過失となっており，相手方保護の保護範囲が狭くなり，取引の安全の観点から問題があるからである。

（新里　慶一）

第4章

企業の公示方法

Essence

□ 1. 商業登記は，何のために行い，どのような機能があり，どのような効力を有しているのか。登記情報の電子化で，公示方法はどのように変わったのか。
□ 2. 会社の設立登記で，公示される絶対的登記事項はどのようなものか。登記された事項を変更するのは，どのような場合か。
□ 3. 会社の機関設計の違いによる役員等の登記はどのように公示されるのか。
□ 4. 株式に関する登記は，どのようなものが公示されるのか。
□ 5. 会社合併，会社分割，組織変更，解散等は，どのように公示されるのか。

Introduction

「登記」とは，取引の主体や客体となるものについての情報や権利関係を社会に公に示すため，国が管理する帳簿（登記簿）に一定の事項を掲載して公開する制度である。情報が公開されることにより具体的に取引に関わろうとするものが取引の相手方や取引の客体である物や権利関係を，現在ではインターネットを利用して簡単に調査することができるため，安全かつ円滑な取引を実現するための法制度である。現在登記簿は，コンピュータによる処理をしており，紙の帳簿は，閉鎖登記簿となっており，磁気ディスクをもって調製されている。

登記には，不動産登記，商業登記，法人登記のほか，船舶登記，動産登記，債権譲渡登記，成年後見登記など多くの種類があるが，最大の登記は不動産登記であり取引の客体となる不動産の所有権者ほかの権利関係や，物理的な現況について情報公開されている。

企業に関する「商業登記」は，商取引の主体である商人（会社，個人）に関する取引上重要な一定の事項を商業登記簿により公示して，取引の安全を図るとともに商人自体の保護を図る制度でもある。

1. 商業登記の意義・機能・効力と登記情報の電子化

(1) 商業登記の意義と機能

商業登記は，商取引の主体である商人（会社，個人）に関する取引上重要な一定の事項を国が管理する登記所における商業登記簿により公示して，取引の安全と円滑を図るとともに商人自体の権利保護を図る制度でもある。

登記の機能は，とくに，会社が法人格をもった主体として成立しているか，どのような種類の会社で，どのくらいの規模の会社か，どういう事業を目的としているのか，代表権者は誰なのか等の会社の情報を公開することにより，大量・反復・継続して行われる商取引の安全と円滑を図るための「公示機能」こそが商業登記の重要な機能である。

この公示機能を効果的にするために，登記には，正確性，明瞭性，迅速性が要求され，商業登記法は，そのような視点から登記の真正を担保するための登記手続きについて規定している。

次に，登記には「予防機能」がある。登記により法律関係の形成が適法に行われ，無用な紛争が起こらないように未然に予防する機能がある。とくに会社の設立登記のように，厳格な審査により登記されるとういう信頼により，取引する相手会社が法人格を有するとの安心感がある。

(2) 「登記すべき事項」の法定

商業登記簿に登記される一定の事項は，会社法，商法等の実体法と，商業登記法等の手続法によって規定されている。

登記事項は，商取引上の重要な主体についての情報公開であるが，取引相手の必要性と会社自体の保護との均衡で一定の事項に限られる。

1) 絶対的登記事項

必ず登記することが求められる義務付けられている事項であり，登記しない自由はない。会社に関する登記事項はほぼ絶対的登記事項であり，設立登記の場合の目的，商号，本店，資本の額，発行可能株式総数，発行済株式総数，取締役の氏名，代表取締役の住所・氏名，公告の方法等。

2）任意的登記事項

登記するかどうかが任意である事項。個人商人の商号登記は，任意的登記事項であるが，いったん登記すると変更，消滅は必ず行わなければならない（会909条）。

3）当事者申請主義

登記すべき事項は，商業登記法の定めるところにより，登記所に対して当事者が申請することが原則であり，例外的に裁判所書記官による嘱託登記がある（会907条）。

また，登記を申請すべき期間が法定されており，一般的には2週間以内にしなければならないものとされている（会911条他）。
なお，登記義務の懈怠については，会社の代表者に過料の制裁が科せられる。

（3）　商業登記の効力（公示力，対抗力，公信力，形成力等）

登記の重要な機能は公示機能であるが，この機能から，登記には，「公示力」があり，以下のように「対抗力」の問題がある。

登記するまでは善意の第三者に対抗することができず，登記をすることによって善意の第三者に対抗することができる（会908条1項前段）。

例外規定として正当事由によって登記があることを知らなかった善意の第三者には対抗できない（会908条1項後段）が，その正当事由は，大災害による交通途絶や，登記簿の滅失などの厳格に客観的な事由に限定される。登記簿がコンピュータによるデータ化された現在では，登記情報システムに事故が生じ，閲覧不能に事態が生じたような場合が想定される。

商号の譲渡のように，登記をしなければ第三者に対抗することはできないとして，対抗力を付与している登記もある。

また，故意又は過失により不実の事項を登記した者は，その事項が不実であることをもって善意の第三者に対抗することができない（会908条2項）これは，「消極的公信力」の問題であるが，わが国の登記制度では，外観通りに法律効果を与えるという「積極的公信力」は認めていない。

登記は，実体関係の成立要件ではないが，会社の設立登記のように，登記することにより会社が成立する（会49条・579条）ので，法人格取得の法律関係の成立要件となり，設立登記には「形成力」がある。

その他にも，登記には「免責的効力」，「補完的効力」がある。

また，法律的推定力はないが，「事実上の推定力」はあるとされている。

(4) 商業登記情報の電子化の進展

登記は公示制度であるから，誰でもが何時でも登記簿の内容を調査するために閲覧できる必要がある。かつては管轄の登記所まで出向き，紙の登記簿冊を閲覧する方法とその登記簿の謄本請求の方法に拠っていたが，政府の電子化構想の中でも最重点事項として，1988年10月から2008年3月までの約20年間で全登記所の登記簿の電子化が進められて，現在では，平日の朝8時30分から夜21時までインターネット利用により登記簿情報の閲覧利用が可能になっている。

また，登記情報の証明書や法人の印鑑証明書の請求もオンラインにより利用でき，手数料の納付もインターネットバンキング等の利用が可能である。

商業登記の電子申請も2004年6月から開始され，現在では，60%以上がオンライン申請になっている。

2. 会社の種類と設立登記等

(1) 会社の種類

会社は，2020年度の国税庁の法人番号公表サイトによると，国内企業数は399万社余りが存在する（清算中の会社を除く）。そのうち株式会社216万社，合資会社8万社，合名会社1万8千社，合同会社24万社である。

会社の種類は法制度上は4種類であるが，実社会には，156万社の有限会社が今なお存在している。これは有限会社法が廃止されて法制度上は株式会社となっているが，特例として有限会社の名称の利用を継続できる「特例有限会社」として存在しているからである。

近年は，株式会社よりも簡易に設立でき，定款自治が広く認められている「合同会社」が数多く設立されている。新規設立会社のうち大都市圏で30%以上，地方では40%以上で，毎年3万社増加している。

なお，会社企業のうち上場企業といわれる証券取引所に上場されている株式会社は，このうちわずか3,800社ほどであり，全企業の0.1%に過ぎないので，わが国の圧倒的多数を占めるのは，中小企業であることは，登記された会社の数値からも明らかである。

(2) 会社以外の事業主体

企業と言われるものは，商行為として営利を主目的とする株式会社がその代表ではあるが，その他にも主たる目的は営利ではないが，主たる事業を推進するために営利事業も行う法主体として，各種の法人が実在している。学校法人，医療法人，宗教法人，社会福祉法人，中小企業等協同組合，農業協同組合，漁業協同組合，一般社団法人，NPO法人等がある。

また，法人格は有しない事業主体として有限責任事業組合（LLP）もある[1)]。

会社は，商業登記法による手続きであるが，各種法人は，それぞれの根拠法人法や，組合等登記令により登記手続が定められている。

(3) 会社の設立登記数と合同会社の急増

会社は，会社法が施行された2006年以降，10年間の統計では，毎年8万社から11万社以上の新規の設立があるが，そのうち株式会社の設立は毎年ほぼ9万社位であるが，近年は合同会社（LLC）の設立が年間で3万社を超え，2020年では3万3千社もあり，全会社設立の30%以上を占めるようになってきた。

合同会社は，合資会社・合名会社のように無限責任を負うような組織形態ではなく，株式会社の有限責任の部分と，人的会社の簡素な組織形態を合わせた第三の会社形態であるところが特徴である。公証人による定款認証が不要で，定款自治により定款に記載する事項の自由度が高いため，少額の資本の小規模会社を自由に運営出来るメリットがあり，会社企業として簡単に起業することができることが利用される理由である。また，節税目的のために法人化しようとする場合には必ずしも株式会社である必要はないため使い勝手の面からも合同会社を選択されるケースが多くこの傾向は今後も続くことが予想される。

なお，事業が成功し規模を拡大する必要が出てきた場合には，株式会社への組織変更も可能であるので，小さい規模で起業し，成功したら将来的には株式会社へ移行するという場合にも適しているといえる。

（4）支店設置

法人化のひとつのメリットとして，各地に支店を設置し全国展開を図るという事業所の拡大がある。2020年で5,200件ほどの新規支店設置があるが，ここは殆どが株式会社によるものであり，合同会社の支店設置数は200件程度である。

これは，合同会社は小規模の会社が多く，また，一人で起業する場合にも利用されるところから，支店設置が少ないといえる。

令和3年4月1日施行の会社法改正により同年9月1日より支店所在地での登記は不要となり，本店所在地で支店登記をすることで足りることになった。

（5）商号変更，目的変更，本店移転等に伴う変更登記

会社は，事業の発展に従い，会社の名称である商号を変更したり，事業目的を追加したり，本店の所在を移転したりすることが生じる。

このように一旦設立した会社の登記事項を変更した場合には，会社の登記は公示制度であることにより，速やかに変更の登記を公示する必要があり，会社の代表者には変更登記の申請が義務付けられている。

変更登記では，本店移転登記は年間12万件以上，目的変更登記は，年間6万件以上，商号変更登記も年間1万6千件ほどがある。

3. 会社の機関設計と役員の登記等

（1）株式会社の機関

株式会社の機関設計は，会社法の改正により，多種多様になったため，会社の規模に適した機関の設置が可能になった。

株式会社の機関は，会社の「所有」と「経営」，さらに経営の「監査」と「外部監査」の主に4部門の機関から構成される。

「所有」にあたる機関は，株主総会，「経営」にあたる機関は，取締約，取締

役会。「監査」にあたる機関は，監査役，監査役会，委員会等。「外部監査」にあたる機関は，会計監査人である。

これらの組み合わせが機関設計になる訳だが，大きく分類すると，

①「所有」と「経営」の２機関だけの比較的小規模会社

②「所有」・「経営」・「監査」の３機関を置く，標準型の会社

③「所有」・「経営」・「監査」に「外部監査」の４機関を設置する大会社

以上の３分類は，順に経営に対する監視が厳しくなる制度であるということになる。これは，会社との取引の規模の拡大により利害関係者が増大するため，それらの者の保護のために，会社の経営を監視する仕組みを強化するものといえる。

(2) 小規模会社

株式会社とはいえ一人会社も多く，資本金も100万円未満の会社も年間２万件ほど設立されているが，このような会社は，出資者が取締役となって所有と経営が分離されていない会社であり，取締役会の設置を必要としない非取締役会設置会社を選択しているケースが多い。

(3) 標準型の会社

公開会社は必ず取締役会を設置しなければならないが，経営は所有から分離され株主総会の権限は限定される代わりに，経営を監視する監査役の設置が必要になるわけである。

もっとも，取締役設置会社でも非公開会社の場合は，監査役の権限を会計監査に限定することができるし，会計専門家の会計参与を置くことにより，監査役を置かないことも可能になる。

(4) 大規模会社

会社法上の**大会社**は，会計監査人を必ず設置しなければならないので，とくに大会社で公開会社の場合には，①社外監査役を入れた監査役会の設置，②社外取締役を入れた監査等員会設置会社，③社外取締役を入れた指名委員会等設置会社のどれかを選択することが必要になる。

(5) 役員の変更登記

これらの経営に関する取締役，監査に携わる監査役や会計参与，会計監査人等の役員は，任期の定めに伴い，役員の変更登記が必要になってくる。そのため，株式会社では，年間の総登記件数の約半分に及ぶ50万件以上が役員変更登記である。取締役でも数十人もいる大規模会社の場合では，毎月のように役員の変更登記の申請が必要になるという状況もある。

株式会社の場合，代表取締役や代表執行役は，住所と氏名が登記事項とされているが，取締役・監査役・会計参与は，氏名のみであり住所は登記事項とされていない。なお，2022年9月より，インターネット登記情報では，代表者の住所が非公開となる。これは，代表者個人のプライバシーを侵害や悪用を避けるためであるが，登記所にて登記簿謄本を取得すれば，代表者の住所は確認できる。取引の安全とプライバシーの侵害とのバランス調整したものの改正である。

また，取締役・監査役・会計参与・執行役・会計監査人の責任免除の定めがある場合にはその旨の登記が必要になる。

委員会設置会社の場合はその旨および取締役のうち社外取締役であるものについては氏名の他，社外取締役である旨も公示される。

4. 株式に関する登記

(1) 株式の意義（株式会社の資本構成単位）

会社として起業するときには，資金が必要であるが，出資金を，均一に細分化した株式という単位にして，会社を起業する者だけではなく，幅広く大勢の人から出資金を集めるための方法として，会社への資金の出資を細分化した割合的な資本単位化したものを「株式」という。

「株主」とは，会社への資金を出資し株式を保有する者をいう。

Glossary

大会社：会社法上の大会社とは，最終事業年度にかかる貸借対照表にて，資本金5億円以上または負債総額が200億円以上の株式会社をいう（会24条の2)。大会社は，債権者保護，投資家保護の観点から規制が多くなる。なお，旧商法の時代には，小会社という概念があったが，会社法では使っていない。

株式を表章する有価証券が「株券」である。

株式会社とは，株主で構成された会社であるが，社員としての参加という面と，資金調達としての面との2つの性格を有する。

(2) 設立時の株式

会社の設立には，発起設立と募集設立の2種類がある（会25条）が，実務上では，毎年設立される新設株式会社の大部分が発起設立によるものである。令和2年度法務省登記統計によると，約8万5千の新設株式会社のうち，資本金が500万円以下の会社が3万3千社もあり，うち資本金100万円未満の会社も1万6千社もあるのが実態であり，これは，発起人が一人で自己資金だけで簡単迅速に設立できることによる。

発起人は設立時に会社が発行する株式を引き受け定款に発起人として署名押印した者であるが，自然人でも，法人でもよい。

設立時の登記簿には，「会社の発行可能株式総数」，「発行済株式総数」，「資本金の額」の他，「株券発行会社である旨」，「単元株式」，「**種類株式**」等が登記され公示される。

また，多くの中小企業では，「株式譲渡制限の旨」の登記もされるのが一般である。

(3) 新株発行

会社を設立後，事業が成功し拡大するにも資金が必要となり，そのような場合の資金調達の一手段として，新株を発行する方法がある。

新株の発行は，定款に定められ登記された「会社が発行する株式総数」の範囲内で行うことが出来る。公開会社の場合は，発行済株式総数の4倍を超えて増加することはできない（会113条）が，非公開会社の場合は，この4倍規制の制限はない。

Glossary

種類株式：会社法では，「異なる種類の株式」（会108条）と規定されており，「種類株式」という用語は使われておらず定義付はされていないが，一般には，単一の権利内容である一種類の株式だけではなく，余剰金の配当や，議決権の制限や，役員選任権等について，異なる権利内容の定めがある2以上の種類がある株式の総称をいう。

(4)　株式の分割

株式の分割とは，発行済株式を細分化して，より多数の株式にすることをいう。例えば，1株を5株にするとか，10株にするとかが可能である。一株の価値が高すぎるときに，株主の持分比率を調整するために利用されることが多い。

分割により当然に発行済株式総数が増えるので，登記の変更が必要であり，分割後の株式の総数は，発行可能株式総数による制限があるが，その他の制限はない。ただし，種類株主に損害を及ぼす恐れがあるときには，種類株主総会の特別決議がなければその効力は生じない。

(5)　株式の併合

株式の併合とは，分割とは逆に，複数の株式を1株に統合して発行済株式総数を減らす方法である。2株を1株にするとか，3株を2株にするとかが可能である。この場合も，当然に発行済株式総数の変更が生じるので，変更登記を行う必要がある。

分割の場合とは逆に，一株当たりの純資産価値が低すぎる場合に行われるが，少数株主の追い出しのためにも利用されることもあるため，公開会社の場合には，発行済株式総数と発行可能株式総数との4倍規制が強化された。

なお，株券を発行している会社の場合は，株券提供の公告等の手続きが必要になる。

5. 会社の基礎的変更・組織再編と登記

(1)　会社の解散，清算結了

会社の**解散登記**は，毎年2万社ほどはある。このうち株式会社の解散と特例有限会社の解散がそれぞれ半数近くを占めている。

Glossary

休眠会社のみなし解散登記：最後の登記から12年以上一切の登記をしていない会社は，経済活動をしていない休眠会社とみなされて，職権で解散登記がなされる。過去7回ほどの休眠会社整理が実行されており，直近では，2021年10月14日付けで行われている。登記簿上の会社の約10%が対象になっているのが実態である。

解散原因は法定（会471条）されているが，一番多いのは，株主総会での解散決議であり，その他のケースは稀である。

解散登記と同時に，清算人等の登記をする。

清算が終了すると，清算結了の登記をして会社登記簿は閉鎖される。

（2） 組織変更

株式会社は，組織を変更して持分会社（合名会社，合資会社，合同会社）になることができる。逆に，各持分会社は組織変更をして株式会社になることができる。また，持分会社間での組織変更は，種類変更という。

組織変更登記は，組織変更による設立登記と，組織変更による解散登記という2種類の登記を同時に行うが，法人格の同一性を維持することにメリットがある。

（3） 会社合併

会社の合併には，吸収合併と新設合併とがある。

吸収合併は，会社が他の会社に吸収されて消滅する会社の権利義務が存続会社に承継される。企業買収であり経営支配権の取得となる。年間で4,000社が吸収合併で解散しているが，同一企業グループ内の親子会社や，兄弟会社の合併が多い。

吸収合併の場合，合併存続会社は変更登記をし，合併消滅会社は解散登記をすることとなるが，同時に連件での申請手続きをする。東京の会社に大阪の会社が吸収される場合，登記は，存続会社である東京の会社の管轄登記所に，同時経由申請することとなる。同時に商号変更，本店移転登記を行うことも多い。

新設合併は2社以上の会社が合併し，新たな会社が成立するが，消滅する会社の権利義務の全部が新会社に承継される。

新設合併の場合は，合併当事者会社がすべて解散して登記簿も閉鎖されることとなり，新会社としては設立登記をすることとなる。そのため従前の会社の企業履歴も消えるし，課税上も不利益が多いので利用は少なく，年間数社程度である。

すべての種類の会社は，すべての種類の会社と合併することができるが，特例有限会社は，吸収存続会社にはなれない。

（4） 会社分割

会社の分割には，吸収分割と新設分割がある。

吸収分割は，事業に関する権利義務の全部又は一部を分割により，他の会社へ承継させるものであるが，実務上余り見られない。

新設分割は，1又は2以上の会社が，事業に関する権利義務の全部又は一部を分割により設立する会社に承継させるものである。新設分割は，毎年1,000件近くある。

なお，分割の受け手側は，4種類の会社のどれでもよいが，分割する側の会社は株式会社と合同会社に限られる。

吸収分割の登記は，分割承継会社の変更登記と，分割会社の変更登記を同時経由申請をする。新設分割の登記は，新設分割による設立登記と，分割会社の変更登記を同時経由申請をする。

（佐藤　純通）

Note

1）　総務省統計局の経済センサスによる，わが国の民営事業所総数は577万9千事業所で，企業等数は409万8千企業と公表されており，そのうち「会社企業」は175万企業，個人経営が209万企業，会社以外の法人が25万8千企業と公表されている（2015年11月公表）。

References

福原・組織，今川嘉文『中小企業の戦略的会社法務と登記』中央経済社（2016年），神崎満治郎『実務解説　わかりやすい商業登記のポイント』日本加除出版（2015年），一般社団法人商業登記倶楽部（編）『商業・法人登記六法』中央経済社（2012年），日本弁護士連合会（編著）『中小企業法務のすべて』商事法務（2017年），福原紀彦（編著）『企業法務戦略』中央経済社（2007年）。

Column ④ 企業と不動産登記

1. 所有としての不動産

企業にとって，会社の本店所在地，営業所，工場，店舗，研究所等々で，土地・建物の不動産の自己所有や，借地・借家のために賃貸借契約等により不動産を利用することは不可避である。

不動産の登記は，法人として権利主体になるので，不動産登記簿の所有権者の名義には，会社の本店と商号が登記されるが，代表者の名義は登記されない。

自己所有の不動産は，企業の重要な固定資産となり，さまざまな利用活用がなされることになるが，企業が，不動産を売買により取得して，それを開発等により宅地化して販売する土地開発事業や，建物を建築する建設会社の他にも，他人間の不動産売買の仲介を業とすることなど，不動産のさまざまな取引自体を業とする不動産会社，建設会社等が多く社会に存在するのは言うまでもないことである。

2. 金融担保としての不動産

また，企業の事業拡大や運転資金のため，金融機関から融資を受ける場合にも，担保として不動産に抵当権や根抵当権を設定することも日常的に生じる。年間の不動産登記の3分の1ほどは，不動産担保関係の登記であり，金融機関では，個人の住宅ローンの他にも，企業融資の不動産担保を設定することは重要な業務内容となっている。

3. 電鉄会社の地下地上権

電鉄会社では，鉄道敷地のために自己所有地の他に，他人の土地を利用するために地上権設定という方法に拠り，不動産取引により一定の権利関係を有する。

とくに，地下鉄を運営する電鉄会社の場合には，自己所有地を利用するのはほんの一部であり，大部分は他人の所有地の地下深くトンネルを掘って地下鉄を走らせるわけであり，その場合には，地下の一定の範囲を区分して，地上権設定により利用権を取得することになる。いわゆる「地下地上権」である。

4. 電力会社の空中地上権，地役権の利用

電力会社では，山奥の水力発電所から送電線を通して都市部まで電気を送ることになるが，これも自己所有地のみを利用するのは不可能であり，他人の土地を利用して送電線を張り巡らせる必要がでてくる。他人の土地の上空を通過するだけではあるが，他人の土地の上空でも送電線という人口物の設置は土地所有者の支配可能な範囲であるから，その場合にも，土地所有者との間で，地上権設定が利用される。これは，いわゆる「空中地上権」である。

また，鉄塔の設置された土地の利用のためという目的で，他の土地の上空に送電線を設置することや工事の利用のために土地と土地の間に地役権を設定するという場合もある。

（佐藤　純通）

第 5 章

企業組織の形成と株式会社の設立

Essence

□ 1. 会社設立とはなにか，各種会社に共通する条件（要件）はなにか。
□ 2. 発起人とはなにか，発起人の権限の範囲をどう考えるか。
□ 3. 株式会社設立手続の特色はなにか。その特色から，どのような手続（要件）が要求されているのか。
□ 4. 株式会社の不存在・不成立・無効の場合に関与者には，どのような責任が課されているのか。

Introduction

合理的な営利追求に適した共同企業形態である会社の中でも，株式会社は，リスクを伴う事業経営を大規模で合理的に行えるよう，経営は原則として専門家に委ね[1)]，出資を募り易いよう株式制度を採用し，株主は会社に対して払い込んだ株式払込金を上限として，会社債権者に対しては間接的に責任を負えば足りるとする「株主間接有限責任制度」で運用されている。その結果，株式会社においては会社債権者保護のために設立段階から会社財産確保の要請が強く，企業組織形成の共通要件である①定款の作成②社員の確定および出資の履行③機関の具備④設立登記の各段階においても，その特色が現れている。

例えば①では，会社の財産的基礎を危険にするおそれがある変態設立事項（現物出資，財産引受，発起人の報酬・特別利益，設立費用）の明記を要求し，発行可能株式総数を絶対的記載事項とし，②では払込取扱銀行等の関与や検査が行われ，③では設立事項の検査・報告義務や，不成立・無効の場合には設立関与者としての責任等を，検査役などの機関に課している。④では，①の発行可能株式総数を登記事項とし，公示による債権者保護を図っている。

このように，会社法は，株式会社について，出資財産の過大評価や過分な費用支出，仮装あるいは不相当な取引により設立時の会社財産が流出しないよう，対策を講じている。

1. 企業組織の形成（各種会社設立に共通する要件）

（1） 会社設立の意義と各種会社に共通する要件

営利追求という「会社」の存立目的を達成するため，法は，個人商人とは異なり内部の構成員の変動（死亡などによる退出や新たな参加）に影響を受けず，永続的で合理的な経営が可能な独立の法人格性を「会社」に与えた。従って，法による「会社」制度の恩恵を受けるには，それに適した企業組織を形成する必要がある。このような会社の法技術的な特性から，「会社の設立」とは，会社の実体を形成し，内部構成員とは別個独立の権利義務の主体となる「法人」として成立させるための，新たな法的実体の基礎作りのことをいう[2)]。従って，各種会社に共通した会社設立の手続は，①会社の根本規則たる定款の作成，②構成員である社員の確定，および出資の履行，③（企業活動の手足となる）**機関**の具備による会社の実体形成と，④設立登記による法人格の取得である[3)]。

会社法は，会社の設立につき，法定の要件を満たすときには当然に法人格を付与するという立法主義の「準則主義」を採用している。

（2） 発起人の意義およびその権限の範囲

1）発起人

株式会社の設立を実質的に企画遂行する者を「**発起人**」といい，1人でも制限能力者や法人でもなれるが，法的責任者を明確にするため，氏名・名称，住所を定款に記載し（会27条5号），1株以上を引受け（会25条2項）払い込む必要がある。

Glossary

機関：法人は自然人と違い自分自身で思考したり行動したりできないため，現実に取引等の活動を代わりに分担する自然人またはその集まり（組織）を会社の「機関」としている。すべての株式会社には，株主総会と一人以上の取締役を設置しなければならない（会295条1項・326条1項）。

発起人：株式会社の設立行為者のこと。学説・判例は定款に発起人として署名または記名押印した者（会26条1項）を発起人と解している。発起人が複数の場合は会社の設立を目的とする発起人組合を組織し，この目的を達成するために設立に関する行為をなす。この組合は会社が成立すると目的を達して解散する。

2）設立中の会社と発起人の権限

設立中の会社は，「発起人を執行機関として自ら会社として成立することを目的とする権利能力なき社団であり，設立登記により法人格を取得して完全な会社となる」（福原・組織63頁参照）。

発起人が行った行為の効果が成立後の会社に帰属する範囲については，「健全な株式会社の設立」という点を重視すると，営業行為の効果はおよばないと解することに異論はないであろう。①会社の形成・設立それ自体を直接の目的とする法律上必要な行為（定款の作成，株式の引受け・払込み，創立総会の招集等）に限定されるとする考えもある。しかし，現実の必要性も否めないので，②会社の設立にとって事実上・経済上必要な行為（設立事務所の賃貸，設立準備事務の職員の雇用等）までは含まれると解するべきであろう。また，開業準備行為（本店・支店を設置するための土地や建物の取得，製造や業務のための設備・備品の購入，原材料の仕入れ等）については③法定要件を満たした財産引受（会28条2号）のみが発起人の権限の範囲に含まれるとするのが判例多数説である（最判昭33・10・24民集12・14・3228会百選5）。

2. 株式会社設立手続の特色

（1）　他の会社と株式会社が異なるところ

法は，さらに，出資者を募りやすいよう，会社債権者に対して出資の限度でしか責任を負わない（個人資産へは追及されない）有限責任社員のみから構成される会社類型を認めている（株式会社〔会104条〕，合同会社〔会576条4項・580条2項〕，特例有限会社〔会整3条〕）。

その中でも，大規模合理的経営を可能とするために，「株式会社」においては，株主有限責任制度の下で会社持分を株式の形にして投資者を募り，実質的な退社の自由（株式自由譲渡性）が原則として認められている。このような株式会社組織においては，会社債権者に対する責任の引当ては会社財産のみであり，それを形成する株式の払込み，およびその不当な流出の防止が設立時における会社財産の確保・維持として強く要請される。

【株式会社の設立手続】

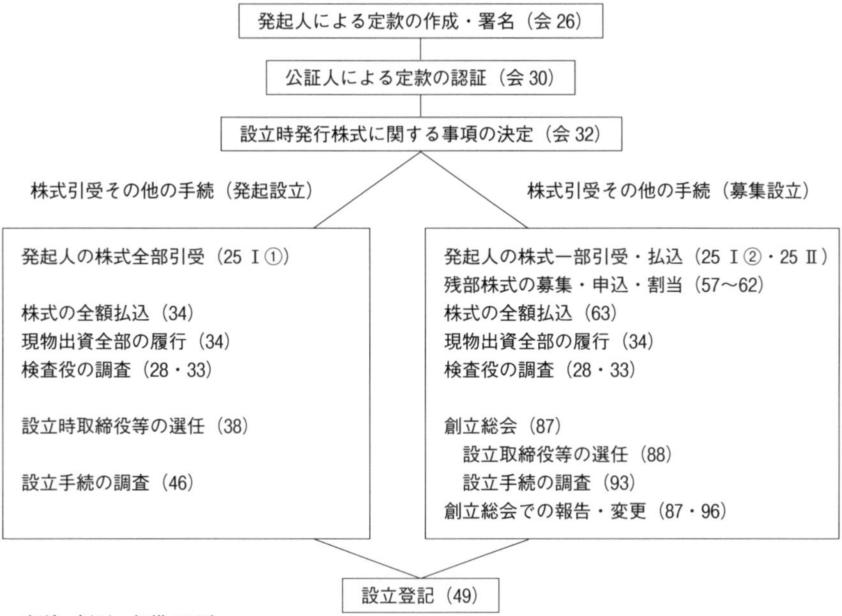

発起人による定款の作成・署名（会26）

公証人による定款の認証（会30）

設立時発行株式に関する事項の決定（会32）

株式引受その他の手続（発起設立）	株式引受その他の手続（募集設立）
発起人の株式全部引受（25 Ⅰ①） 株式の全額払込（34） 現物出資全部の履行（34） 検査役の調査（28・33） 設立時取締役等の選任（38） 設立手続の調査（46）	発起人の株式一部引受・払込（25 Ⅰ②・25 Ⅱ） 残部株式の募集・申込・割当（57～62） 株式の全額払込（63） 現物出資全部の履行（34） 検査役の調査（28・33） 創立総会（87） 設立取締役等の選任（88） 設立手続の調査（93） 創立総会での報告・変更（87・96）

設立登記（49）

出所：福原・組織62頁。

（2） 株式会社設立手続の概要

発起人が定款を作成し（会26条）内容を明確にして後日の紛争や不正行為を予防するため，定款につき公証人の認証を必要とし（会30条），株式発行事項を決定する（会37条）。各発起人は少なくとも一株以上を引受けなければならない（会25条2項）。株式会社の設立手続には，設立時発行株式全てを発起人だけで引受ける「発起設立」（会25条1項1号）と，発起人以外からも出資を募り株式を引受けてもらう「募集設立」（同条1項2号）の2つの態様が存する。諸手続を終え，本店所在地において設立登記がなされると，法人としての株式会社が成立する（会49条）。

（3） 定款の作成・認証・備置き等

定款は，その内容を明確にして後日の紛争や不正行為を予防するために，公証人が定款を確認し認証を受けなければならない（会30条1項）（福原・組織64頁参照）。

定款の記載事項は，①その記載を欠くと定款自体が無効となる絶対的記載事項（会社の目的，商号，本店所在地，設立に際して出資される財産の価額又はその最低額，発起人の氏名及び住所〔会27条1～5号〕，発行可能株式総数＝「授権株式数」〔会37条1項〕），②記載しなくても定款自体の効力には影響がないが，定款に記載しなければその効力が生じない相対的記載事項（公告の方法と**変態設立事項**等〔会28条・29条〕），③株式会社の本質又は強行法規に反しない限り定款に記載できる任意的記載事項（会29条）がある。

定款は一定の場所に備え置かれなければならず（会31条1項），発起人（会社成立後には株主及び債権者）および裁判所の許可を得た親会社社員は，定款の閲覧・謄写の請求ができる（同条2項・3項）。

（4）　設立時発行株式に関する事項の決定

株式会社の「設立に際して出資される財産の価額又はその最低額」は定款で定めることを要するが（会27条4号），①発起人へ割当てる設立時発行株式の数，②それへの払込金額，③成立後の資本金と資本準備金の額に関する事項については，定款で定めない場合は，発起人全員の同意によって決定することを要する（会32条）。

Glossary

定款：実質的には会社の組織･活動に関する根本規則を意味し，形式的にはその根本規則を記載した書面（または記録した電磁的記録）を意味する。

変態設立事項：株式会社の設立に際し，現物出資・財産引受，会社の負担になる設立費用，発起人が受ける特別利益や報酬は会社財産への影響が大きいので定款に規定しなければ効力が生じないもの（相対的記載事項）とする一方，原則として検査役による調査報告および裁判所（発起設立の場合）または創立総会（募集設立の場合）による変更処分の制度を定めて，不公正な行為が行われないよう配慮している。ただし，現物出資・財産引受については，一定の場合に調査が省略されることも認められている（会33条10項）。

また会社の負担になる設立費用について，定款認証手数料，払込取扱機関の報酬など会社に損害を与えるおそれのないものは，当然に会社の負担に帰すべきものとされている（会28条4号等）。また明確性確保のため，現物出資は設立の場合には発起人しかなし得ない。

(5)　変態設立事項（現物出資・財産引受・設立費用）

変態設立事項（危険な約束。会28条）とは，①現物出資（同条1号），②財産引受（同条2号），③発起人の報酬・特別利益（同条3号），④設立費用（同条4号）である。これらの変態設立事項は，いずれも会社の財産的基礎を危険にするおそれがあるので，原始定款の相対的記載事項とされ，原則として裁判所の選任する検査役の調査を受けることを要し[4)]，不当と認められた場合は，裁判所又は創立総会において変更される（会33条1項・7項）。また①と②の規制の潜脱となる一定の契約には，**事後設立**として株主総会特別決議が要求されている（会467条1項5号，会309条2項11号）。

(6)　株式の払込

発起設立・募集設立のいずれの場合も，発起人が定めた取扱銀行又は信託会社の取扱場所においてなすことを要する（会34条2項・63条1項）。募集設立では払込金保管証明責任制度が維持されているが（会64条1項・2項），発起設立では銀行口座の残高証明等の任意の方法による（商登47条2項5号参照）。発起設立では，発起人自身が出資財産の保管に携われるため，見せ金などの仮装払込行為を防止するのは困難だからである。

Glossary

現物出資（会28条1号）：株式の対価として金銭以外の財産をもってする出資をいう。出資の目的物たる財産が過大評価されると，会社の資本充実が害されるので，会社法は変態設立事項として厳重な規制に服せしめている。発起人に限って行うことができる（会34条1項・63条1項参照）。

財産引受（会28条2号）：発起人が設立中の会社のために，会社の成立を条件として一定の財産を譲り受けることを約する契約をいう。目的物の過大評価による危険があり，現物出資の潜脱行為として利用されるおそれがあるので，現物出資と同様に変態設立事項としての規制に服する。

設立費用（会28条4号）：発起人が設立中の会社の機関として支出した会社設立のために必要な費用をいう（事務所の賃貸料や株式募集広告費等）。

事後設立（会467条1項5号）：現物出資や財産引受に関する設立時の規制を潜脱して，会社設立後に同様の効果を得ようとする弊害を防ぐため，会社が，その成立後2年以内に，成立前から存在する財産で事業のために継続して使用すべきものを，純資産額の20%を超える対価で取得する契約（事後設立）をなすには，株主総会の特別決議を要求する規制をいう（会467条1項5号・309条2項11号）。

もっとも，他者の事業の一部を買収するいわゆるM&A目的の会社設立に利用される例が増え，一律に潜脱目的と扱うことには批判が集まり，会社法制定時に事後設立規制が緩和された。すなわち，検査役調査（旧商246条2項）は廃止され，株主総会特別決議を必要とする基準は，改正前の「資本の20分の1」から「純資産額の5分の1」（会467条1項5号但書）へと緩和された。

発起人は予告された期日までに出資の履行をしないと失権する（会36条3項）が，募集設立では，払込をしない株式引受人は当然に失権する（会63条3項)。定款所定の設立時出資財産の最低限を満たしていれば設立手続は続行できる（打ち切り発行の認容）が，満たしていないときは引受人の追加募集が必要となる。失権により全ての発起人が1株も権利を取得しなくなった場合には設立無効と解される（会25条2項)。

（7）発起設立における株式引受その後の手続

①発起人は，書面による株式の引受の後，遅滞なく発行価額全額の払込又は現物出資の全部の給付をし（全額払込制度。会34条1項本文)，取締役と監査役を選任すると（会38〜45条)，取締役は，変態設立事項を調査させるために，原則として検査役の選任を裁判所に請求する（会33条1項)。また，取締役及び監査役は，株式の引受・払込及び現物出資の給付の有無等を調査する（会46条1項)。それら設立経過の調査等の手続が行われた後に，設立登記がなされる（会49条・911条)。

②出資の履行完了後，発起人は，遅滞なく設立時取締役等を選任し，機関設計によっては，設立時会計参与，設立時監査役，設立時会計監査人を選任しなければならない（会38条1項・2項)[5)]。これらは，原則として発起人の持ち株数に応じた議決権の過半数をもって決定し（会40条1項・2項)，成立の時までの間，解任することもできる（会42条)。

また，取締役会設置会社（委員会設置会社を除く）においては，設立時取締役の中から設立時代表取締役を選定し，委員会設置会社においては，設立時委員，設立時執行役，設立時代表執行役を選定しなければならない（会47条1項・48条1項）が，成立の時までの間，解職・解任もできる。

③設立時取締役及び設立時監査役は，その選任後，遅滞なく設立に関する事項（検査役調査が不要な場合における現物出資財産等の定款記載価額の相当性，弁護士等の証明の相当性，出資の履行の完了，設立手続の法令・定款遵守）を調査しなければならない（会46条1項)。設立時取締役は，この調査により当該事項について法令・定款違反又は不当な事項があると認めるときは，発起人にその旨を通知しなければならない（同条2項。委員会設置会社の場合には，設立時代

表執行役への通知も必要〔同条3項〕)。

(8) 募集設立における株式引受その後の手続

株主募集の態様は公募でも縁故募集でもよく，発起人は株式の申込に対して割当をなし[6)]，出資の全部履行（会63条1項・34条）後，創立総会が招集され（会60条・63条1項・65条)，取締役・監査役等の選任や設立経過の調査等（会93条・94条）が行われた後に設立登記がなされる（会49条・911条2項)。

募集設立においては，払込期日又は期間の経過により遅滞なく創立総会（後の株主総会に相当する設立中の会社の意思決定機関）が招集される（会65条)。創立総会では，①設立に関する発起人からの報告を受け（会87条)，②設立時取締役・設立時監査役等の選任（会88条)，③設立事項の調査（会93条1項・94条）などを含む，会社設立に関する事項を決議することができる（会66条参照)。

会社法の下では，創立総会において報告を受けて（会87条2項・93条2項)，定款変更又は設立廃止の決議をすることもできる（会73条4項・96条)。

(9) 株式の仮装払込への規制

1) 預合

「発起人が払込取扱機関から借入をなし，その借入金を株式払込金として会社預金に振り替え，同時に，その借入金を返済するまではその預金を引き出さない旨を約すること」をいう（福原・組織71頁参照)。

会社法は，預合に対し，罰則（会965条）を課すとともに，募集設立では，払込取扱機関は，発起人又は取締役の請求により，払込金保管証明書の発行を要しそれによって証明した金額については，払込がなかったこと又はその返還に関する制限をもって会社に対抗することができないと定める（払込金保管証明責任。会64条)。

2) 見せ金

法規制は存しないが，預合の潜脱行為としての仮装払込についても，実質関係を全体的に検討して払込があったものと解することができない場合には，見せ金として株式払込の効力が否定される（多数説。払込取扱銀行から借り入れた事例につき最判昭38・12・6民集17・12・1633会百選8，公正証書原本不実記載罪を認めた事例，最判平3・2・28刑集45・2・77会百選102)。

3. 株式会社の不存在・不成立・無効と関与者の責任

(1) 会社の設立無効・不存在・不成立

設立登記により株式会社が成立しても，設立の法定要件を欠き，設立手続に強行法規や株式会社の本質に反するような瑕疵がある場合について，会社法は，一般原則により無効とするのではなく，設立無効の訴えの制度で対処している（福原・組織73頁参照)。

一方，設立登記に至っても会社の実体がまったく存在しない場合は，誰でも「会社の不存在」を主張でき，設立登記にまで至らず，会社が成立しなかった場合は「会社の不成立」という。

(2) 設立関与者責任の趣旨と概要

株式会社の設立に際しては，不正行為を防止し，財産的基礎を確保して，健全な会社設立と関係者の保護を図るために，会社法は，厳重な罰則を定めるとともに（会960条1項・他)，次のように，設立に関与した者（発起人・設立時取締役・設立時監査役等）に対する厳格な民事責任を定めている7)。

1）現物出資等差額塡補責任

現物出資や財産引受の対象財産の会社成立時の時価が定款所定の価額に著しく不足する場合には，発起人と設立時取締役は，連帯して不足額支払い義務を負う（会52条1項)。ただし，発起設立では，検査役の調査を受けたとき，又は，無過失を立証したときは，出資者以外の者は，その責任を免れる（同条2項・103条1項)。

Glossary

見せ金：発起人が払込取扱機関以外の第三者から借入をして株式の払込にあて，会社成立後これを引き出してその借入金を返済することを，「見せ金」という。ただし見せ金であるかどうかは，①会社成立後借入金を返済するまでの期間の長短，②払戻金が会社資金として運用された事実の有無，③借入金の返済が会社の資金関係に及ぼす影響の有無等，客観的事情を総合的に観察して決する。預合・見せ金の私法上の効力について，伊藤他・リークエ38頁（大杉謙一執筆）参照。

検査役調査に代わって現物出資・財産引受に関する証明及び鑑定評価をした弁護士等（会33条10項3号）は，その財産の実価が定款所定の価格に著しく不足するときは，不足額につき，会社に対し連帯して損害賠償責任を負う（会52条3項）。ただし発起人の責任のように無過失責任ではなく，その証明等をするについて注意を怠らなかったことを証明したときは，責任を免れる（同項但書）。

2）仮装出資における履行責任

平成26年改正により，出資の履行（金銭の払込み又は現物出資財産の給付）を仮装した発起人や設立時募集株式の引受人は，払込期日（期間）経過後も，引き続き，会社に対して履行又は支払い義務を負う（無過失責任。会52条の2第1項・102条の2第1項）。この義務は総株主の同意がなければ免除できない（会55条・102条の2第2項）。仮装出資により会社に資金が入らず第三者の信頼を害する事態を避けるためである。

このような仮装の出資の履行に関与した発起人や設立時取締役等（会施規7条の2・18条の2）は，会社に対して払込人と同様の義務を負う（会52条の2第2項・103条2項）。ただし注意を怠らなかったことを証明した取締役は除外される（会52条の2第5項但書・103条2項但書）。この義務は総株主の同意がなければ免除できない（会55条・103条3項）。

3）任務懈怠責任

会社設立に関して任務を怠った発起人・設立時取締役・設立時監査役は，会社に対し連帯して損害賠償責任を負う（会53条1項）。悪意又は重大な過失があったときは，第三者に対しても連帯して損害賠償責任を負う（同2項）。

4）擬似発起人の責任

定款に発起人として署名・記名捺印をした者でなくても，株式申込証・目論見書・株式募集広告その他の文書に，自己の氏名及び会社の設立に賛助する旨の記載をなすことを承諾した者は，禁反言の法理[8]にもとづき発起人と同様の責任を負う（会103条2項）。

5）責任の追及・免除等

上記の民事責任へは株主の代表訴訟[9]が可能であり（会847条），現物出資等差額填補責任や任務解怠による損害賠償責任は，総株主の同意により免除が可能である（会55条）。

6）会社不成立の場合の発起人の責任

会社が成立するに至らなかった場合には，発起人は，会社の設立に関してなした行為について連帯して責任を負い，会社の設立に関して支出した費用を負担する（会56条）。

（仲宗根京子）

Notes

1）所有と経営の制度上の分離（会326条1項）とされる。
2）社団（複数人の結合）に法人格を付与する利点は，権利義務の帰属および社団の管理が簡明となり，団体としての統一的活動が容易になることにある。すなわち，①社団の対外的活動から生じた権利・義務は法人に帰属し，かつ，そのような②行為は法人が権限にもとづき手足となる機関が行う（江頭・株式会社法30頁）。
3）株式会社の設立には新設合併，新設分割および株式移転の手続もあるが，その実質はすでに存在している会社のリニューアルである（神田秀樹『会社法入門〔新版〕』岩波書店〔2015年〕166～167頁）。
4）検査役調査の省略。例外として①少額免除（会社法制定により資本金の5分の1基準が撤廃され財産価額500万円以下となった。会33条10項1号），②有価証券に関する免除（会社法制定により範囲が拡大され市場価格のある有価証券なら可となった。会33条10項2号），③価額が相当であることについて弁護士等の証明を受けた場合の免除がある（会33条10項）。
5）なお，定款で設立時取締役，設立時会計参与，設立時監査役又は設立時会計監査人として定められた者は，出資の履行が完了した時に，選任されたとみなされる（会38条3項）。
6）発起人は，株式募集広告や目論見書などで割当方法を定めていない限り，適当と認める者に自由に株式割当ができる（割当自由の原則）。株式割当により，株式申込人は株式引受人となり，割当に応じた払込義務を負う（会63条1項）。
7）改正前商法にあった発起人等の資本充実責任の規定（引受・払込担保責任。平成17年改正前商192条・203条1項）は，会社法では削除された。
8）民法第1条2項の「信義則」のひとつとされ，自己の言動により他人にある事実を誤信させた者は，その誤信にもとづき，その事実を前提として行動した他人に対し，それと矛盾した事実を主張することを禁じられる，という英米法のエストッペルに由来する。
9）会社に対して損害賠償責任や金銭支払義務等を果たさない取締役等に対して，本来，責任追及すべきであるのに怠っている場合に，株主が会社に代わって訴えを起こすことをいう。平成17年成立の会社法では，従来の株主代表訴訟に相当する規定を「責任追及等の訴え」（会847条以下）として定めている。

References

伊藤他・リークエ，江頭・株式会社法，福原・組織62頁［株式会社の設立手続］。

Column ⑤　会社の公告と電子公告

1. 公告の意義と方法

会社法は，株主や株式の質権者，新株予約権者，会社債権者などに，権利行使や差し止め，異議申立などの機会を保障するため，一定の重要な事項を知らせる方法として，各種の通知の制度のほかに，「公告」の制度を設けている。会社は，公告方法として，①官報に掲載する方法，②時事に関する事項を掲載する日刊新聞紙に掲載する方法，③電子公告の3つのうちのいずれかを定款で定めることができる（会939条1項2項）。定款の定めがないと，官報に掲載する方法を採ることになる（同条4項）。また，公告の方法は登記事項である（会911条3項28号～30号）。

官報公告の場合，資本金等の額の減少や組織再編の際に債権者保護手続（債権者の異議を述べる機会の確保）を行うには，知れている債権者に対して個別の催告をしなければならない（会449条2項）。しかし，その場合でも，日刊新聞紙掲載公告又は電子公告を定款で定めておけば，それらの公告を官報公告と同時に行うことで，個別催告の作業を回避することができる（会449条3項）。

2. 電子公告

電子公告とは，公告方法のうち，電磁的方法（電子情報処理組織を使用する方法その他の情報通信の技術を利用する方法であって法務省令で定めるもの）により不特定多数の者が公告すべき内容である情報の提供を受けることができる状態に置く措置であって法務省令で定めるものをとる方法をいう（会2条34号，会施規222条）。電子公告を行うための電磁的方法は，インターネットに接続されたサーバーを使用する方法をいう（会施規223条）。

電子公告は，インターネットのウェブサイト上に掲載する方法で公告を行うことを制度化したものである。電子公告は，誰もが容易にアクセスし，閲覧可能な公告方法であり，その周知力において官報や日刊新聞紙をはるかにしのぎ，また，費用も安価で済むという利点がある。なお，株式会社の決算公告の方法には，①電子公告（会939条1項3号），②官報公告または日刊新聞紙掲載公告（会939条1項1号・2号），③（電子公告を公告方法としないが）計算書類のみを電磁的方法で公告（会440条3項），④有価証券報告書による公告（金商24条1項。この公告がなされる場合，上場会社等はEDINET等で決算公告以上に詳細な内容が開示されているので，会社法上の決算公告を要しない〔会440条4項〕）がある。

電子公告を行うためには，公告方法として定款に定め，本店所在地においては2週間以内に，支店所在地においては3週間以内に，ウェブサイトのアドレス等，公告内容の情報が提供されるために必要な事項を登記しなければならない（会911条3項29号）。

電子公告が機能を果たすためには，継続した公告がなされなければならない。そのため，会社法では，電子広告に必要な継続した期間を定めている（会 940 条 1 項）。また，公告期間中，「公告の中断（＝不特定多数の者が提供を受けることができる状態に置かれた情報がその状態に置かれないこととなったこと又はその情報がその状態に置かれた後改変されたこと）」が生じた場合，中断が会社の善意・無重過失または会社に正当事由があるときなどには，当該公告の効力に影響がないことを定めている（同条 3 項）。

なお，電子公告は改ざん等に晒されやすいので，電子公告をしようとする会社は，公告期間中，当該公告の内容である情報が不特定多数の者が提供を受けることができる状態に置かれているかどうかについて，法務省令で定めるところにより，法務大臣の登録を受けた「調査機関」に対し，「電子公告調査」を行うことを求めなければならない（会 941 条）。調査機関から会社に通知される調査結果が，公告が適法になされたことの証拠となる。電子公告調査を求める方法，調査方法，調査結果の通知方法，調査記録簿の記載等に関しては，電子公告規則（平成 18 年 2 月 7 日法務省令第 14 号）に定められている。

この電子公告規則が会社法施行規則から独立した省令として設けられているのは，本規則の規定が，会社法のみならず会社法の電子公告関係規定を準用する他の法律の規定による委任をも受けて定められるものであり，他の省令委任事項に係る規定とは，その性格を異にするためである。このように，電子公告はいずれの事業組織にとっても有用な制度であり，会社法において最初に法制化されて，会社法の規定が各種特別法で準用される形式を採り，それを補完する電子公告規則が各種の事業組織に共通して適用される。今日，会社法が，IT 化への対応において各種事業組織法を先導していることの象徴的な法現象である。

（福原 紀彦）

References：福原・組織，始関正光「株券等不発行制度・電子公告制度の導入」別冊商事法務 286 号 119 頁，酒巻俊雄・他（編集代表）『逐条解説会社法（9）外国会社・罰則・雑則』639 頁以下〔福原〕中央経済社（2016 年）。

第6章

株式制度と株主の地位

Essence

□ 1. 株式の意義と機能はなにか。株主の権利はどのように分類できるか。

□ 2. 会社法は，どのように株式の多様化を認めているか。

□ 3. 株式譲渡の方法はどのように分類できるか。また，株式譲渡が制限される場面には，どのような場面があるか。

□ 4. 自己株式取得・保有にはどのような弊害とニーズがあるか。また，それらの弊害を防止するにはどのような対応が必要か。

□ 5. 株式投資の単位を調整する必要性はなにか。また，どのような調整方法があるか。

Introduction

株式制度は，株式会社の資金調達のために発展してきた法制度である。株式制度の役割とは広く社会に散在する多額の資金を調達し，大規模な事業を行うことを可能にすることである。また，株主と会社間の集団的法律関係を数量的に簡便に処理できるように，効率的な企業経営を可能にすることである。本章ではこのような株式制度の役割を発揮させるために，会社法がどのような仕組みを構築されているかについて説明する。

会社法は，多数の者が安心して株式会社に株主として出資することができるため，株主有限責任の原則，株主平等の原則，株式譲渡自由の原則を設けている。そして，会社の資金調達および支配関係の多様化の要請により，株式の内容と種類の多様化を許容している。また，株主の投下資本回収の機会を保障するためのルールとして，株式の譲渡と株主の権利行使の方法を定めている。さらに，効率的な企業経営の観点から，自己株式取得・保有や株式投資単位の調整等の諸制度を設けている。このように会社法の下で，定款自治の範囲の拡大や株式会社像の多様化は，資金調達の多様化と支配関係の多様化の機会を株式会社に与えた。一方，従来の資金調達という視点からの株式制度は，その意義を一部変容している。

1. 株式と株主

(1) 株式の意義

株式とは，株式会社における社員（構成員）たる地位であり，株式の所有者は株主である。株式は，細分化された均等な割合的単位の形をとるところに特色がある。これにより，会社は，社会に散在する多額の資本を自己資本として調達することができるとともに，個性のない多数の株主と会社との法律関係の処理を容易にすることができる。株式は均一性を有するため，株主は，数株を保有する場合，その株式数に応じて複数の地位を有する（持分複数主義）。また，会社法上，株式をさらに1株未満に細分化することは許されない（株式不可分の原則）。

2人以上の者は株式を共有することが認められる。共有株式については「**権利行使者の指定**」の制度がある。すなわち，株式の共有者は，当該株式の権利行使にあたっては，権利行使者1人を定め，その者の氏名または名称を会社に通知しなければならない（会106条）。

(2) 株式に関する基本原則

会社法は一般投資家の株式投資を促進するため，株主有限責任の原則，株主平等の原則，株式譲渡自由の原則に関する明文規定を設けている。

1）株主有限責任の原則

株主は会社に対して，その有する株式の引受価額を限度とする出資義務のみを負う（会104条）。これを株主有限責任の原則という。この出資義務は，会社の成立前または新株発行の効力発生前に履行すべきなので（会34条・208条），株式引受人である段階での義務であり，株主となった後は，会社に対して何らの義務も負わない。これにより多数の一般投資家が安心して投資するこ

Glossary

共有株式の権利行使者：判例によれば，特段の事情がない限りは，権利行使者は，共有株主間において持分の価格に従い，その過半数で決定する。権利行使者を定めない場合は，原則として，株主としての権利を行使できない（最判平9・1・28判時1599・139，最判平27・2・19民集69・1・25）。

とを可能にする。

2）株主平等の原則

株式会社は，株主を，その有する株式の内容および数に応じて平等に取扱わなければならない（会109条1項）。これを株主平等の原則という。この原則により，少数派株主の利益も保護されるので，誰でも安心して株式に投資することができる。

3）株式譲渡自由の原則

株主は，株式を自由に譲渡することができる（会127条）。これを株式譲渡自由の原則という。株式会社は原則として株式の払戻しができないので，株主にとっては，投下資本回収の方法として株式譲渡の自由が保障される必要性が大きい。

（3） 株主の権利

株主は，株主たる地位にもとづいて，①剰余金の配当を受ける権利，②残余財産の分配を受ける権利，③株主総会における議決権，その他会社法の規定により認められた権利を有する（会105条1項）。**株式の法的性質**から，株主の権利は，学問上，自益権と共益権とに分類される。自益権は，会社から経済的な利益を受ける権利で，前記①および②に掲げる権利が中心である。これら2つの権利の全部を与えない旨の定款の定めは無効である（同条2項）。共益権は，会社の経営に参与することを目的とする権利で，株主総会における議決権が中心である。

他方，株主の権利は，1株の株主でも行使できる単独株主権と，1人または数人の株主が総株主の議決権の一定割合または一定数以上の株式保有を要件として行使できる少数株主権とに分類される。自益権はすべて単独株主権であるが，共益権には双方があり，権利が強力で濫用の危険の大きいものが少数株主権とされている。

企業経営の健全性を確保し会社財産の浪費を防止するため，会社は，誰に対

Glossary

株式の法的性質：株式の法的性質論については，さまざまな見解が唱えられてきた。通説（株式社員権説）・判例は，株式は株式会社における社員の地位であると解し，株式の譲渡により自益権と共益権が移転すると解されている（最大判昭45・7・15民集24・7・804）。

しても，株主の権利の行使に関し，当該会社またはその子会社の計算において，財産上の利益の供与をしてはならない（会120条1項）。当該規律に違反した場合の効果としては，財産上の利益の供与を受けた者は，それを会社または子会社に返還しなければならない（同条3項）。この返還請求には，株主代表訴訟が認められる（会847条以下）。また，利益供与に関与した取締役・執行役は，支払義務を負う（会120条4項）。

2. 株式の内容と種類

（1） 株式の多様化

会社法は，各株式の権利の内容は同一であることを原則としつつも，会社の資金調達および支配関係の多様化の要請により，一定の範囲と要件のもとで，①会社が発行する全部の株式の内容として特別なものを定めること（特別な内容の株式〔会107条1項〕）と，②権利の内容の異なる2以上の種類の株式（種類株式制度〔会108条1項〕）を発行することを認めて，株式の多様化を許容している。

会社法107条1項は，全部の株式の内容として特別の定めを認めるのは，譲渡制限，取得請求権，取得条項の3つの事項に限定する。種類株式に関しては，会社法108条1項が9種類に限定しているが，それらを組み合わせることによって，さまざまな内容の株式を作ることが可能である。このほか，種類株式の制度とは別に，非公開会社では，株式の権利内容について株主ごとに異なる取り扱い（属人的みなし種類株式〔会109条3項〕）をすることができる（会109条2項）。

（2） 特別な内容の株式および種類株式制度

特別な内容の株式および種類株式制度の発行手続として，定款で法の規定する事項を定める必要がある。また，種類株式を発行するには，発行可能種類株式総数を定款で定めなければならない（会107条2項・108条2項）。ただし，機動的な扱いをするために，一定の重要事項を除き，定款には「内容の要綱」だけを定め，より具体的な内容については，当該種類株式を発行する時までに，株主総会または取締役会の決議等に委ねることが認められる（会108条3項）。

1）譲渡制限株式

定款で株式の譲渡による取得は，会社の承認を必要とする株式をいう（会2条17号）。①会社が定款変更により，発行する全部の株式の譲渡制限をする場合は，株主に重大な影響を及ぼすことになるから，通常の定款変更手続である株主総会の特別決議要件よりも厳格な**特殊決議**が必要である。さらに，反対株主には株式買取請求権が認められている（会116条1項1号）。②会社は，種類株式のひとつとして譲渡制限株式を発行することもできる（会108条1項4号）。

2）取得請求権付株式

株主が当該株式について会社に対して取得を請求できるような株式をいう。①会社が定款変更によって，発行する全部の株式を取得請求権付株式とする場合には，株主総会の特別決議が必要である（会466条・309条2項11号）。②会社は，種類株式のひとつとして取得請求権付株式を発行することもできる（会108条1項5号）。

3）取得条項付株式

一定の事由が生じた場合に，会社が株主から当該株式を取得できるような株式を，取得条項付株式という。①会社が定款変更によって，発行する全部の株式を取得条項付株式とする場合には，株主の持株を会社に強制取得される可能性があるため，株主全員の同意が必要とされる（会110条）。②会社は，種類株式のひとつとして取得条項付株式を発行することもできる（会108条1項6号）。

4）剰余金配当・残余財産分配についての種類株式

会社は剰余金の配当や残余財産の分配について，異なる内容の定めをした種類株式を発行することができる（会108条1項1号・2号）。例えば，業績不振の会社は，優先株式を発行することによって資金調達が容易となる。

Glossary

株主総会の特殊決議：議決権を有する株主の半数以上であって，かつ当該株主の議決権の3分の2以上の賛成が必要である（定款で要件加重可能。会309条3項1号）。

5）議決権制限種類株式

株主総会の全部または一部の事項について議決権を行使することができない種類株式のことである（会108条1項3号）。議決権制限株式を発行することで，支配権を変動させずに株式による資金調達が可能となり，また，資本多数決によらない支配権の配分ができる。なお，**公開会社**では，議決権制限株式の総数は発行済株式総数の2分の1を超えてはならない（会115条）。

6）全部取得条項付種類株式

株主総会の特別決議により会社がその株式の全部を取得することができるような種類株式のことである（会108条1項7号）。全部取得条項付種類株式は，債務超過会社の100％減資や少数派株主の締め出しの手段として利用される。

7）拒否権付種類株式

会社は，株主総会または取締役会において決議すべき事項につき，その決議のほかに，当該種類の株式の種類株主を構成員とする種類株主総会の決議も必要とする株式のことである（会108条1項8号）。この種類株式は，買収防衛策として注目されている。合弁会社やベンチャー企業等での活用が多い。

8）取締役・監査役の選任権付種類株式

指名委員会等設置会社以外の**非公開会社**は，種類株主総会において取締役または監査役を選任することのできる種類株式のことである（会108条1項9号）。合弁企業やベンチャー企業のニーズに適する。

3.　株式の譲渡と権利行使の方法

（1）　株式の譲渡

株式譲渡の方法については，株券を発行する会社であるかどうかによって異なる。①株券発行会社の株式の譲渡は，株券を譲受人に交付することにより行い（会128条1項），株券の引渡しが権利移転の効力となる。会社との関係では，**株主名簿**上の**名義書換**が必要であるが，第三者に対しては，株券を所持す

Glossary

公開会社・非公開会社：発行する株式のうちに，一部でも譲渡制限の定めのない株式が存在する会社は公開会社という（会2条5号）。発行する株式の全部について譲渡制限をしている会社を非公開会社という。

るだけで対抗できる（会130条)。株券の占有者は適法の所持人と推定され（会131条1項)，譲受人は株券を会社に提示すれば単独で名義書換請求ができる。②株券不発行会社の株式の譲渡は，当事者間では意思表示のみによって効力を生ずるが，それを会社その他の第三者に対抗するためには，**株主名簿**上の**名義書換**が必要である。株主名簿の名義書換をする場合には，無権利者を株主とする名義書換を防止するため，原則として，当該株式についての名義株主と共同でする必要がある（会133条2項)。③株券不発行会社（ただし株式譲渡制限会社を除く）で振替制度利用に同意した会社の株式は振替株式となる（社債，株式等の振替に関する法律〔以下「振替」と略称〕128条)。振替株式の譲渡は，振替口座の記載・記録により，効力が生じ，かつ，対抗要件が具備される（振替140条)。

株式は自由譲渡が原則であるが，例外として，定款・法律・契約による譲渡制限がある。①会社法は，株主の個性を重視する会社の要望に応え，会社が定款により，株式の譲渡による取得は会社の承認を要するという形での株式譲渡制限を認める（会107条1項1号・108条1項4号)。会社の承認を得ないでなされた譲渡制限株式の譲渡は，会社に対する関係では効力を生じないが，譲渡当事者間においては有効である。②会社法上の譲渡制限としては，会社成立前または新株発行前における株式引受人の地位（権利株）の譲渡は，会社に対して効力を生じない（会35条・50条2項・63条2項・208条4項)。また，株券発行会社において株券発行前の株式譲渡は，会社に対して効力を生じない（会128条2項)。なお，自己株式の取得制限および親会社株式の取得制限については，後述する。③関係者が契約により株式の譲渡に一定の制限を加えることがある。この株式譲渡制限契約の有効性について，会社を当事者としない契約による譲渡制限は当事者間では有効であると解されている。

Glossary

株主名簿と名義書換：株主名簿とは，会社と株主間の集団的な法律関係を画一的に処理して，株主および株式・株券に関する事項を明らかにするため，会社法の規定により作成を要する帳簿のことをいう（会121条)。名義書換とは，株式の取得者は，自己の氏名または名称および住所の株主名簿上の記載・記録を書き換えてもらうことをいう。

(2) 自己株式

自己株式とは，会社が有する自己の株式をいう（会113条4項）。会社が自社の発行した株式を取得する「自己株式の取得」および保有は，かつては，原則的に禁止されていた。その理由は，①出資の払い戻しとなり，会社債権者の利益が害される，②会社が特定の株主の持株だけを取得し，株主間の平等が害される，③経営者が保身のため恣意的な取得を図ることで，会社支配の公正が害される，④相場操縦やインサイダー取引など不公正な証券取引に用いられるといった政策的観点にあった。しかし，自己株式の取得により，株式の需給バランスを調整したり，株主の投下資本量を調整したり，株式数を減少させて1株あたりの価値を高めたり，会社の持株比率を高めて買収防衛に役立てたり，株式相互保有を解消したりすることができ，実務では規制緩和のニーズは強かった。そして，上記弊害は，自己株式の取得を事前に一律に禁止することでなく，それぞれに必要な規制を設けることで対処することができる。すなわち，①につき財源規制（取得財源を分配可能額に限定する〔会461条〕）によって対応ができ，②については株主保護の手続規制によって対応ができ，③については自己株式の議決権を認めないことで対応ができ，④については金融商品取引法によって対応が可能である。そこで，一連の改正を引き継いだ上で，会社法は，一定の手続・方法・財源規制を遵守する限り，広く自己株式の取得および保有を認めている（会155条以下）。ただし，子会社による親会社株式の取得は，従来通り，原則として禁止される（会135条1項）。

特定の株主から自己株式を取得する場合には，株主間の公平を期するために，株主総会の特別決議を要し，かつ，当該特定の株主は議決権を行使できない（会160条1項・4項・5項）。また，他の株主も当該議案に自己を売主に加えるよう請求できる（会160条3項）。ただし，市場価格を超えない場合（会161条）や相続人からの取得の場合（会162条）には他の株主の売主追加請求権はない。さらに，全株主の同意があれば，定款で売主追加請求権を排除することができる（会164条）。

会社は取得した自己株式を期間の制限なく保有することができる。ただし，保有する自己株式については，議決権その他の共益権を行使できないし（会308条2項），剰余金配当請求権もない（会453条）。募集株式・募集新株予約権等の株主割当も受けられない（会202条2項）。また，自己株式は，貸借対照表上は純資産の部の控除科目となり（計規76条2項），分配可能額（会461条2項）には含まれない。

会社は取締役会の決議により消却する自己株式の種類・数を定めて，保有する自己**株式を消却**することができる（会178条）。自己株式の処分は，新株発行と同様の効果を有することから，新株発行と同一の規制に服する（会199条）。

（3） 権利行使の方法

会社に対し権利行使できる株主とは，その権利を行使する時点における株主名簿上の株主である。しかし，株式が広く流通し，頻繁に譲渡が行われる会社ではその把握が困難である。そのため，会社は一定の日を基準日として，その日における株主名簿上の株主のみに権利を行使させることができる（会124条1項）。基準日は権利行使日の前3か月以内とされる（同条2項）。基準日に行使できる権利内容は，定款で定めるか，そうでない場合は基準日の2週間前までに公告しなければならない（同条3項）。振替制度利用会社の株主名簿の書換は，振替機関から発行会社への「**総株主通知**」にもとづいて行われる（振替151条・152条）。また，振替株式における少数株主権等を行使する場合は，株主名簿の記載・記録ではなく，「**個別株主通知**」によって会社に対する権利行使がなされる（振替154条）。

4. 株式の単位の調整

（1） 総　説

株式の単位（1株の価格）が低すぎると株主管理コストがかさみ，逆に価格

Glossary

株式の消却：会社が存続中に特定の株式を絶対的に消滅させることをいうが，会社法上，「株式の消却」は，保有する自己株式を消却する場合だけを指すことである（会178条1項）。

総株主通知・個別株主通知：振替機関は基準日等における自己および下位口座管理機関の振替口座等の内容を発行会社に通知しなければならない。この通知を「総株主通知」という。「個別株主通知」とは，株主が少数株主権を行使する場合は，自己の口座がある口座管理機関を通じて振替機関に申出をし，振替機関から会社に自己の氏名・保有株式数等を通知しなければならないことをいう（振替154条3項～5項）。

が高すぎると少額の投資を妨げることになる。このような場合の対処策としては，株式の単位である1株の価格を調整することである。会社法上，株式の出資単位の設定は，一律に規制されるのではなく，一定の範囲で会社の自由に委ねられている。会社は，株式の併合または分割と無償割当の方法により株式の大きさの設定を調整することができる。また，会社は，単元株制度を利用することにより，単元で取引をするため，実質的に出資単位に影響を及ぼすことになる。

(2)　株式の併合・分割・無償割当

株式併合とは，数個の株式を併せてそれより少数の株式とすることをいう（会180条1項)。それは，株主管理コストの削減や資本減少または合併比率の調整等の場合に利用される。株式の併合は，既存の株式が**端数**となり株主の利益に重大な影響を及ぼすので，株主総会の特別決議と株主等への通知または公告を要する（会180条2項・181条・309条2項4号)。また，少数株主の締出しのために用いることも可能であるため，事前開示（会182条の2)，反対株主の株式買取請求権（会182条の4)，差止請求権（会182条の3）および事後開示（会182条の6）等の諸手続が付加される。

株式の分割とは，発行済株式を細分化して従来よりも多数の株式にすることをいう（会183条1項)。それは，株主に対する利益還元や株式配当または株式の流通性を高める等の場合に利用される。株式の分割は，既存株主の利益に実質的な影響はないので，その都度，株主総会の普通決議（取締役会設置会社は取締役会決議）によって，分割の割合，基準日，効力発生日や株式の種類を定めることにより行うことができる（会183条2項)。

株式無償割当とは，会社が株主に対して，無償で新株の割当（または自己株式の交付）をすることをいう（会185条)。株式分割は同一種類の株式数が増え

Glossary

端数の処理：1株未満の端数が生じる場合には，原則として，会社はその端数の合計数に相当する数の株式を競売し，売却金を株主に交付する（会234条1項・235条1項)。ただし，競売以外の方法も認められうる（会234条2項～5項・235条2項)。また，令和元年会社法改正施行規則において，全部取得条項付種類株式の取得または株式の併合を利用し，現金を対価として少数株主の締出しをする場合における端数処理手続について，情報開示充実の措置が設けられた（会施規33条の2第2項4号・33条の9第1号ロ)。

るだけであるのに対し，株式無償割当の場合には，発行済株式とは異なる種類の株式を無償で交付することも可能である。株式無償割当をするときは，定款に別段の定めがある場合を除き，株主総会の普通決議（取締役会設置会社は取締役会決議）によって決定しなければならない（会 186 条 1 項〜3 項）。

（3） 単元株制度

単元株制度とは，会社が定款により株式の一定数をまとめたものを 1 単元とし，株主の議決権を 1 単元に 1 個とする制度をいう（会 188 条 1 項・308 条 1 項但書）。会社は単元株制度を採用することによって株主管理コストを削減することができる。ただし，極端に大きな単位の設定は株主の利益を害することになるので，1 単元の株式数の上限が法務省令で定められている（会 188 条 2 項。会施規 34 条より，1,000 と，発行済み株式総数の 200 分の 1 との，いずれか低いほうが上限となる）。定款変更により単元株制度を導入する場合には，取締役は株主総会においてその変更を必要とする理由を開示しなければならない（会 190 条）。

単元未満株主には，議決権がない。単元未満株式の買取請求権，残余財産分配請求権，剰余金の配当請求権等の一定のものは保証されるが，それ以外の権利の行使は定款によって排除可能である（会 189 条，会施規 35 条）。

（王 原生）

References

福原・組織，福原・組織（追補），神田・会社法，高橋（美）他・会社法，田中（亘）・会社法，三浦・会社法，永井和之（編著）『よくわかる会社法（第 3 版）』ミネルヴァ書房（2016），宮島司『会社法』弘文堂（2020 年）。

Column ⑥ 株券と株式移転の電子化

1. 株券の不動化から無券化への経緯

証券（金融商品）取引市場における株式取引量の激増に対処するため，1984（昭和59）年の「株券等の保管及び振替に関する法律」にもとづき，「株券保管振替制度」が設けられた。この制度では，株券を保管振替機関に集中保管し，株式の移転は株券の授受によらず，コンピュータ技術を活用した帳簿上の口座振替によって処理される。株主は「実質株主名簿」にもとづいて，会社に対し権利行使できる仕組みが設けられた。「株券の不動化」によるペーパーレス化であった。さらに，証券決済制度改革の集大成として「株券の電子化」が実施され，2002（平成14）年の「社債等の振替に関する法律」（「短期社債等の振替に関する法律」の改正・改称）と平成16年商法改正による株券不発行制度を受け，「社債，株式等の振替に関する法律（「振替法」と略称）」（平成16年法律88号）により，「株式の無券化」による新しい株式振替制度へと移行した。

2. 新しい株式振替制度

⑴ 概　要

新しい株式振替制度のもとに，2009（平成21）年1月5日より上場会社の株式等に係る株券等がすべて廃止され（株式振替制度の対象となる株式について株券は無効となった），株主等の権利の管理（発生，移転及び消滅）は，振替機関（証券保管振替機構）及び口座管理機関（証券会社等）に開設された口座の電子的な増減額記帳を通じて行われている（振替128条以下）。口座管理機関が他の口座管理機関の口座を開設することが可能な多階層構造である。そして，振替機関（機構）に，データセンター機能が創設され，会社の株主管理事務の効率化，口座管理機関の事務負担の軽減，会社の利便性の向上が図られている。

株券不発行会社で株式譲渡制限のない会社は，発起人全員の同意又は取締役会決議により，この新しい制度を利用でき，「振替機関」（振替2条2項）が取り扱うものとして定めた株式を「振替株式」と呼ぶ（振替128条1項）。各株主が「加入者」として証券会社等の口座管理機関に口座を開設し，口座管理機関が他の口座管理機関又は振替機関に振替口座を有する。「口座管理機関」は，振替口座を備えて，他の投資家のために口座を管理する証券会社等の金融機関をいい（振替2条4項・44条・45条），振替機関と口座管理機関を併せて「振替機関等」と呼ぶ。

⑵ 振替株式の譲渡・質入れ

振替株式の権利の帰属は「振替口座簿」の記載・記録によって定まる（振替128条1項）。振替株式の譲渡人の振替申請にもとづき，申請を受けた口座管理機関は譲受人の振替口座簿を管理する口座管理機関に必要な通知を行い，譲受人の口座に振替記載がなされることで名義書換がなされたものと扱われ，株式譲渡の効力が生じ対抗要件を具備する（振替 140 条・141 条）。振替口座簿に記載・記録された加入者は振替株式について権利を適法に有するものと推定され（振替 143 条），自己の口座に振替の記録を受けた者は，悪意又は重過失でない限り，当該振替株式についての権利を取得する（振替 144 条）。一方で，一定の口座管理機関と振替機関が超過株式の消却義務を負うほか，損害賠償責任で処理される（振替 144 条～148 条）。有価証券の電子化に伴う有価証券法理の変容として興味深い。

⑶ 振替株式による権利行使（総株主通知と個別株主通知）

振替株式の取得には振替口座簿の記載・記録を得る必要があり（振替 128 条・140 条），そのことを会社に対抗するためには，株主名簿の名義書換が必要となる（会 121 条・130 条 1 項，振替 161 条 3 項）。実質株主名簿ではなく，基準日等における「総株主通知」によって株主名簿の名義書換が行われる（振替 151 条・152 条）。原則として年 2 回行われる総株主通知により，名義書換手続が効率的に実施される。

振替株式における少数株主権等の行使の場合，会社法 130 条 1 項の適用は排除され，株主名簿の記載・記録ではなく，「個別株主通知」によって会社に対する権利行使がなされる（振替 154 条）。判例は，個別株主通知は対抗要件であり，審理終結までの間になされれば足りると判示している（最判平 22・12・7 民集 64・8・2003 会百選 17，最判平 24・3・28 民集 66・5・2344）。

なお，平成 26 年改正会社法整備法による振替法の改正により，特別口座に記載・記録された振替株式の発行者は，一括して，当該特別口座を開設した振替機関等（移管元振替機関）以外の振替機関等に対し，当該特別口座の加入者のために当該振替株式の振替を行うための特別口座（移管先振替口座）の開設を申し出て，移管元振替機関等に対し，移管先特別口座を振替先口座とする振替の申請を行うことが可能とされた（振替 133 条の 2）。

（福原 紀彦）

References：福原・組織，福原紀彦「株券保管振替制度と株主の権利」崎田直次（編）『株主の権利』中央経済社（1991 年），高橋康文（編著）『逐条解説新社債株式等振替法』金融財政事情研究会（2006 年），神田秀樹（監修・著）『株券電子化』金融財政事情研究会（2008 年），中央三井信託銀行証券代行部（編）『株券電子化後の株式実務』商事法務（2009 年），他。

第 7 章

株式会社の機関設計と株主総会

Essence

□ 1. 企業統治（コーポレート・ガバナンス）はどのような意義を有し，株式会社の機関設計のあり方にどのように影響しているか。
□ 2. 株式会社は，所有と経営の分離現象のもとに，どのような機関構成になっているか。
□ 3. 株主はどのような権利と義務を有しているか。
□ 4. 株主総会はどのような意義と権限を有しているか。

Introduction

株式会社の社員である株主は，会社の実質的な所有者であっても，一般的には，多数存在して容易に交替でき，経営に適した能力を有するとは限らないから，自ら直接に会社の経営を行うことは現実的ではない。そこで，株主は，定時または臨時の株主総会において会社の基本的事項に関する意思決定に参画するにとどまり，会社の経営に関する事項の決定と執行を取締役等に委ね（所有と経営の分離），株主総会の権限等を通じて経営者たる取締役を監督する。

会社が，株主をはじめ顧客・従業員・地域社会等の立場を踏まえて，透明・公正かつ迅速果断な意思決定を行うための仕組みは，企業統治（コーポレート・ガバナンス）と呼ばれている。コーポレート・ガバナンスは，不祥事の防止（守りのガバナンス）としてだけでなく，組織力と企業価値の向上（攻めのガバナンス）のために，さまざまな制度と取組みによって強化が図られる。そこでは，会社法制度が大きな役割を担い，株式会社の機関設計と機関権限のあり方が，コーポレート・ガバナンス強化に向けた重要な立法課題となっている。わが国では，近時の商法改正および会社法制定・改正により，監査役の権限強化，取締役会の監督権限の明確化，株主総会の自律的コントロール機能の回復等が図られ，さらに，指名委員会等設置会社や監査等委員会設置会社の機関設計を可能としつつ，取締役会のモニタリング機能の強化が図られている。

1．機関設計

法人たる会社では，その組織上一定の地位にあり，一定の権限を有する自然人（または会議体）の意思決定または行為を，会社の意思決定または行為として認める必要があり，このような会社の組織上の存在を機関という。

株式会社の機関は，企業の所有と経営の分離現象のもとに，株主総会は別として，社員たる資格と機関たる資格とが分離し（第三者機関性），機関が専門的に分化して権限が分配されているところ（機関の分化）に特色がある。

（1） 会社法における機関設計に関する規整

会社法は，株式会社と有限会社をひとつの会社類型に統合し，一定の規整のもとに，各々の株式会社ごとに定款の定めによってさまざまな機関設計ができるようにしている（会326〜328条）。機関設計に関する規整には次のものがある。①株式会社には，株主総会と取締役を置かなければならない（会295条1項・326条1項）。②公開会社（会2条5号），監査役会設置会社（同10号），監査等委員会設置会社（同11号の2），指名委員会等設置会社（同12号）には，取締役会を置かなければならない（会327条1項）[1)]。③取締役会設置会社（会2条7号）には，原則として，監査役もしくは監査役会，監査等委員会，指名委員会等のいずれかを置かなければならない（会327条1項・2項本文）[2)]。④監査役もしくは監査役会，監査等委員会，指名委員会等は，いずれかしか置くことができない（会327条4項・6項）。⑤監査等委員会設置会社もしくは指名委員会等設置会社ではない大会社（会2条6号）で公開会社である場合には，監査役会を置かなければならない（会328条1項）。⑥監査等委員会設置会社，指名委員会等設置会社，大会社には，会計監査人を置かなければならない（会327条5項・328条）。⑦会計監査人設置会社（会2条11号）には，監査役もしくは監査役会，監査等委員会，指名委員会等のいずれかを置かなければならない（会327条3項・5項）。⑧すべての会社は，会計参与を置くことができる。

以上のような規整のもとで可能な機関設計は，以下の図のとおりである。株式会社は，機関設計を定款で定め（会326条2項），登記しなければならない

【会社法における株式会社の機関設計】

		大会社	中小会社（非大会社）	
		会計監査人(強制)設置会社	会計監査人(任意)設置会社	会計監査人非設置
公開会社	取締役会設置会社	㉔取締役会＋三委員会＋会計監査人 ㉓取締役会＋監査等委員会＋会計監査人 ㉒取締役会＋監査役会＋会計監査人	㉑取締役会＋三委員会＋会計監査人 ⑳取締役会＋監査等委員会＋会計監査人 ⑲取締役会＋監査役会＋会計監査人 ⑱取締役会＋監査役＋会計監査人	⑰取締役会＋監査役会 ⑯取締役会＋監査役
株式譲渡制限会社	取締役会設置会社（選択）	⑮取締役会＋三委員会＋会計監査人 ⑭取締役会＋監査等委員会＋会計監査人 ⑬取締役会＋監査役会＋会計監査人 ⑫取締役会＋監査役＋会計監査人	⑩取締役会＋三委員会＋会計監査人 ⑨取締役会＋監査等委員会＋会計監査人 ⑧取締役会＋監査役会＋会計監査人 ⑦取締役会＋監査役＋会計監査人	⑥取締役会＋監査役会 ⑤取締役会＋監査役☆ ④取締役会＋会計参与（原則3但書参照）
	取締役会非設置会社	⑪取締役＋監査役＋会計監査人	③取締役＋監査役＋会計監査人	②取締役＋監査役☆ ①取締役

(注)

・上記の24の各会社類型は，④の類型（取締役会＋会計参与）を除き，それぞれ，会計参与設置会社の選択ができ，これにより，24＋23＝47通りの機関設計の選択肢が存在する。

・最も簡易な機関設計（図表の右下①）が基本となり，会社の成長実態に即して（図表の右下から左上に向けて）機関設計の充実度が増すことになる。

・「**公開会社**」＝その発行する全部又は一部の株式の内容として譲渡による当該株式の取得について株式会社の承認を要する旨の定款の定めを設けていない株式会社をいう（会2条5号）。したがって，一部の種類の株式が譲渡制限株式である場合は公開会社となり，会社法上の公開会社たる概念は上場会社の概念とも異なる。結果的には，すべての種類の株式が譲渡制限株式である会社を「**株式譲渡制限会社（非公開会社）**」と呼べば，それ以外の会社が公開会社となる。

・「**大会社**」＝次に掲げる要件のいずれかに該当する株式会社をいう（会2条6号）。①最終事業年度に係る貸借対照表（第439条前段に規定する場合にあっては，同条の規定により定時株主総会に報告された貸借対照表をいい，株式会社の成立後最初の定時株主総会までの間においては，第435条第1項の貸借対照表をいう。ロにおいて同じ。）に資本金として計上した額が五億円以上であること。②最終事業年度に係る貸借対照表の負債の部に計上した額の合計額が二百億円以上であること。なお，従来の小会社と中会社との区分規整や，みなし中会社の規整はなくなった。大会社以外を便宜的に「**中小会社**」と呼んでおく。

・なお，非公開会社では（監査役設置会社又は会計監査人設置会社を除く），監査役の権限を会計監査権限に限定することができ，この場合は監査役設置会社とは呼ばない（会2条9号・389条1項）。

（出所）福原・組織80頁。

(会 911 条 3 項 13～23 号)。

(2) 会社と会社の機関構成者との関係

機関を構成する自然人が，その権限内でした行為の効果は，会社に帰属する。役員（取締役，会計参与，監査役）および会計監査人は，会社との関係が委任関係であって（会 329 条参照・330 条），善管注意義務（民 644 条）のもと，自らの利益のためではなく，会社の利益のために行動する者である。一方，株主は，会社の社員であるから，その監督是正権を行使する場合は，会社の機関として行動する者であるといえるものの，自らの利益にもとづいて行動する者である。

2. 株　主

株式会社の社員の地位を株式といい，株式の所有者が株主である。

(1) 株主の権利

株主は実質的には会社企業の共同所有者であるが，会社は法人であるから，法律上，会社企業は会社そのものに帰属し，株主は会社に対する一定の法律上の地位，すなわち社員権を有することになる。

社員権には，自益権と共益権とが含まれる。自益権は，会社から経済的利益を受けることを目的とする権利で，これには，利益配当請求権（剰余金の配当を受ける権利。会 105 条 1 項 1 号），残余財産分配請求権（同項 2 号）をはじめとして，株式買取請求権（会 116 条），名義書換請求権（会 133 条），募集株式の割当てを受ける権利（会 202 条），株券交付請求権（会 215 条 4 項），株券不所持措置請求権（会 217 条 1 項），株券再発行請求権（同 6 項）などがある[3)]。共益権は，会社の管理運営に参加することを目的とする権利で，これには，株主総会における議決権（会 105 条 1 項 3 号）をはじめとして，株主総会招集請求権・招集権（会 297 条），株主提案権（会 303 条～305 条），**累積投票**による取締役の選任請求権（会 342 条 1 項），会計帳簿閲覧等請求権（会 433 条 1 項），株主総会等の決議取消の訴え提起権（会 831 条 1 項），株主による責任追及等の訴え提起請求権・訴え提起権（株主代表訴訟。会847条，株式交換等完全子会社の旧株主による訴訟提起請求権・訴訟提起権。会847条の2），最終完全親会社等の株主による特定責任追及の訴え提起請求権・訴え提起権（多重代表訴訟。会847条の3）などがある[4)]。

また，株主の権利は，各株主が単独でも行使できる単独株主権と，1人または数人の株主が一定割合または一定数の株式保有やその保有期間を要件として行使できる少数株主権とに分類される。自益権はすべて単独株主権であるが，共益権には双方がある。権利が強力で濫用の危険が大きいものが少数株主権とされている。

（2） 株主の義務

株主は，その有する株式の引受価格を限度とする出資義務のみを負う（株主有限責任の原則。会104条）。現行法上，全額払込制が採られているので（会34条1項・63条1項・208条1項），出資義務は，株主となる前の株式引受人の段階で完全に履行されるべき義務であり，株主となった以上は，原則としてなんらの義務も負わない。

（3） 株主平等の原則とその例外

各株主は，株主たる資格にもとづく会社との関係につき，原則として，持株数に応じて平等の取扱いを受ける（会109条1項）。この原則は，株主平等の原則と呼ばれ，会社法上，株主総会における議決権（1株1議決権の原則。会308条1項），剰余金の配当（利益配当）に関する事項についての決定（会454条3項）などの規定に現れているが，もとより株式会社を通じる原則であって，この原則に違反する定款規定，株主総会決議，取締役会決議，業務執行行為などはすべて無効である（最判昭45・11・24民集24・12・1963）。ただし，この原則違反により不利益を受ける者の同意があれば，無効は治癒される。

株主平等の原則には，会社法上，許容される例外がある。これには，①権利

Glossary

累積投票制度：取締役の選任に際し，各株主が1株につき選任すべき取締役の員数と同数の議決権が認められ，それを1人の候補者に集中して投票してもよいとする制度。少数派に推される取締役を選任することが可能になる。

内容の異なる株式の発行（**種類株式**。会 108 条），②公開会社でない株式会社は，利益配当請求権，残余財産分配請求権，株主総会における議決権に関する事項について，株主ごとに異なる取扱いを行う旨の定款の定め（会 109 条 2 項）[5]，③単独株主権の株式保有期間による権利行使の制限（株主代表訴訟提起権。会 847 条・847 条の 2），取締役・執行役の違法行為差止権（会 360 条・422 条），④少数株主権の要件の定め[6]，⑤単元株式数に満たない数の株式（単元未満株式）の取扱い（会 189 条）などがある。

（4） 株主の権利行使に関する利益供与の禁止

会社法は，いわゆる**総会屋**を排除して，株主総会の健全化を図るため，株主の権利行使に関する利益供与につき，次のような措置を講じている。①会社は，誰に対しても，株主の権利，その株式会社の適格旧株主（会 847 条の 2 第 9 項）の権利，または，その株式会社の最終完全親会社等（会 847 の 3 第 1 項）の株主の権利の行使に関し財産上の利益を供与してはならない（会 120 条 1 項）。②会社が特定の株主に対して行う無償供与または無償に近い供与は，株主の権利行使に関する利益供与と推定される（会 120 条 2 項）。③会社が会社法 120 条 1 項に違反して利益供与をしたときは，利益の供与を受けた者はそれを会社に返還しなければならない（会 120 条 3 項）。その返還に実効性をもたせるため，株主の代表訴訟が認められる（会 847 条 3 項・5 項・847 条の 2 第 6 項・8 項・847 条の 3 第 7 項・9 項）。④違法な利益供与に関与した取締役は，会社に対して連帯して，供与した利益の価格に相当する額を支払う責任を負う（会 120 条 4 項）。この責任は，関与者については過失責任であるが，利益供与を行った取締役については無過失責任とされている（会 120 条 4 項但書）。これらの責任追及については株主の代表訴訟が認められる（会 847 条 3 項・5 項・847 条の

Glossary

種類株式・種類株主総会：権利の内容の異なる複数の種類の株式のことを種類株式という。異なる種類の株主の間で権利の調整が必要となったり，ある種類の株主に損害をおよぼすおそれがある場合には，ある種類の株主のみを構成員とする株主総会で決議がとられる。この株主総会を，種類株主総会という。

総会屋：株主権を濫用して会社から不当な財産上の利益供与を得る，いわゆる会社荒らしのうち，株主総会での株主の発言権を利用する者。会社が要求に応じれば議事進行に協力し（与党総会屋），応じなければ，執拗に質問を繰り返すなどの嫌がらせをする（野党総会屋）のが典型例である。

2第6項・8項・847条の3第7項・9項)。⑤株主の権利（**株主優待制度**)，その株式会社の適格旧株主の権利，または，その株式会社の最終完全親会社等の株主の権利の行使に関し，会社の計算においてした利益供与の当事者は，刑事罰を受ける（会970条)。

3. 株主総会の意義・権限

株主総会は，株主の総意により，基本的事項について会社の意思を決定する必要的機関であり，株式会社の最高の意思決定機関である。現行法上，株主総会は，会社法に規定する事項および株式会社の組織，運営，管理その他株式会社に関する一切の事項について決議をすることができる（会295条1項)。ただし，取締役会設置会社においては，株主総会の意思決定権限は，万能ではなく，会社法の定める事項[7]および定款所定の事項の決定に限られる（会295条2項)。

4. 株主の議決権

株主が株主総会に出席して，その決議に加わる権利を，議決権という。

(1)　1株1議決権の原則とその例外

株主は，原則として，1株について1個の議決権を有する（会308条1項本文)。ただし，次の例外がある。①議決権制限株式（会108条1項3号・115条）の株主は，その議決権を制限された事項について，議決権を有しない[8]。②会社は，その有する自己株式については，議決権を有しない（会308条2項)。③株式会社（その株式会社の子会社を含む）が，他の株式会社の総株主の議決権の4分の1以上を有することその他の事由を通じて，その経営を実質的に支配す

Glossary

株主優待制度：一定数以上の株式を有する株主に対して，会社が自己の事業に関する特別の便宜を与えて，優遇する制度。個人投資家への動機づけを目的としたものである。しかし，株主平等原則に反するとも考えられ，また，優待内容が株主において換金可能であれば，株主の権利行使に関する利益供与にあたるとも考えられる。

ることが可能な関係にあるものとして法務省令で定める株主（会施規 67 条），すなわち，支配される方の会社は，その支配する方の会社の株式について議決権を有しない（相互保有株式の議決権の規制。会 308 条 1 項括弧書）。④議決権行使に関する基準日の後に発行された株式の株主は，その株主総会における議決権を有しない（会 124 条 1 項参照）。⑤単元株制度を採る会社では，1 単元の株式について 1 個の議決権が認められる（会 308 条 1 項但書）ので，単元未満株主は議決権を有しない。⑥法定の特別利害関係を有する株主は，その議決権の行使が株主間の公平に反するので，議決権を行使することができない（自己株式取得を承認する株主総会決議における，取得相手方となる株主〔会 140 条 3 項・160 条 4 項・175 条 2 項〕，株券喪失登録者とその株券の株式名義人が異なる場合の株主〔会 230 条 3 項〕など）。

（2） 議決権の代理行使

株主は，代理人によって議決権を行使することができる（会 310 条 1 項）。この場合，代理人は委任状を会社に差し出すことを要し（同項後段），これは書面に代えて，株式会社の承諾を得て，電磁的方法すなわち法務省令で定める情報通信の技術を利用する方法（会 2 条 34 号，会施規 222 条）で提供することもできる（会 310 条 3 項・4 項，会施 1 条 6 号）。代理権の授与は総会毎に行うことを要する（会 310 条 2 項）。会社は株主総会に出席することができる代理人の数を制限することができる（同 5 項）。代理人の資格については，法律上の制限はない。代理人の資格を株主に限定する定款規定は，合理的理由による相当程度の制限として有効と解され（最判昭 43・11・1 民集 22・12・2402），その制限は，株主総会が株主以外の第三者に撹乱されることを防止し，会社の利益を保護する趣旨の範囲で認められる（最判昭 51・12・24 民集 30・11・1076）。

（3） 議決権の不統一行使

2 個以上の議決権を有する株主は，議案につき，その一部をもって賛成し，残部をもって反対することができる（会 313 条 1 項）。ただし，不統一行使の理由が他人のために株式を有することでないときは，会社は，その不統一行使を拒否できる（会 313 条 3 項）。そして会社にこの点を検討する機会を与えるため，取締役会設置会社では，不統一行使をしようとする株主は総会の日の3日前までに不統一行使をする旨と理由を会社に通知することが要求される（会313条2項）。

（4） 書面投票制度・電子投票制度

書面や電磁的方法によって議決権を行使することができる旨が定められれば，株主総会に出席しない株主がこれらの方法で議決権を行使することができる（会298条1項3号・4号）。この場合，株主総会の招集の通知の際に，議決権の行使について参考となるべき事項を記載した書類である株主総会参考書類が交付されなければならない（会301条1項・302条1項）。

i　書面投票制度　書面による議決権の行使は，株主総会参考書類とともに交付される，株主が議決権を行使するための書類すなわち議決権行使書面（会301条1項）に必要な事項を記載して，株主総会の日時の直前の営業時間の終了時（会施規69条）までに株式会社に提出することで行われ（会311条1項），出席した株主の議決権の数に算入される（同2項）。なお，株主数が1,000人以上の会社に対しては強制されている（会298条2項）。

ii　電子投票制度　電磁的方法による議決権の行使は，株式会社の承諾を得て，株主総会の日時の直前の営業時間の終了時（会施規70条）までに，議決権行使書面に記載すべき事項を，電磁的方法すなわち法務省令で定める情報通信の技術を利用する方法（会2条34号，会施規222条）で株式会社に提供することで行われ（会312条1項，会施1条1項7号），出席した株主の議決権の数に算入される（会312条3項）。株式会社は，電磁的方法で株主総会の招集通知を受けることを承諾した株主（会299条3項）の電子投票は，正当な理由がなければ，拒んではならない（会312条2項）。

iii　議決権行使書面の閲覧等　議決権行使書面は，株主総会の日から3か月間，本店に備え置かれ（会311条3項），株主は，株式会社の営業時間内ならいつでも，議決権行使書面の閲覧又は謄写の請求ができる（会311条4項1文）。その際，株主は閲覧等を請求する理由を明らかにしなければならない（同2文）。一方，株式会社は，一定の拒絶事由がなければ，株主からの閲覧等の請求を拒むことができない（会311条5項）。電磁的方法により提供された議決権行使書面の記載事項の閲覧等の請求，代理権を証明する書面・電磁的方法により提供された当該書面の記載事項の閲覧等の請求についても同様である（会312条4項〜6項・310条6項〜8項）。

5. 株主総会の招集・議事

(1) 招　集

株主総会は，会議体の機関であるから，機関としての権限を行使するには，法定の招集手続を経た会議の開催が必要である。**株主総会**には，決算期毎に一定の時期に開催される定時株主総会（会296条1項）と，必要に応じて随時開催される臨時株主総会（同2項）とがある。

株主総会の招集は，原則として，取締役が招集して開催する（会296条3項）。ただし，一定の少数株主は，取締役に総会の招集を請求でき，それに応じて招集手続がとられないときは，裁判所の許可を得て，自ら総会を招集することができる（会297条）。

株主総会を招集するには，各株主に対して，原則として，会日の2週間前までに，総会の日時・場所・議題等の通知を発しなければならない（会299条1項）。書面投票制度・電子投票制度を定めた場合または取締役会設置会社である場合には，招集通知は書面でしなければならない（会299条2項）。この書面による通知に代えて，株主の承諾を得て，電磁的方法で通知を発することができる（会299条3項，会施2条1項2号）。さらに，株式会社は，定款に定めることにより，株主総会参考書類等すなわち株主総会参考書類・議決権行使書面・計算書類・事業報告・連結計算書類を，株主の個別の承諾を得なくても，インターネットを利用して株主に提供できる電子提供制度が導入された（会325条の2〜325条の7，会施規222条1項1号ロ）。

書面投票制度も電子投票制度も定められなかった場合は，株主の全員の同意

Glossary

シャンシャン総会：「シャンシャン」は手締めの音。会社側の用意した議題が，異議もなく，短時間で承認されるだけの儀式化した株主総会のこと。この形骸化した総会を活性化して，株主による議論参加を活発にするため，株主の権利としての質問権という形ではなく，取締役等の義務という形で取締役等の説明義務が明文化された。

があれば，招集の手続を経ずに株主総会を開催することができる（会300条）。

法定の招集手続を欠く総会決議は，決議取消の対象または決議不存在となる場合もある。ただし，いわゆる一人会社の場合には，その1人が出席すれば株主総会は成立し，招集の手続を要しない（最判昭46・6・24民集25・4・596）。

（2）　株主の提案権

ⅰ　議題提案権　　株主は取締役に対して，一定の事項を株主総会の目的とすることを請求することができる（会303条）。取締役会非設置会社では単独株主権であり（同1項），取締役会設置会社では少数株主権である（同2項・3項）。

ⅱ　議案提出権　　株主は，株主総会の場で，議題についての議案を提出することができ，この権利は取締役会の設置の有無に関わらず，単独株主権である（会304条）。

ⅲ　議案要領通知請求権　　株主は取締役に対して，議題について自らが提出しようとする議案の要領を株主に通知することを請求することができる（会305条）。取締役会非設置会社では単独株主権であり（同1項本文），取締役会設置会社では少数株主権である（同1項但書・2項）。株主の議案提出権の濫用を防止するため，取締役会設置会社では，議案要領通知請求権を行使して事前に提出する議案数は，10個までに制限される（同4項）。取締役会非設置会社では，提出議案数の制限はない。

（3）　議事・議長

株主総会の議事の方法については，定款または慣習による。総会の議事運営は，議長が行うが，議長は，定款に定めがなかったときは，総会で選任する。議長は，総会の秩序維持権・議事整理権を有し（会315条1項），議事の命令に従わない者その他総会の秩序を乱すものを議場から退場させることもできる（退去命令権。同2項）。

（4）　説明義務

取締役，会計参与，監査役および執行役は，総会において，株主の求めた特定の事項につき，原則として，説明する義務がある（会314条）。

(5) 決議の省略・議事録

取締役または株主が株主総会の目的である事項すなわち議題について提案をした場合に，当該提案につき株主の全員が書面または電磁的記録により同意の意思表示をしたときは，当該提案を可決する旨の株主総会の決議があったものとみなされる（会319条1項）。この方式で定時株主総会の目的である事項のすべてについての提案を可決する旨の株主総会の決議があったものとみなされた場合には，その時に当該定時株主総会が終結したものとみなされる（同5項）。

株主総会の議事については，法務省令で定めるところ（会施規72条）により，議事録を作成しなければならない（会318条1項）。株主総会の日から10年間は議事録を本店に，5年間は議事録の写しを支店に備え置かなければならず，株主および債権者はその閲覧・謄写を請求できる（同2項〜4項）。

6. 株主総会の決議

(1) 決議要件

株主総会の決議は多数決によるが，決議の成立に必要な多数決の要件は決議事項によって異なり，次の種類のものがある。

i　普通決議　特別の要件が法律または定款によって定められていない場合の決議で，議決権を行使することができる株主の議決権の過半数を有する株主が出席し（定足数），その出席株主の議決権の過半数の賛成をもって成立する（会309条1項）。

ii　特別決議　一定の重要事項の決議は，議決権を行使することができる株主の議決権の過半数（3分の1以上の割合を定款で定めた場合は，その割合以上）を有する株主が出席し（定足数），その出席株主の議決権の3分の2（これを上回る割合を定款で定めた場合は，その割合）以上に当たる多数の賛成をもって成立する。これに加えて，一定の数以上の株主の賛成を要する旨その他の要件を定款で定めることができる（会309条2項）。

iii　特殊な決議　特別決議より厳重な決議で，次の2つがある。①議決権を行使することができる株主の半数以上（これを上回る割合を定款で定めた場合は，その割合以上）であって，その株主の議決権の３分の２（これを上回る割合を定款で定めた場合は，その割合）以上の多数の賛成をもって成立する（会 309 条３項）。②総株主の半数以上（これを上回る割合を定款で定めた場合は，その割合以上）であって，総株主の議決権の４分の３（これを上回る割合を定款で定めた場合は，その割合）以上の多数の賛成をもって成立する（会 309 条４項）。

なお，役員等の責任免除には，総株主の同意を要するが（会 423 条１項・424 条），総会の決議は要しない。

（２） 多数決の限界と修正

総会決議における多数決の原則には，２つの制約がある。①多数決の限界として，強行法規違反・株主平等原則違反・株主の固有権侵害にあたる決議は無効となる。②多数決の原則を承認しつつ，少数派のために修正する制度として，反対株主の株式買取請求権（後掲の各場合），取締役選任における累積投票制度（会 342 条）等がある。

（３） 反対株主の株式買取請求権

株主の利益に特に重大な関係のある特定の総会決議が成立した場合，その決議に反対した株主は，投下資本を回収して経済的救済を得るため，会社に対し，自己の有する株式の公正価格での買取りを請求できる。この権利は，①事業の全部または重要な一部の譲渡等の決議（会 469 条・470 条），②一定の定款変更決議（会 116 条・117 条），③一定の端数を生じる株式の合併の決議（会 182 条の４・５）④合併の決議，⑤新設分割・吸収分割の決議，⑥株式交換・株式移転の決議等（④⑤⑥は，会 785 条・786 条・797 条・798 条・806 条・807 条）の各場合に認められる。株主が株式買取請求をするには，総会前に会社に対し議案に反対の意思を通知し，かつ，総会で反対することを要する（会 469 条２項１号イ等）。

7. 株主総会決議の瑕疵

株主総会決議の効力は多数の利害関係人に影響を及ぼすので，決議に瑕疵ある場合，無効の一般原則に委ねることは妥当でない。そこで，会社法は，決議の瑕疵の性質に応じ，各種の訴えの制度を導入して，合理的な処理を図っている。

(1) 決議の取消

①株主総会等の招集の手続または決議の方法が法令もしくは定款に違反し，または著しく不公正なとき，②株主総会等の決議の内容が定款に違反するとき，③株主総会等の決議について特別の利害関係を有する者が議決権を行使したことによって，著しく不当な決議がされたときには，決議は取消の対象となる（会831条1項1～3号）。株主総会等の決議の取消は，株主等（取締役・監査役・清算人）に限られ，決議の日から3か月以内に，会社に対して決議取消の訴えを提起する方法によってのみ主張できる（会831条1項）。株主総会等の招集の手続または決議の方法が法令または定款に違反をするときであっても，裁判所は，その違反する事実が重大でなく，かつ，決議に影響を及ぼさないものであると認めるときは，請求を棄却することができる（裁判所の**裁量棄却権**。同2項）。決議取消の判決は，第三者に対しても効力が及ぶ（対世的効力。会838条）。この判決の効力については，遡及効が否定されていないので（会839条参照），取消の対象となった決議は遡って無効となるほかない。

(2) 決議の無効・不存在

総会決議の内容が法令に違反するときは，決議は無効となる。決議の手続的瑕疵が著しく，外形的にも決議と認められるものが存在しない場合は，決議不存在となる。総会決議の無効または不存在は，誰でも・いつでも・どのような

Glossary

裁量棄却：株主総会等の決議取消を請求する訴えがあった場合，裁判所の判断でその請求を棄却することができる。ただし，この裁判所の判断は，決議取消の原因が株主総会等の手続的瑕疵にある場合（会831条1項1号）にしかすることができない（同条2項）。

方法によっても主張でき，必要があれば，決議無効確認の訴えまたは決議不存在確認の訴えを提起することができる（会830条1項・2項）。これらの訴えによる判決の効力は，決議取消の訴えの場合と同様である。

（竹内 明世）

Notes

1) 取締役会を置かない会社には，監査役会，監査等委員会，指名委員会等のいずれも置くことができない。
2) ただし，監査等委員会設置会社もしくは指名委員会等設置会社ではなく，公開会社でもなく，大会社（会2条6号）でもない会社が，会計参与を置いた場合は，監査役を置かなくてもよい（会327条2項但書）。
3) 利益配当請求権および残余財産分配請求権の全部を与えない旨の定款の定めは，その効力を有しない（会105条2項）。
4) 本文に挙げたもののほか，公開会社における募集株式の特定引受人への割当等に対する反対権（会206条の2第4項），募集株式発行等差止請求権（会210条），募集新株予約権発行差止請求権（会247条），株主総会の招集手続等に関する検査役の選任請求権（会306条），業務の執行に関する検査役の選任請求権（会358条1項），取締役・執行役の違法行為差止請求権（会360条・422条），取締役会招集請求権・出席権・意見陳述権（会367条1項・4項），取締役等による役員等の責任免除への異議権（会426条7項），計算書類等の閲覧等請求権（会442条3項），清算人解任の申立権（会479条2項・3項），合併等の差止請求権（会784条の2・796条の2・805条の2），簡易吸収合併等に対する反対権（会796条3項），会社解散命令の申立権（会824条1項），会社の組織に関する行為の無効の訴え提起権（会828条2項），会社解散の訴え提起権（会833条），売渡株式等の取得の無効の訴え提起権（会846条の2第2項），役員解任の訴え提起権（会854条1項・2項）などがある。
5) このような定款の定めがある場合には，異なる取扱いを受ける株主が有する株式も種類株式とみなされる（会109条3項）。
6) 株主提案権（会303条・305条），株主総会招集権（会297条）など。
7) 会社法の規定によって株主総会の決議を必要とする事項については，定款の定めによっても，取締役，執行役，取締役会その他の株主総会以外の機関の決定権限とすることはできない（会295条3項）。
8) 種類株主総会は株主総会とは異なるものであり，議決権制限株式についても議決権が認められる。

References

江頭・株式会社法，神田・会社法，福原・組織，丸山他・全訂。

Column ⑦ 株式会社における機関構成の変遷

法人が社会の中で1人の人として活動しているといっても，法人は人間が作り出した観念的な存在だから，一定の自然人や会議体の意思決定や活動を法人自身の意思決定や活動とみなしているのが実際である。株式会社については，会社を人間になぞらえて，株主総会は心・取締役会は頭脳・代表取締役は口・監査役は目という感じで説明されたり，国家機関にみたてて，株主総会は国会（立法機関）・取締役会は内閣（行政機関）・監査役は裁判所（司法機関）といった説明がされたりしながら，現在まで，機関構成に関する商法の改正が重ねられてきた。

まず，株式会社の所有者として万能機関とされていた（民206条参照）株主総会の権限が縮小され，その分，経営に関する機関の権限が拡大されて，取締役が単独でしていた業務執行が，業務執行に関する意思決定は取締役全員で構成する取締役会，取締役会が決定したことにもとづいて，また，取締役会の監督のもとで，実際の業務執行を行い，会社を代表するのは，取締役の中から選ばれた代表取締役となった。これにともなって，取締役の業務執行を監視（業務監査）する権限を有していた監査役の権限は，会計に関する事項の監視（会計監査）に縮小された。

しかし，法人成り・株式会社成りといった現象などもあり，株式会社とはいっても，さまざまな規模や内容の会社が入り混じり，株式会社の倒産が相次いだ時期もあった。そこで，監査役の権限を再び業務監査まで広げるとともに，株式会社をその規模によって大会社・中会社・小会社の3種類に分け，大会社には専門家としての会計監査人による監査が強制され，一方，小会社の監査役の権限は，会計監査の範囲にとどめられた。

その後，大会社の監査役と監査制度について，範囲の拡大，計算書類の確定，監査役の複数化・常勤化に続き，いわゆる社外監査役制度および監査役会制度が導入された。

さらに，監査役会の設置を前提とするいわゆる監査役会設置会社とは別に，指名委員会・監査委員会および報酬委員会ならびに執行役を置かなければならないが，監査役を置くことはできないという，いわゆる委員会等設置会社の機関設計の選択が可能となった。そして，商法から独立する形で立法された会社法では，一定の規整のもとではあるが，株式会社における機関設計が自由化され（定款自治），その後の会社法改正を経て，今日，わが国の株式会社は，大きく，①監査役（監査役会）設置会社，②指名委員会等設置会社，③監査等委員会設置会社の3つの機関構造を選択できるようになった。この傾向は，社外取締役の活用を含め，取締役会のモニタリング機能を強化するガバナンス・システムの導入によるものである。

（竹内 明世）

第 8 章

株式会社の経営と監督

Essence

- □ 1. 株式会社の業務執行（経営）の態勢にはどのような類型があるか，また，それらの類型では，どのような機関が業務執行を担っているか。
- □ 2. 取締役とはどのようなものか。活用が期待される社外取締役とはなにか。
- □ 3. 取締役会と代表取締役はどのような権限を有するか。
- □ 4. 株式会社の経営における執行と監督の分離は，どのようなことか。
- □ 5. 取締役と会社との関係は，どのようなものか。
- □ 6. 監査役とはどのようなものか，会計監査人とはなにか。

Introduction

株式会社の経営機構は，会社法上，定款自治による多様な機関設計に委ねられており，とりわけ取締役会設置会社においては，株主総会が会社の基本的事項，株主にとって重要な事項そして役員等の選任解任不再任を決議し，取締役会が会社経営の中心的地位を占め，業務執行に関する決定を行い，そして，代表取締役がその業務執行決定を実行に移す。取締役会は取締役の職務執行の監督を行うが，自己監督のおそれがあるため，業務執行に対する常勤の監査機関である監査役をも置かれる。このような機関設計が会社法における最もポピュラーなものであったが，①社内者ばかりが占める取締役会では十分な監督を行使できないため，とりわけ証券取引所において上場している会社において社外取締役の積極活用が謳われるようになり，②社内においては事実上，取締役より下位の地位にあるに過ぎない監査役による監査でも十分とは言えないため，ⅰ監査委員会を擁する指名委員会等設置会社，ⅱ監査等委員会を擁する監査等委員会設置会社などの新たな機関設計が現れてきた。このような機関設計につき，どの設計がどのように優れているのか，またそれぞれ人員を多く配置するためにどれほどのコストを生じさせるかという便益と費用の比較に留意しながら，本章の学修を進めていくように強く求める。

1. 取締役・取締役会・代表取締役

(1) 株式会社の業務執行

株式会社の経営は，法令上，「業務執行」と表現され，その態勢として，会社法は取締役を置く必要があるとし（所有と経営の分離），機関設計（取締役会非設置会社，取締役会設置会社，指名委員会等設置会社，監査等委員会設置会社）の類型に応じて，取締役会・代表取締役・執行役などを定め，それらの権限を適切に分配できる仕組みを設けている。また，合理的で効率的な経営が適正に行われるように，企業統治の観点から，監査役を置く仕組みのほか，執行と監督が分離して取締役会の経営モニタリング機能を強化する仕組みも用意されている。

株式会社のうち**公開会社**では取締役会の設置が義務付けられており（会327条1項1号），3人以上の取締役の全員で構成される取締役会がその決議で会社の業務執行を決定する（会362条2項1号・4項）。代表取締役は必置の機関であり（会362条2項3号・3項），この代表取締役と選定業務執行取締役が業務執行を行う（会363条1項）。対外的には代表取締役が会社を代表する（会349条4項）。なお，株主総会は法令と定款に定められた事柄のみ決定する権限があるだけで，会社の基本的な事柄の決定権限しか有さない。

これに対し**非公開会社**では取締役会は任意機関であり自社が取締役会の設置を定款に定めたときに置けばよいだけである（会326条2項）。取締役会を設置しない会社では，定款に別段の定めがある場合を除き，各取締役が業務執行権限を有し（会348条1項），2人以上の取締役がいる場合には業務執行の意思決定は取締役の過半数をもって決する（会348条2項）。各取締役が会社を代表するが（会349条1項），定款，定款の定めによる取締役の互選，株主総会の決議

Glossary

非公開会社と公開会社：会社法上，非公開会社とは全株式譲渡制限会社であり，公開会社とはそれ以外，すなわち，全株式自由譲渡会社と一部株式自由譲渡会社である。前者は株主構成が固定化され株主中心のガバナンスとなるが，後者は株主構成が流動化され株主にガバナンスを委ねにくい。取締役会設置義務の可否，取締役資格制限の定款規定の可否など，両会社の相違はそれぞれの会社制度の体系性を維持できるほどの相違である。

により取締役の中から代表取締役を定めることもできる（会349条3項）。

（2）取締役

1）取締役の資格

公開会社では定款によっても取締役の資格を株主に限定することができない（会331条2項本文）。取締役の適任者を幅広く集めることがその趣旨である。ただし，非公開会社では，定款で取締役の資格を株主に限定することができる（会331条2項但書）。非公開会社では株式の流動性が著しく低いので，その株主は少数で人員は固定され，それゆえ会社経営に興味があるものが集まりやすく，そのようなものに会社経営を任せるほうがかえって都合がよいからである。

会社法331条1項では取締役の欠格事由が定められ，そこに規定される一定の者は取締役となることができない。具体的な内容としては，法人（1号），一定の罪を犯し，刑に処せられその執行を終わり，又は執行を受けることがなくなった日から二年を経過しない者（3号），3号所定の規定以外の法令の規定に違反し，禁錮以上の刑を処せられ，その執行を終わるまで又はその執行を受けることがなくなるまでの者（4号）。

2）取締役の選任

取締役（会計参与，監査役と併せて「役員」と称する）は通常，株主総会の普通決議で選任される（会329条1項・309条1項）（なお，329条1項では役員と会計監査人の選任について規定している）。株主総会の定足数は定款で排除される（会309条1項の「別段の定め」）ことが多いが，役員の選任については，たとい定款で定めても株主の議決権の3分の1未満にすることができない（会341条）。少数者で役員を選任することを排除する趣旨である。なお，2人以上の取締役を選任する方法として累積投票が用意されてはいる（会342条）が，通常の会社では定款でその利用が排除されている。

3）取締役の終任

取締役を含む役員及び会計監査人と会社との関係は，民法の委任の規定に従う（会330条）。取締役は，委任者又は受任者の死亡・破産手続開始決定，受任者の後見開始の審判（民653条），その他，辞任，任期満了，欠格事由発生，定款所定の資格喪失，会社の解散，非公開会社における伸長任期（10年）より通常任期（2年）への定款変更（会332条2項・1項）などによりその地位を喪失する。取締役の終任は登記事項である。

会社はいつでも理由を問わず，取締役を株主総会決議により解任できる（会339条1項）。取締役解任決議は通常は普通決議で行う（会341条・309条1項。3分の1の定足数が必要であることは選任と同様）が，累積投票により選任された取締役を解任するには特別決議が必要である（会309条2項7号・343条4項）。正当な理由がなく解任された取締役は会社に対して損害賠償を請求できる（会339条2項）。選任により，取締役には任期分の報酬額が得られるとの具体的期待が生じているから，この損害賠償でもって求められるのはその期待利益の侵害，すなわち，残任期分の報酬額である（伊藤他・リークエ176頁）。なお，一定の少数株主には取締役解任の訴えが認められている（会854条）。

終任により役員の員数が欠けた場合，退任した役員は後任者が就任するまで引き続き役員としての権利義務を有し（会346条1項），裁判所は必要があると認めるときは，利害関係人の申立てにより一時役員の職務を行うべき者を選任することができる（会346条2項）。

4）取締役の員数，任期

取締役会非設置会社では取締役は1人で足りるが，取締役会設置会社では取締役は3人以上でなければならない（会331条5項）。

取締役の任期は原則2年であり，定款又は株主総会の決議により短縮することもできる（会332条1項）。非公開会社（監査等委員会設置会社・指名委員会等設置会社を除く）では定款で10年まで伸長することができる（会332条2項）。非公開会社の株主は取締役を常に監視し続けられるため，選・解・非再任のかたちで取締役の評価をする必要性が乏しいからである。監査等委員会設置会社における監査等委員以外の取締役の任期は1年であり（会332条3項），監査等委員である取締役の任期は2年で短縮は認められない（会332条4項・1項但書）。監査する者とされる者との任期に差を設けるためである。指名委員会等設置会社の取締役，会計監査人・監査役会設置会社で，剰余金配当等の権限を取締役会に与えた場合も，取締役の任期は1年である（会332条6項・459条1項）。

5）社外取締役

株式会社の業務執行に対し十分な監視・監督を行うには，社内者とのしがらみがない人間が行うことが望ましい。そこで，会社法では，会社や親会社，子会社からある程度独立性を確保している者を社外取締役と称し，彼らに業務執行に対する監視・監督に期待している。

会社法では，社外取締役の資格を以下のように定めている（会2条15号）。

第1には，当該株式会社又はその子会社の業務執行取締役若しくは執行役又は支配人その他の使用人でなく，かつ，その就任前十年間当該株式会社又はその子会社の業務執行取締役等であったことがない者（同条号イ）。

第2には，その就任前十年内のいずれかの時において当該株式会社又はその子会社の取締役，会計参与又は監査役であったことがある者にあっては，当該取締役，会計参与又は監査役への就任前十年間当該株式会社又はその子会社の業務執行取締役等でない者（同条号ロ）。かつての会社又は子会社の業務執行取締役がその終任後，平取締役などへ横滑りした場合につき規定するものである。

第3には，当該株式会社の親会社等又は親会社等の取締役若しくは執行役若しくは支配人その他使用人ではない者（同条号ハ）。親会社はその支配力によりさまざまな指図を会社に対して行えるため，利益相反関係の最たるものである親会社およびその関係者を排除するものである。

第4には，当該株式会社の親会社等の子会社等の業務執行取締役等でない者（同条号ニ）。兄弟会社の業務執行者ではない者という意味である。

第5には，当該株式会社の取締役若しくは執行役若しくは支配人その他の重要な使用人又は親会社等の配偶者又は二親等内の親族でない者（同条号ホ）。血族も利益相反の根拠である。

公開会社かつ大会社である監査役会設置会社であって，その発行する株式について有価証券報告書を提出する義務を負う株式会社は，社外取締役を置かなければならない（会327条の2）。平成26年会社法改正以前においては，同種の会社において社外取締役を置いていない場合には，取締役は，当該事業年度に関する定時株主総会において，「社外取締役を置くことが相当でない理由」を説明しなければならなかったが，実際には「相当でない理由」の説明が困難であったため，事実上は設置が強制されていた状況にあったので，それが法律上肯定されたといってよかろう（徳本他・後掲書 322 頁）。

①非指名委員会設置会社において社外取締役を置いている場合で，当該株式会社と取締役との利益が相反する状況にあるとき，あるいは，②指名委員会等設置会社と執行役との利益が相反する状況にある場合に，その他取締役（執行役）が当該会社の業務を執行することにより株主の利益を損なうおそれがあるときは，当該株式会社は，その都度，取締役の決定（取締役会の決議）によって，当該株式会社の業務を執行することを社外取締役に委託することができる（会 348 条の 2 第 1 項・2 項)。業務執行に関与してしまうと社外取締役としての資格を失うのではないかと疑問に思う向きもあろうが，本規定の重点は 3 項にある。すなわち，1 項・2 項の規定により委託された業務の執行は，社外取締役の定義規定である 2 条 15 号イに規定する業務の執行に該当しないとする。よって，本条により業務執行に関与しても，社外取締役である地位を失わないのである。

（3） 取締役会

1）権限

取締役会設置会社では，株主総会における決定権限は，法定事項と定款記載事項に限定されており（会 295 条 2 項)，会社業務に関するそれ以外の事項は原則としてすべて取締役会が決定する。

取締役会は日常の業務執行にかかわる事柄の決定を代表取締役又は業務担当取締役に委ねることが可能である。しかし，以下に規定する取締役会の専権事項は，代表取締役又は業務担当取締役に委ねることを認めない（会 362 条 4 項)。①重要な財産の処分と譲受け（当該財産の価額，その会社の総資産に占める割合，当該財産の保有目的，処分行為の態様などを総合的に考慮して，「重要性」は判断される。)，②多額の借財，③支配人その他の重要な使用人の選任と解任，④支店その他の重要な組織の設置，変更及び廃止，⑤社債を引き受ける者の募集に関する重要な事項，⑥取締役の職務の執行が法令及び定款に適合することを確保するための体制その他，株式会社の業務の適正を確保するために必要な体制の整備（大会社では当該事項を取締役会が決議することが義務付けられている。

会362条5項)，⑦定款の定めにもとづく取締役・執行役・会計参与・監査役・会計監査人の責任の免除，その他，⑧重要な業務執行。

また，取締役会は，業務執行が自らの決定に従って会社の利益のために適正になされているかどうかを「監督」する（会362条2項2号)。会社業務を執行する代表取締役及び業務担当取締役は，取締役会による監督を受けるために，自己の業務執行の状況を，少なくとも3か月に1度は，取締役会に報告しなければならない（会363条2項。同条項を裏から読むと，会社は少なくとも3か月に1度は取締役会を開かなければならないことを意味する)。

業務監査権限を持つ監査役がおかれている限り，監査役も職務として取締役会に出席しなければならない（会383条1項)。

2）招集

招集権者は原則として各取締役である（会366条1項)。他の取締役により招集がなされることもある（会366条2項・3項)。招集通知は取締役会の1週間以内までに発せられる必要があるが（会368条1項)，通知方法には制限はなく，招集通知に記載されていない議題を取締役会で議論しても差し支えない。

3）決議

取締役の過半数が出席し，その過半数をもって行う（会369条1項)。書面決議・みなし決議が認められることもある（会370条)。

取締役は1人につき1個の議決権を有する。議決権の代理行使はできない。決議につき特別利害関係（決議につき個人的な利害関係）を有する取締役は決議に参加できない（会369条2項)。特別利害関係人の範囲については具体的事例の積み重ねが必要であるが，例えば，代表取締役解任決議において，解任対象となっている代表取締役は特別利害関係人に該当するとされている（最判昭44・3・28民集23・3・645)。

議事録を作成し，出席者は署名することが必要である（会369条3項・4項)。議事録は10年間本店に備え置かれる（会371条1項)。

取締役会に参加して議事録に異議をとどめていない取締役は，その決議に賛成したものと推定される（会369条5項)。事後的な訴訟リスクを回避するため，反対者は反対を明記しておくべきである。

取締役会決議の手続又は内容に瑕疵がある場合には，私法の一般原則に照らし，当然に無効となり，いつでも誰でもどのような方法によっても，その無効を主張することができる。

（4） 代表取締役

1）意義

株式会社を「代表する」取締役である。取締役会設置会社では，取締役会が会社の業務執行の決定を行い，それを執行する機関が必要であるため，代表取締役は必置の機関であるが，取締役会非設置会社では任意の機関である。

取締役会設置会社では代表取締役は，取締役会決議をもって取締役の中から「**選定**」されなければならない（会362条2項3号・3項）。ただ，非公開会社である取締役会設置会社の代表取締役を株主総会でも選定し得る旨の定款規定は有効である（最判平29・2・21民集71・2・195）。取締役会は決議によって，いつでも代表取締役又は業務担当取締役を**解職**することができる（会362条2項3号）。

2）権限

代表取締役は株主総会又は取締役会の決議にもとづいて，会社の業務執行自体を行い，かつ，会社を代表する権限を有する。

代表取締役の代表権は，会社の業務に関する一切の裁判上及び裁判外の行為に及び（会349条4項），会社は，この内容に制限を加えても，その制限について善意の第三者に対抗することができない（会349条5項）。

客観的には代表取締役の代表権限の範囲内ではあるが，代表取締役が主観的には会社ではなく，自己又は第三者の利益を図るために代表行為を行った場合を代表権の濫用という。その効力は会社に帰属するが，相手方が代表取締役の真意を知り又は知り得べき（過失によって知らなかった）ときには，その法律行為は効力を生じない（民107条）。なお，平成29年民法改正前においても，民法93条但書類推適用により同様の結論を導いていた（最判昭38・9・5民集17・

Glossary

選任・選定と解任・解職：選任とは限定されていない候補者の中から選び出すこと，選定とは限定されている（すでに何らかの地位についている）者の中から選び出すことである。解任・解職はそれぞれの逆である。株主総会では不特定の候補者の中から取締役を「選任」し，取締役会では取締役に就いている者の中から代表取締役を「選定」する。

8・909)。

代表取締役その他株式会社を代表する者がその職務を行うについて第三者に損害を加えたときは，会社も損害賠償責任を負う（会350条)。

代表取締役には対内的な業務執行権限も付与されている（会363条1項1号)。

3）取締役会決議にもとづかない代表取締役の行為の効力

取締役会決議を経ることなく代表取締役が対外的取引行為を行うことがあるが，これについては，相手方が取締役会決議を経ていないことを知り又は知り得べき（過失により知らなかった）ときには，民法93条類推適用により，その行為は効力を生じない（最判昭40・9・22民集19・6・1656)。

4）表見代表取締役

代表取締役ではないが，社長・副社長など株式会社を代表する権限を有するものと認められる名称を付した取締役を表見代表取締役という。表見代表取締役がした行為について，外観を信頼した者を保護するため，会社は善意の第三者に対して責任を負う（会354条)。**権利外観法理**がその趣旨である。よって，その適用要件は以下の3つである。

第1には，虚偽の外観の存在である。これは，「会社を代表する権限を有するものと認められる名称」であり，条文表記名称に限られず，「専務取締役」「常務取締役」（最判昭35・10・14民集14・12・2499）も該当し，「代表取締役代行者」なる名称もこれに含まれる（最判昭44・11・27民集23・11・2301)。

第2には，外観作出への帰責性である。会社がこのような名称の使用につき，明示的又は黙示的に認めることが必要である。これについては，代表取締役に通知せずに招集された取締役会において選定された代表取締役が代表取締役として職務を行ったときに同条の類推適用を肯定した事例がある（最判昭56・4・24判時1001・110)。

第3には，外観に対する相手方の信頼である。この信頼については，善意か

Glossary

権利外観法理：真実と異なる外観が存在する場合，外観を作出したことに帰責性がある者は，外観を信頼した者に外観に従って責任を負うとする法理である。商法・会社法に限らず，民法にもこれを趣旨とする制度が数多く存在しており，それらの適用要件は，本文に述べた３つ，すなわち，虚偽の外観，外観作出への帰責性，外観に対する信頼である。

つ無重過失である必要がある。重過失は悪意と同視されるからである（最判昭52・10・14民集31・6・825）。

(5) 取締役の義務

1) 善管注意義務と忠実義務

i 総説 会社と取締役との間の法律関係は，民法の委任の規定が適用されるので（会330条），取締役はその職務を行うに当たり，会社に対して善良な管理者の注意義務を負う（善管注意義務。民644条）。また，会社法において，取締役は会社のために忠実にその職務を遂行する義務を負う（忠実義務。会355条）。両者の義務の関係について，判例・多数説は，忠実義務は善管注意義務を敷衍し，かつ一層明確にしたにとどまり，善管注意義務とは別個の高度の義務を規定したものではないとしている（最大判昭45・6・24民集24・6・625）。ただ，説明の便宜上，取締役の利益相反の場面（取締役の報酬，利益相反取引，競業避止義務）につき，用語法として「忠実義務」という言葉をことさらに使うことが定着している。

ii 経営判断の原則 取締役が十分な情報を得て理性的な判断を行ったときには，仮にその判断が結果的に失敗し会社に損害を与えたとしても，その取締役の判断を尊重し，事後的な責任を問わないとする法理を，経営判断の原則という。会社に損害を与えたにもかかわらず，なぜ取締役に対し事後的に責任を問わないのかを理解するためには，理論面と政策面，二方向から理解することが重要である。前者については，会社との委任関係における受任者である取締役に対しては，委任事務処理のために，具体的な行動選択をする裁量が認められてしかるべきであり，その裁量の範囲内の行為ならば，事後的な責任追及が回避される（山本・会社法191頁）。そして後者については，会社経営に付帯する不測のリスクにつき常に取締役に対し結果責任が追及されてしまうと，取締役は責任追及を恐れ，冒険的経営を行わなくなってしまうという委縮効果を生じさせかねないという点，そして，会社経営の玄人である取締役の判断につき会社経営の素人である裁判所は経営判断の是非を事後的に判断することには問題がある点，である（落合・要説102頁）。

実際の経営判断原則の適用要件としては，①判断の前提となった事実の認識に重要な不注意な誤りがあったか，②意思決定の過程・内容に経営者として特に不合理・不適切なものであったか，であり，両者を満たすと，取締役は責任から免れる（最判平22・7・15判時2091・90）。

iii　監視義務と内部統制システム構築義務　取締役は取締役会構成員として，他の取締役の行為が法令・定款を遵守し適法かつ適正になされていることを監視する義務を負う（最判昭48・5・22民集27・5・655）。

2）競業取引・利益相反取引の規制

i　意義・手続　取締役は，①自己又は第三者のために会社の事業の部類に属する取引をしようとするとき（競業取引），②自己又は第三者のために会社と取引をしようとするとき（直接取引），又は，③会社が取締役の債務を保証するなど，取締役以外の者との間において会社と取締役の利益が相反する取引をしようとするとき（間接取引。直接取引と併せて利益相反取引と総称）には，取締役がその地位を利用して会社の利益を犠牲にし，自己又は第三者の利益を図る危険性が高まる（先述した，用語法としての「忠実義務」の事例である）。それら行為を行う際には，会社法において規定される手続に従わなければならない。

まずは重要な事実を開示し，取締役会設置会社では取締役会・取締役会非設置会社では株主総会の承認を受けなければならない（会356条1項・365条1項）。この承認決議を行う際には，競業取引・利益相反取引の当事者となっている取締役は，特別利害関係人として，当該取締役会決議には参加できない。そして，取締役会設置会社では，競業取引・利益相反取引につき，取締役会の承認の有無を問わず，その取引につき重要な事実を取締役会に報告しなければならない（会365条2項）。

ii　競業取引規制　「株式会社の事業の部類に属する取引」（会356条1項1号・365条1項）とは，会社が実際に行っている事業又は準備している事業である。競業取引が取締役にとり「自己又は第三者のため」になされるとの意味は，「自己又は第三者の計算において」すなわち，経済的損益が自己又は第三者に帰属するとの意味と解されている。

取締役が自己又は第三者のために競業取引を行ったことにより，会社に損害を与えた場合には，その取締役は会社に対して損害賠償責任を負う（会423条

1項・2項)。解任の正当事由にもなる(会339条2項)。取締役会・株主総会の承認を得ずに競業取引がなされたときには，会社損害額の推定規定が存在する(会423条2項)。

iii 利益相反取引規制 利益相反取引には直接取引と間接取引とが存在することは既述のとおりである。

利益相反取引により会社に損害が生じた場合には，取締役会・株主総会の承認の有無を問わず，取締役は忠実義務違反があれば会社に対し損害賠償責任を負う(過失責任であるが，任務懈怠の推定が働く。会423条1項・3項)。ただし，自己のために直接取引をした取締役は，任務懈怠が責に帰することができない事由によるものであったときでも損害賠償責任を負う(無過失責任。会428条1項)。

(6) 取締役の報酬

1) 趣旨と構造

取締役の報酬等については，指名委員会等設置会社の場合を除いて，定款又は株主総会で定めなければならない(会361条)。報酬等とは，取締役の報酬，賞与その他業務執行の対価として株式会社から受ける財産上の利益をいう。

取締役の報酬等につき定款・株主総会において定めなければならない趣旨としては，報酬決定は会社の人的資源配置であり本来的には会社経営の一環であるが，それが業務執行決定機関である取締役会において決定されてしまうと，取締役によって不当に高額な報酬が設定されてしまう(いわゆるお手盛り)弊害が生じるので，その弊害を防止するために，株主にその決定を委ねることにある(最判昭39・12・11民集18・10・2143)。

2) 報酬の種類とその決定

報酬の種類により，定款・株主総会において決定されなければならない(会361条1項)事項は，以下のように異なる。

i 確定額の報酬等(1号) 金何円と確定金額で設定される報酬である。ただ，取締役の個人別報酬額については，株主総会においては取締役全員に支払われる報酬「総額」のみを決定し，その「総額」より割り振られる個人別の報酬額の決定については取締役会に一任することは，「お手盛り」の弊害は生じないことから，報酬規制に違反しないと解されている（最判昭 60・3・26 判時 1159・160）。実務ではさらに，個人別報酬額の決定を代表取締役に再一任することまで認められている。「お手盛り」の危険がないことがその理由であるが，その一方で，事実上の報酬決定権を与えてしまったことにより，代表取締役の権力の源泉となってしまっていることは否めず，これが指名委員会等設置会社における報酬委員会設置の必要性の議論に結びついている。

ii　不確定額の報酬等（2 号）　額が確定されていない報酬であり，例えば営業利益の何％という形で，具体的な算定方法が設定される。これは，業績連動型報酬と呼ばれ，取締役に営業利益を高めようとする**インセンティブ**を付与することができる。

iii　エクイティ報酬　取締役にエクイティ証券を付与する方法で与える報酬である。取締役に新株予約権を付与する方法をストック・オプションという。例えば，取締役に対し，行使期間 2 年間，行使価格 1,000 円のストック・オプションを付与する。そして，期間中に株価が 1,000 円を上回れば，取締役は 1,000 円を払い込むことにより，1 株式を取得でき，その時点の株価と行使価格 1,000 円との差額分を（株式を処分しない限りは含み益にしかすぎないが）手に入れることができる。株価が上がれば上がるほど差額分は増大し，それゆえ取締役にとってのインセンティブになる。

しかし，新株予約権の付与だと，株価上昇局面では取締役のインセンティブとなりうるが，株価下落局面ではインセンティブとはなり得ない。例えば，上記ストック・オプションの事例において，株価が 500 円に下落したときには，行使価格 1,000 円払い込むことにより 500 円の値をつけている 1 株式を取得することになり，取締役は権利を行使しただけで損をしてしまい，そのような権利を行使するまでもなく，取締役は放棄してしまうからである。そのようなときには，報酬として（会社と取締役間で譲渡制限の契約をかける）株式を付与す

Glossary

インセンティブ：「ある個人に特定の行動を選ぶように仕向ける要因」をいう。ストック・オプションでは，付与された役員等に対し会社業績を上げるように仕向ける。法律は「規制」であり，人を拘束する手段であるとの理解がいまだに強い。しかし，法律を使用して人々に対しどのようなインセンティブを設計できるのかも，現代の法律学の重要問題のひとつである。それを理解するためには，法律学だけではなく，経済学，経営学，ファイナンスなど，他の学問をも貪欲に学修してほしい。（このテーマについては，飯田高『法と社会科学をつなぐ』有斐閣（2016 年）第 1 章に詳しい。）

る方法が考えられる。取締役が株式を保有していれば，株価下落局面においても，下落の痛みを分かち合い，それゆえ株価上昇へのインセンティブにつながりうる。

これらエクイティ証券を付与する方法につき，会社法は2つの方法を採用している。1つは直接交付方式であり，会社が取締役に対し報酬として株式・新株予約権を直接交付する方法である（3号・4号）。もう1つは間接交付方式であり，会社が取締役に金銭を与え，それでもって払込みを行い（あるいは金銭債権を現物出資して）それと引き換えに株式・新株予約権を交付する方法である（5号）。いずれの場合でも，株式・新株予約権の数の上限その他一定の事項を定めなければならない。

iv　非金銭報酬（6号）　無償や低料金での社宅の付与など，金銭でないものを報酬として付与するときには，その具体的な内容を定めなければならない。

3）報酬議案に関する説明義務

会社法361条1項各号に掲げる事項を定め，又は改定する議案を株主総会に提出した取締役は，当該株主総会において，当該事項を相当とする理由を説明しなければならない（会361条4項）。株主が取締役の報酬の必要性及び合理性を適切に判断するための情報を提供するためである。

4）報酬の決定に関する方針

公開会社・大会社・監査役会設置会社であってその発行する株式について有価証券報告書を提出する義務を負っている株式会社，あるいは監査等委員会設置会社は，定款又は株主総会において取締役の個人別の報酬等の内容が定められていない（すなわち総額で決定されている）場合には，取締役の個人別の報酬等の内容についての決定に関する方針を決定しなければならない（会361条7項）。既述のとおり，現在の実務においては，「お手盛り」の弊害の防止という観点から，取締役の報酬は定款又は株主総会において総額決定がされているにすぎない。しかし，「お手盛り」の弊害がないということは，会社からどれだけ財産が流出しているかを示しているだけに過ぎず，取締役に対し就業へのインセンティブを設定することには寄与しない。やはり，インセンティブ設定という観点からすると個人別報酬額決定のほうが望ましい。そこで，取締役の報酬は総額決定であることはそのままにして，それを取締役会等において個人別にいかに割り振るかについての方針を決定することにより，個人別報酬額決定に対する株主総会等からのコントロールを及ばせているのである。

5）退職慰労金

退職慰労金が報酬等に含まれるかがかつて議論されていたが，現在では，在職中の職務執行の対価と認められる限り報酬等にあたり，会社法361条の規律を受けることとされている（最判昭39・12・11民集18・10・2143）。ただし，退職慰労金支給対象となっている取締役の人数は少数であるため，仮に報酬等と同様に総額決定がなされてしまうと，特定の退任取締役への支給額が対外的に明らかとなってしまい，プライバシーの観点から問題があるとして，株主総会においては退職慰労金を支給する旨のみの決議を行い，金額等については内規に従って算定することを取締役会に一任する実務が行われ，判例もこれを支持している（前掲最判昭39・12・11）。

なお，現在では退職慰労金を廃止する会社が増えつつある。

2. 会計参与

（1） 会計参与の意義・制度趣旨

会計参与は，株主総会で選任され，取締役と共同して計算書類の作成等に携わる株式会社の機関である（会374条1項）。すべての株式会社において定款に定めて任意に設置できる（会326条2項）。会計参与制度は，税理士及び公認会計士の専門性を活かして，中小企業の計算書類等の適性を確保するものである。

（2） 会計参与の資格と選任等

会計参与は公認会計士（監査法人を含む）又は税理士（税理士法人を含む）でなければならない（会333条1項）。①株式会社又はその子会社の取締役，監査役若しくは執行役又は支配人その他の使用人，②業務の停止の処分を受け，その停止の期間を経過しない者，③税理士法の規定により税理士業務を行うことができない者は，会計参与となることができない（同条3項）。

会計参与は株主総会の決議により選任され（会329条1項），株主総会の普通決議により解任される（会339条1項・341条・309条2項7号）。

会計参与の任期は原則として2年であり，定款又は株主総会決議により短縮も可能である（会334条1項・332条1項）。中小会社（委員会設置会社は除く）では，定款により，任期を10年まで伸長することができるが，委員会設置会社では，任期は1年で，伸長はできない（会334条1項・332条2項・3項）。

（3） 会計参与の権限と義務

会計参与は取締役・執行役と共同して，計算書類及びその付属明細書，臨時計算書類並びに連結計算書類を作成する。この場合において，会計参与は，「会計参与報告」を作成しなければならない（会374条1項）。

その他会計参与の権限としては，会計帳簿閲覧権（会374条2項），子会社調査権（同条3項），取締役と意見を異にするときの株主総会での意見陳述権（会377条）。

会計参与は職務を行うについて会社に対して善管注意義務を負う（会330条，民644条）。その他義務として，取締役の不正行為の報告義務（会375条1項・2項），計算書類承認取締役会への出席義務（会376条1項），株主総会における計算書類の説明義務（会314条）。

（4） 会計参与の責任

取締役と同様，会計参与についても対会社責任（会423条1項），対第三者責任（会429条1項）の規定がある。これら責任が課されることを恐れ，税理士等は会計参与に就任することを控える傾向にある。それを軽減化するため，役員責任軽減規制の適用，**役員等賠償責任保険**（D&O保険）の適用対象となっている。

3. 監査役・監査役会・会計監査人

(1) 監査役

1) 意義

監査役とは取締役の職務執行を**監査**する機関であり，監査報告を作成し（会381条），原則として，業務監査及び会計監査の権限を有する。

現行会社法上，「監査役設置会社」とは，監査役を置く株式会社（監査の範囲を関係に関するものに限定する旨の定款の定めのあるものを除く）又は会社法により監査役を置かなければならない株式会社をいう（会2条9号）。監査役会設置会社及び会計監査人設置会社を除き，公開会社ではない株式会社では，監査役の権限を，会計監査に限定する旨を定款で定めることができ（会389条），このような定めを置いた会社は，監査役を置いていたとしても，会社法上「監査役設置会社」には該当しない。

2) 権限

監査役は原則として，取締役（及び会計参与）の職務執行を監査する権限を有し，その権限は，会計監査を含む会社の業務全般の監査に及ぶ（会381条1項）。その業務監査権限の範囲は業務執行の適法性監査に限定され，妥当性監査までは及ばない。妥当性評価は業務執行の一環だからである。ただし，「著しく不当」な業務執行は監査対象となりうる（会382条）。

3) 選任・終任

欠格事由があること，公開会社における資格限定の制限については取締役と同様である（会335条1項・331条1項・2項）。監査役は，株式会社・子会社の取締役・執行役・支配人その他の使用人を兼務することができず（会335条2項），会社その子会社の会計参与を兼務することができない（会333条2項・3項1号）。監査役は株主総会決議により選任される（会329条1項）。監査役の

Glossary

監督と監査：両者とも業務執行に対するチェックであるが，両者の違いは以下のとおりである。①「監督」は監督される者と監督する者の区別はやや不明確であり，経営上の合理性をいう主観的な基準に沿って適否が判断される。②「監査」は監査する者とされるものは別の者であり，一定の基準（監査基準など）に沿って適否が判断される（伊藤他・リークエ197頁）。

任期は4年であり（会336条1項），非公開会社では10年まで伸長できる（同条2項）。

4）義務・報酬

監査役は会社に対して善管注意義務を負う。監査役の報酬等についても，定款又は株主総会の決議で決定される（会387条）が，この趣旨は取締役報酬のようなお手盛りの弊害の防止ではなく，監査役の独立性を確保するためである。

5）責任

会社に対する責任（会423条），第三者に対する責任（会429条）は，取締役と同様である。

（2） 監査役会

3名以上の監査役全員で組織される機関であり，監査報告の作成，常勤監査役の選定・解職，監査の方針等監査役の職務執行に関する事項の決定を行う（会390条1項・2項）。委員会設置会社を除く，大会社かつ公開会社では設置が必要となる（会328条1項）。

（3） 会計監査人

会計監査人は，会計専門家の立場から，株式会社の計算書類とその付属明細書等について会計監査を行う。委員会設置会社において設置が義務付けられている（会327条5項）。大会社では設置が強制され（会328条1項・2項），中小会社では定款の定めにより任意に設置できる（会326条2項）。

会計監査人は公認会計士又は監査法人でなければならない（会337条1項）。

4. 指名委員会等設置会社

（1） 指名委員会等設置会社制度の趣旨と特色

指名委員会等設置会社とは，取締役会に指名委員会，監査委員会，報酬委員会を置く株式会社をいう（会2条12号・326条2項）。ここでは取締役会の役割は基本的事項の決定と委員及び執行役の選定・選任等の監督機能が中心となり，社外取締役が過半数を占める三委員会が監査・監督の役割を分担する。そして，執行役が業務施行を担当し（取締役会の決議事項の多くを執行役に委任できる），代表執行役が会社を代表する。

取締役会設置会社では取締役会が会社の業務執行の監督を行い，その監督下で代表取締役が業務執行を行っていた。しかし，代表取締役は取締役会のメンバーであるので，仲間意識より十分な監督機能を果たすことが必ずしも期待できなかった。そこで，アメリカ流の**モニタリング・モデル**を参考に，執行役・代表執行役に業務執行機能を，取締役会に監督機能を果たさせることを意図して，平成14年商法改正により導入された。

(2)　指名委員会等設置会社の取締役・取締役会

指名委員会等設置会社の取締役は，任期が1年とされる（会332条4項）。執行役は（監査委員を除く。400条4項）取締役を兼ねることができる（会402条6項）。この点で，モニタリング・モデルは徹底していない。

指名委員会等設置会社の取締役会の権限は，経営の基本方針の決定と各委員会委員・執行役の選定・選任による監督が中心になる（会416条1項～3項）。

(3)　指名委員会・監査委員会・報酬委員会

1）委員会の構成

各委員会は，取締役会で選定される3人以上の委員で構成され，その委員は取締役で，その過半数は社外取締役であることを要する（会400条1項～3項）。同一の人物が複数の委員会の委員を兼ねることは差し支えない。

2）各委員会の権限

指名委員会は，株主総会の提出する取締役（及び会計参与）の選解任議案の内容を決定する（会404条1項）。従来型取締役会では，同議案を作成するのは取締役会で，そこには代表取締役の意向が相当入っていたため，事実上，取締役の後任人事は代表取締役により決せられ，それが代表取締役の権力の象徴となっていた。これを社外取締役が過半数を占める指名委員会に委ねることを目

Glossary

モニタリング・モデル：取締役会の主たる機能を経営の意思決定ではなく，経営者を監督することに求める考え方である。独立取締役が一定数存在する取締役会，あるいは取締役会内委員会が経営者を評価する（伊藤他・リークエ209頁）。

的としている。

監査委員会は，執行役等（取締役・執行役及び会計参与）の職務執行に対する監査及び監査報告の作成を行い，株主総会に提出する会計監査人の選解任及び不再任に関する議案の内容を決定する（会404条2項）。監査委員は取締役であるため，その業務監査権限は妥当性監査にも及ぶ。

報酬委員会は，執行役等（取締役・執行役及び会計参与）が受ける個人別報酬等につき，内容の決定に関する方針を定めたうえで，その方針に従って各報酬を決定する（会404条3項・409条1項・2項）。「取締役の報酬」の個所において既述した通り，株主総会における取締役報酬の総額決定，個別割り振り額決定の代表取締役への事実上の一任が，代表取締略の権力の源泉となっていたため，それを社外取締役が過半数を占める報酬委員会に委ねることを意図している。

(4) 執行役と代表執行役

指名委員会等設置会社では，1人又は2人以上の執行役を取締役会で選任し（会402条1項・2項），任期は原則として1年である（同条7項）。執行役は取締役会決議により委任された業務を決定し，業務執行権限を有する（会418条）。

執行役が1人であるときはその者が，執行役が複数あるときは取締役会で執行役の中から選定した代表執行役が会社を代表する（会420条1項）。

5. 監査等委員会設置会社

(1) 監査等委員会設置会社制度の趣旨と特色

監査等委員会設置会社とは，取締役会に監査等委員会が置かれる会社であり（会2条11号の2・326条2項），監査等委員の過半数は社外取締役でなければならない（会331条4項）。取締役の過半数が社外取締役である場合，又は，定款で定めた場合には，業務の決定権限を取締役会から取締役に大幅に委譲することが認められ，これにより，モニタリング・モデルを実現することができる。

指名委員会等設置会社はガバナンスの観点から望ましい機関設計のように思

えるが，従来型取締役会設置会社からすると，特に指名委員会と報酬委員会を導入することにつき抵抗感があった（既述の通り，代表取締役の権力を自ら殺ぐことになる）。よって，両委員会を置かない機関設計の導入を求められ，監査等委員会設置会社の創設に至った。これを実務からの正当な要求に応じたと捉えるか，それとも，実務のわがままに屈したと捉えるか，評価は分かれる。

（2）監査等委員たる取締役と監査等委員会

1）監査等委員である取締役

監査等委員である取締役は，他の取締役と区別して株主総会決議により選任される（会329条2項）。監査等委員である取締役の解任は，株主総会特別決議による（会309条2項7号）。監査等委員である取締役は3人以上で，その過半数は社外取締役でなければならない（会331条7項）。監査等委員である取締役は，会社又はその子会社の業務執行取締役，支配人，その他使用人，子会社の会計参与・執行役を兼ねることができない（同条3項）。

任期は，監査等委員である取締役は2年（短縮不可），それ以外の取締役は1年である（会332条3項・4項）。監査される側よりする側の任期を長くしている。

2）監査等委員会

監査等委員会のメンバーは監査等委員である取締役である（会399条の2第1項・2項）。その主たる職務は，取締役の職務執行の監査（妥当性監査にも及ぶ）と監査報告の作成であるが，さらに，会計監査人の選解任議案の内容の決定や，委員ではない取締役の選解任，報酬についての意見を決定する（同条3項）。

（3）監査等委員会設置会社の取締役会の権限

監査等委員会設置会社における取締役会の権限は，業務執行の決定と監督及び代表取締役の選定・解職であるが，一般の取締役会と異なり，監視・監督の職務が重視され，必ずしも細目的な事項を決定するのが適切ではないと考えられている。

監査等委員会設置会社では，取締役の過半数が社外取締役である場合には，取締役会決議で重要な業務執行の決定を取締役に委任することができる（会

399条の13第5項)。また，このような社外取締役要件を満たさなくても，定款で定めれば，重要な業務執行を取締役に委任できる（同条6項)。なお，代表取締役は，監査等委員以外の取締役から選定される（同条3項)。

（武田 典浩）

References

落合・要説，高橋（英)・会社法，福原・組織，伊藤他・リークエ，山本・会社法，徳本穰=服部秀一=松嶋隆弘（編著)『最新法務省令対応令和元年会社法改正のポイントと実務への影響』日本加除出版（2021年)，中村信男=和田宗久=新井剛『ビジネス法入門（第3版)』中央経済社（2020年)。

Column ⑧　コーポレートガバナンス・コードとは？

1. 総説

コーポレートガバナンス・コード（以下，「CG コード」）とは，2015 年 6 月に東京証券取引所が策定したものであり，東証上場会社は CG コード中の各原則について，これを実施するか，もしも実施しない場合には，コーポレート・ガバナンスに関する報告書においてその理由を説明することが求められている。

CG コードのように，原則を実施するか，もしも実施しない場合にはその理由を説明すべきであるとのルールを，コンプライ・オア・エクスプレイン・ルール（comply or explain rule）という。企業統治につき各企業へ規律付けを行う方法は多様である。例えば，株主総会や取締役を必ず置かなければならないといった誰の目から見ても明白な規律については，強制力を伴う法律によって一律に規律することでも全く問題はない。ところが，サステナビリティなどについては，企業社会における重要課題であるため遵守すべきであると考える企業がある一方，それよりも重要課題が他にあるため個々の企業がその遵守を嫌い，それゆえ，一律に義務付けを行うことがかえって個々の企業にとって不都合となることも起きうる。そのような企業の実情に応じて企業統治規範の適用を選択させ，一方では各企業には不遵守という選択の自由を与え，他方ではその理由を説明するように義務付け，それを市場に晒して株式市場からの評価を受けるようにさせることが，このルールの採用の意図となっている。株式市場からの評価如何では，個々の企業に対して事実上の強制を与えるとの作用も存在する。

2. 内容

CG コードは 5 つの基本原則を中心に，各基本原則のもとに各原則が，各原則のもとに補充原則が，それぞれ存在している。基本原則は，1. 株主の権利・平等性の確保，2. 株主以外のステークホルダーとの適切な協働，3. 適切な情報開示と透明性の確保，4. 取締役等の責務，5. 株主との対話，の 5 つよりなっている。

CG コードは，2018 年 6 月 1 日に改訂され，さらに，2021 年 6 月に再改訂された。再改訂版では，ⓘ取締役会の機能発揮（プライム市場〔後述する，新市場区分における I 市場〕上場企業において独立社外取締役を 3 分の 1 以上選任，指名委員会・報酬委員会の設置，経営戦略に照らして取締役会が備えるべきスキルと各取締役のスキルとの対応関係の公表，他社での経営経験を有する経営人材の独立社外取締役への選任），ⓘⓘ企業の中核人材における多様性の確保（管理職における多様性の確保についての考え方と測定可能な自主目標の設定，多様性の確保に向けた人材育成方針・社内環境整備方針をその実施状況とあわせて公表），ⓘⓘⓘサステナビリティを巡る課題への取組み（プライム市場上場企業において，TCFD〔気候関連財務情報開示タスクフォース〕またはそれと同等の国際的枠組みにもとづく気候変動開示の質と量を充実，サステナビリティについて基本的な方針を策定し自社の取組みを開示），ⓘⓥ上記以外の主な課題（プライム市場に上場する「子会社」において独立社外取締役を過半数選任または利益相反管理のための委員会の設置，プライム市場上場企業において議決権電子行使プラットフォームの利用と英文開示の促進）がそれぞれ導入された。

同再改訂を踏まえて更新したガバナンス報告書の提出は，遅くとも 2021 年 12 月末日までに行うように求められた。

3. 東京証券取引所の市場区分との関係

現在の東京証券取引所の市場区分は，①市場第一部：大企業向け，②市場第二部：中堅企業向け，③マザーズ：市場第一部へのステップアップを視野に入れた，高い成長可能性ある企業向け，④ JASDAQ スタンダード：一定の事業規模と実績を有する成長企業向け，⑤ JASDAQ グロース：特色ある技術やビジネスモデルを有し，より将来の成長可能性に富んだ企業群向けの 5 区分となっている。しかし，各市場区分のコンセプトがあいまいで，とくに②，③，④，⑤の位置づけが重複しているなど，この区分には課題が存在し，見直しに向けた検討を進められた。その結果，2022 年 4 月 4 日以降は，Ⅰプライム市場：多くの機関投資家の投資対象になりうる規模の時価総額を持ち，より高いガバナンス水準を備え，投資家との建設的な対話を中心に据えた企業向け，Ⅱスタンダード市場：公開された市場における投資対象として十分な時価総額を持ち，基本的なガバナンス水準を備え，持続的な成長にコミットする企業向け，Ⅲグロース市場：高い成長可能性を有する一方，事業実績の観点から相対的にリスクが高い企業向けの 3 区分となる。

現在の市場区分においては，①，②，そして，2020 年 11 月 1 日以降に新規上場申請を行った④には，基本原則・原則・補充原則の全てが，③，上記以外の④，そして⑤には，基本原則のみがそれぞれ適用され，ガバナンス報告書上でコンプライ・オア・エクスプレインを行うように求められている。 2022 年 4 月 4 日以降の新しい市場区分においては，Ⅰ・Ⅱには，基本原則・原則・補充原則の全てが，Ⅲには基本原則のみが適用される。なお，基本原則には（既述のように）Ⅰのみを対象としているものもあるため，Ⅰにおいては当該内容も併せて，コンプライ・オア・エクスプレインを行うように求められる。

（武田 典浩）

References：田中（亘）・会社法 154 頁，島崎征夫他「コーポレートガバナンス・コードと投資家と企業の対話ガイドラインの改訂の解説」商事法務 2266 号 4 頁（2021 年）。CG コードの原文は，https://www.jpx.co.jp/equities/listing/cg/index.html で利用可能。

第９章

株式会社の役員等の損害賠償責任

Essence

□ 1. 株式会社の役員等はどのような法的責任を負うか。
□ 2. 会社補償契約と役員等賠償責任保険とはどのようなものか。
□ 3. 株主代表訴訟制度とはどのようなものか。
□ 4. 取締役の行為に対する株主の差止請求権とはなにか。

Introduction

株式会社における役員等は，業務執行にかかる決定およびその執行行為を行うに当たり，会社や第三者に対して損害を与える可能性がある。そのとき，被害者たる会社や第三者からの損害賠償請求がなされる。これは一方では被害者から加害者に対する損害賠償を求めるためであり，他方では損害を与えた役員等に対する規律付けという意味合いも有する。この損害賠償請求は認められて当然であると思う向きもあろうが，その一方で，あまりにも過大な損害賠償が認められてしまうと，事業リスクに果敢に挑もうとしている役員等からすれば，多額の賠償が生じうることに恐れおののき，リスクある事業に挑もうとしなくなるし，またさらには，そんな危険な賠償リスクを負わされる恐れもある役員等への成り手がいなくなる可能性もある。よって，過大な賠償リスクから役員等をどのように救済するのかの視点もここでは重要となる。とりわけ近時の会社法の判例および立法動向をみると，役員等をその損害賠償責任から如何に解放するかとの観点からの議論が多い。しかし，ここでは役員等の責任を闇雲に減免しようと考えているのではなく，責任が有する規律付け効果を減じることなしに，責任減免を図ろうとしているという，かなり微妙な利益衡量のもとで，判例および立法が進んでいるのである。本章の内容は，新聞等で賑わせているテーマであるため，非常に関心をもちやすいテーマではある。しかし，ジャーナリスティックな関心で終らないためにも，本章を学修する際には，上記のような微妙な利益衡量があることを常に念頭に置いてほしい。

1. 役員等の損害賠償責任

(1) 会社に対する損害賠償責任

1) 責任の原因と内容

株式会社と「役員等(「役員〔＝取締役・会計参与・監査役〕」と執行役・会計監査人)」との間は，民法の委任の規定が適用され(会330条)，その職務を行うに当たり善管注意義務(民法644条)，忠実義務(会355条)を負う。そして役員等がその任務を怠り，会社に損害が生じれば，その損害を賠償する責任を負う(会423条1項)。

役員等の任務懈怠にもとづく損害賠償責任の追及においては，責任を追及する会社側が，①役員等の任務懈怠の事実，②会社に損害が発生した事実，③①と②の間に相当因果関係があることにつき，立証責任を負い，その立証がなされると，役員等が④任務懈怠につき自己に帰責事由がなかったこと(自己の善意・無過失)を立証しない限り損害賠償責任を負う。

なお，一部の責任制度においては，原告の立証負担を軽減させる措置が取られている。例えば，取締役等が会社の承認を得ずに競業避止義務に違反する取引を行った場合には，会社の損害額は取締役又は第三者が得た利益の額と推定される(会423条2項)。利益相反取引において，①当該取引を行った取締役，②取引を行うことを決定した取締役，③取引に関する取締役会の承認決議に賛成した取締役は，任務懈怠があったと推定される(会423条3項)。自己のために当該取引を行った取締役は，任務懈怠について帰責事由がなかったとしても免責されず(無過失責任)，責任の一部免除制度は適用されない(会428条)。

2) 責任の免除・軽減

役員等の会社に対する責任は，原則として，総株主の同意がなければ免責されない(会424条・120条5項)。

役員等の会社に対する責任のうち任務懈怠責任(会423条)に限り，一定の条件下で，「最低責任限度額」まで軽減することが許容されている。巨額の損害賠償額を恐れて，会社経営を委縮させないためである。

ここでいう「最低責任限度額」とは以下のとおりである。

- 報酬等の6年分：代表取締役・代表執行役
- 報酬等の4年分：代表取締役以外の取締役（業務執行取締役等），代表執行役以外の執行役
- 報酬等の2年分：上記以外の取締役・会計参与・監査役・会計監査人

i　株主総会の特別決議による事後の責任軽減　役員等に「職務を行うにつき善意でかつ重大な過失がないとき」は，株主総会の特別決議により，損害賠償額を「最低責任限度額」にまで軽減できる（会425条1項・309条2項8号）。

ii　定款規定による取締役（取締役会）の決議にもとづく責任軽減　取締役が2人以上の監査役設置会社，監査等委員会設置会社又は指名委員会等設置会社では，事前に定款に定めておけば，当該責任を負う取締役を除く取締役の過半数の同意により，取締役の損害賠償責任額を「最低責任限度額」と同額を限度として軽減できる（会426条1項）。

iii　定款規定による責任限定契約にもとづく事前の責任軽減　会社は，業務執行取締役等を除く取締役，会計参与，監査役又は会計監査人の責任について，当該非業務執行取締役等が職務を行うにつき善意で重過失がないときは，定款に定めた額の範囲内で，あらかじめ「会社が定めた額と最低責任限度額とのいずれか高い額を限度とする」旨の責任限定契約を非業務執行取締役等と締結することができる旨を，定款で定めることができる（会427条1項）。事後的な賠償リスクを軽減化させ，とくに社外取締役の確保と活用を容易にすることがその意図である。

（2）　第三者に対する損害賠償責任

1）意義と機能

役員がその職務を行うにつき，悪意又は重過失があったときは，第三者に対して損害賠償の責任を負う（会429条1項）。本責任は，資力の乏しい小規模会社が倒産した際に，会社債権者が倒産原因を作った取締役に対して責任追及をする場面において利用されることが多い。また最近では，過少な対価で締め出されてしまった少数株主が対価相当額との差額分につき，締め出しを決めた取締役に対して責任追及を行うなど，組織再編の局面において，また，デリバ

ティブなど難解な商品を購入して大損害を被った投資経験のない投資家が，勧誘を行った証券・商品取引会社の取締役に対し内部統制システム構築義務違反でもって責任追及を行うなど，投資勧誘の局面において，それぞれ利用される事例が増えつつある。しかし，条文内容が極めて抽象的なため色々な場面で活用でき，責任追及側にとっては使い勝手の良い条文であるが，責任追及を受ける側にとっては極めて予測可能性が立ちにくい条文でもあり，現在，本条の存在意義が問われている（本章 Column ⑨参照）。

2）法的性質

契約などの社会的密接関係にない当事者同士で責任発生原因となるのは不法行為責任が一般的である。しかし，それに付加して，なぜこのような条文が置かれたのか，すなわち本条の立法趣旨が問題となる。判例（最大判昭 44・11・26 民集 23・11・2150）・多数説によると，以下のように整理されている。①立法趣旨は，経済社会における取締役の地位の重要性に鑑みて，一般不法行為責任よりも強化された責任を創設することにある，②責任の法的性質は特別法定責任であり不法行為責任ではない，③悪意・重過失は会社に対する任務懈怠について必要である（損害についてではない），④回復されるべき損害の範囲は直接損害（取締役の任務懈怠により第三者が直接的に被る損害）と間接損害（取締役の任務懈怠により一次的に会社に損害が生じ，その結果二次的に（間接的に）第三者が被る損害）の両者を含む，⑤一般不法行為責任との競合が生じる。

3）取締役の種類

本条の責任を負うのは取締役であり，これは株主総会で正式に選任され，就任登記も終えている取締役であることが普通である。ところが，取締役会の員数合わせの目的のためだけに，取締役として選任手続を経ていないにもかかわらず，就任登記だけはなされていたり，あるいは，取締役が辞任したにもかかわらず，辞任登記がまだなされていないがゆえに，登記簿上はいまだ取締役のままであり続けるような者が，本条の責任の対象となり得るかが問題となる。前者（最判昭 47・6・15 民集 26・5・655）も後者（最判昭 62・4・16 判時 1248・127）も，会社法 908 条 2 項類推適用によって責任が肯定されている。会 908 条 2 項は不実登記を作出した会社の責任の規定であり，取締役の責任を認定するための規定ではない。しかし，会社が不実登記を作出したことにつき，加功をした者として，本条項の類推適用により責任が肯定されているのである。

また，例えば大株主など，会社の業務執行に対し重大な影響力を行使している者は，取締役として選任されておらず，また取締役という名称を使用していないときでも，事実上の取締役として本条項の責任を負うこともある（名古屋地判平22・5・14判時2112・66）。

4）役員等の虚偽記載等にもとづく第三者に対する損害賠償責任

特定の書類や登記・公告等に虚偽の記載・記録があった場合には，当該虚偽記載等をした役員等は，注意を怠らなかったことの証明をしない限り，責任を免れない（会429条2項）。

(3)　補償契約

1）総説・手続規律

役員等の職務執行に関して当該役員等に発生した費用や損失を，会社が事前または事後に負担することを，会社補償という。会社補償の内容を定めるための会社・役員等間の契約を補償契約という（会430条の2第1項柱書）。役員に対して適切なインセンティブを付与することに意義がある。

補償契約の内容を決定にするには，非取締役会設置会社においては株主総会，取締役会設置会社においては取締役会の決議によらなければならない（会430条の2第1項柱書）。補償契約決定の局面においては，会社と役員との利益が相反する状況になるため，利益相反取引規制（会356条・365条）と同様の規制としている。補償をした取締役・執行役及び補償を受けた取締役・執行役は，遅滞なく，当該補償につき重要な事実を取締役会に報告しなければならない（会430条の2第4項・5項）。会社が，事後に，役員等が自己もしくは第三者の不正な利益を図り，または会社に損害を加える目的で職務を執行したことを知った場合には，役員等に対し，補償した金額に相当する金銭を返還することを請求することができる（会430条の2第3項）。

2）補償対象

補償対象となっているものは，①役員等が，その職務の執行に関し，法令の規定に違反したことが疑われ，または責任追及に係る請求を受けたことに対処するために支出する費用（訴訟費用や弁護士費用等の防御費用），②役員等が，その職務の執行に関し，第三者に生じた損害を賠償する責任を負う場合において，㋑損害を役員等が賠償することにより生ずる損失，㋺損害の賠償に関する紛争について当事者間に和解が成立したときは，役員等がその和解にもとづく金銭を支払うことにより生ずる損失，である（会430条の2第1項1号・2号）。すなわち，対第三者責任では賠償金・和解金，防御費用が対象となるが，対会社責任では防御費用しか対象とならない。

しかし，以下の費用・損失は補償対象とはならない。①会430条の2第1項1号に規定する防御費用のうち通常要する額を超える部分，②会社が対第三者責任（会430条の2第1項2号）の損害を賠償するとすれば，役員等が会社に対して423条1項の責任（任務懈怠責任）を負う場合には，損失のうち当該責任に係る部分，③役員等がその職務を行うにつき悪意又は重過失があったことにより対第三者責任（会430条の2第1項2号）の責任を負う場合には，損失の全部，である（会430条の2第2項）。とりわけ③の規定の存在により，役員等の対第三者責任（会429条1項）については，損失は補償対象とはならず，防御費用のみが補償対象となる。

補償契約にもとづき防御費用を補償した会社が，役員等が自己もしくは第三者の不正な利益を図り，又は会社に損害を加える目的で職務を執行したことを知ったときは，役員等に対し，補償した金額に相当する金銭を返還することを請求することができる（会430条の2第3項）。

（4） 役員等賠償責任保険

会社が保険契約者，役員等が被保険者となり，保険者との間で締結される保険契約であり，役員等が職務の執行に関し責任を負うこと又は責任の追及に係る請求を受けることが保険事故とされるものを役員等賠償責任保険契約という。補償契約と同様に，役員に対して適切なインセンティブを付与することに意義がある。

役員等賠償責任保険契約の内容を決定するには，非取締役会設置会社においては株主総会の，取締役会設置会社においては取締役会の決議によらなければならない（会430条の3第1項）。

2. 株主代表訴訟と差止請求権

(1) 業務執行に対する株主の直接的な監督是正

株主は取締役に会社の業務執行を託し，それに対する監督も取締役会等に委ねている。しかし，取締役と取締役会との仲間意識等により十分な監督機能を果たすことが必ずしもできないことがある。その際には，会社の所有者である株主が直接的に監督是正を行う必要性が出てくる。ここで議論する，差止請求権と株主代表訴訟である。ただ，非公開会社はもとより，公開会社における株主は会社経営には興味がない投機的株主ばかり集まるのであり，しかも，自分に返ってくるリターンが過少であるなら，自らコストをかけて監督是正を行うインセンティブはそれほどない。よって，株主による直接的監督是正にはそれほど過大な期待をかけるべきではないかもしれない。

(2) 株主の差止請求権

6か月前から継続して株式を保有する株主（非公開会社では6か月の株式継続保有要件は不要）は，取締役が株式会社の目的の範囲外の行為その他法令若しくは定款に違反する行為をし，又は，するおそれがある場合，この行為によって会社に「著しい損害」（監査役設置会社，監査等委員会設置会社又は指名委員会等設置会社では，「回復することができない損害」）が生じる恐れがあるときは，取締役に対して当該行為をやめるよう請求することができる（会360条）。

(3) 株主代表訴訟

1）原告となれる者

役員等が会社に対して責任を負う場合，会社がその責任追及を怠る可能性が大きいため，株主は会社に代わって，役員等の「責任を追及する訴え」を提起することができる（会847条）。以前は株主代表訴訟と明記されていたが，近時の会社法改正時に「責任を追及する訴え」に名称変更した。しかし，俗称として株主代表訴訟は今でも利用されている。

原告となれる株主は，6か月前から継続して株式を保有する株主である。ただし，非公開会社では6か月の継続保有要件は不要である。単独株主権である。株主代表訴訟提起後に株式交換・株式移転が行われたとしても，一定の場合には原告適格を失わない（会847条の2・会851条）。

2）手続

株主はまず会社に対し役員等の責任追及の訴えを提起するように書面等で請求することができる（会847条1項・2項）。この請求の日から60日以内に会社が訴えを提起しない場合には，その株主自らが訴えを提起でき（会847条3項），また，この期間の経過により会社に回復することができない損害が生じるおそれがある場合には，直ちに訴えを提起できる（同条5項）。

会社は，請求の日から60日以内に責任追及等の訴えを提起しない場合において，当該請求をした株主等から請求を受けたときは，当該請求をした者に対し，遅滞なく，責任追及等の訴えを提起しない理由を書面等でもって通知しなければならない（不提訴理由書。同条4項）。

訴訟手数料は一律13,000円である。ただ，仮に株主が勝訴しても，賠償金は会社に戻されるだけであり，訴訟手数料，（必要ならば）弁護士費用，時間的コスト等をわざわざかけてもそれに見合ったリターンが株主に返ってくるわけではない。

（武田 典浩）

References

田中（亘）・会社法，伊藤他・リークエ，落合・要説，福原・組織，山本・会社法，中村信男=和田宗久=新井剛『ビジネス法入門（第3版）』中央経済社（2020年）。

Column ⑨ 役員等の対第三者責任は必要なのか？

現在，学会において，役員等の対第三者責任（会 429 条 1 項）が必要なのか否かが議論されている。この議論を理解する際のポイントとしては以下のようなものがある。

1. 任務懈怠概念の不明確性

会社法 429 条 1 項は条文上では，「職務を行うについて悪意又は重大な過失」を要するとして，条文上は役員等の任務懈怠が必要であるとされている。しかし，①直接損害事例においては，第三者に与えた損害が，第三者に対する関係ではなく，会社に対する関係で任務とされているのかがなぜかが説明しにくい，②間接損害事例においては，会社に与えた損害が会社との関係において任務懈怠として認定されるのは理解できるが，それが何故第三者に責任追及権を与えるのかが説明しにくい，といった理由から，ここでいう「任務」とは何かを説明することは困難であることが指摘されている。

2. 損害賠償請求認容時の賠償金の帰属

会社法 429 条 1 項では第三者が損害賠償請求を行い，仮に請求が認容されたら，当該第三者が賠償金を丸どりできることになっている。第三者自身が直接的に損害を被る直接損害事例であるなら第三者が賠償金を丸どりできることは当然であるといえそうである。しかし，会社が損害を被り，その結果第三者が間接的に損害を被ったにすぎない間接損害事例においては，本来，賠償金が帰属すべきは会社であり，第三者はそこから按分比例的に賠償金を受けるべきであるといえるかもしれない。しかし，現在の会社法 429 条 1 項では，間接損害事例においても第三者による賠償金の丸どりが可能となってしまっている。

3. 取締役の責任強化か責任軽減か

会社法 429 条 1 項の法的性質論における特別法定責任説によれば，一般法たる不法行為責任（民 709 条）以外に対第三者責任が存在している理由は，既述のように，経済社会における取締役の地位の重要性に鑑みて，一般不法行為責任よりも強化された責任を創設することにあるとしている。しかし，その一方で，取締役はその経営判断を行うときには果敢にリスクを取りに行くべきであり，そのリスクをとった経営判断に失敗をし，その結果会社に損害を与えたとしても，取締役の責任を免ずるという経営判断原則の考え方を類推すれば，取締役の地位の重要性から，その責任を軽減するという選択肢を取る余地もありうるのであり，特別法的責任説のような帰結が唯一無二とはいえない。

これら論点に照らし，会社法 429 条 1 項はどのように改正（廃棄？）されるべきかが，今後議論されよう。

（武田 典浩）

References：伊藤他・リークエ 259 頁，田中（亘）・会社法 369 頁，田中亘・他（編）『論究会社法―会社判例の理論と実務』有斐閣（2020 年）157 頁〔髙橋陽一〕。

第10章

金融制度と企業の資金調達方法

Essence

□ 1. 金融の機能と金融法制との関係はどのようなものか。
□ 2. 金融法制，とりわけ，銀行法や金融商品取引法などはどのような規制を通じて金融業に安定性をもたらし，国民経済の発展に寄与しようとしているのか。
□ 3. 資金調達のしくみにはどのようなものがあるのか，また，金融法はどのような仕組みで資金調達の円滑化と投資家保護のための規律を作り出そうとしているのか。

Introduction

金融とは「金銭の融通」の略語とされており，名前の通りお金をやり取りすることを意味する。大きくは資金が余っている人から不足している人にお金を融通することであり，例えば，ある商品を購入したいために資金が不足している人が銀行からお金を借りるのは，金銭の融通であり，「金融」取引である。また，金融は地域における取引がどれくらい行われているかのバロメーターでもあり，まさに経済の血流ともいえる。このため，各国とも，金融に関する諸法整備による裏付けがなされ，行政による金融活動への管理・監督がなされるのが普通である。

「金融法」は，国民経済にとって重要な役割を果たしている金融取引と金融機関を規律・監督する法制度の集合体をいう。「金融法」というのは講学上の名称であり，そのような名称の法律があるわけではないものの，銀行法や金融商品取引法，保険法，保険業法，貸金業法などを通じ，金融業への規制が行われている。また，資金調達や資本市場もその安定性のために金融商品取引法などで規制され，資本主義市場の基本的秩序の維持の形成に寄与している。

その一方で，企業の資金調達方法も多様化しており，金融機関からの融資（間接金融）が相対的に減少傾向にあるなか，企業市場を通じてより直接的に投資家からの資金を受け入れるようになり（直接金融），その手法をめぐって新たな法整備も進んでいる。

1. 金融の意義と法規制の概要

(1) 金融と金融法の意義

金融とは「金銭の融通」の略語とされており，文字通りお金をやり取りすることを意味している。大きくは資金が余っている人から不足している人にお金を融通することであり，例えば，ある商品を購入したいために資金が不足している人が銀行からお金を借りるのは，金銭の融通であり，「金融」取引である。また，金融は地域における取引がどれくらい行われているかのバロメーターでもあり，まさに経済の血流ともいえる。「金融法」は，国民経済にとって重要な役割を果たしている金融取引と金融機関を規律・監督する法制度の集合体をいう。「金融法」というのは講学上の名称に過ぎず，そのような名称の法律があるわけではない。

また，金融法制は，かつて「護送船団形式」とまで言われ安定した経営を誇った銀行業を規制する銀行法，バブル経済期にその全盛を極めた証券業を規制する証券取引法（現在は金融商品取引法），また，生命保険と損害保険という2つの大きな業態に分かれ，それぞれのタイプの保険会社がある世界的にユニークな形になっているわが国の保険業を規制する保険法，保険業法などが中心となって構成されてきた。しかし，バブル崩壊以降，幾度も発生する金融危機，また，金融技術の劇的な進歩の中で，本書第20章支払決済と電子マネー・暗号資産でも明らかにされるように，とりわけ決済分野を中心に新たなタイプの金融ビジネスが登場し，国内外の金融機関同士だけではなく，既存の金融機関と新たな金融サービス提供者を含めた激しい競争が発生している。また，歴史的かつ世界的にも長く続いている低金利時代と企業年金制度の変革などを契機に国民の資産が預金から投資へとシフトしてきている。これらの金融業・金融市場の動きを受けて，金融法制は，時に**業際規制**を含めた規制緩和を進めながら，時に発生する新たな金融サービス分野における不正事件などへの対応のための規制強化の動きが同時並行的に発生しており，金融法制は毎年のように改正に次ぐ改正を余儀なくされている状況にある。

金融法は，今日，金融システムの安定化や**金融市場**の健全性の確保，さらには預金者・投資家保護の目的としている「金融監督法制」とともに，金融取引について私法上ないしは民事法の分野において関係者の利害調整を目的としている「金融取引法」分野，および，それらの分野と会社法分野が複雑に絡み合っている資金調達法制などが注目されるようになっている。本章では，主に金融監督法制と資金調達法制を扱う。

2. 金融監督法制

(1) 総　論

金融がなぜ規制されるかについてはさまざまな見解があるものの，預金者・投資家保護，金融システムの安定や金融市場の健全性の確保が目的であるとされている。

そのなかで，金融監督法制は，以前は金融機関同士の競争をさせないこと（金利規制など）で金融システムが安定化する手法をとっていたが，1990年代の「金融ビックバン」をひとつの契機に，規制緩和の方向に動き，生保・損保の子会社経由での相互参入や銀行窓口での保険や投資信託の販売の解禁，金融持株会社の実現による**コングロマリット**化など組織横断的・業種横断的な規制の緩和が実現したが，2007～2009年に発生した世界金融危機の後，再び規制強化の必要性が叫ばれ，また，預金保険制度などのセーフティネットや金融機

Glossary

金融監督：金融庁などの政府の監督機関により，金融庁の検査マニュアル・行政指導等にもとづいた検査・監督を行い，金融機関の健全性を維持すること。2000年代初頭などの不良債権問題処理では従前の手法がその処理の加速に効果を発揮したが，与信判断の均一化等の弊害も生まれたため，新たな手法について検討が進められている。なお，グローバルには，金融監督は，中央銀行が主体で行われている場合が多く，わが国のような政府が直接金融監督を行うケースは比較的少ない。

業際規制：企業などに資金を貸し出す「銀行業務」と，企業が資金を集めるために発行した株式や債券を引き受け，投資家に販売する「証券業務」をひとつの会社が兼業することは認められていない。このように業務範囲を限定することでリスクの抑制を図る規制を業際規制という。

金融市場：資金の貸借取引が行われる場，あるいは資金需給が調整される場（市場）ないし過程のこと。金利はそこに成立する価格のことをいう。長期金融市場（株式市場，債権市場），短期金融市場（コール市場，手形売買市場，外国為替市場）などがある。

金融コングロマリット：一般に「銀行，証券および保険の少なくとも2つを包括するような広範囲の金融サービスを提供する企業グループのことで，従来は銀証分離に象徴される業際規制により規制されてきたが，金融持株会社などの設立が認められ，徐々に緩和され，ひとつのグループで総合的な金融サービスを提供できるようになってきている。

関の破たん処理制度の合理化が進められた。また，金融取引のグローバル化を反映して，典型的なものはバーゼル銀行監督委員会が国際的に活動する銀行に対して作成している**自己資本比率規制**（通称，BIS 規制）に代表されるような国際的な規制の統一化も広範囲に進められている。

(2)　銀行業の規制

銀行を規制する銀行法はその第1条に「銀行の業務の公共性にかんがみ，信用を維持し，預金者等の保護を確保するとともに金融の円滑化を図るため，銀行の業務の健全かつ適切な運営を期し，もって国民経済の健全な発展に資することを目的とする」とし，銀行は株式会社という民間企業である（銀行法〔以下「銀行」と略称〕5条1項）にも関わらず，その業務には公共性があることを謳っている。また，その公共性ゆえに内閣総理大臣の免許を受けて業が行えるとされ（銀行2条1項），その主たる業務は①預金業務，②貸付業務，③**為替業務**（隔地間における資金の移動を輸送という手段を用いずに金融機関を介して実現すること）の3つとなっている（銀行2条2項）が，多くの規制が政令，内閣府令に委ねられている。なお，銀行と顧客との間の取引には民商法が適用される。

銀行業への新規参入に関しては，免許申請者の財産的基礎や経営層を含めた人的構成を審査して決定されるが，とりわけ，異業種からの参入に関しては，事業親会社の経営リスクが子銀行に及ぶことを避けるために，親会社からのリスク遮断が行われているか，また既存銀行の株式を相当数取得するやり方での参入についても，同様なリスクを遮断するために5%を超える議決権の保有者の届出や主要株主規制（許可が必要）などが決められている（銀行52条の2の

Glossary

自己資本比率規制：国際的に活動する銀行等に，一定以上の自己資本比率を求める国際的統一基準による規制。自己資本を分子に，信用リスクを分母として算出されるもので，現在は，信用リスク，市場リスク，さらにはオペレーショナルリスクが加わっている。バーゼル規制とも呼ばれ，現在バーゼルⅢへむけて調整が進められている。

為替取引：最高裁判例では，『為替取引』は，隔地者間で直接現金を輸送せずに資金を移動する仕組みを利用して資金を移動することを内容とする取引であることとされるが，コンビニの水道料金や住民税等の収納代行業務が実務上，為替取引ではないかという問題もあり，銀行法だけによる規制の意味・効果について議論がある。

11)。

(3) 金融商品取引業の規制

証券取引法が改正された金融商品取引法は，主に有価証券の売買のほか，(先物取引，指標先物取引，オプション取引，スワップ取引等を含む) 市場デリバティブ取引又は外国市場デリバティブ取引を業として行うことを金融商品取引業として定めている (金商2条8項1号)。金融商品取引業は内閣総理大臣の登録を受けた者が行えることになっている。なお，金融商品取引業は証券業のみならず，投資信託委託業，投資法人資産運用業，投資顧問業，投資一任業務，金融先物取引業，信託受益権販売業，抵当証券業，商品ファンド法上の商品投資販売業など広い範囲を包んでいる。また，業種により，登録要件が違っており，そのうち，従来の証券会社である第1種金融商品取引業者となっており，行う業務に合わせて資本金規制や自己資本比率規制等がかけられる形になっている。2014年金融商品取引法改正により，インターネットで小口の個人投資家から資金を集める仕組みである投資型**クラウドファンディング**が実現したが，発行価額総額1億円未満，一人当たりの投資額も50万円以下に制限されている。

(4) 保険業の規制

保険は，不慮の事故において発生する経済的需要を補うために，多数の者が一定基準により計算された金銭を拠出し，事故が発生した場合に，契約された金銭の支払を受ける制度だが，生命保険などは生前給付型の保険もあり，養老保険も含め，老後の生活準備のために保険が使われており，その公益性から保険業は免許制となっており，資本の額または基金の総額が政令で定める額以上の株式会社もしくは営利を目的としない組織形態である相互会社でなければばな

Glossary

クラウドファンデイング：企業家などが製品・サービスの開発・アイデアの実現のために，インターネットを通じて，小口の投資家から資金を集めること。寄付のものや物品・サービスを購入するものに加え，株式・ファンドへの投資を行う「金融型」がある。仲介業者は登録制で，発行会社の事業内容のチェックを行うとともに，発行価額は1億円未満，一人当たりの投資額も50万円以下に制限されている。

らない。また，保険会社は保険料として収受した資産を保険金の支払いのために運用する（保険業法97条2項）が，この運用方法は有価証券や不動産，金銭債権，金地金等の取得や金銭や有価証券の貸付け，預金または貯金，金銭債権や有価証券の信託等，さまざまな運用方法が認められている。

（5） ノンバンクの規制

ノンバンクには法律上の定義はないが，一般には預金を受け入れず与信業務を行う会社の総称であり，総括して規制する業法もない，貸金業における借り手保護の目的から，貸金業法と出資法がある。貸金業法では，貸金業者の登録制が定められており（3年毎の更新。貸金業法〔以下「貸金業」と略称〕3条1項や45条1項など），安定した財産的基盤を持っていることを求められており，純資産額等に規制がある。かつての一部資金業者の過酷な取立てを背景に，登録拒否要件のなかに，暴力団員であるか，あったかという特異な事由も法定されている（貸金業6条1項14号）。また，貸金業には利息制限法1条1項にもとづく利息規制がある。

（6） 信託業の規制

信託とは，特定の者（受託者）が一定の目的（信託目的）に従い，財産の管理又は処分及びその他の当該目的の達成のために必要な行為をすべきものとすることをいう（信託法〔以下「信託」と略称〕2条1項）その設定方法には，信託契約を締結する方法（信託3条1項1号），遺言によるもの（信託3条1項2号），信託宣言によるもの（信託3条1項3号）がある。信託は上述のように他人の財産の管理・処分を行う重要な役割を受託者が担うため，善管注意義務（信託29条2項），忠実義務（信託30条），さらには，分別管理義務（信託34条）などが受託者（信託業者）に課せられている。信託業への参入に関しては，内閣総理大臣の免許を受けないと営むことができず（信託業法〔以下「信託業」と略称〕3条），主要株主規制（信託業17条以下）や免許拒否要件も法定化されている（信託業5条2項）。信託業法により，説明義務や書面交付義務を含む信託会社の行為規制も定められている（信託業24条以下）。

また，2006年信託業法改正で，信託業へは，信託兼営金融機関だけでなく，

【決済をめぐる現行制度】

	銀行業	資金移動（送金）業	プリペイドカード業
サービス	預金 融資 決済 ※決済のみを業務とする場合でも同様	決済 ※3種類（金額無制限・1回100万円以下・5万円以下）に	決済 ・換金不可
法令	銀行法	資金決済法	
免許・登録	免許	登録	登録
自己資本規制	○	×	×
資金保全	預金保険	全額供託	半額供託

（出所）金融庁HPより。

信託会社の参入も認められ，グループ企業内信託や技術移転機関など幅広い担い手による参入も認められている。

一方，投資信託については，2006年金融商品取引法に投資信託委託業や投資法人資産運用業の業者規制が取り込まれるようになり，投資信託法は投資信託や投資法人の仕組を規律する法となっており，投資法人に対する規制を通じて，投資家が投資主としてファンドの運用を監視できる仕組ができている。また，最近では資産流動化法により，さまざまな特定資産の流動化が図られ，とくに不動産については，J-REIT（不動産投資信託）という形で上場までされるようになっている。

(7)　決済に関連した法制度

決済は，上述のように為替業務が事実上，銀行の専業となっていたが，2009年に資金決済法が制定されたことにより，銀行以外でも内閣総理大臣の登録を受ければ認められることになり，新たに資金移動業者が登場している。これらの業者は銀行に課せられる厳格な規制の代替として送金中の資産を保全するための履行保証金を供託することがもとめられている（資金決済法43条）。

3. 金融法の将来と FinTech 法制

最近の金融法制をめぐっては，大きく分けて，2つの動きがある。現在も個人金融資産の5割を超える現金・預金からより多くの資金を資産形成へ向けるために毎年のように特に金融商品取引法の改正を行い，投資先の選択が広がるような施策がとられてきた。最近では，上述した投資型クラウドファンディングの解禁や NISA（少額投資非課税制度）や iDeCo（個人型確定拠出年金）といった非課税制度も織り込んだ資産形成のための仕組みの充実化も図られている。

本章の1節と2節でも明らかにしてきたように金融法制の根幹はその業毎に分かれている銀行法等の業法と，基本的に，金融取引を支える民法と商法等，また，資本調達の部分では，金融商品取引法等の法制度で構成されてきた。しかし，電子マネーの普及や，さらには，FinTech の浸透も進むなか，上述したようにベンチャーや流通業者などの非金融業者が，金融サービスに参入し，金融業へ参入していくなかで，これまでとは違った，複数の金融業が混在したようなビジネスモデルなどが登場してきたり，従来の金融機関の業務を代替するような金融サービスも実現してきている。さらには，ビットコインのような，暗号資産も普及してきており，とくに決済関連の部分で大きな変化が見られるようになっている。

このような状況で電子マネーについては，2010 年に施行された資金決済法により，従来の磁気カードや IC カード，商品券などに加え，金銭データがサーバー管理されているものも規制対象になり，同じ時期に，銀行の排他的業務のひとつであった為替業務が開放され，新たに資金移動業が創設されている。7年後の改正では，さらに仮想通貨に係る制度整備も行われ，登録制度のもと，仮想通貨交換業者を対象とした規制の枠組みが整備された。加えて，銀行取引や証券取引等の複数の取引をひとつの画面等で確認し，決済指図等を送

Glossary

フィンテック（FinTech）：金融を意味する「Finance（ファイナンス）」と，技術を意味する「Technology（テクノロジー）」を組み合わせた造語。ICT を駆使して，従来，金融機関が独占してきた金融商品・サービスを革新的（innovative）なものにし，利用者にとっても「安く，早く，便利」に変えていこうとする動きのこと。

ることができる電子決済等代行サービスの利用者も増加していることから，適切な人的構成や財務要件，業務遂行体制の整備等を義務付けた登録制度も作られた。いずれも取引の電子化のさらなる進展に対応しているものであり，情報の安全管理や利用者財産との分別管理，さらにはマネロン・テロ資金供与の対応（取引時確認等）が義務付けられている。

これに加えて，ICTの進展に対応するためには，金融機関もインハウスだけの開発だけでは追いつかず，IT企業との連携が不可欠になっていることから，金融関連IT企業等への出資の柔軟化やグループ内外の決済関連事務等の受託の容易化などを措置している銀行法の改正も2017年から施行されている。

また，仮想通貨に関しては，国際的に普及していることから，今後も国際的な政策協調と，わが国が規制の「抜け穴」にならないための規制の調整が必要になると考えられるが，2017年資金決済法改正で，取引所の登録制度や仮想通貨と客からの預り金等との分別管理，安全管理体制の構築などが定められ，世界に先駆けて，仮想通貨の存在を認める法制度が施行されている。

また，従来は金融法制では，業別規制が行われてきたが，他業態からの金融業務の進出も相まって，それぞれの業が独占的に行ってきた固有業務の枠組みが崩れてきていることから，送金，預金，貸金等の機能別の規制へと変容させていく必要があるだろう。さらに，FinTechの台頭により，金融機関と利用者との間の情報の非対称性が拡大する可能性やサイバーセキュリティの問題も考える必要がある。金融サービスのイノベーションが進行するなか，安定した金融システムの構築・利用者保護とのバランスを考えた金融法の整備・設計が期待される。

4. 企業の資金調達と資本市場

（1） 企業の資金調達方法

企業は，資金を投入して事業を営む，つまり投資を通じてその事業の成否が決定される実体であり，その投資は当然資金の存在を前提とし，資金が不足すると資金を金融機関からの借入や調達する必要がある。このような企業の投資・資金調達などの財務活動のことをcorporate financeという。企業の資金

【資金調達の方法】

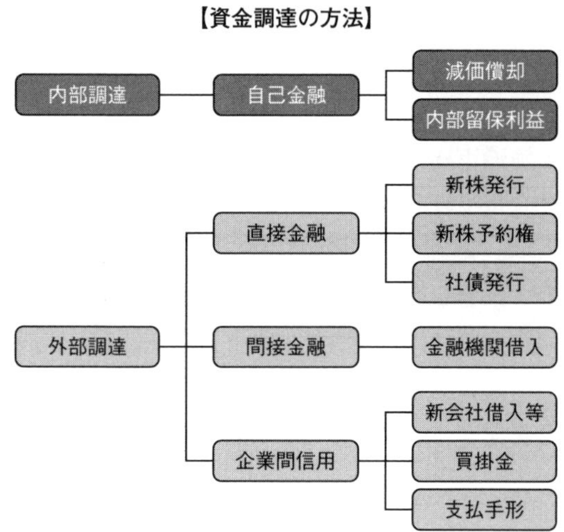

調達は金融機関などで借入れたり，株式や社債を発行するなど，さまざまな方法で行われるが，その一方，企業その手法の選択は，原則として取締役会の決定事項であり，投資の意思決定は業務上の他の決定と同様に，原則として取締役会の権限に属し，取締役の行動を規律する忠実義務の適用を受ける。また，企業の設立時の事業資金は内部ないしは外部から調達するが，外部資金は，調達の方式にもとづいて，直接金融と間接金融に分けることができる。直接金融は，資金を供給する投資家と資金を必要とする企業等の相手が直接結びつく金融の仕組みであり，その代表は株式や社債がある。間接金融は銀行等，金融機関からの借入れで資金を調達することをいう。

(2) 資本市場の意義と機能

株式会社制度は，資本を細分化・証券化・流通化して多数の投資家に普及し，それによって資金を調達して受益を創出し，投資家に還元することにより，資本主義を発展させるために大きな役割を果たした。一方，証券市場は，これらの企業が発行する持分証券（株式），債務証券（社債）などの証券の大量発行と流通を可能とする原動力といえる。

金融市場と証券市場の間の投資収益率にもとづいて資金が相互流通し，金利体系が調整され，中央銀行は，公開の証券市場で有価証券を売買することで，通貨量を調節する相互補完的な役割をしている（公開市場操作）。

（3）　発行市場と流通市場

資本市場には発行市場（primary market）と流通市場（secondary market）がある。発行市場とは，資金需要者側が最初に証券を発行して資金の提供者である投資家に売却して証券を取得させて資金調達が行われる市場である。大規模な公募による資金調達では，証券会社による買収が行われ，投資家に分売される。流通市場は，すでに発行された株式が取引されている市場で投資家が保有している有価証券を売却して資金の回収と新たな買収を形成する取引市場を意味する。

とくに流通市場は，市場としての実体と組織を持つ証券取引所との物理的な施設や組織がない店頭市場（over the counter market：OTC）に分類される。取引所市場は競争売買市場（auction market）として，市場を組成するディーラーがなく売主と買主の注文を競争的に対応させて取引を成立させる。店頭市場は，ディーラー市場とも呼ばれ，ディーラーが特定の担当種目について気配値を継続的に提示して投資家との取引を締結する。

（4）　ベンチャー企業の資金調達

ベンチャー企業は事業リスクが高いため，高い投資リスクが冒せないといけないことから，従来より，その専門的な仲介機関として，ベンチャーキャピタルが存在する。ベンチャーキャピタルは，投資先企業の意思決定に深く関与するとともに，介入権限を契約だけでなく，会社法上の権限によって担保する必要がある。また，成功時には，その果実を十分に分配する必要があり，また，その企業が清算される際には，創業者よりも優先的に地位を保証される必要があるため，ベンチャーキャピタルは優先株を保持し，議決権を持ち，成功した

Glossary

長期金融市場と短期金融市場：長期金融市場が，1年以上の金融取引（長期資金の取引）が行われる市場を指し，公社債等が取引される「債権市場」と株式が取引される「株式市場」とが証券市場に該当するのに対し，短期金融市場は，満期が1年以内という短期間の取引で資金を調達・運用する市場を差し，インターバンク市場やCD市場，CP市場などが該当する。

企業の公開時には，普通株式への転換権を持つのが普通である。

最近では，「Initial Coin Offering」の略であるICOという暗号資産を企業が発行し，それを購入してもらうことで資金調達を行う方法や，インターネットを通じて不特定多数の人に資金提供を呼びかけ，趣旨に賛同した人から資金を集めるクラウドファンディングなどといった方法も活発に利用されるようになり，ベンチャー企業の資金調達の多様性が増してきている。

5. 企業の資金調達と法規制

(1) 法規制の必要性

会社法は，複数の資金調達手段のなかで株式と社債の発行について規定を設けているが，その目的は，大きく次の2つとすることができる。第1に，有価証券の形態である株式と社債の譲渡と権利行使について規定する必要がある。第2に，株主，社債権者，その他の債権者など，さまざまな資金提供者との間，そしてその内部の利害関係を合理的に調整する必要がある。

株式と社債の取引に関しては，会社法のほか，金融商品取引法上の規制にも留意する必要がある。金融商品取引法は，一般の投資家保護のため，大きく3つの観点から規制を設けている。まず，①開示規定であるが，株式と社債の価値評価のためには，証券自体に関する情報だけでなく，証券を発行する会社に関する正確な情報の開示が必要であり，不実開示については，制裁を加えている。②資本市場での株式や社債の不公正な取引を禁止している。他の金融商品以上に証券の取引では，不公正な取引が発生する可能性がより大きいため，金融商品取引法は**インサイダー取引**，相場操縦など不公正取引の詳細規定を置いている。③株式と社債は，主に証券会社などの金融投資業者の助けを借りて取引されている点を考慮して，投資家を相手にする金融投資業者の健全性と営業行為に対して幅広い規制をかけている。このような規制は世界的にも，最近継続的に強化される傾向にある。

Glossary

インサイダー取引：上場会社または親会社・子会社の役職員や大株主などの会社関係者，および情報受領者（会社関係者から重要事実の伝達を受けた者）が，その会社の株価に重要な影響を与える「重要事実」を知って，その重要事実が公表される前に，特定有価証券等の売買を行うこと。

(2)　証券市場と金融商品取引法

証券市場は，資本主義経済の基本的な秩序を形成し，その理念を実現する機能を実行しているところ，企業には長期的な産業の資金を供給する一方，一般国民には証券投資のようなものの資産増殖の手段を提供している。そして，金融商品取引法は，理想的な証券取引秩序（完全競争市場）を形成するために株式市場の組織と運営に関する基本法として効率的な証券市場を形成しようとする目的と，それを達成しようとする手段という両面性を持っている。金融商品取引法第1条は，その目的として，“企業内容等の開示の制度を整備するとともに，金融商品取引業を行う者に関し必要な事項を定め，金融商品取引所の適切な運営を確保すること等により，有価証券の発行および金融商品等の取引等を公正にし，有価証券の流通を円滑にするほか，資本市場の機能の十全な発揮による金融商品等の公正な価格形成等を図り，もって国民経済の健全な発展および投資者の保護に資することを示している。

したがって，公正・信頼性と効率性を備えた理想的な証券市場としての発展が金融商品取引法の理念となる。商法上の有価証券は，流通の確保と善意取得という点が重要だが，金融商品取引法上の証券は，投資性とこれによる投資家保護を中心とし，証券市場のなかで，円滑に発行と証券の流通が行われるようにする機能が重視される。

(3)　資金調達方法の多様化と法

上述のように資金調達の方法は多様化が進み，クラウドファンディングやICOなどが登場しているが，前者については，とくに株式投資型の場合，プロジェクト実施者，クラウドファンディング業者に対して，金融商品取引法にもとづいて，投資運用業，第二種金融商品取引業者の登録が求められ，年間投資額も企業側に年間1億円，投資家側にも年間50万円という規制が存在する。

また，ICOに関しても仕組みによっては，資金決済法や金融商品取引法等の規制対象となる。ICOの場合は，暗号資産の発行が伴うことから，資金決済法のなかの仮想通貨交換業の規制だけでなく，発行される資産（コイン）の流動性が低いような仕組みをとっているケースでは前払式支払手段にも該当することがあり，その場合，登録や供託をする必要がある。

さらに，仮想通貨で出資するICOについては，金融商品取引法上の集団投資スキームとしての規制が適用されることを検討する必要がある。集団投資スキームに該当するのは，金銭か有価証券で出資するものに限られるとされ，ICOはそれに該当しないように見受けられるが，実質的に法定通貨（金銭）での購入と同視されるスキームには，資金決済法や金融商品取引法の規制が適用され，登録など関係法令において求められる義務を履行する必要がある。

（杉浦宣彦・李賢貞）

References

池尾和人『現代の金融入門（新版）』ちくま新書（2010年），内田浩史『金融』有斐閣（2016年），川口恭弘『現代の金融機関と法（第5版）』中央経済社（2016年），神田秀樹・神作裕之・みずほファイナンシャルグループ『金融法講義（新版）』岩波書店（2017年），神田秀樹・森田宏樹・神作裕之（編）『金融法概説』有斐閣（2016年），森・濱田松本法律事務所　増島雅和・堀天子・石川貴教・白根央・飯島隆博『FinTechの法律 2017-2018』日経BP社（2017年），小塚荘一郎・森田果『支払決済法（第3版）』商事法務（2018年），松尾直彦『金融商品取引法（第6版）』商事法務（2021年）。

Column ⑩ 現代の金融政策

金融政策の効果に関し，ある経済学者は「ひもで引くことはできても，ひもで押すことはできない」と喩えました。金融引き締め（金利引き上げ）はひもで引くように効果を発揮する一方で，金融緩和（金利引き下げ）はひもで押すように直接的な効果を発揮しにくいという特徴を端的に表現したものです。確かに，将来的な需要見通しもないのに，金利が下がったからというだけの理由で，工場の設備投資に踏み切る経営者はいないでしょう。勿論，いずれマイホームを取得したいと思っている世帯にとっては，どうせ買うなら金利が低い時にという動機付けにはなるでしょうから，その意味で金融緩和政策の効果がないわけではありません。但し，その効果は金利がゼロに近づくにつれて，追加的なインパクトは徐々に小さくなってしまいます。

伝統的金融政策は，金利の上げ下げによって適切な物価水準の下で経済を安定的に成長させようとするものですが，これに対し非伝統的金融政策という言葉も近年には広く定着するようになりました。何が非伝統的かというと，調節手段として金利ではなく，お金の量を操作目標にしたところです。日本銀行は，1999 年にゼロ金利政策に踏み切り 2001 年に量的緩和政策を実施した後，2010 年に包括緩和によるリスク資産の買い入れ，さらに 2013 年にはより大胆な異次元緩和へと進んできました。日銀から金融機関等に供給するお金の量をどんどん増やし，需要増につなげて景気を良くしたいとの思いからです。

それで景気は良くなったのでしょうか。その受け止め方は個人によって違うかもしれませんが，中央銀行である日銀から供給されるお金が増えて銀行の金庫が一杯になっても，銀行貸出が増えなければ，実際に世の中に出回っているお金の量は増えませんし，（派生的な円安効果などは別にして）景気も良くなりません。日銀は，何が何でも銀行貸出を増やそうとして 2016 年にはマイナス金利政策を導入し，銀行が蓄えているお金（通常は日銀に預金）に対して，あたかも口座維持手数料のような形で金利を徴求すること（＝マイナス金利）で，お金を遊ばせて日銀に金利を収めるくらいなら頑張って貸出を増やそうというモチベーションを銀行から引き出そうとしました。

その成否を問うには時期尚早かもしれませんが，銀行貸出が増えるには，当たり前ですが企業の資金需要（企業金融）がなくては始まりません。需要見通しがないのに，銀行がいくら頭を下げたとしても，借り入れを増やして設備投資に踏み切る経営者がいないことは，冒頭の「ひもで押せない」喩えと同じ状況です。わが国の経済状況下でいま求められているのは，マクロの金融政策という魔法の杖を探し続けることではなく，ミクロの企業レベルにおけるグローバル競争時代を勝ち抜く果断な経営革新，構造改革を伴うイノベーションを推し進めることで，それが（今や死語かもしれませんが）アベノミクスの三つめの矢の「成長戦略」であった筈です。（越智 信仁）

第11章

株式会社の資金調達

Essence

□ 1. 株式会社の資金調達の方法にはどのようなものがあるか。
□ 2. 募集株式の発行はどのような手続きを経て行われるか。
□ 3. 募集株式における株主割当てと第三者割当の違いはなにか。
□ 4. 金銭以外の財産の出資（現物出資）が行われる場合の留意点はなにか。
□ 5. 新株予約権（ストック・オプション）とはなにか，そしてどのような場合にそれが用いられるのか。また，その発行，割当て，譲渡，行使はどのように行われるのか。
□ 6. 社債とはなにか。さらに新株予約権付社債とはなにか。

Introduction

株式会社には，当初の資本金や，獲得した利益など，返済や利息支払いの必要がない資金があり，これを「内部資金」という。しかし内部資金が不足したり，より多くの資金を必要としたりする場合には，外部から資金を調達することになる。これを「外部資金」といい，銀行等の金融機関からの借入等の他，会社法の定めによって，「募集株式の発行」あるいは「社債の発行」をすることができる。

借入等や社債の発行によって調達した資金は，金融機関や社債権者に対する金銭債務となる（返済が必要で会社の負債とされ，「他人資本」ともいわれる。）。

一方，株式の発行により調達した資金は債務にはならない（返済が不要で会社の資本とされ，「自己資本」ともいわれる。）。また，会社の株式の交付を受ける権利（新株予約権）を発行することも認められている。

会社法では，株式や社債の発行について，資本市場（証券市場ともいい，発行市場と流通市場がある）での商品適格性を付与する前提手続として，株式や社債の内容（譲渡や権利行使の方法を含む）の決定と，証券化・電子化の手続が用意されており，その際には，会社の資金調達の要請だけでなく，利害関係人の利益保護（株式発行では既存株主の保護，社債発行では社債権者の保護）が必要となることから，両者の調整を図っている。

1. 募集株式の発行

(1) 募集株式の発行の意義

株式の発行とは，発行済株式総数が増加する場合をいい，ここでは通常の新株発行[1)]について述べていく。なお，株式会社は取得した自己株式を処分することができるが，それは株式の発行と同様の効果を持つことから，会社法上は自己株式の処分は募集株式の発行のひとつとして規定されており，会社の設立後における株式の発行と自己株式の処分とを，「募集株式の発行等」と呼んでいる。

【募集株式の発行等と新株発行の概念】

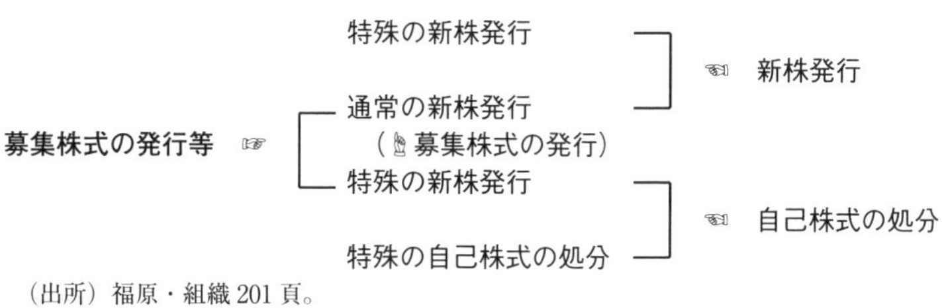

（出所）福原・組織201頁。

(2) 募集事項の決定等

株式会社は，その発行する株式又はその処分する自己株式を引き受ける者の募集をしようとするときは，その都度，募集株式について，①その数（種類株式発行会社にあっては，株式の種類及び種類ごとの数，会199条1項1号），②払込金額又はその算定方法（同2号），③金銭以外の財産を出資の目的とする（現物出資）ときは，その旨並びに当該財産の内容及び価額（同3号），④金銭の払込み又は現物出資財産の給付の期日又はその期間（同4号），⑤増加する資本金及び資本準備金（同5号），について定めなければならず，これは募集ごとに均等である必要がある（会199条5項）。これらの決定は，株主総会の決議によらなければならない（同2項）が，**公開会社**においては現物出資の場合を除き，取締役会の決議とされる（会201条）。ただし，払込金額が募集株式を引き受ける者に特に有利な金額である場合には，取締役は株主総会において，当該払込金額でその者の募集をすることを必要とする理由を説明しなければならない（会 199 条 3 項）。

なお，株主総会において当該募集株式の数の上限，及び払込金額の下限を定めて，それ以外の募集事項の決定を取締役（取締役会設置会社にあっては，取締役会）に委任することもできる（会 200 条 1 項）。この場合でも，払込金額の下限が募集株式を引き受ける者に特に有利な金額である場合には，取締役は株主総会において，当該払込金額で，その者の募集をすることが必要である理由を説明しなければならない（同 2 項）。

株式会社は，募集に応じて株式の引受けの申込みをしようとする者に対し，①株式会社の商号（会 203 条 1 項 1 号），②募集事項（同 2 号），③金銭の払込み取扱いの場所（同 3 号），④会社法施行規則 41 条で定める事項（同 4 号）を通知しなければならない。

また，募集株式の引受けの申込みをする者は，①申込みをする者の氏名又は名称及び住所（会 203 条 2 項 1 号），②引き受けようとする募集株式の数（同 2 号），を記載した書面を株式会社に交付しなければならないが，これについては株式会社の承諾を得て，電磁的方法により提供することもできる（会 203 条 3 項）。

（3） 株主割当ての手続き

株主割当ては公開会社以外の株式会社が募集株式の発行等をする場合に通常取られる方法である[2)]。

この場合においては，(2) にあげた募集事項のほか，①株主に対し，申込みをすることにより当該株式会社の募集株式の割当てを受ける権利を与える旨（会 202 条 1 項 1 号），②募集株式の引受けの申込みの期日（同 2 号），を定めなければならない。さらに会社は申込期日の二週間前までに，株主に対し，①募

Glossary

公開会社：その発行する全部又は一部の株式の内容として譲渡による当該株式の取得について株式会社の承認を要する旨の定款の定めを設けていない株式会社（会２条５号）。

株主割当て：株式会社は，株式の募集において，既存の株主に株式の割当てを受ける権利を与えることができる。これを「株主割当て」という。

集事項（会 202 条 4 項 1 号），②当該株主が割当てを受ける募集株式の数（同 2 号），③引受けの申込期日（同 3 号），を通知しなければならない。

（4） 第三者割当てによる場合の手続き

第三者割当てでは，既存の特定の株主あるいはそれまで株主でなかった者が株式の引受けを行うこととなり，割当て後は既存の株主のそれまでの持株割合が変動することになる[3)]。第三者割当てには**縁故募集と公募**がある[4)]。

1）縁故募集の場合

募集株式が譲渡制限株式[5)] の場合には，募集事項の決定に原則として株主総会・種類株主総会の特別決議が必要となる（会 199 条 2 項・309 条 2 項 5 号）。

公開会社の場合には，原則として株主総会の決議を要せず，取締役会で募集事項を決定することができる（会 201 条 1 項）。ただし，株式の払込金額が募集株式を引き受ける者に「特に有利な」金額である場合には，既存株主の利益を保護する観点から，株主総会の特別決議が必要となる（会 199 条 3 項・201 条 1 項・309 条 2 項 5 号）。

2）公募の場合

公募による株式等の発行においては，会社法だけでなく，金融商品取引法による規制を受けることもある。株式会社は，申込者の中から募集株式の割当てを受ける者を定め，かつ，その者に割り当てる募集株式の数を定めなければならない。この場合において，株式会社は，申込者に割り当てる募集株式の数を，申込みがあった株式の数よりも少なくすることができる（会 204 条 1 項）。

なお，募集株式が譲渡制限株式である場合には，定款に別段の定めがある場合を除き，株主総会（取締役会設置会社にあっては取締役会）の特別決議によって，その割当てを決定しなければならない（会 204 条 2 項・309 条 2 項 5 号）。

Glossary

第三者割当て：「第三者割当て」とは，株主に株式の割当てを受ける権利を与えない形で募集株式の申し込みの勧誘および割り当てを行う方法をいう。

縁故募集と公募：取引先，従業員，その他親族などの一定の者に割り当てる場合を「縁故募集」，特定の者に株式の割り当てを受ける権利を与えず募集を行い，応募した者の中から会社が株式を割り当てるものを「公募」とよんでいる。

(5) 金銭以外の財産の出資（現物出資）

株式の払込について，金銭以外の財産でこれを行うことを現物出資という。現物出資財産が過大に評価されると，会社の資本充実が損なわれるばかりでなく，金銭による株式引受人との間に不公平が生ずるおそれがある。そこでこれを避けるため，株式会社が現物出資事項を決定したときは，その後遅滞なく，当該現物出資財産の価額を調査させるため，裁判所に対し，検査役の選任の申立てをしなければならない（会207条1項）。そして裁判所は，これを不適法として却下する場合を除き，検査役を選任しなければならない（同2項）。選任された検査役は，必要な調査を行い，当該調査の結果を記載した書面，又は記録した電磁的記録を，裁判所に提供して報告をする（同4項）。裁判所は，その結果から現物出資財産の価額を不当と認めたときは，これを変更する決定をしなければならない（同7項）。

2. 新株予約権

(1) 新株予約権の意義

新株予約権とは，「株式会社に対してそれを行使することにより当該株式会社の株式の交付を受けることができる権利」をいい（会2条21号），ストック・オプション（stock option）ともいわれる。一般的にストック・オプションという場合には，会社の役員や従業員が，一定期間内に，あらかじめ決められた価格で，所属する会社から自社株式を購入できる権利（employee stock option）を指すことが多い。新株予約権の行使価額が現在の株価より低ければ，権利行使により株式を取得し，それを市場で売却することにより株式の譲渡益を得ることができる。あるいは，そのような場合には権利行使をしなくとも，新株予約権自体の時価が上昇していると考えられるので，新株予約権のまま譲渡しても利益が上げられる。一方で，新株予約権の行使価額が現在の株価より高ければ，投資回収の観点からは，当該権利を行使する機会がないばかりか，当該時点での新株引受権は所有者にとって無価値になる。しかし，そのような新株予約権を廉価で買い集め，実質的な議決権を取得し，結果的に新株予約権を発行している会社を買収することも考えられる。また，企業買収に対する防衛策として，会社に協力的な第三者に新株予約権を発行しておくことも考えられる[6),7)]。このようなことから，新株予約権は「**潜在株式**」といわれる。

(2) 新株予約権の内容

株式会社が新株予約権を発行するときは，①その目的である株式の数（種類株式発行会社にあっては，株式の種類及び種類ごとの数，）又はその数の算定方法（会236条1項1号），②権利行使に際して出資される財産の価額又はその算定方法（同2号），③権利行使期間（同4号），④権利行使により株式を発行する場合に増加する資本金及び資本準備金に関する事項（同5号），を定めなければならない。また，金銭以外の財産で当該新株予約権の行使をする場合には，その旨並びにその財産の内容及び価額を定める必要がある（同3号）。

なお，新株予約権の譲渡について会社の承認を要する（譲渡制限付新株予約権）とすること（同6号），及び，一定事由の発生を条件として会社が新株予約権を取得できる（取得条項付新株予約権）こと（同7号），も定めることができる。加えて，新株予約権を行使した新株予約権者に交付する株式の数に一株に満たない端数がある場合にはそれを切り捨てること（同9号）や，新株予約権について証券を発行すること（同10号），さらに，この場合において，新株予約権者が記名式と無記名式の間の転換請求の全部又は一部をすることができないとすること（同11号・会290条）も定めることができる[8)]。

(3) 新株予約権の発行

新株予約権の発行
- 募集手続による発行　☜　「募集新株予約権」の発行
  - 「公募」「第三者割当て」／「株主割当て」
- 募集手続によらない発行
  - ①取得請求権付種類株式や取得条項付種類株式の対価（会107条2項2号ハ3号ホ・108条2項5号イ6号イ）
  - ②新株予約権の無償割当て（会277条）
  - ③組織再編における対価（会749条1項2号ハ）

（出所）福原・組織215頁。

Glossary

潜在株式：新株予約権は，まだ株式としては顕在化していないが，将来株式となる可能性があることからこういわれる。

株式会社が発行する新株予約権を引き受ける者の募集をしようとするときは，その都度，募集する新株予約権について，①その内容及び数（会238条1項1号），②金銭の払込みを要しない場合にはその旨（同2号），③払込みを要する場合には，新株予約権一個と引換えに払い込む金銭の額又はその算定方法（同3号），④割当日（同4号），⑤払込みの期日（同5号），を募集事項として定めなければならない。

募集事項の決定は，公開会社以外の場合には株主総会の特別決議によらなければならない（会238条2項・309条2項6号）が，1年以内に割り当てる新株予約権に限り，株主総会において募集新株予約権の内容と数の上限，及び払込金額の下限を定め，その他の事項の決定を取締役（取締役会設置会社では取締役会）に委任することができる（会239条1項・3項）。

公開会社の場合には，原則として取締役会決議によってこれは決定される（会240条1項）が，特定の者に対して特に有利な条件での発行となる場合には株主総会の特別決議が必要とされる（会238条2項・3項・309条2項6号）。

（4） 新株予約権の無償割当て

株式会社は，株主（種類株式発行会社にあっては，ある種類の種類株主）に対して，新たに払込みをさせないで当該株式会社の新株予約権の割当てをすることができる（会277条）。これは，ライツイシュー（Rights issue）ともいわれ，既存株主に対して新株を買える権利を無償で割り当てる資本調達の仕組みであり，増資に応じたい株主は予約権を行使して現金を払い新株を受け取ることができ，増資に応じたくない株主は予約権市場でこの権利を売却して現金を受け取ることができる。

この場合には，株主に割り当てる新株予約権の①内容及び数又はその算定方法（会278条1項1号），②その効力を生ずる日（同3号）を，株主総会（取締役会設置会社にあっては，取締役会）で決議しなければならないが，定款に別段の定めがある場合は，公開会社以外であっても取締役会等に委任することができる（会278条3項）。会社が種類株式を発行している場合には，その新株予約権無償割当てを受ける株主の有する株式の種類も同様に決議される（会278条1項4号・3項）。

(5) 新株予約権の譲渡

新株予約権者は，所有している新株予約権を譲渡することができる（会254条1項）が，新株予約権について証券が発行されていた場合には，その新株予約権証券を交付しなければ，譲渡の効力は生じない（会255条1項）。ただし，自己新株予約権（株式会社が有する自己の新株予約権）の処分による譲渡については，その必要はない（同項但書）。

また，譲渡制限新株予約権の新株予約権者は，その有する譲渡制限新株予約権を他人に譲り渡そうとするときは，会社に対し，その承認をするか否かの決定をすることを請求することができる（会262条）。同様に，譲渡制限新株予約権を取得した新株予約権取得者は，会社に対し，それを取得したことについて，承認をするか否かの決定を請求することができる（会263条）。

(6) 取得条項付新株予約権

取得条項付新株予約権とは，一定の事由が生じたことを条件に会社がこれを取得することができる旨の定めがある新株予約権であり，その「一定の事由が生じた日」に取得することを当初の募集内容で定めておく（会236条1項7号イ）か，「別に定める日の到来すること」をもって一定の事由とすると定めた場合（同ロ）には，発行内容に別段の定めがある場合を除き，その「取得日」を株主総会（取締役会設置会社にあっては取締役会）で決議しなければならない（会273条1項）。

会社は取得した自社の新株予約権（自己新株予約権）を**消却**することができる。この場合においては，消却する自己新株予約権の内容及び数を，株主総会（取締役会設置会社においては，取締役会）で決議しなければならない（会276条）。

(7) 新株予約権の行使

新株予約権の行使は，①その行使に係る新株予約権の内容及び数（会280条1項1号），②新株予約権を行使する日（同2号），を明らかにして行わなけれ

Glossary

消却：新株予約権の消却とは，その新株予約権を消滅させることである。

ばならず，新株予約権証書が発行されている場合には，新株予約権者はそれを会社に提出しなければならない（会 280 条 2 項）。なお，会社は自己の所有する新株予約権を行使することはできない（同 6 項）。

（8） 違法な新株予約権の発行に対する措置

新株予約権の発行が法令・定款に違反し（会 247 条 1 号），又は著しく不公正な方法（同 2 号）により新株予約権を発行することによって株主が不利益を受けるおそれがある場合には，株主は会社に対してその発行をやめることを請求することができる。

3. 社 債

（1） 社債の意義

社債は金融機関からの借入金と同様に，資金調達を行った会社が金銭債務を負うことになる。

会社法においては，社債と新株予約権付社債が定められている。前者は普通社債ともいわれる[9),10)]。さらに，振替制度を利用するか否か，担保を付すか否か，不特定多数の者に申し込みの勧誘をする[11)]か否か，発行が国内市場か否か，など内容が多岐にわたることがある。

社債を引き受けた者は社債権者（譲受けた場合も含み，社債を所有している者である。）となり，基本的に社債への投資資金に対し，会社から利息を受け取り，償還時もしくは譲渡により投資資金を回収することになる。

（2） 社債の発行

株式会社が社債を発行するためには，取締役会非設置会社では株主総会の決議（会 295 条 1 項）または取締役過半数の決定が必要となる（会 348 条 2 項）。取締役会設置会社では，社債の総額・利率の上限・払込金額の最低金額につい

Glossary

社債：会社法の規定により，会社が行う割当てにより発生する，その会社を債務者とする金銭債権であって，約定に従い償還されるものである（会 2 条 23 号）。

て取締役会の決議が必要であるが，それ以外の事項の決定は取締役に委任することが認められている（会 362 条 4 項 5 号，会施規 99 条）[12)]。

会社が社債を引き受ける者の募集をしようとするときは，その都度，**募集社債**の①総額（会 676 条 1 項 1 号），②金額（同 2 号），③利率（同 3 号），④償還の方法及び期限（同 4 号），⑤利息支払の方法及び期限（同 5 号），⑥社債券を発行するときはその旨（同 6 号），⑦社債の**払込金額**若しくはその最低金額又はこれらの算定方法（同 9 号），⑧社債と引換えにする金銭の払込みの期日（同 10 号），を定めなければならない。また，社債権者が記名式・無記名式の間の転換請求の全部または一部をすることができないとするとき（同 7 号・会 698 条），及び社債管理者[13)]が社債権者集会の決議によらずに破産等の手続に属する行為（会 706 条第 1 項 2 号）をできるとする場合（会 676 条 1 項 8 号）は，それも定めなければならない。さらに，一定の日までに募集社債の総額について割当てを受ける者を定められない場合には，**打切発行**ではなく募集社債の全部を発行しないこと（同 11 号），も定めることができる。さらに，会社法施行規則 162 条に規定する事項がある場合にはそれも定めなければならない（同 12 号）。

会社は社債を発行した日以降遅滞なく，文書又は電子記録として，社債原簿を作成しなければならない（会 681 条）。社債原簿に社債権者の氏名・名称および住所が記載される社債を「記名社債」といい，この場合には社債券の発行は任意である。それらが記載されない社債は「無記名社債」といわれるが，これについては社債券が必ず発行される。社債原簿には，①会社法施行規則 165 条に定められた事項（会 681 条 1 号），②種類ごとの社債の総額及び各社債の金額（同 2 号）③払込み金額及び払込み日（同 3 号），④社債権者の氏名又は名称及び住所（無記名社債の場合は除かれる）とその取得日（同 4 号・5 号），⑤社債券を発行した場合の番号・発行の日・記名無記名の別（同 6 号），⑥会社法施行規則 166 条に定める事項（同 7 号），が記載される。さらに，社債は各社債

Glossary

募集社債：募集に応じて社債の引受けの申込みをした者に対して割り当てる社債をいう（会 676 条 1 項）。

払込金額：各募集社債と引換えに払い込む金銭の額をいう。

打切発行：募集社債の引受けの申込金額が募集社債の総額に達しない場合に，会社が引受けの申込みの金額の分について社債を発行することをいい，会社法は新株発行と平仄を合わせてこれを原則としている。

の金額（券面額）未満の払込み金額で発行されることもあり，これを**割引債**という。

（3） 社債管理者，社債の利払いおよび償還

社債を発行した会社は，原則として社債権者のために，その社債の管理を社債管理者に委託しなければならない。ただし，弁護士等を社債権者が自ら社債を管理することを前提に，「社債管理補助者」として定めることができる（会714条の3，会施規171条の2)。これは社債管理者よりも裁量の余地の限定された権限のみを有し，その責任の範囲は限定されている。

社債の利払いについて，利付債の場合には，その定めに従い定時（年2回の場合が多い）に所定の利息が支払われる。記名社債の場合には，社債原簿に記載された社債権者に対し，社債原簿に記載・記録された住所等においてそれが支払われる。無記名社債の場合には，通常は社債券に利息を受け取るための利札（りさつ）が付されており，利払期に発行会社，社債管理者または指定された金融機関にそれを提示してその支払いを受けることになる。

社債の償還は，約定に従って行われ，通常は社債の金額と同額が社債発行会社から支払われる。これを定時償還といい，発行された社債は全額一括償還される場合（満期償還）と，定期的に一定額以上が抽選により償還される場合（抽選償還）がある。また，社債償還期限前に発行会社が社債を任意に取得し，消却することもある。

（4） 社債権者集会

社債権者集会とは，会社が発行した社債の種類ごとの社債権者で組織され（会715条)，社債に関する事項及び社債権者の利害に関する事項について決議をすることができる会議体である（会716条)。社債権者集会は，必要がある

Glossary

割引債：社債を券面額未満で発行することをいう。社債について利率の記載がある場合には，利付債というが，当該金額未満で発行した場合にはその社債の実質金利が高まることになる。あるいは，社債について利率の記載がないことから発行期間中の利払いがなく，社債発行時に券面額未満で発行されその償還時に当該社債の券面額の金額が償還されることにより，その差額が実質的に利払いとなるものもある。

場合にはいつでも招集することができ，社債発行会社または社債管理者がこれを行う（会717条）。なお，社債の総額（償還済みの額を除く。）の10の1以上に当たる社債を有する社債権者は，社債発行会社又は社債管理者に対し，社債権者集会の目的である事項及び招集の理由を示して，社債権者集会の招集を請求することができる（会718条）。

（5）新株予約権付社債

社債は，当該株式会社の株式の交付を受けることができる権利である「新株予約権」を付して発行することができ，これが付されたものを新株予約券付社債という（会2条21号・22号）。

新株予約権付社債の発行に際しては，社債の発行規定は適用されず（会248条），新株予約権の発行規定が適用される。新株予約権付社債を募集する場合（会238条1項6号）には，募集社債に関する事項（会676条）を定めなければならない。また，新株予約権付社債に付された募集新株予約権について，定款変更，特別支配株主の株式等売渡請求，組織変更，合併・分割・株式移転・株式交換の場合に別段の買取方法を定める場合には，それを募集事項に加えなければならない（会238条1項7号，118条1項，179条2項，777条1項，787条1項，808条1項）。また，新株予約権付社債に付される新株予約権が無償新株予約権である場合には，当該社債の種類及び各社債の金額の合計額又はその算定方法を定めなければならない（会278条1項2号）。

新株予約権付社債は譲渡できるが（会254条1項），それを社債部分と新株予約権部分を分離して，譲渡することはできない。ただし，社債部分や新株引受権部分がすでに消滅している場合はこの限りではない（会254条2項，3項）。新株予約権付社債の新株予約権の行使は，社債権者が新たに当該資金を会社に払い込むか，社債について払い込んだ金額を充てることもできる（会280条3項・4項）。

（平野　秀輔）

Notes

1) 通常以外の場合の新株発行は特殊の新株発行とされ，取得請求権付株式あるいは取得条項付株式の対価が株式である場合，株式分割の場合，新株予約権行使の場合，吸収合併・吸収分割・株式交換等の場合における新株発行等が該当する（落合・要説195～196頁）。
2) 江頭・株式会社法767頁。
3) 第三者がたまたま株主であっても，すべての株主にその持株数に応じて株式の割り当てを受ける権利を与えているのでないのであれば，第三者割当てとなる（落合・要説197頁）。
4) ここでは第三者割当ての種類として，「縁故募集」と「公募」を述べているが，縁故募集を第三者割当てとして説明されていることも多い（神田・会社法153頁，江頭・株式会社法744頁）。本書では縁故募集と公募に会社法上の手続き的な差異はないため，両者を第三者割当てとしている。
5) その発行する全部又は一部の株式の内容として譲渡による当該株式の取得について当該株式会社の承認を要する旨の定めを設けている場合における当該株式（会2条17号）。
6) 神田・会社法170頁によれば，日本で発行される新株予約権には次の4つのタイプがあるとされている。①インセンティブ報酬として取締役や従業員に付与する。②資金調達のために発行する。③株主優待策として，株主に発行する。④買収防衛策として発行する。
7) 江頭・株式会社法827頁によれば，企業買収防衛策のうち，「平時導入型」と呼ばれる買収者が現れる前にとられる措置には，新株予約権を用いるものが多いとしている。
8) また，当該株式会社が合併，吸収分割，新設分割，株式交換，株式移転をする場合において，当該新株予約権の新株予約権者に合併会社等の新株予約権を交付する場合には，その旨及びその条件を定めなければならない（会236条1項8号）。
9) 担保付社債信託法（担信法）にもとづく物上担保を付けられた社債を「担保付社債」といい，そうでないものを「無担保社債」という。
10) また，次のすべてをみたす社債は「短期社債」として「社債，株式等の振替に関する法律（振替法）」により，新株予約権を付することができず，社債原簿は不要とされ，会社法の社債権者集会に関する規定の適用を排除している（振替法66条・83条）。
　①各社債の金額が1億円を下回らないこと。②元本の償還について，社債の総額の払込みがあった日から1年未満の日とする確定期限の定めがあり，かつ，分割払いの定めがないこと。③利息の支払期限を元本の償還期限と同じ日とすること。④担信法により担保が付されるものではないこと。⑤振替法の適用があること。
11) この場合には金融商品取引法の適用を受ける。
12) 監査等委員会設置会社で取締役の過半数が社外取締役であるときは，取締役に委任でき（会362条4項5号・399条の13第5項），指名委員会等設置会社では執行役に決定を委任できる（会416条4項）。
13) 社債を発行した会社は，原則として社債権者のために，弁済の受領・債権の保全，その他の社債の管理を社債管理者に委託しなければならない（会702条）。社債管理者となれるのは，銀行・信託会社・その他金融機関等（会703条，会施規170条）である。ただし各社債の金額が1億円以上である場合，又は，ある種類の社債の総額を当該種類の各社債の金額の最低額で除して得た数が50を下回る場合にはその他社債権者の保護に欠けるおそれがないものとされるため，社債管理者への委託は義務付けられていない（会702条，会施規169条）。

References

福原・組織，江頭・株式会社法，落合・要説，神田・会社法。

Column ⑪ 金融商品取引法

1. 資本市場の法規制

資本市場が金融資源の効率的配分の達成という機能を発揮するためには，市場原理が機能する条件（市場の効率性と公正の確保）が満たされなければならない。その際には，証券会社が専門性を発揮し，取引所が合理的な取引機会を提供することが有益である。また，資本市場は，危険資本（出資者に払い戻されない資本）を提供する機能を有していることから，リスクの大きい投資が促進されて資金調達が実現するためには，投資者の利益保護がいっそう強く求められる。それらから，資本市場の法規制が必要となる。

わが国の資本市場の本格的な法規制は，1948（昭和23）年制定の「証券取引法（昭和23年法律25号）」に始まるが，その後，金融・資本市場をとりまく環境の変化に対応し，利用者保護ルールの徹底と利用者利便の向上，「貯蓄から投資」に向けての市場機能の確保及び金融・資本市場の国際化への対応を図ることを目指して，同法は大きく改正され，法律名が「金融商品取引法」に改称された（2006（平成18）年6月14日公布）。

2. 金融商品取引法の目的・特色

「金融商品取引法」の目的は，①企業内容等の開示制度を整備するとともに，金融商品取引業を行う者に関し必要事項を定め，金融商品取引所の適切な運営確保等により，②有価証券の発行および金融商品等の取引等を公正にし，有価証券の流通を円滑にするほか，資本市場の機能の十全な発揮による金融商品等の公正な価格形成等を図り，③もって「国民経済の健全な発展」および「投資者の保護」に資することにある（金商1条）。同法の特色としては，①横断的・包括的規制（集団投資スキーム等も規制），②プロ・アマ区分（投資のプロである特定投資家と投資のアマチュアである一般投資家を分けた規制），③投資サービス法制定審議において生じた項目の反映（公開買付・大量保有報告書制度改正，内部統制報告書制度（いわゆる日本版SOX法），四半期報告書の法文化等）がある。

3. 金融商品取引法の内容

金融商品取引法は，「有価証券」取引と「デリバティブ」取引とに適用される（金商2条）。同法には，企業内容等の開示として，発行開示の規制（第2章，有価証券届出書の届出や目論見書の交付等，金商5条・24条等），継続開示の規制（第3章，有価証券報告書・半期報告書・四半期報告書・臨時報告書の提出）があり，公開買付に関する開示（第4章，金商27条の2以下）や株券等の大量保有の状況に関する開示（金商27条の23以下）の規定がある。また，同法は，詐欺的行為を禁止する包括規定（金商157条），風説の流布・偽計・暴行または脅迫の禁止（金商158条），相場操縦行為等の禁止（金商159条・160条），インサイダー取引（内部者取引）の禁止（金商166条）等を定めている。

「金融商品取引業者」(第 1 種金融商品取引業, 第 2 種金融商品取引業, 投資助言・代理業, 投資運用業〔金商 28 条〕) は, 参入規制として, 業毎に異なる財産や兼業に関する一定の要件を満たして内閣総理大臣の登録を受けなければならず (金商 29 条・29 条の 2), 行政監督に服し, 行為規制 (誠実公正義務〔金商 36 条〕, 書面交付義務という形式での説明義務〔金商 37 条の 3 第 1 項〕, 不当勧誘や損失補填等の禁止〔金商 38 条・39 条 1 項〕, 販売勧誘規制) が適用される。「金融商品仲介業者」(金商 2 条 11 項) には, 登録制度による参入規制 (金商 66 条・66 条の 2), 業務規制 (金商 66 条の 8 第 1 項・2 項, 66 条の 11・66 条の 13), 名板貸の禁止 (金商 66 条の 9), 損害賠償責任 (金商 66 条の 24) が定められている。

金融商品取引法は,「金融商品取引所」の設立と組織 (金商 2 条 16 項・83 条の 2), 金融商品市場の開設等に関する規制 (金商 80 条 1 項) を設けている。金融商品取引所は, 継続的な行政監督に服し (金商 149 条以下), 自主規制業務 (上場審査, 上場会社開示情報審査・会員や取引参加者の法令遵守状況の調査等) を適切に行わなければならない (金商 84 条 1 項等)。

なお, 顧客の知識, 経験, 財産の状況等に照らして不適当と認められる勧誘を行ってはならないという「適合性の原則」から, ある金融商品の投資に向かない顧客に勧誘・販売してはならないという規範が導かれ, この原則に違反する場合には, 金融商品取引業者等は不法行為責任を負うことがある (最判平 17・7・14 民集 59・6・1323)。金融商品取引法は, 説明義務を果たす場面で顧客の適合性に配慮する規定を設けている (金商 38 条 8 号, 金商業府令 117 条 1 項 1 号)。適合性原則をはじめ, 金融商品取引業者等に課せられる行為規制のいくつかは, 相手方が「特定投資家」(適格機関投資家, 国, 日本銀行, 投資者保護基金その他府令で定める法人, 金商 2 条 31 項), いわゆるプロの投資家には適用されない (金商 45 条)。

関連法令を含めた最近の改正動向としては, 2019 (令和元) 年の金融商品取引法の改正では, 資金決済法の改正と連動して, 暗号資産 (旧称は仮想通貨) が有価証券に該当する場合を手当てし, その不公正な取引に対応するなど, 暗号資産への規制強化が図られ, 2020 (令和 2) 年の金融商品販売法の改正では, 資金決済法の改正と連動して, IT 企業が顧客を証券会社・保険会社・銀行等に繋ぐサービスに対応させ, 同法の名称が「金融サービスの提供に関する法律 (金融サービス提供法)」に改められた。また, 内閣府令の改正による非財務情報の開示, スチュワードシップ・コードとコーポレートガバナンス・コードの改訂, 東京証券取引所における市場区分の見直し, 気候変動への対応などのサステナビリティ開示や買収目的特別会社 (SPAC) の検討などが行われている。

(福原 紀彦)

References：福原・取引, 黒沼悦郎『金融商品取引法入門 (第 8 版)』日本経済新聞社 (2021 年), 等。

第 12 章

企業会計と株式会社の計算

Essence

- □ 1. 会計とはなにか。なぜ企業会計に対して法規制を行う必要があるのか。
- □ 2. 株式会社の計算に関して会社法ではどのような規定が設けられているのか。
- □ 3. 決算の手続の流れはどのようになっているのか。
- □ 4. 計算書類とはどのような書類か。
- □ 5. 分配可能額はどのように算定されるのか。
- □ 6. 分配可能額を超えて配当等がなされた場合，取締役は会社法によってどのような責任が課されるのか。
- □ 7. 会社法では株主に対してどのような経理検査権を認めているのか。

Introduction

会計とは，ある特定の経済主体の経済活動を，貨幣額などを用いて計数的に測定し，その結果を報告書にまとめて利害関係者に伝達するためのシステムである[1)]。日々の取引は，複式簿記の原則に従って仕訳データに変換され，仕訳データから誘導的に報告書にまとめられる（本章 Column ⑫参照)。このように，会計によって個々の取引を仕訳という形で数値に変換し，集計されるので，会社のビジネスの全体像を数値によって可視化することができる。

会計は，会社の経営管理や経営上の意思決定などのため，また，利害関係者に対する情報提供などのために企業経営に不可欠なシステムとして実施される[2)]。ここで考えなくてはならないのは，会計は何故法の規制対象となるのか，また，どのような法規制がなされているのかということである。

今日，会社の経済活動の経済社会に占める割合は大きく，会社を取り巻く利害関係者に重大な影響を及ぼす可能性が高いため，法規制が必要となる。すなわち，①利害関係者に対する情報提供及び配当を巡る株主と債権者の利害調整のため，②証券市場における投資家保護のため，③適正な課税所得計算などのために法規制が必要となる。①のための法規制が会社法であり，②のための法規制が金融商品取引法，③のための法規制が法人税法である。

1. 企業会計と法との関係[3)]

(1) 企業会計と会社法

企業に対する出資者及び債権者などの利害関係人の判断のために重要な情報となるため，商法及び会社法では企業会計に対して一定の規制をしている。

株式会社における計算規制の目的は，こうした情報提供に加えて分配可能利益の算定がある。株式会社の債権者にとって担保となるのは，会社財産のみであり，株主に対して過剰な配当がなされ，会社財産が社外に流出することになると会社債権者が債権の弁済を受けられなくなる虞があるので，分配可能額に対して一定の制限を設けている。

会計に対する規定について，個人形態で営業を営む商人に対しては商業帳簿（会計帳簿及び貸借対照表）に関する規定（商 19 条），株式会社に対しては会社法第 2 編第 5 章の計算等に関する規定（会 431 条～465 条），持分会社に対しては第 3 編第 5 章の計算等についての規定（会 614 条～636 条）が設けられている。商業帳簿の詳細は商法施行規則に，会社の計算の詳細は，会社計算規則に委任している。今日，会社を取り巻く経済環境の変化が大きく，こうした経済環境の変化に対応するためのルールの変更を迅速に行うため，概括的な規定を商法及び会社法本体に置き，詳細は，会社計算規則や商法施行規則といった法務省令に委任している。

(2) 企業会計と金融商品取引法

金融商品取引所に上場している会社等，**金融商品取引法**の適用を受ける株式会社は，投資家の投資判断に資することを目的として，会社法に加えて金融商品取引法の規定が適用される。

Glossary

有価証券報告書：金融商品取引法の適用を受ける上場会社等は，有価証券報告書を内閣総理大臣に対して提出しなければならない（金商 24 条 1 項）。有価証券報告書では，貸借対照表，損益計算書等の財務諸表が開示される。なお，金融商品取引法では，一会計期間における資金収支の状況を示す「キャッシュ・フロー計算書」の開示が求められているが，会社法では開示が求められていない。

(3)　企業会計と税法

各事業年度における適正な所得金額の計算を行うため，法人税法では，企業会計に対して一定の規制をしている。すなわち，企業会計上の利益がそのまま法人税額算定の基礎となる課税標準になるのではなく，企業会計上の利益に対して法人税法に定められた一定の申告調整を行った金額が課税標準となる。

(4)　一般に公正妥当と認められる企業会計の慣行

会社法では，会計に関するルールをすべて会社法及びその省令に設けるような自己完結的な方法によって会計規制を行うのではなく，株式会社の会計は，一般に公正妥当と認められる企業会計の慣行に従うものとした（会431条）。会計に関するすべてのルールを法によって規制すると，経済の変化に法で定めたルールが追いつかず，経済の実体に合わないルールを法が課すことによって会社の経済活動を阻害してしまう可能性があるからである。

ここで，「一般に公正妥当と認められる企業会計の慣行」とは，具体的には，企業会計審議会や公益財団法人財務会計基準機構に設置された企業会計基準委員会が制定した会計基準などが該当する。法人税法や金融商品取引法も会社法と同様のスタンスを取っている。すなわち，法人税法では，課税所得の計算については法人税法において別段の定めがあるものを除き，一般に公正妥当と認められる会計処理の基準に従って計算されるものとしている（法人税法22条4項）。また，金融商品取引法における計算規定は，財務諸表等の用語，様式及び作成方法に関する規則（以下「財規」という。）に置かれているが，その第1条1項において「この規則において定めのない事項については，一般に公正妥当を認められる企業会計の基準に従うものとする」としている[4)]。

2. 株式会社の決算の手続

(1)　決算の手続とは

決算の手続とは，①計算書類等の作成，②計算書類等の監査，③計算書類等の取締役会の承認，④計算書類等の株主総会の事前開示・承認，⑤計算書類等の公告といった一連の手続をいう。

(2) 計算書類等の作成

1) 計算書類等の作成

株式会社は，法務省令で定めるところにより，その成立の日における貸借対照表及び各事業年度に係る計算書類（貸借対照表，損益計算書，株主資本等変動計算書，個別注記表）及び事業報告並びにこれらの附属明細書を作成しなければならない（会435条1項・2項，計規59条1項）。計算書類は，会計帳簿に基づき作成することが求められる（計規58条・59条3項）。計算書類及び事業報告並びにこれらの附属明細書は，電磁的記録をもって作成することができる（会435条3項）。作成した計算書類及びその附属明細書は10年間保存しなければならない（会435条4項）。

2) 会計帳簿の作成

株式会社は，法務省令（会施規116条1号，計規4条～56条）で定めるところにより，適時に，正確な会計帳簿を作成しなければならない（会432条1項）。会計帳簿は，書面又は電磁的記録をもって作成され（計規4条2項），会計帳簿の閉鎖の時から10年間その会計帳簿及びその事業に関する重要な資料を保存しなければならない（会432条2項）。また，裁判所は，申し立てにより又は職権で，訴訟の当事者に対し，会計帳簿の全部又は一部の提出を命ずることができる（会434条）。

3) 貸借対照表・損益計算書の作成方法

会社は，①日々の取引を複式簿記の原則に従って仕訳という形で仕訳帳（伝票を仕訳帳に代用している場合は伝票）に記録し，②仕訳帳に記帳された仕訳データを項目ごとに集計するために総勘定元帳に転記する。転記とは，ある帳簿から他の帳簿へ記録した内容を書き写すことであり，各項目を集計する単位を勘定という。③総勘定元帳にもとづいて試算表を作成し，決算のために必要な決算整理手続きを経て④貸借対照表及び損益計算書が作成される。この①～④の手続きについて，簡単な設例を用いて本章Column ⑫で解説している。

Glossary

計算書類等：計算書類とは，貸借対照表，損益計算書，株主資本等変動計算書，個別注記表をいい，これに事業報告と附属明細書を加えたものが計算書類等である。

会計帳簿：企業が作成する会計帳簿には，仕訳帳と総勘定元帳といった主要簿以外に現金出納帳，売上・仕入帳，固定資産台帳などの主要簿の内容を補完する補助簿がある。

(3) 計算書類等の監査

監査役設置会社（監査役の監査の範囲を会計に関するものに限定する旨の定款の定めがある株式会社を含み，会計監査人設置会社を除く。）においては，計算書類及び事業報告並びにこれらの附属明細書は，法務省令で定めるところにより，監査役の監査を受けなければならない（会436条1項，計規122条～124条）。

会計監査人設置会社においては，法務省令で定めるところにより，①計算書類及びその附属明細書は，監査役（監査等委員会設置会社にあっては監査等委員会，指名委員会等設置会社にあっては監査委員会）及び会計監査人の監査，②事業報告及びその附属明細書は，監査役（監査等委員会設置会社にあっては監査等委員会，指名委員会等設置会社にあっては監査委員会）の監査が必要である（会436条2項）。

(4) 計算書類等の取締役会の承認

取締役会設置会社においては，計算書類及び事業報告並びにこれらの附属明細書は，取締役会の承認を受けなければならない（会436条3項）。

(5) 計算書類等の株主総会の事前開示・承認

取締役会設置会社においては，取締役は，定時株主総会の招集通知に際して，法務省令で定めるところにより，株主に対し，取締役会の承認を受けた計算書類及び事業報告（会社法436条第1項又は第2項の規定の適用がある場合にあっては，監査報告又は会計監査報告を含む。）を提供しなければならない（会437条）。そして，取締役は，計算書類及び事業報告を定時株主総会に提出・提供しなければならない（会438条1項）。提出・提供された計算書類は定時株主総会の承認を受けなければならず[5)]（同条2項），取締役は事業報告の内容を定時株主総会に報告しなければならない（同条3項）。

(6) 計算書類等の公告

株式会社は，法務省令で定めるところにより，定時株主総会の終結後遅滞なく，貸借対照表（大会社にあっては，貸借対照表及び損益計算書）を公告しなければならない（会440条1項）。ただし，その公告方法が官報または日刊新聞である会社は，その要旨を公告することで足りる（同条2項）。金融商品取引法にもとづき有価証券を内閣総理大臣に提出しなければならない株式会社については，公告をする義務はない（同条4項）。

3. 計算書類の内容・様式

計算書類の内容・様式は法務省令（会社計算規則）で定められる。様式の共通化を図ることによって，他社の財務データや自社の過年度の財務データとの比較や分析を行うことができる。

（1） 資産及び負債の評価

資産については会社計算規則第5条に，負債については第6条に評価に関する規定が設けられている。このように資産及び負債の評価に関する規定が設けられている理由は，利益の金額に直結するからである。利益が過大計上されると，配当が過大になされ，会社の財産的基礎を危うくし，債権者の利益が害される虞があるからである。

（2） 計算書類等の記載方法

株式会社における計算書類等の作成様式についての規定は会社計算規則にあるが，そのひな型は示されていない。具体的な作成方法については，日本経済団体連合会のひな型が具体的な作成方法の参考となる。ひな型を見ながら会社計算規則の規定を確認すると，その作成方法のイメージがしやすい。ここでは，【貸借対照表】及び【損益計算書】のひな型のみ示すこととする。

1）貸借対照表

貸借対照表は，決算日における会社の財産の状況を明らかにすることを目的として作成され，資産，負債，純資産の部に区分して表示される（計規73条1

Glossary

資産の評価：取得原価による評価が原則であるが，市場性のある有価証券に対する時価評価を認めるなど資産の種類に応じた評価方法を採用している。

負債の評価：債務額による評価が原則であるが，引当金に対して将来の発生に備え合理的な見積額の計上を認めるなど実際の債務額ではない評価方法についての規定もある。

【貸借対照表】

[記載例]

貸借対照表
(平成○年○月○日現在)

(単位：百万円)

科目	金額	科目	金額
(資産の部)		(負債の部)	
流動資産	×××	流動資産	×××
現金及び預金	×××	支払手形	×××
受取手形	×××	買掛金	×××
売掛金	×××	短期借入金	×××
有価証券	×××	リース債務	×××
商品及び製品	×××	未払金	×××
仕掛品	×××	未払費用	×××
原材料及び貯蔵品	×××	未払法人税等	×××
前払費用	×××	前受金	×××
繰延税金資産	×××	預り金	×××
その他	×××	前受収益	×××
貸倒引当金	△×××	○○引当金	×××
固定資産	×××	その他	×××
有形固定資産	×××	固定負債	×××
建物	×××	社債	×××
構築物	×××	長期借入金	×××
機械装置	×××	リース債務	×××
車両運搬具	×××	○○引当金	×××
工具器具備品	×××	その他	×××
土地	×××	負債合計	×××
リース資産	×××	(純資産の部)	
建設仮勘定	×××	株主資本	×××
その他	×××	資本金	×××
無形固定資産	×××	資本剰余金	×××
ソフトウェア	×××	資本準備金	×××
リース資産	×××	その他資本剰余金	×××
のれん	×××	利益剰余金	×××
その他	×××	利益準備金	×××
投資その他の資産	×××	その他資本剰余金	×××
投資有価証券	×××	○○積立金	×××
関係会社株式	×××	繰越利益剰余金	×××
長期貸付金	×××	自己株式	△×××
繰延税金資産	×××	評価・換算差額等	×××
その他	×××	その他有価証券評価差額金	×××
貸倒引当金	△×××	繰延ヘッジ損益	×××
繰延資産	×××	土地再評価差額金	×××
社債発行費	×××	新株予約権	×××
		純資産合計	×××
資産合計	×××	負債・純資産合計	×××

出所：一般社団法人日本経済団体連合会／経済法規委員会企画部会「会社法施行規則及び会社計算規則による株式会社の各種書類のひな型」。

【損益計算書】

[記載例]

損益計算書
(自平成○年○月○日 至平成○年○月○日)

(単位：百万円)

科目	金額	
売上高		×××
売上原価		×××
売上総利益		×××
販売費及び一般管理費		×××
営業利益		×××
営業外収益		
受取利息及び配当金	×××	
その他	×××	×××
営業外費用		
支払利息	×××	
その他	×××	×××
経常利益		×××
特別利益		
固定資産売却益	×××	
その他	×××	×××
特別損失		
固定資産売却損	×××	
減損損失	×××	
その他	×××	×××
税引前当期純利益		×××
法人税，住民税及び事業税	×××	
法人税等調整額	×××	×××
当期純利益		×××

出所：貸借対照表と同じ。

項)。資産の部は流動資産，固定資産，繰延資産に区分し，固定資産は有形固定資産，無形固定資産，投資その他の資産に区分する（計規74条1項・2項)。負債の部は，流動負債及び固定負債に区分する（計規75条1項)。純資産の部は，株主資本，評価・換算差額等，株式引受権，新株予約権に区分する（計規76条1項1号)。

2）損益計算書

損益計算書は，会社の損益の状況を明らかにするために作成され，売上高，売上原価，販売費及び一般管理費，営業外収益，営業外費用，特別利益及び特別損失に区分して表示する（計規88条1項)。

売上高から売上原価を減じて売上総利益（損失）金額を算出し（計規89条)，売上総利益から販売費及び一般管理費を減じて営業利益（損失）金額を算出し（計規90条)，営業利益（損失）金額に営業外収益を加えて得た額から営業外費用を減じて経常利益（損失）金額を算出し（計規91条)，経常利益（損失）金額に特別利益を加え，特別損失を減じて税引前当期純利益を算出する（計規92条)。このように，利益を段階的に表示することによって会社の収益力の判断に資する情報を提供することができる。

（3） 臨時計算書類

株式会社は，最終事業年度の直後の事業年度に属する一定の日（臨時決算日）における当該株式会社の財産の状況を把握するため，法務省令で定めるところにより臨時決算日における貸借対照表及び臨時決算日の属する事業年度の初日から臨時決算日までの期間に係る損益計算書を作成することができる（会441条1項)。

Glossary

貸借対照表：貸借対照表は，資産を借方（左側)，負債及び純資産を貸方（右側）に記載することによって，資金調達の源泉と資産の運用形態を示すと同時に，決算日における会社の財産の状況を明らかにすることを目的として作成される。

損益計算書：損益計算書は，収益から費用を控除して利益を算出することにより，会社の損益の状況を明らかにするために作成される。

4. 連結計算書類

(1) 連結計算書類の作成手続

連結計算書類とは，当該会社及びその子会社から成る企業集団の財産及び損益の状況を示すために必要かつ適当なものとして法務省令で定めるものをいう（会 444 条 1 項)。事業年度の末日において大会社であって金融商品取引法第 24 条第 1 項により有価証券報告書を提出しなければならない会社は，当該事業年度に係る連結計算書類を作成しなければならない（会 444 条 3 項)。連結計算書類作成義務がある上記会社以外であっても，会計監査人設置会社は，法務省令で定めるところにより，各事業年度に係る連結計算書類を作成することができる（会 444 条 1 項)。

連結計算書類作成後，監査（会 444 条 4 項）と取締役会の承認（取締役会設置会社の場合）（同条 5 項）を受け，定時株主総会の招集通知時に株主への提供（同条 6 項)，総会への提出，その内容と監査の結果の報告を行わなければならない（同条 7 項)。

(2) 連結計算書類と国際財務報告基準との関係

一定の要件を満たす上場会社は，国際財務報告基準に準拠して連結財務諸表を作成することが認められ（連結財務諸表の用語，様式及び作成に関する規則 1 条の 2)，会社法の連結計算書類についても国際財務報告基準に準拠した作成が可能である（計規 61 条 2 号・120 条)。

Glossary

国際財務報告基準・国際会計基準：International Financial Reporting Standards（頭文字を取って IFRS と呼ばれることが多い。）は，国際財務報告基準や国際会計基準と訳されている。国際的に会計基準の共通化を図る動きがあり，国際会計基準委員会が作成した IFRS を採用する上場会社が増えてきている。

5. 資本金の額等

(1) 資本金・準備金

資本金の額は，設立又は株式の発行に際して株主となる者が当該株式会社に対して払込み又は給付をした財産の総額が原則である（会 445 条 1 項）。しかし，払込み又は給付に係る額の 2 分の 1 を超えない額は資本金として計上しないで，資本準備金として計上することができる（同条 2 項・3 項）。

剰余金の配当をする場合には，法務省令で定めるところにより，当該剰余金の配当により減少する剰余金の額に 10 分の 1 を乗じて得た額を**資本準備金**又は**利益準備金**として計上しなければならない（同条 4 項，計規 22 条）。

(2) 資本金等の額の減少

会社は資本金の額を減少する場合には，株主総会の特別決議によって，①減少する資本金の額，②減少する資本金の額の全部又は一部を準備金とするときは，その旨及び準備金とする額，③資本金の額の減少がその効力を生ずる日を決定しなければならない（会 447 条 1 項・309 条 2 項 9 号）。これに対し，準備金の額を減少する場合は，株主総会の普通決議で行うことができる（会 448 条 1 項）。

減少する準備金の額の全部を資本金とする場合を除き，会社が資本金又は準備金の額を減少する場合には，債権者は会社に対し，資本金等の額の減少について異議を述べることができる（会 449 条 1 項）。

Glossary

準備金：会社法により一定の場合に純資産の部に計上が義務づけられる金額をいい，資本準備金と利益準備金からなる（会 445 条 4 項）。

資本準備金：設立又は株式の発行に際して株主となる者が株式会社に対して払込み又は給付した額のうち，資本金として計上されなかった額などをいう。

利益準備金：株式会社がその他利益剰余金を原資として剰余金の配当を行う場合に，一定の計算式に従って計上しなければならない額をいう。

6. 剰余金の配当

(1) 手　続

株式会社の純資産額が300万円を下回る場合を除き（会458条），株式会社はその株主（当該株式会社を除く）に対し，いつでも株主総会の決議によって剰余金の配当を行うことができる（会453条・454条1項）。ただし，会計監査人設置会社であって，監査役会設置会社・指名委員会等設置会社・監査等委員会設置会社では，取締役（監査等委員会設置会社にあっては，監査等委員である取締役以外の取締役）の任期を1年と定めれば，定款の定めにより取締役会決議により剰余金の配当等を決定することができる（会459条1項）。これら定款の定めは，最終事業年度に係る計算書類について，会計監査人の無限定適正意見を受け，かつ，監査役会または監査委員会の監査報告に会計監査人の監査の方法・結果を不相当とする意見がないときに限り，効力を有する（会459条2項・460条2項，計規155条）。

配当は，金銭以外の財産による配当（現物配当）を行うこともできる（会454条4項）。現物配当を行う場合，株主に対して金銭分配請求権を与えない場合には，株主総会の特別決議が必要である（会309条2項10号）。また，取締役会設置会社は，定款で定めれば，一事業年度の途中において1回に限り取締役会の決議によって中間配当（金銭による配当に限る）を行うことができる（会454条5項）。

(2) 分配可能額の算定方法

最終事業年度末日における剰余金の額（会446条，計規149条・150条）を算定し，剰余金の額に必要な加減算を行って分配可能額（会461条2項，計規156条～158条）の算定を行う。

Glossary

剰余金の配当：改正前商法では，「利益の配当」といっていたが，配当の原資として必ずしも利益に限らない（その他資本剰余金も原資となっている）ので，剰余金の配当と改めた。

1）剰余金の額

その他**資本剰余金**とその他**利益剰余金**の合計額を出発点とし[6)]，その他資本剰余金とその他利益剰余金の合計額に以下の i)から iii)の合計額を加算し，iv)から vi)の合計額を控除した額が剰余金の額となる。

i）最終事業年度の末日後に自己株式の処分をした場合における当該自己株式の対価の額から当該自己株式の帳簿価額を控除して得た額（会 446 条 2 号）

ii）最終事業年度の末日後に資本金の額の減少をした場合における当該減少額（会 446 条 3 号）

iii）最終事業年度の末日後に準備金の額を減少した場合における当該減少額（会 446 条 4 号）

iv）最終事業年度末日後に自己株式の消却をした場合における当該自己株式の帳簿価額（会 446 条 5 号）

v）最終事業年度の末日後に剰余金の配当をした場合における次のイ)からハ)の合計額（会 446 条 6 号）

イ）配当財産の帳簿価額の総額

ロ）現物配当をした場合に金銭分配請求権を行使した株主に交付した金銭の額の合計額

ハ）基準単位未満株式の株主に支払った金銭の額の合計額

vi）会社計算規則 150 条で定める各勘定科目に計上した額の合計額（会 446 条 7 号）

2）分配可能額

分配可能額は，1)で算出した剰余金の額に以下の i)の金額を加算し，ii)から v)の金額を減算して算出する。

i）臨時計算書類につき株主総会の承認を受けた場合における臨時損益計算書の当期純損益金額等（0 以上の額に限る）（計規 156 条）と臨時決算日の属する事業年度の初日から臨時決算日までに処分した自己株式の対価の額と

Glossary

資本剰余金：資本準備金とその他資本剰余金に区分される。
利益剰余金：利益準備金とその他利益剰余金に区分される。

の合計額（会461条2項2号）

ii）自己株式の合計額（会461条2項3号）

iii）最終事業年度の末日後に自己株式を処分した場合における当該自己株式の対価の額（会461条2項4号）

iv）臨時損益計算書の当期純損益金額等（0未満の場合に限る）（会461条2項5号，計規157条）

v）会社計算規則158条で定める勘定科目に計上した額の合計額

7．剰余金の配当等に関する責任

剰余金の配当等により株主に対して交付する金銭等の帳簿価額の総額は，配当が効力を生ずる日における分配可能額を超えてはならない（会461条1項）。分配可能額を超えて剰余金の配当等を行った場合の効力については，争いがある。

分配可能額を超えて配当等がなされた場合には，当該行為により金銭等の交付を受けた者並びに当該行為に関する職務を行った業務執行取締役等の業務執行者および当該行為が株主総会または取締役会の決議に基づいて行われた場合にはその議案を提出した取締役等は，当該株式会社に対し，連帯して，当該金銭等の交付を受けた者が支払いを受けた金銭等の帳簿価額に相当する金銭を支払う義務を負う（会462条1項，計規159条～161条）。

上記責任は，その職務を行うについて注意を怠らなかったことを証明したときは，責任を負わない（会462条2項）。総株主の同意による免除があっても，分配可能額を超えて免除することはできない（同条3項）。剰余金の違法配当額を支払った取締役等は，悪意の株主に対しては求償できる（会463条1項）。違法配当額について返還義務を負う株主に対し，会社債権者は，その交付を受けた金銭等の帳簿価額（当該債権者の株式会社に対して有する債権額が上限）に相当する金銭を直接支払わせることができる（同条2項）。

8. 期末に欠損が発生した場合の責任

会社が剰余金等の配当等を行い，当該行為をした日の属する事業年度末に係る計算書類において分配可能額に欠損（分配可能額がマイナスとなること）が生じた場合には，その行為に関する職務を行った業務執行者は，当該株式会社に対し，連帯して，その超過額を支払う義務を負うが，当該業務執行者がその職務を行うについて注意を怠らなかったことを証明した場合は，責任を負わない（会465条1項）。また，この義務は総株主の同意があれば免除できる（同条2項）。

9. 株主の経理検査権

株主が，株主代表訴訟（会847条）や違法行為差止請求権（会360条）などの監督是正権を行使するための情報収集権として，一定の要件を満たす株主に対し，会計帳簿閲覧請求権が認められている。すなわち，総株主の議決権の3%以上又は発行済株式の3%以上の数の株式を有する株主は，会社の営業時間内は，いつでも会計帳簿又はこれに関する資料の閲覧又は謄写の請求をすることができる（会433条1項）。この会計帳簿閲覧請求権は，会社の業務・財産の状況の調査のための検査役選任請求権（会358条）と並んで株主の重要な経理検査権となっている。また，子会社を利用した取締役の不正行為等を防止するため，親会社社員は，その権利を行使するために必要があるときは，裁判所の許可を得て，会計帳簿又はこれに関する資料の閲覧又は謄写の請求をすることができる（会433条3項）。

会計帳簿は，会社に関する機密事項が記載されているため，その閲覧権については濫用防止の規定がある。すなわち，会計帳簿閲覧請求権を行使された場合，当該請求を行う株主がその権利の確保又行使に関する調査以外の目的で請求を行うなど一定の事項に該当する場合には，会計帳簿の閲覧を拒否することができる（会433条2項）。

（原 郁代）

Notes

1)　桜井久勝『財務会計講義（第22版）』中央経済社（2021年）1頁。
2)　企業外部の利害関係者に対して行われる会計を財務会計，企業内部の経営管理や経営上の意思決定などのために行われる会計を管理会計という。
3)　法が企業会計にどのように介入しているのか，また，介入すべきかを検討対象とする法律学の一分野を企業会計法という。ここでの法には，商法，会社法の他，金融商品取引法，法人税法などが含まれる。
4）後述する連結財務諸表についても同様の規定が置かれている。
5）会計監査人設置会社の場合には，株主総会の承認は不要であるが，取締役は，当該計算書類の内容を定時株主総会に報告しなければならない（会439条）。
6）条文の規定には，「その他資本剰余金とその他利益剰余金の合計額」とは書かれていないが，規定を貸借対照表に照らして見ていくと，条文に規定されている金額は，「その他資本剰余金とその他利益剰余金の合計額」であることが分かる（会446条1号，計規149条）。なお，ここでは条文の関係を図示・解説できないが，平野秀輔『財務会計（第6版）』白桃書房（2020年）176頁および田中亘（編著）『数字でわかる会社法（第2版）』有斐閣（2021年）131頁以下を参照されたい。

References

福原・組織，落合・要説，神田・会社法，江頭・株式会社法，田中(亘)・会社法。

Column ⑫　貸借対照表・損益計算書の作成方法

会社法の計算に関する規定の理解には簿記の知識が必要である。簿記の仕組みが分かっていると，難解に思える計算についての規定が理解できるようになる。詳しい説明は簿記の教科書に譲るが，ここではごく基本的な簿記の仕組みを解説したい。

簿記には，単式簿記と複式簿記があるが，複式簿記によって取引が記帳されるのが普通である。複式簿記では，取引を「仕訳」という方法で左側（借方）と右側（貸方）に分けて記録する。資産の増加は借方に記載し，負債及び純資産の増加は貸方に記載する。そして，貸借対照表上の資産の合計額は負債及び純資産額の合計額と必ず一致する。収益の増加は貸方に，費用の増加は借方に記載し，収益と費用の差額として当期純利益または当期純損失が計算される。当期純利益又は当期純損失の金額は，貸借対照表からも求めることができる。

決算整理を必要としないごく簡単な設例で以上の簿記の仕組みをみてみよう。

（設例）

H 株式会社の期首の貸借対照表は，以下の通りであり，当期の取引が，「現金 70,000 円で仕入れた商品を現金 90,000 円で売上げた。」という取引のみだったとした場合の，①仕訳，②総勘定元帳，③試算表，④損益計算書，⑤貸借対照表を考えてみよう。

期首の貸借対照表（単位：円）

資産	金額	負債·純資産	金額
現金	100,000	借入金	20,000
		資本金	80,000
合計	100,000	合計	100,000

①仕訳という形で仕訳帳に記録

取引を 2 つの要素に分解し，仕訳という形で記録する。「商品 70,000 円を仕入れ，現金で支払った」という取引内容を仕訳という形で会計データに変換している。

なお，（借）は借方，（貸）は貸方を意味する。

イ．（借）仕入　70,000　　　（貸）現金　70,000

⇒仕入という費用が発生している。費用の増加は借方に記載する。
　また，現金という資産が減少しており，資産の減少は貸方に記載する。

ロ．（借）現金　90,000　　　（貸）売上　90,000

⇒売上という収益が発生している。収益の増加は貸方に記載する。
　また，現金という資産が増加しており，資産の増加は借方に記載する。

②仕訳帳から総勘定元帳への転記（期中の取引がない借入金と資本金は省略）

現金

借方		貸方
前期繰越 100,000		70,000 ←イ．の仕訳を転記
ロ．の仕訳を転記 → 90,000		←勘定残高 120,000 円を試算表へ記入

仕入

借方	貸方
イ．の仕訳を転記→ 70,000	←勘定残高 70,000 円を試算表へ記入

売上

借方	貸方
勘定残高 90,000 を→試算表へ記入	90,000 ←ロ．の仕訳を転記

③総勘定元帳に基づいて試算表（残高試算表）を作成

借方	勘定科目	貸方
120,000	現金	
	借入金	20,000
	資本金	80.000
	売上	90,000
70,000	仕入	
190,000	合計	190,000

④貸借対照表及び損益計算書の作成

（貸借対照表）

（単位：円）

資産	金額	負債・純資産	金額
現　金	120,000	借入金	20,000
		資本金	80,000
		繰越利益剰余金（当期純利益）	20,000
合　計	120,000	合　計	120,000

(損益計算書)

(単位：円)

費用・利益	金額	収益	金額
売上原価※	70,000	売上	90,000
当期純利益	20,000		
合　計	90,000	合計	90,000

※この設例は，期首及び期末の在庫がないため，仕入＝売上原価となっている。

(原 郁代)

第 13 章

企業と税務

Essence

- □ 1. 租税は，憲法 29 条において保障されている財産権を侵害するものといい得るが，憲法上どのような要請があり，いかなるルールの下でその賦課が許されているのか。
- □ 2. 国民に課される租税には様々な種類が存在するが，特に企業に関係する租税にはどのようなものがあるか。
- □ 3. 法人税法（税務会計）と企業会計は似て非なるものであるが，それらの類似する点はどこか，逆に異なる点はどこか，両者はどのように関係しているか。

Introduction

「税務」は租税法律主義の支配の下にある。憲法 30 条は国民の納税義務を定め，同 84 条は「あらたに租税を課し，又は現行の租税を変更するには，法律又は法律の定める条件によることを必要とする。」とし，租税法律主義を定めている。すなわち，租税法律主義とは，法律によらなければ租税を課してはならないとする憲法上の要請であり，租税法の大原則である。租税法は憲法の保障する財産権の侵害規範であるからこそ，国民の代表者による国の唯一の立法機関である国会で制定された法律にもとづいて，その法の範囲でのみ課税が許容されるのである。

企業を取り巻く税務の範囲は幅広い。国税に限ってみても，法人税はもちろんのこと，消費税，さらには企業であっても所得税の納税義務を負う場面もある。こうした租税は，すべて租税法律主義の下法律に従って課税がなされているのである。

なお，法人税法（税務会計）は，企業会計準拠主義を採用しており，「一般に公正妥当と認められる会計処理の基準」に従って計算されるものとしている（法人税法〔以下「法法」と略称〕22 条 4 項・22 条の 2)。しかし，企業会計に係る基準のすべてを法人税法が無条件で受け入れているわけではない。法人税法がとくに企業会計とは異なる取扱いを定めたルールを「別段の定め」と呼ぶ。また，企業会計上認められる処理であっても，法人税法の趣旨目的の観点から妥当といえない処理は，裁判等において否定される傾向にある。

1. 租税体系

わが国の租税体系は，基本的に，個々の課税主体の担税力に応じて課税を行う考え方を採用している。平たくいえば，税金を負担する個人や企業等といった納税者の，その税金を負担する経済的能力に応じて課税を行うのが原則的な仕組みである。

その上で，担税力の指標（ものさし）としては，例えば，「所得」「資産」「消費」が考えられるところ，「所得」を担税力の指標とする租税として所得税，法人税，事業税などがあり，「資産」を担税力の指標とする租税に相続税，贈与税，固定資産税などがある。また，消費税，酒税，たばこ税などは，「消費」を担税力の指標とする租税の代表である。

さて，これら「所得」「資産」「消費」に対する租税には一長一短があることから，わが国では，いわゆるタックスミックスという考え方にもとづき，これらを適度に配分して租税体系を構築している。企業活動において，最も重要視される租税は，「**所得**」に対する所得課税法である（法人税法・所得税法）。

なお，Introduction で述べたとおり，租税は「法律又は法律の定める条件」によることなくしては課されないのが大原則である（租税法律主義）。法律によらずして課税を行うことは許されないし，逆に租税を免除することも許されない。他方で，課税実務においては，「**通達**」という国税庁の見解がひとつの指針とされていることがしばしばあるが，通達は法ではないから，通達の定めにより租税が課されたり免除されたりすることは認められないことに留意が必要である。

Glossary

所得：本来，効用と満足のすべてを意味するが，そのすべてを測定することは現実的には困難である。そのため，所得課税の対象としての所得とは，金銭的に把握し得る効用と満足のみを指す。

通達：行政庁内部の上意下達の命令手段であり，行政庁の法解釈に関する見解である。通達は命令であるから，行政庁職員はこれに拘束されるが，国民や裁判所はこれに拘束されない。例えば，国税庁は，所得税基本通達や法人税基本通達，消費税法基本通達などの通達を発遣することで，均一的な租税行政執行を担保している。

2. 法人税法

(1) 企業会計準拠主義

法人税は，一事業年度において法人が稼得した所得に対して課税されるものである。法人の所得金額は，「益金」の額から「損金」の額を差し引いて算出し，かかる所得に対して税率を適用し，そこから税額控除等の控除を行った上で納付すべき税額を算出する。

ここで，益金とは，概ね企業会計にいう「収益」に相当し，損金とは「費用」に相当する。したがって，「益金－損金＝所得」というのは，「収益－費用＝利益」の考え方とほぼイコールと考えてもよい。実際，法人税法は，例外的な取扱いを除いては，原則的に企業会計の処理方法に委ねることとしており，これを「企業会計準拠主義」という。なお，企業会計準拠主義は，一般的に会社法（商法）を経由した「**三層構造**」で説明されることが多い。

ただし，「例外的な取扱いを除いては」と述べたとおり，益金と収益，損金と費用は，必ずしも完全に一致するわけではない（結果的に，それぞれの差額である所得と利益も当然異なる）。法人税法は，企業会計にその処理の多くを委ねている一方で，課税の公平という観点から，法人税法上固有の定めを設けている規定も多々存在する。こうした固有の定めを「別段の定め」という。「別段の定め」がある領域については，企業会計の影響を受けることなく，法人税法上の処理を行うことになる。こうした処理の違いは，企業会計と法人税法の目的の相違によるものである。すなわち，企業会計の目的が，企業のステークホルダーへの情報開示や適正な期間損益計算にあるのに対し，法人税法の目的は，適正公平な課税の実現であるから，自ずとその処理に差異が生じてくるのである。

Glossary

三層構造：法人税法が企業会計に準拠する仕組みをいう。租税法律主義の要請を受ける法人税法が，法律ではない企業会計に直接準拠するとは考えづらい。法人税法が準拠するのは，あくまでも会社法（商法）であって，その会社法（商法）が「株式会社の会計は，一般に公正妥当と認められる企業会計の慣行に従うものとする。」と規定するところを経由して（会431条，商19条），間接的に企業会計に従うと捉える。

法人税法は益金の額や損金の額について「別段の定め」があるもののほかは，「一般に公正妥当と認められる会計処理の基準」に従うこととしている(法法22条4項)。この基準は，一般に「公正処理基準」とも呼ばれている。ここでのポイントは，原則は公正処理基準に従って処理するとともに，他方で，「別段の定め」がある領域においては，企業会計上の処理は適用されず，法人税法の定める独自のルールに従って処理がなされるということである。

企業会計準拠主義は，法人税法を簡素なものとするための工夫であるが，これは，企業会計においてある程度成熟したルールがあるのであれば，法人税法においても基本的にこれを承認すべきという考え方であるといえよう。法人税法においてとくに固有のルールとして規定すべきもののみを「別段の定め」として規定するとともに，それ以外の処理は企業会計に準拠する姿勢を採用しているのが法人税法の特徴である。

(2) 益　金

1) 基本的な考え方

益金の意義について，まずは，条文を確認しておこう。

法人税法22条

2　内国法人の各事業年度の所得の金額の計算上，当該事業年度の益金の額に算入すべき金額は，別段の定めがあるものを除き，資産の販売，有償又は無償による資産の譲渡又は役務の提供，無償による資産の譲受けその他の取引で資本等取引以外のものに係る当該事業年度の収益の額とする。

この規定から明らかなように，法人税法は右の5つの「取引」による収益の額を益金の額に算入すべきとする。

①資産の販売
②有償又は無償による資産の譲渡
③有償又は無償による役務の提供
④無償による資産の譲受け
⑤その他の取引

同条をみると，⑤その他の取引から資本等取引に該当するものが除かれているが，ここで「資本等取引」とは，1）資本金等の額の増加又は減少を生ずる取引及び2）法人が行う利益又は剰余金の分配をいう。例えば，株主からの出資を収益と捉えないことは企業会計と同様である。

以下，法人税法に特有の益金規定のうち，特に重要な点について簡単に確認しておこう。

2）各　論

i　受取配当金の益金不算入　法人税法上，法人が他の法人から受ける剰余金の配当，利益の配当，剰余金の分配等のうち一定のものについては，益金に算入しないこととされている（法法23条1項）。法人が配当金を受け取った場合，企業会計では収益として計上されるが，法人税法は「別段の定め」によってこれを益金に算入しないこととしているのである。

これは，わが国の租税法が，法人の本質について，原則的に「**法人擬制説**」という立場を採用していることに伴う二重課税の弊害を取り除くための措置であるが，まずは，こうした措置がなかった場合の，配当の分配と受取人の課税を考えてみよう。

配当を行う法人Aは，法人税等を支払った後に残った利益から配当金を支払う。①受取人が個人株主甲の場合，その配当収入は個人の所得として所得税の課税対象となる一方，②受取人が法人株主Bである場合には，収益として計上され，ひいては法人Bの利益として法人税の課税対象となる。

ここで，法人Aの分配した配当が，すでに法人税が課された後の残りであることを踏まえれば，個人株主甲の受ける配当については，法人税と所得税が二重に課されることになってしまう。また，法人Bに対し分配された配当は，法人Aの負担した法人税に加え，法人Bの法人税が二重に課されることになる（さらにこの後，法人Bが配当を行うことで，いわば三重課税・四重課税といった状態が続くことになる）。

Glossary

法人擬制説：法人を擬制的に捉え，法人はあくまでも個人株主の集合体にすぎないと考える立場をいう。法人擬制説によれば，「法人税は所得税の前払い」と捉えられ，配当について，法人税と所得税の二重課税の問題が生じ得る。これに対して，法人を法的に実在するものとして個人株主と別個独立した存在であると捉える考えを「法人実在説」と呼ぶ。法人実在説に立つ場合，法人税と所得税は全く別個の租税と位置付けられることから，二重課税は観念されない。

そこで，このような二重・三重といった課税を防ぐため，とくに法人Ｂの課税に着目して設けられている「別段の定め」が，上記の受取配当金の益金不算入規定（法法23条1項）である。すなわち，法人からの配当につき一定額を益金に算入しないことで，法人Ｂにおいて法人税が課されることのないようにしているのがこの規定である。なお，個人株主における所得税との二重課税の排除については，所得税法において「配当控除」という税額控除措置が設けられており（所得税法〔以下「所法」と略称〕92条），個人の所得税の最終計算段階において，一定の金額を控除することで調整している。

もっとも，法人税法における受取配当金の益金不算入も，所得税法における配当控除も，株式の保有割合等に応じて一定率の益金不算入や税額控除措置が講じられているにすぎず，完全なる二重課税の排除が実現されているわけではない。

ii　無償による資産の譲渡等の益金算入　法人税法の目的である適正公平な課税の実現という観点が色濃く表れているのが，法人税法22条2項の「無償による資産の譲渡等の益金算入」規定であるといってもよい。同条項が，無償による資産譲渡や役務提供，その他の無償取引に係る収益も益金に算入する旨規定しているとおり，法人税法では，無償の資産の譲渡等からも収益が発生するとされているのである。無償の資産譲渡や役務提供等，要するに，タダ（0円）でものをあげたり，無料でサービスを提供したような場合，そこに収入がなくとも収益が発生するとするのがこの規定である。無償で資産を譲り受けたときに，時価相当額の収益（受贈益）が発生するという考え方は比較的理解しやすいと思われるものの，無償で譲り渡したときにも収益が発生するという考え方は法人税法の特徴的なところであるといえよう。

この規定の解釈や位置付けを巡っては学説上争いがあるが，通説は「**適正所得算出説**」によって説明している。

Glossary

適正所得算出説：正常な対価で取引を行った者との間の負担の公平を維持するために，無償取引からも収益が生ずることを擬制した規定であると解する考え方である。これに対して，収益の擬制ではなく，譲渡時点において資産の保有期間中の値上り益に課税すると捉える考えを「譲渡益清算課税説」と呼ぶ。

(3) 損　金

1) 基本的な考え方

損金の意義についても，まずは，条文を確認しておこう。

> **法人税法22条**
>
> 3　内国法人の各事業年度の所得の金額の計算上当該事業年度の損金の額に算入すべき金額は，別段の定めがあるものを除き，次に掲げる額とする。
>
> 一　当該事業年度の収益に係る売上原価，完成工事原価その他これらに準ずる原価の額
>
> 二　前号に掲げるもののほか，当該事業年度の販売費，一般管理費その他の費用（償却費以外の費用で当該事業年度終了の日までに債務の確定しないものを除く。）の額
>
> 三　当該事業年度の損失の額で資本等取引以外の取引に係るもの

この規定から明らかなように，損金とは，原価・費用だけでなく損失をも含む広い概念である。

なお，法人税法と租税特別措置法は，償却費，資産の評価損，役員給与等，寄附金，交際費等，圧縮損，引当金・準備金などについて「別段の定め」を設けている。例えば，法人税法は，役員給与については一定の要件を満たしたものしか損金算入を認めていないし（法法34条），引当金については，貸倒引当金を許容するのみである（法法52条）。このように，企業会計上は，費用として認められるものであっても，法人税法上はその損金算入を認めていないもの，もしくは条件を付しているものが多い。これは，法人税法の適正公平な課税の実現という目的の下，恣意性（税金操作の余地）を極力排除している表れである。

2) 各　論

i　寄附金の損金算入制限　企業会計上，寄附金は費用として収益から控除できるが，法人税法は損金算入の限度額を設け，そこに一定の制限をかけている（法法37条）。企業の支出する寄附金について，そのすべての損金算入を認めてしまうと，寄附金を支出することで所得を減らし，ひいては法人税を減

少し得ることになるが，これは，間接的に国の負担により寄附を行っていることと等しくなるため，法人税法はその損金算入に一定の制限を設けているのである（国等に対する寄附金の場合には，そうした弊害がないため，全額損金算入が可能である）。

ⅱ　交際費等の損金算入制限　交際費等の損金算入制限も法人税に係る特有の取扱いである。

「交際費等」とは，「交際費，接待費，機密費その他の費用で，法人が，その得意先，仕入先その他事業に関係のある者等に対する接待，供応，慰安，贈答その他これらに類する行為のために支出するもの」とされているが（租税特別措置法 61 条の 4 第 4 項），この規定の趣旨は，法人の冗費，要するに「無駄遣い」の増大の防止にあると説明されることが多い。もっとも，こうした趣旨の下，かつて交際費等の金額は原則その全額が損金不算入とされていたが，近年は，経済活動の活性化を図るという政策的な配慮により課税の緩和が図られている傾向にある。なお，期末の資本金等の額が 1 億円以下である中小法人については年 800 万円までは損金算入が可能である。

3. 所得税法

（1）法人関連の所得税

給与の支払者である会社は，「**源泉徴収義務**」を負う（所法 183 条など）。また，会社は，「**年末調整**」を行う義務も負っている（所法 190 条）。

なお，企業自身も所得税を負担することがある。すなわち，利子，配当など特定の所得については，支払者に対して源泉徴収義務が課されており，これらの所得を法人が受け取る場合には，所得税を負担することになる（もっとも，負担した所得税は，「所得税額控除」として法人税の額から控除することができる）。

Glossary

源泉徴収義務：給与の支払者である会社が負う義務であり，従業員に給与等の支払をする際などに，あらかじめその支給額から，概算の所得税を天引きし国に納める義務をいう。

年末調整：給与の支払者である会社が，源泉徴収義務にもとづき給与の支払の都度天引きしてきた概算所得税と，個々の納税者の事情に即して算出した本来の所得税額とを精算する手続きをいう。わが国のサラリーマンの多くは，年末調整によって課税関係が完結するため確定申告を行わなくてよい仕組みとなっている。

(2) 個人の所得税

個人の所得税についても若干触れておこう。

所得税は，基本的には，個人の所得に対して課税されるものである。もっとも，「個人の所得」といってもその内容は多種多様である。例えば，サラリーマンなら給与，個人事業主なら売上収入，いわゆる大家さんなら不動産賃貸収入，その他株式の譲渡益や金融商品，暗号資産などの運用益，ギャンブルで当たった儲けなど，それらすべてが所得税の課税対象となる（生命保険金収入など非課税とされる一定のものを除く〔所法9条〕)。これらの所得はそれぞれ担税力が異なると一般的に理解されていることから，所得税法は10個の「**所得区分**」を設け，所得をそれぞれの所得区分に分類し，その所得区分ごとに経費控除の範囲や税率などを定めることにより，きめの細かい課税を行っている。

4. 加算税制度

納税義務者が申告や納付義務の履行を怠った場合には，これに対する行政上の制裁として「**加算税**」が賦課される。原則として，過少な申告であった場合には10％の「過少申告加算税」(国税通則法〔以下「税通」と略称〕65条)，申告期限までに申告を行わなかった場合には15％の「無申告加算税」(税通66条)，源泉徴収に係る税額を期限までに納付しなかった場合は10％の「不納付加算税」(税通67条）が課される。なお，国税の計算の基礎となる事実を仮装・隠蔽していた場合には，過少申告加算税・無申告加算税・不納付加算税に代えて，35％又は40％の「重加算税」(税通68条）が課されることになる。

なお，過少申告等になったことにつき「**正当な理由**」がある場合には，加算

Glossary

所得区分：所得区分には，利子所得，配当所得，不動産所得，事業所得，給与所得，退職所得，山林所得，譲渡所得，一時所得，雑所得の10個が設けられている。例えば，サラリーマンの給与は給与所得に区分され，ギャンブルの儲けは一時所得に区分される。もっとも，どの所得区分に該当するか判断が難しい所得もあり，租税訴訟の争点となることも多い。

加算税：当初から適法に申告，納税した者とこれを怠った者との間に生ずる不公平を是正することにより，申告納税制度（自らの税金を自らの申告によって確定させる制度）の信用を維持し，もって適正な期限内申告の実現を図ろうとするための行政上の制裁をいう。

正当な理由：例えば，税務署職員の誤指導にもとづく申告の誤りや，災害等により申告書を提出できなかった場合などが該当する。単なる税法の不知や誤解は，正当な理由には該当しない。

税が免除される。その他，税務署の調査を受ける前に自主的に修正申告や期限後申告を行った場合には，加算税が免除あるいは軽減される。

5. 租税回避

企業活動には多くの租税が課されている。本章で述べた法人税，所得税のみならず，消費税の納税義務者でもあるし，業種業態ごとに特有の租税関係もある。また，法人住民税や法人事業税，固定資産税などの地方税法上の取扱いにも十分に注意をしなければならない。

ところで，経済的利益追求者として，税金をコストとみれば，節税行動は合理的な企業行動であるといえよう。「節税」とは，法の予定した租税軽減規定や免除規定の適用による租税負担の軽減行為をいう。

租税法律主義によれば，課税要件は法定されかつ明確であることが要請されている（課税要件法定主義・課税要件明確主義）。しかしながら，現実的に実定法を眺めれば，その法定されている課税要件が必ずしも明確とは限らない。そうした場合，条文の解釈が必要となるが，ここに租税回避の余地が生ずる。

法の予定していない異常ないし変則的な法形式を用いて租税負担の減少を図る行為を「租税回避」といい（金子宏『租税法〔第24版〕』弘文堂〔2021年〕135頁），法の予定する範囲である節税とは別意に観念されるところではある。もっとも，何をもって租税回避とするかは判然とせず，租税回避を巡っては租税紛争が絶えない。売上除外や架空経費の計上など，課税要件が充足されているにもかかわらず，これを隠蔽等する「脱税」とは異なり，租税回避とは，これを否認する特段の規定がない限り，「本来的には課税されない安全地帯」であるはずである。しかし，昨今，法の趣旨を逸脱した租税回避や行き過ぎた節税については，租税訴訟においてこれが否認され，課税処分が妥当とされるケースが散見される。国際課税や組織再編といった領域における大型租税回避事例も増加傾向にあり，これらを巡る論点も近時，企業法務においては注目すべきであろう。

（酒井　克彦）

References

金子宏『租税法（第24版）』弘文堂（2021年），酒井克彦『プログレッシブ税務会計論Ⅰ（第2版）―租税法と企業会計の接点―』中央経済社（2018年），同『プログレッシブ税務会計論Ⅱ（第2版）―収益費用と益金損金の関係―』中央経済社（2018年），同『プログレッシブ税務会計論Ⅲ―公正処理基準―』中央経済社（2019年），同『プログレッシブ税務会計論Ⅳ―会計処理要件（経理要件・帳簿要件）―』中央経済社（2020年），同『スタートアップ租税法（第4版）』財経詳報社（2021年），同『裁判例からみる法人税法（3訂版）』大蔵財務協会（2019年）。

Column ⑬ 年末調整廃止論

本文でも触れたとおり，企業は源泉徴収義務を負っており，従業員への給与等の支払の際，概算の所得税を徴収しこれを国に納付しなければならない。読者の中でも，アルバイトや就職をして初めての給料日を楽しみにしていたら，所得税が引かれ手取りが減っており，どこか納得のいかない経験をした人も多いのではないだろうか。これは，所得税の前取りであり，一般的に「天引き」などと呼ばれているが，企業は所得税法のルールに従って，義務としてかかる徴収を行っているのである。

そして，年も暮れになると，企業は，徴収してきた概算所得税額の合計額と，それぞれの従業員の個々の事情を加味して算出した本来の所得税の年税額とを精算する手続きを行う（年末調整）。天引きしてきた所得税が多すぎたときは還付し，少なければその分を徴収するのである。企業が年末に所得税額を計算して精算してくれるから，日本のサラリーマンの多くは確定申告をしなくてもよいことになっているのである。

このように，年末調整に当たっては個々の事情を加味しなければならないから，従業員は，会社に個人情報を提示しなければならない。配偶者や子供の有無，その氏名や生年月日，個人番号（マイナンバー），扶養親族の中に障害者がいたり，自らが寡婦（いわゆる未亡人）やひとり親であればその旨，加入している生命保険の内容など，人によってはセンシティブな家庭事情が企業の経理担当者に筒抜けになってしまうのである。この点，年末調整制度がプライバシー保護の観点から問題があるのではないかという声も多い。

なお，年末調整制度は日本のほかドイツなどでも採用されているが，これに対してアメリカなどは年末調整制度を採用していない。アメリカのように年末調整制度を採用していない国は，サラリーマンであっても自分で確定申告をして，不足額があれば納付する。自動的に所得税の精算が終わるのと，自ら確定申告をして不足額を納付するのとでは，税金に対する意識も自然と変わってくるであろう。「気づかぬうちに所得税の納付が終わっている」わが国のサラリーマンより，「自分の財布から所得税を納付する」アメリカ人の方が税金についての意識は高くなるから，税金の使われ方に関しても国民の厳しい目が向けられるともいわれている。年末調整制度は，国にとっては都合のいい制度かもしれないが（サラリーマン全員が確定申告するようになったら税務署はパンクしてしまうかもしれない），民主主義的思想からは，全員が確定申告をして納税意識を高めるべきといった意見もある。もっとも，マイナンバーの普及や，AIによる行政が進めば，国民全員が確定申告を行う日もそう遠くないのかもしれない。

（酒井 克彦）

第 14 章

企業と知的財産権

Essence

□ 1. 知的財産とは何か。知的財産を法律で保護する理由は何だろうか。
□ 2. 近時，なぜ，知的財産権が注目されるのだろうか。
□ 3. 知的財産権には，どのような種類があるか。それぞれの保護の対象，要件，発生原因，保護期間，特徴などを答えてみよう。
□ 4. 企業が経済活動を行うにあたって，知的財産権と，どのように関わっているか。
□ 5. 企業の従業者等が職務発明を行った場合，法律は，企業内でどのように利益調整を行っているか。
□ 6. 企業の海外展開と知的財産の関わりについて考えてみよう。

Introduction

特許法は，「この法律は，発明の保護及び利用を図ることにより，発明を奨励し，もつて産業の発達に寄与することを目的とする。」(特許法 1 条)[1) と規定する。

企業とは，継続的な意図をもって計画的に営利行為を実現する独立の経済主体をいう。企業が産業社会において持続的・継続的に営利活動を行うためには，知的財産権との関わりは不可欠である。企業の知的財産には，特許権，実用新案権，意匠権，商標権，著作権等がある。消費者から評価される創作や標識を開発し，商品化して合理的に収益に結びつけ，自社ブランドを確立して市場での優位性を獲得すること等は，企業として，ごく当たり前の経済活動となっている。最近では，知的財産を流動化して投資や金融を得たり，インターネットを活用したり，海外展開を行うことも活発に行われている。また，近時のコロナ禍の影響により，人々の行動は大幅に制限されているが，物と情報は国境を越えて不断に動いており，知的財産権の重要性はむしろ増している。

本章では，企業の経済活動という視点から，知的財産権法との関わりを考えてみるものである。

1. 知的財産権とは何か

(1) 無体財産権

知的財産は，**無体財産**である。この点，財産というと，通常，我々は，建物や車などのように形のある「有体」財産を思い浮かべる。しかし，産業社会が高度に発展すると，物理的な媒体を介しないアイデアや表現，標識などにも一定の財産的価値を認め，これを権利として保護することが必要になってくる。知的財産も「財産」である以上，人の物理的な創作活動から生まれた家具や建物等の有体物が保護されるのと同様に，人の知的・精神的な創作活動により生み出されたアイデアや表現等の無体物に対しても，法的・社会的には財産的価値を有するものとして，一定の権利保護が与えられる。

(2) 意　義

知的財産権は，その多様性から包括的に定義することは必ずしも容易ではないが，世界知的所有権機関（World Intellectual Property Organization）設立条約第2条の定義規定を受けて，我が国の知的財産基本法（平成14年12月4日公布）第2条1項では，「この法律で「知的財産」とは，発明，考案，植物の新品種，意匠，著作物その他の人間の創造的活動により生み出されるもの（発見又は解明がされた自然の法則又は現象であって，産業上の利用可能性があるものを含む。），商標，商号その他の事業活動に用いられる商品又は役務を表示するもの及び営業秘密その他の事業活動に有用な技術上又は営業上の情報をいう。」と規定している。

(3) 知的財産権法の分類

知的財産権法の分類の方法としては，①創作法（人間の精神的創作活動の成果を保護する法律―特許法，著作権法等）と標識法（営業上の信用を化体する標識を

Glossary

無体財産：人間の精神的創作活動の所産に対する財産の総称をいう。物理的な媒体を前提とする有体財産に対する概念である。

保護する法律—商標法）に分類する方法，②産業財産権法（工業所有権法）（産業の発展に寄与することを目的とする法律—特許法，商標法等）と著作権法（文化の発展に寄与することを目的とする法律—著作権法）に分類する方法[2)]，③権利付与法（権利の登録や創作により権利が発生する法律—特許法，商標法等）と行為規制法（一定の知的財産の利用行為を規律する法律—不正競争防止法）に分類する方法等がある。

（4） 法的保護の根拠論

知的財産権の根拠論については，種々の学説が対立するが，前記(3)①の創作法と標識法という観点で分類すると，次のとおりである。

1）創作法（特許法，著作権法等）について

i　投資回収（インセンティブ）論　新しい発明や芸術的活動といった人間の知的創作活動も，これが容易に第三者により剽窃されてしまうのでは，誰もそのような創作活動を行わなくなり，ひいては産業社会や文化の発展が停滞してしまう。そこで，このような知的所産に対しても，国家政策として一定の独占権を与えて投資回収の機会を与え，これによって個人の知的創作活動を促し（インセンティブ），ひいては国家社会の発展に寄与させるとするのが知的財産権保護の目的である（後掲，田村・知財7頁）。このような考え方は，合衆国のようにコモンロー法制を中心とする国々に多くみられる。[3)]

ii　知的所産（自然権）論　人が自らの労働を第三者に提供して賃金という対価を得るのと同様に，自らの知的・精神的活動の成果である発明や考案を第三者に提供することによって対価を得るのは当然のことである。元来，人間の知的・精神的活動は，それ自体，人格の深奥に関わる極めて高い価値を内包している。知的財産権とは創作者の人格の深奥から生み出された自然権にもとづく本質的な権利であって，いわば人権と同じように，その者の人格的利益の当然の延長ないし分身として，当然に保護される。このような論は，ドイツ，フランス等の大陸法制で強く，とくに著作権法の分野においては有力な根拠となっている（後掲，半田・著作14～19頁）。

2）標識法（商標）について

標識法の根拠論は，法は商標の如何なる機能を保護しているか，という商標の機能と関連して論じられる。具体的には，①商標により，需要者が，商標権者の商品・役務の出所を正しく識別できる機能（出所表示機能），②需要者が，当該登録商標に付された商品・役務に対し一定の品質を有することを期待できる機能（品質保証機能），③商標自体に一定の信用が化体し，商品・役務を宣伝広告する機能（広告機能），等がある（後掲，小野=三山・新商標46～59頁）。

（5）注目される知的財産権

我が国で，知的財産権が注目されるのは何故であろうか。

1）世界有数の技術大国と国際特許出願件数

まず，日本国が天然資源に乏しい一方で，世界に輸出する高い技術力を有する国であることは，古くから云われることである。

日本国の国際特許出願件数は，高度経済成長を遂げた1960年代に飛躍的に増加した。そして，2003年から2016年までは継続して世界第1位の合衆国に次いで日本国は世界第2位の年間出願件数を維持しており，直近である2021年の実績においても年間50,260件と世界第3位の地位を維持している。[4)]

2）国家政策としての知的財産権強化

1980年代のアメリカ合衆国のロナルド・レーガン大統領は，**プロパテント政策**を推進するにあたり，合衆国の技術が他国で複製されて貿易不均衡が生じ，結果，国内失業者が増大し，内国の政治的社会的問題に繋がっていると主張した。その施策は功を奏し，知的財産部を質量共に拡充した米国通商代表部（United States Trade Representative）の二国間交渉，GATTウルグアイラウンド（後にWTOに発展）を知的財産権の問題解決のための多国間交渉に最大限利用することで，米国経済の復活をもたらした。

そこで，かつて米国が使ったこの手法を利用して，バブル経済崩壊後，停滞状態にある日本国経済の再生の柱として策定したのが，日本国における昨今の知的財産権強化政策である。具体的には，2002年11月に「知的財産権基本法」が成立，2003年3月に小泉純一郎総理を本部長とする「知的財産権戦略

Glossary

プロパテント政策：知的財産権一般を強化する国家政策のことをいう。アメリカ合衆国の特許推進政策（Pro-Patent Policy）に由来する。

本部」を内閣に設置して，同 7 月に「知的財産権推進計画」を公表する等した。[5)]

3） 社会的事件

①日本国が，プロパテント政策を進めるもう一つの要因として，米国特許侵害訴訟における度重なる敗訴が挙げられる。1980 年代終わり頃から「絶対に負けない。」と言われていた各種の特許訴訟で日本企業が悉く敗訴した。[6)] これにより，日本国の先進技術に対する法的保護，すなわち内外における知的財産権による法的防衛戦略を強化拡充することの重要性が痛感された。

②その後，国内では，各種の職務発明により，大きな社会的な注目を浴びる事件が起きたことも挙げられる。いわゆる中村修二教授の「青色発光ダイオード事件」において，東京地方裁判所は，2004 年 1 月 30 日，原告の貢献度を 50%として発明の相当対価を 604 億円と認定し，被告企業に対し原告が請求した 200 億円の支払いを命じる判決を下したのに対し[7)]，同事件の控訴審の東京高等裁判所では，2004 年 12 月に裁判所が発明の貢献度を 1%と認定し，相当対価額を含む約 8 億 4,000 万円の支払を内容とする和解勧告を出して，2005 年 1 月に双方が受け入れて訴訟が終了した。

③さらに，世界的には，近時，日本人から多くの自然科学系のノーベル賞受賞者が出ていることが挙げられる[8)]。かつて日本は，研究者たるもの研究のみに従事すべきであり，自己の開発技術を商品化して経済的利益を追求することに対しては，むしろ否定的に捉える向きが強かった。これに対しては，これらノーベル賞受賞者が，人類史上その科学技術の発展に計り知れない貢献をしたにも拘わらず，必ずしも十分な経済的対価・報酬を受けたとは言えないとの批判も強い。

2. 主要な知的財産権

知的財産権には各種のものがあるが，主要なものを概観しておこう。

（1） 特許権

特許法は，**発明**を保護する法律である。特許権が有効であるためには，当該発明に，①新規性（特許法〔以下「特許」と略称〕29条1項），②進歩性（特許29条2項），③産業上の利用可能性（特許29条1項）等の実体要件がなければならず[9]，特許庁での形式審査と実体審査を経て，登録査定を得た上，登録料を納付して登録されることにより権利が発生する。

発明が登録されると，当該発明を実施する権利，すなわち，物の発明においては，その物の生産，使用，譲渡等，輸出若しくは輸入又は譲渡等の申出（展示を含む）等を占有する権利，方法の発明にあっては，その方法を使用する行為に関して専有する権利等が与えられる（以上，特許2条3項）。特許権の保護期間は，原則として出願日から20年間である（特許67条）。

特許権の侵害に対しては，差止・廃棄・予防請求等（特許100条1項・2項），損害賠償請求（民709条，損害額推定は特許102条）が可能となる。侵害者の過失は推定される（特許103条）。

特許権は，各種知的財産権の中でも最も基本的かつ重要な権利であり，権利保護のためには，特許庁への登録の他，上記の各特許要件を満たす必要がある。発明の定義は難解であるが，イメージとしては，新しい「アイデア」を保護するものと考えると分かりやすい。

（2） 商標権

商標法は，**標章**を保護する法律である。商標権が有効であるためには，当該標章が，①指定した商品又は役務について使用するものであること（商標法〔以下「商標」と略称〕2条），②識別力があること（商標3条参照），③先願であること（商標8条），④公益的利益等に反しないこと（商標4条参照），が必要であり，形式審査と実体審査を経て登録査定を得た上，登録料を納付することにより登録されて権利が発生する。

商標が登録されると，商標権者は，指定商品又は指定役務について登録商標の使用をする権利を専有する（商標25条）。商標権の保護期間は登録の日から

Glossary

発明：自然的法則を利用した技術的思想の創作のうち高度のものをいう（特許2条1項）。

標章：人の知覚によって認識することができるもののうち，文字，図形，記号，立体的形状若しくは色彩又はこれらの結合，音その他政令で定めるものをいう（商標2条）。平成26年改正により，非伝統的商標である色や動き等の登録も可能となった。

10年間であり，登録料を納付して更新することが可能である。ただし，継続して3年間以上，商標を使用しないと，審判により取り消されることがある（商標50条）。

商標権の侵害に対しては，差止・廃棄・予防請求等（商標36条1項・2項），損害賠償請求（民709条，損害額推定は商標38条）が可能である。

商標は，特許や実用新案等とは異なり，新規性や進歩性がなくても登録可能である。また，登録料を支払えば何度でも更新できる点で，他の知的財産権にはない特徴を有している。

（3）　著作権

著作権法は，**著作物**を保護する法律である。著作権が有効に成立するためには，①著作物が「創作性」[10]のある「表現」であること，②消極的要件に該当しないこと（著作権法〔以下「著作」と略称〕13条），であれば良く，設定登録や公表等は要件となっていない（著作17条2項）。[11]

著作権が有効に成立すると，著作者は，①複製権，上演権，公衆送信権等の財産的利益を保護する著作権（著作21条以下）[12]と，②公表権，同一性保持権などの著作者人格権（著作13条以下）を専有する。また，著作権（上記①）には，私的使用による複製など，多くの制限規定があることに注意を要する（著作30条以下）。

著作権（上記①）の保護期間は，自然人の場合には死後70年間，法人の場合には公表後70年間を原則とする（著作51条以下）。[13]

著作権は，他の知的財産権とは異なり，著作者の経済的利益のみならず人格的利益をも保護する点に特徴があり，著作者人格権がその典型である。それは，発明者の権利保護を明言しない特許法第1条とは異り，著作者等の権利保護を図り，もって文化の発展に寄与することを目的としている著作権法第1条からも明らかである。

著作権法が保護するのは，あくまで「表現」であって，特許でいうところの

Glossary

著作物：思想又は感情を創作的に表現したものであって，文芸，学術，美術又は音楽の範囲に属するものをいう（著作2条1項・10条も参照）。

アイデアのままでは保護されない点に，注意を要する。

(4) 不正競争防止法

不正競争防止法は，事業者間の公正な競争等の実施を確保するため，不正競争の防止等を図り，もって国民経済の健全な発展に寄与することを目的とする（不正競争防止法〔以下「不正競争」と略称〕1条）。

不正競争防止法は，産業財産権とは異なり，無体財産権という財産権が発生するものではなく，国内市場における不正な競争行為を類型化してこれを規制し，その違反に対して差止請求・損害賠償請求等を認める法律である[14)]。同法は，あくまで行為規制法に過ぎない点に，特徴がある。「不正競争」として類型化される行為には，例えば，他人の周知表示混同惹起行為（不正競争2条1項1号），他人の著名表示冒用行為（同2号），商品形態模倣行為（同3号），営業秘密不正取得行為（同4号乃至10号）等，多様なものが規定される。

上記の各不正競争行為により営業上の利益を侵害された者は，侵害者に対し，差止・廃棄・予防請求等（不正競争3条1項・2項），損害賠償請求することができる（不正競争4条，損害額推定は5条）。

自由競争原理がはたらく市場において競合品が出現することは不可避である。不正競争防止法による保護は，特許権侵害や商標権侵害の主張と，併用ないし独立して主張される。

3. 企業の経済活動と知的財産の関わり

(1) マーケティング戦略

企業が市場で経済活動を行うにあたり，市場に提供する商品・役務と知的財産権との関わりはマーケティング戦略の上で極めて重要となる。この点，特許，実用新案等は，開発した商品等に化体する新しいアイデアに対し，市場での排他的独占権を一定期間，保障することにより，自社商品等の優位性を確保し，同時に他社商品等を排除する法的根拠となるものである。その間，権利者は市場で独占的に収益を獲得し，単独で投下資本の回収を図ることができるばかりか，特許技術という魅力は他社商品等との差別化に繋がり，効果的なプロモーティング・ツールにもなる点で重要である。

（2） ブランディング戦略

企業は，自社ないし自社商品等の**ブランディング**を行うこともマーケット戦略の一環としてよく行われる。商標権，不正競争防止法[15]による保護は，当該標章ないし商品等に関して他社を排除して市場での独占権を与えるため，自社ブランドを確立して顧客吸引力を獲得し，消費者に購入動機の形成機会をより高度に与えて自社商品を選択させる点で，市場での優位性を高めることに繋がる。[16),17)]

（3） ライセンシング戦略

企業が競争市場において，他社や他社商品を排除しようとするのではなく，むしろ，競合する他社ないし他社製品との間に積極的な協力関係を構築し，自社のマーケティング戦略に活用する場合がある。例えば，特許権等を保有していても，自社の生産能力では商品化できない場合は，市場での競合者との間で，積極的に**ライセンス契約**を締結して特許その他の権利の実施を許諾する等である。[18]

特許の場合でいえば，実施権には大別して専用実施権（特許77条）と通常実施権（特許78条）の2種類がある。専用実施権を設定すると，特許権者は許諾範囲につき他の第三者に対する許諾ができなくなるばかりか，自らも製造・販売等の実施行為を行えなくなる。[19),20)]

4. インターネット

企業にとって，インターネットをとおした情報発信は，知的財産権に関するデュー・デリジェンスが最も厳しく問われる分野である。

Glossary

ブランディング：ある商品や役務のコンセプトを特定のユーザーに有意な価値があると認識させ，市場での一定の地位を築くことをいう。

ライセンス契約：権利者が非権利者に対し，許諾する権利範囲（製造・販売等）・期間・ロイヤリティ等を定めて許諾等を行う契約のことをいう。

企業は，インターネット上のホームページにおいて，自社の紹介・商品説明・アクセス等の表示のほか，決算その他の電子公告，有価証券報告書，特定商取引法上の指定事項の表示を行ったりする。また，いわゆるインターネット通販や，音楽・映像・ゲーム等の**デジタルコンテンツ**の配信を行い，その代金をクレジットカード等で決済する等，インターネット上で多様な電子商取引を行っている。

それらの中には，著作権法で保護された著作物が多く含まれており，これらの利用に関しては他社の複製権（著作 21 条），公衆送信権（著作 23 条）等の侵害が問題になるし，ウェブサイト上に，自社ないし自社商品等を表示する場合には，他社の登録商標や，周知ないし著名な商品等表示と誤認混同を生じさせて不正競争防止法に違反しないかどうかも検討する必要がある（不正競争 2 条 1 項 1 号・2 号）。

ホームページ上にリンクを貼る場合も，誰のホームページか分からないような場合には，著作物の加工による同一性保持権（著作 20 条）や氏名表示権（著作 19 条）を侵害する可能性があることに注意を要する（後掲，福原・戦略 311～321 頁）。さらに，企業にとって関連ドメイン名の取得が極めて重要であることは言うまでもない（不正競争 2 条 1 項 19 号等）。

他方で，社内において，従業員が，無断で第三者のデジタルコンテンツをダウンロードすると，莫大な損害額の支払いを余儀なくされる場合があり[21)]，知的財産権に関する社内教育や研修は欠かせない。

以上のとおり，企業によるインターネットの利用は，著作権法・商標法・不正競争防止法等に密接に関わる分野として重要である。[22)]

5. 職務発明等

企業と知的財産の関わりは，企業の内部関係においても発現する。

企業の知的財産は，企業内の従業者等の**職務発明**により生まれる[23)]。使用

Glossary

デジタルコンテンツ：デジタルデータ化された文章，写真，画像，映像あるいは音声等の素材情報をいう。これら素材自体は，基本的に著作権法上保護の対象とされる著作物である（後掲，福原・戦略 316 頁）。

者等は職務発明を発明者である従業者等から承継することを勤務規定などによって予め定めておくことができるが（特許35条2項参照），その場合，使用者等は相当の利益を従業者等に支払わなければならない（同4項）。

職務発明の理解には，大きな議論がある。社内で現実に開発活動を行っているのは従業員個人であるし，当該従業者の才能や努力で新しい発明が生まれることに疑いはない。他方で，会社は，研究開発に対してリスクを負担し，実験設備その他に莫大な資金を投下し，また，成功の有無を問わず従業者等の生活を保障し，能力向上のため教育研修を行い，時には海外に留学させたりもする。（後掲，中山・特許57頁）

この点は，前記の知的財産権の根拠論とも関わり（前記1.⑷，1）参照），権利の帰属や相当利益の理解の仕方に影響を与えている。[24)]

6. グローバル社会における企業と知的財産

近年，企業はコスト削減・経営合理化の観点から安価な資源・労働力等を求めて海外に生産拠点を移し，同時に，人口減少による縮小傾向にある国内市場よりも，アジアを中心とした成長著しい海外市場の購買力を求めて海外展開する傾向が顕著である。

企業は，PCT（特許協力条約：Patent Cooperation Treaty）ルートをとおした国際出願により，一国の出願により複数国に特許を出願したと同様の効果を得たり[25)]，マドリッド協定議定書にもとづく国際登録出願を行い，複数の加盟国での商標登録を行うことができる。

海外において，現地企業との間のパートナーシップの手法はさまざまあり得るが[26)]，保有する知財ライセンス契約を締結して許諾を与え，現地マーケットで自社製品等の生産・販売等を行っている。

日本企業の海外進出が進めば進むほど，現地で開発された改良発明の帰属や冒認出願，海外における第三者からの訴訟リスク[27)]，秘密情報やノウハウの流出，管轄の選定，執行の難しさ等，海外における知財法務の重要性は，今後

Glossary

職務発明：法人の従業者等がその職務上行った発明のことをいう（特許35条）。

も益々高まることが予想される。

2020年3月からの新型コロナウィルスの世界的な感染拡大に伴い[28)]，人々の行動は大幅に制限されるに至っている。しかし，人が動かなくても，物と情報は国境を越えて不断に動き続けている。グローバル社会における企業の経済活動にとって，今後も，知的財産権が重要な地位を占めるであろうことに何ら疑義はない。

（小川 晶露）

Notes

1）その他，実用新案法，意匠法，商標法，著作権法等の各第1条を参照。

2）もっとも，近時では，IT産業やコンピュータープログラムなどの分野の法的保護に関し，著作権法が工業所有権法に接近しつつあると言われている。

3）アメリカ合衆国憲法1条8節8項を参照。

4）WIPO（http://www.wipo.int/pressroom/en/articles/2022/article_0002.html）

5）毎年，推進計画が策定公表されている（http://www.kantei.go.jp/jp/singi/titeki2/）。

6）1989年の住友電工社の敗訴，1992年のミノルタカメラ社の敗訴，1980年代前半の日本国半導体メーカー8社の敗訴等がある。

7）東京地裁2004年1月30日判決・判例時報1852号36頁。

8）2020年までで，日本人のノーベル賞受賞者は合計27人に上るが（共同受賞を含む），うち24人が自然科学系の受賞者となっている。

9）その他，発明が公序良俗に違反しないことが必要である。

10）この「創作性」をどのように理解するかについては（独自性，独創性，創造性…），大きな議論がある（後掲，半田=松田24頁以下参照）。

11）ただし，権利の帰属を明らかにする等の理由から，一定範囲で文化庁への登録は認められる（著作75条以下）。

12）狭義の著作権といわれる。

13）2018年12月30日に，「環太平洋パートナーシップに関する包括的及び先進的な協定」が日本国において効力が生じ，これに伴い著作権法も改正され（施行も同日），保護期間がそれまでの50年から70年になった。

14）不法行為法との関係や，権利侵害論と違法論については，後掲，小野・註解46頁参照。

15）とくに，不正競争2条1項1号乃至同3号。

16）ブランドが商標等と比較して，消費者の認識に積極的に好ましいイメージを与える差別化されたものを付加したものであることは，（後掲，ブランド284頁）を参照。

17）また，近時，コーポレートアイデンティティを企業戦略として策定する会社も増えている。

18）特許等においては実施許諾契約（特許77条以下，実用新案法18条以下，意匠法27条以下），商標においては使用許諾契約（商標30条以下），著作権においては利用許諾契約（著作63条以下）として締結される。

19）さらに，通常実施権には，特許権者等が，他の第三者に対し，同一範囲で許諾しないことを債権的に合意する完全通常実施権と，そのような合意のない不完全通常実施権がある。

20）その他，2以上の企業がお互いに特許等を許諾し合うクロス・ライセンス，複数の企業や研究機関などがそれぞれ特許権（パテント）を，共同して設立した会社等に集約し，管理を任せるパテント・プールがある。

21） いわゆるLEC事件では，約8,500万円の支払いが命じられている（東京地裁平成13年5月16日判決・判例時報1749号19頁）。

22） 知財法以外にも，特定商取引法，景品表示法，個人情報保護法，金融商品取引法など，インターネットには非常に多くの法律が関わる。

23） 特許法35条は，実用新案法11条3項，意匠法15条3項でも準用される。他方で，著作権法上の職務著作規定（著作15条）は，特許法35条とは要件・効果を異にする。

24） なお，職務発明訴訟が増加するリスクを低減するため，平成16年改正により，勤務規則の定め等による算定が不合理であると認められる場合にのみ，同訴訟を提起できることとした（現行の特許35条5項）。また，平成27年改正では，特許を受ける権利はその発生時から使用者等に原始帰属することや，相当対価は金銭等に限られないことが認められた（同3項・5項）。

25） 近時，特許法条約（Patent Law Treaty）にも加入した（平成28年6月11日発効）。

26） 単純取引型・代理店型・現地合弁型・独資型などがある。

27） 特許庁は，平成28年度より海外知財訴訟費用保険を創設しており，注目される。

28） なお，令和3年改正により，新型コロナウイルスの感染拡大に対応したデジタル化等の手続の整備等がなされている。

References

小野昌延=三山俊司『新・商標法概説（第3版）』青林書院（2021年）=小野=三山・新商標，小野昌延（編著）『新・註解不正競争防止法（第3版）上巻』青林書院（2012年）=小野・註解，第二東京弁護士会知的財産権法研究会『「ブランド」と「法」』商事法務（2010年）=ブランド，田村善之『知的財産権法（第5版）』有斐閣（2010年）=田村・知財，中山信弘『特許法（第4版）』弘文堂（2019年）=中山・特許，半田正夫=松田政行『著作権法コンメンタール1』勁草書房（2009年）=半田=松田，半田正夫『著作権法概説（第16版）』法学書院（2015年）=半田・著作，福原・総論，福原紀彦（編著）『企業法務戦略』中央経済社（2007年）=福原・戦略。

Column ⑭　特許権侵害の警告書に対する対応と反論

あなたの会社が開発した新製品に関し，他社から同他社が保有する特許権を侵害するとの内容の警告書が郵送されてきた。これに対しては，どのように対応することが可能だろうか？

特許法その他知的財産権法を理解するには，むしろ，上記のような状況において，「どのような反論が可能だろうか」という視点からアプローチすると分かりやすい。

まず，先方が「特許権侵害」と主張していることに関して，①そもそも，当該特許権は無効とされる事由がある，と反論することが考えられる。すなわち，特許自体が新規性や進歩性等の実体的要件を欠くなどして無効なのだから，そもそも当社製品による侵害・非侵害を判断するまでもなく，特許権自体が存在しない，従って，誰がどのように当該製品を実施しようと関係ない，と反論するのである。具体的には，当該特許は誤って登録されたのだから特許庁に無効審判を申し立てる，と反論することになる。

次に，（仮に，当該特許に上記①の無効とされる事由がなかったとしても，）②特許権侵害と言われている当社製品は，当該特許権の権利範囲に属さないのだから，侵害にはならない，と反論することが考えられる。要するに，当社は貴社特許とは異なる技術を実施しているに過ぎないのだから，特許権を侵害していることにはならない，と反論するのである。具体的には，当該特許権の請求項を各構成要件に分節し，対象物件は当該構成要件の全部又は一部を満たさない別の物件であるから，特許権「侵害」には当たらないと主張する。

さらには，（仮に，上記①のとおり特許権が有効に存在し，上記②のとおり当社製品が特許権侵害と認定されるとしても，）③特許権者に損害は発生していない，発生していても貴社が主張するほど大きな損害にならない，と反論することが考えられる。例えば，特許製品と同じ製品を販売しても，それは当社の広告宣伝活動による営業努力の成果に過ぎないのであって，特許技術がマーケットで魅力的であるから売れたのではない，だから特許権者である貴社には損害が発生していない，と反論するのである。

以上のとおり，特許権侵害の警告書が届いた場合にも慌てるのではなく，特許の有効性（上記①），侵害・非侵害（上記②），損害の有無・程度（上記③），の各段階において反論が可能であることを，覚えておこう。

（小川 晶露）

第 15 章

企業再編と M&A

Essence

- □ 1. 買収，企業再編・企業結合・組織再編とはなにか。
- □ 2. 会社法上の組織再編行為の特徴と法的規律はどのようなものか。
- □ 3. 組織再編における反対株主等の株式買取請求権制度とはなにか。株式買取請求における「公正な価格」とは，どのように判断されるか。
- □ 4. 事業譲渡の特徴，事業譲渡と合併・会社分割の相違はどのような点にあるか。
- □ 5. 企業買収の方法にはどのようなものがあるか。
- □ 6. 企業買収の局面で買収対象会社の取締役はどのような義務と責任を負うか。

Introduction

企業再編とは，M&A を含む企業の組織の再編成全般を指す。「M&A」は法律用語ではないが，合併（Mergers）や株式取得等による買収（Acquisitions）を意味する。会社法上の組織再編行為は会社法第 5 編に定められており，別個の法人格を有する 2 つ以上の会社が契約により合体する「合併」や会社の事業の全部または一部を分割して他の会社に移転する「会社分割」，買収対象会社の株式を 100％取得して完全親子関係を創出する「株式交換・株式移転」，令和元年改正で創設された「株式交付」がある。「株式交付」は，完全子会社化を予定していない場合に，自社の株式を対価として他の会社を子会社化する制度である。また，株式公開買付けや市場取引により会社を支配できるだけの株式を取得する買収方法もある。組織再編や M&A を行う経済的意義は，事業の統合等によって生み出されるシナジー（相乗効果）による企業価値の増分の獲得等にある（シナジーについては，森・濱田松本法律事務所（編）『M&A 法体系』有斐閣（2017 年）13 頁，田中（亘）・会社法 624 頁）。

組織再編・M&A では，新旧株主間での不当な利益移転や経済合理性の観点から非効率な再編・買収方法が選択されることがある。経営者・取締役の私的利益の追求等により株主が不当な扱いを受ける可能性があれば，投資家は投資を躊躇し，会社は，成長や投資の源泉となる資金を資本市場から調達することが困難となる。平成 26 年改正会社法では，コーポレート・ガバナンスの強化や組織再編・M&A に係る規律の整備が行われた。2021 年 6 月「コーポレートガバナンス・コード」が改訂され，2022 年 4 月には東京証券取引所の市場区分が再編される。上場企業には，より高い水準のガバナンスやサステナビリティ（持続可能性）への対応が求められる。親子上場の解消や事業再編，環境規制の強化による次世代の環境技術開発に向けた資本提携，上場基準の厳格化に伴う非上場化を目的とした株式公開買付けなど，企業は成長戦略実現のために M&A を有効に活用している。もっとも，M&A 取引の主体は大企業だけではない。M&A やマネジメント・バイアウト（MBO）は，中小企業の事業承継や新規株式公開（IPO）以外のスタートアップ企業の出口戦略としても活用される。企業は，戦略に応じて適切な M&A のスキームを選択する必要がある。

1. 組織再編手続の概要

会社法上の組織再編行為は，既存の会社間で行われる「吸収型組織再編（吸収合併・吸収分割・株式交換）」と新会社を設立して行う「新設型組織再編（新設合併・新設分割・株式移転）」に分けられる（田中（亘）・会社法 646 頁）。迅速かつ機動的な組織再編の実現と株主・会社債権者の利益保護の観点から，会社法は，組織再編手続について詳細に規定している。組織再編手続の流れは，①組織再編契約の締結，②株主，債権者及び新株予約権者への通知・公告（事前開示），③株主総会における承認決議，④債権者異議手続，⑤反対株主の株式買取請求手続，⑥効力発生（吸収型再編では予め定められた効力発生日，新設型再編では登記日），⑦組織再編に関する書面等の備置及び閲覧等（事後開示）である（森本・後掲コンメ 14～17 頁）。組織再編行為では，会社法の定める手続に従うことにより，法律上当然に，権利義務が他の会社に一括して承継される（包括承継）（黒沼・会社法 313 頁）。これに対して，「事業譲渡」（会 467 条 1 項 1 号・2 号）は，会社の事業を他の会社に譲渡する方法であるが，買収者と買収対象会社（以下，「対象会社」という）の間の契約により行われる取引行為であり，事業を構成する財産について契約の相手方の同意など，個別の移転行為を要する。

2. 合　併

(1) 合併の種類と合併自由の原則

合併とは，2 つ以上の会社が会社法上の合併契約により法人格を合体させ，ひとつの会社（法人格）となることである。会社法上の合併とは，吸収合併（会 2 条 27 号）と新設合併（会 2 条 28 号）をいう。吸収合併では，当事会社のうちのひとつが存続し，合併により解散する他の当事会社を吸収する。新設合併では，当事会社の全部が解散すると同時に新会社（新設会社）を設立して，解散する会社の権利義務の一切を新設会社が承継する。新設会社が新たに営業の許認可を取得することや各当事会社の消滅に伴って証券取引所の上場資格が消滅するため，新設会社の株式を上場させる場合は再手続を要することなどから，実務上で新設合併が利用されることは稀である。なお，会社の種類を問わず，他の種類の会社との間でも合併は可能である（合併自由の原則）（福原・組織 283 頁）。

(2) 株主総会における合併承認決議の要件と合併の効果

合併が効力を生じるためには，合併当事会社間で合併条件を定めた合併契約を締結しなければならない（会 748 条）。合併契約は，簡易合併（合併対価の額が存続会社の純資産額の 5 分の 1 以下の場合，会 796 条 2 項）および略式合併（特別支配会社，子会社の株式の 90% 以上を保有する親会社）が存続会社となり子会社を吸収合併する場合（会 468 条 1 項・784 条 1 項）を除き，合併契約所定の効力発生日前日までに，各当事会社の株主総会の特別決議により承認されなければならない（会 783 条・784 条・795 条・796 条・804 条・805 条・309 条 3 項 2 号）。

吸収合併は，合併契約で定めた効力発生日に合併効力が生じ，法律効果として当事会社のひとつのみが存続し（存続会社），当事会社のひとつは解散して清算手続を経ることなく消滅し（消滅会社，会 475 条 1 号括弧書），消滅会社の権利義務が存続会社に一括して承継される（包括承継，会 750 条 1 項・752 条 1 項・754 条 1 項・756 条 1 項）。新設合併では，設立の登記（会 922 条）によって新設会社が成立した日（会 49 条・754 条 1 項）に効力が生じ，当事会社の全部が解散して消滅し，消滅会社の権利義務の全部が新設会社に承継される。

合併では，消滅会社の権利義務が債権者の同意なく一括して存続会社または新設会社に承継されるため，合併当事会社は，合併の効力発生日までに会社**債権者異議手続**を行わなければならない。異議を述べた債権者には，原則として，①債務の弁済，②担保提供，③弁済用財産の信託の設定をしなければならない。

（3） 合併対価の柔軟化

旧商法では，組織再編行為（合併・会社分割・株式交換・株式移転）において消滅会社等の株主に交付される対価は，原則として存続会社の株式（新株・自己株式）に限られていた。しかし，機動的な組織再編の実現の観点から，存続会社が親会社の株式を合併対価として消滅会社に交付する三角合併や消滅会社の株主に金銭を交付して会社から退出させ（締め出し），対象会社を完全子会社化するキャッシュ・アウト・マージャー（cashout merger）へのニーズが高まり，平成17年会社法改正によって対価の柔軟化が認められた。これにより，吸収合併，吸収分割，株式交換の対価の種類について「金銭等」と規定され，金銭その他の財産（存続会社の株式や社債，新株予約権，新株予約権付社債，存続会社等の親会社等の株式，その他の財産）を対価として交付することが可能となった（会749条1項2号・758条4号・768条1項2号）。なお，新設合併，新設分割，株式移転の場合には，対価の柔軟化は認められていない（会753条1項8号・763条1項8号・773条1項5号）。

（4） 対価の柔軟化と国際三角組織再編

国際的な合併とは，異なる国の法律に準拠して設立された会社間の吸収合併をいう（森本・後掲コンメ75頁）。わが国の会社法では，外国会社（会2条2

Glossary

債権者異議手続：各当事会社は，債権者に対し，①合併をする旨，②相手方当事会社（新設会社を含む）の商号と住所，③各当事会社の計算書類に関する事項として法務省令で定める事項（会施規188条・199条・208条），④異議のある債権者は一定の期間（1か月以上の期間）内に述べることができる旨を，官報によって公告し，かつ，「知れている債権者」には各別に催告することを要する（会789条1項2項・799条1項2項・810条1項2項）（福原・組織291頁）。

【In-Out 型の三角合併】

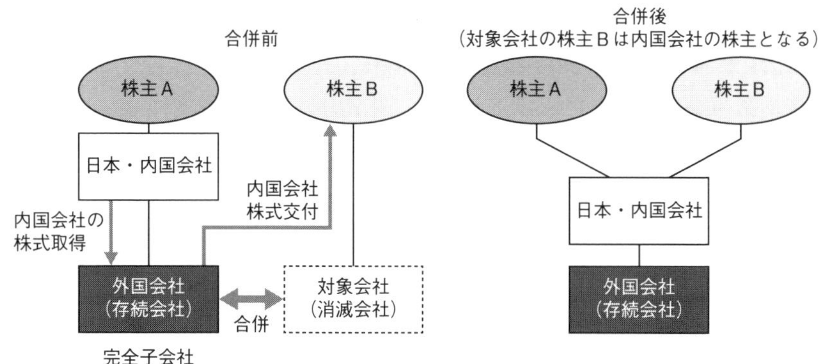

出所：森・濱田松本法律事務所・前掲 M&A 法大系 863 頁より引用・一部加筆。

号）との直接的な組織再編行為について規定がない。また，合併の当事者は「会社」に限られるが，会社法における「会社」や「他の会社」には外国法にもとづいて設立された外国会社は含まれないため，日本法にもとづいて設立された会社と外国会社の直接的な合併は認められないと解されている。その実質的理由として，効力発生時期や効果が異なる場合に，包括承継等の効果を生じさせることが困難であることなどが挙げられる（森本・後掲コンメ 91 頁，412～414 頁）。

一方，日本法にもとづき設立された株式会社と外国会社との合併につき，規定は欠缺しているが，外国会社を日本において成立する同種の法人（民 35 条 2 項）と同じ（例えば，ドイツの有限会社は日本の特例有限会社と同一とみる）と解した上で，合併が可能だと解する見解もある（江頭・株式会社法 890 頁，参照）。合併対価の柔軟化により，国際的な組織再編行為として，三角組織再編（三角合併，三角株式交換，三角会社分割）が可能となった。三角合併とは，消滅会社の株主に対して存続会社の親会社の株式を交付する方法である。日本企業による外国会社の買収では，日本の株式会社が外国に完全子会社として現地法人を設立する。日本の株式会社は親会社株式として自社の株式を完全子会社に交付し，完全子会社はその株式を対価として対象会社となる外国会社との間で三角組織再編を行う。これにより，外国会社である対象会社を買収する。三角株式交換を用いる場合は，株式の時価総額が高ければ買収資金を用意することなく機動的に組織再編を実現することができる。

3. 会社分割と事業譲渡

(1) 会社分割・事業譲渡の意義と手法

会社分割とは，ひとつの会社を2つ以上の会社に分けることをいい，株式会社又は合同会社がその事業に関して有する権利義務の全部又は一部を，分割後他の会社に承継させる会社法上の行為である。組織再編成や経営の効率化を目的として不採算部門や新規事業部門を切り離して独立の会社としたり，営業部門を切り離して他の会社の営業部門と統合する場合等に行われる。事業を構成する権利義務を既存の会社（承継会社）に承継させる場合を「吸収分割」（会2条29号・757条以下），新たに設立する会社（新設会社）に承継させる場合を「新設分割」という（会2条30号・762条以下）。会社分割は会社法上の組織再編行為であるため，事業を構成する権利義務について個別移転手続は不要であり，法律上の効果として，事業を構成する財産は包括的に承継されるが（包括承継），取引行為である事業譲渡により生じる法律上の効果は，個々の権利義務の移転を要する特定承継である。法人格を承継する合併とは異なり，会社分割，事業譲渡の場合は，分割会社の法人格はそのまま存続する。

会社分割は平成12年商法改正で導入・整備された。改正前は，事業譲渡や現物出資，財産引受け，事後設立などを利用して会社分割に類似の効果を達成することは可能であったが，事業譲渡では，事業を構成する財産について個別に移転手続や債務の移転に債権者の承諾が必要となる。また，現物出資規制に服する場合は検査役の調査を要するとの問題があった。平成12年改正は，会社分割制度を創設し，事業に含まれる権利義務について個別の移転手続を不要とし，債務の移転も原則として債権者の承諾や検査役の調査を不要とした（神田・会社法397頁，森本・後掲コンメ246～248頁）。

(2) 株主総会における承認決議の要件と効果

吸収分割については吸収分割契約を締結し（会757条），新設分割については新設分割計画を作成しなければならない（会762条)。その後，会社分割の効力発生日の前日までに，各当事会社において株主総会特別決議により，分割契約又は分割計画の承認を要する（吸収分割の分割会社につき会783条，承継会社につき会795条，新設分割の分割会社につき，会804条)。

事業譲渡については，株式会社が「事業の全部」又は「事業の重要な一部」の譲渡をするには，事業譲渡契約が効力を生じる日の前日までに，株主総会の特別決議による承認を要する（会467条1項・309条2項11号)。なお，株主総会の特別決議を要する事業譲渡とは，「単なる事業用財産の譲渡ではなく，①一定の事業目的のために組織化され，有機的一体として機能する財産（得意先，暖簾，秘伝などの経済的価値のある事実関係を含む）の全部又は重要な一部を譲渡し，②これによって譲渡会社がその財産によって営んでいた事業活動の全部又は重要な一部を譲受人に受け継がせ（必ず事業活動の承継を伴うものであり)，③譲渡会社がその譲渡の限度に応じ法律上当然に会社法21条に定める競業避止義務を負う結果を伴うもの」と解されている（最大判昭40・9・22・民集19・6・1600)。

4. 株式交換・株式移転と株式交付

(1) 株式交換・株式移転の手法と意義

株式交換・株式移転とは，当事会社の間に100％完全親子会社関係を生じさせるものであり，この制度は平成11年商法改正で創設された。完全親子会社関係の創設に伴って，既存の株式会社の株主が他の株式会社（又は合同会社）の株主（又は社員）となるという効果だけが発生し，株式交換完全子会社の債権者の権利関係に変動は生じない。株式交換では，株式交換契約（会767条・768条）を締結し，株式会社（株式交換完全子会社）がその発行済株式の全部を他の株式会社（又は合同会社）（株式交換完全親会社）に取得させる（会2条31号)。株式移転では，1又は2以上の株式会社が発行済株式の全部を新たに設立する株式会社に移転させる（会2条32号)。

(2) 株式交付制度の創設

令和元年改正において，株式を対価とする買収を円滑に行うことを目的として，株式交付制度が新設された。株式交付とは，株式会社（「株式交付親会社」と呼ばれる）が他の株式会社（「株式交付子会社」と呼ばれる）を子会社（法務省令〔会施規4条の2〕で定めるものに限り，会社法上の株式会社に限り，外国会社は含まない）とするために，株式交付子会社から株式を譲り受け，当該株式の譲渡人に対して当該株式の対価として株式交付親会社の株式を交付することをいう（会2条32号の2）。株式交付では，株式交付親会社が株式交付子会社の株主との合意にもとづき株式を譲り受けるのであり，株式交付親会社と株式交付子会社の間に契約は締結されない（江頭・株式会社法989頁，福原・組織〔追補〕24～25頁）。したがって，組織再編行為ではないが，株式交付親会社に株式交換の場合と同様の手続規制（株式交付計画の作成，株主総会の特別決議による承認等）を課すこと，親子会社関係がなかった会社間に親子会社関係を創出する点で，組織法上の行為と同様の性質を有する部分的ないし片面的な組織再編行為である（神田・会社法415頁，田中（亘）・会社法657～659頁，黒沼・会社法334～335頁）。

法人格を維持したまま，買収者の株式を対価とする買収方法として株式交換があるが，株式交換では，買収会社は対象会社の発行済株式のすべてを取得しなければならないため（会2条31号，参照），対象会社を完全子会社とすることを予定していない場合は株式交換によることはできない。令和元年改正前は，株式交換以外の方法で買収者の株式を対価とする買収を行う場合は，対象会社の株式を現物出資財産として会社法199条1項の募集をしなければならず，検査役の調査（会207条）を要し，財産価額塡補責任（会212条1項2号・213条）が生じる可能性があった（江頭・株式会社法989頁，田中（亘）・会社法658～659頁）。株式交付では，現物出資財産に係る検査役や募集株式の引受人・取締役等の財産価額塡補責任に相当する規定は適用されない。

5. 反対株主の株式買取請求権と「公正な価格」

合併や会社分割など，株主の利益に重大な影響を及ぼす会社の基礎的変更が行われる場合，その決定は資本多数決に委ねられる。組織再編が株主総会の多数決によって承認された場合，組織再編に反対する株主に会社からの退出と投下資本回収の機会を認め，所有する株式を公正な価格で買い取ることを会社に請求できる権利，すなわち「反対株主の株式買取請求権」が認められている（事業の全部又は重要な一部の譲渡の承認決議〔会469条～470条〕，一定の定款変更決議〔会116条・117条〕，一定の端数を生じる株式併合の決議〔会182条の4・182条の5〕，組織再編〔合併，会社分割，株式交換・株式移転〕の承認決議等〔会785条・786条・797条・798条・806条・807条〕）。株式買取請求権が認められるのは，組織再編のための株主総会に先立って組織再編に反対する旨を通知し，株主総会で反対の議決権行使をした株主である（会785条2項1号イ・797条2項1号イ・806条2項1号）（高橋（美）他・会社法492頁）。かつてアメリカの州会社法では，合併の承認に当事会社の株主全員の承認を要すると規定していた。しかし，それでは合併を行うことが難しく，各州の会社法は，合併に反対する株主に株式買取請求権を与えることで，株主総会の多数決で合併ができるようにした。これらの規定は，支配株主に一種の私的な土地収用権を与えるようなものであるから，少数株主には正当な補償が必要となる（神田・会社法376頁）。

反対株主の株式買取請求権における買取価格については，平成17年会社法により「決議ナカリセバソノ有スベキ公正ナル価格」（組織再編を承認する株主総会がなかったならば，有していたであろう公正な価格＝組織再編前の公正な価格）から，単なる「公正な価格」という表現に改正された（会785条1項等）。これは，買取価格について，企業価値の客観的な測定でなく，組織再編等がシナジー（相乗効果）による企業価値の増加を生み出すときには，あるべき組織再編対価を算定してシナジーを分配した対価（シナジーの公正な分配価格＝「シナジー反映価格」「公正分配価格」）を算定し，退出する株主にシナジーを適切に分配することで，退出株主の利益を一定の範囲で保障しようとするものである（福原・組織288～289頁，神田・会社法388～389頁）。なお，組織再編等により企業価値の増加を生じない場合（毀損された場合等）は，承認決議がなかったであれば有していたであろう公正な価格＝「ナカリセバ価格」（平成17年改正前商法の法文表記）でよい（江頭・株式会社法910～911頁，最決平23・4・19民集65・3・1311会百選86）。裁判所が公正な価格を決定するにあたり，組織再編の当事者が独立当事者関係にある場合は，特段の事情がない限り，当事者が定めた条件を公正なものとして価格を決定してよい。しかし，利害関係のある当事者間の取引で公正性担保措置が機能しておらず，公正な手続を経て行われたと認められない場合は，裁判所は合理的な裁量により公正な価格を決定する。（福原・組織 289 頁，田中（亘）・会社法 673〜679 頁，東京高決平 20・9・12 金判 1301・28 会百選 89）。

わが国の会社法が模範とする**アメリカのデラウエア州会社法**では，合併対価の公正性に不満を持つ株主が採り得る手段として，①制定法上の株式買取請求権（DGCL262 条（a）ただし，合併対価が上場株式である場合には，株式買取請求権は認められない），②衡平法上の取締役・支配株主の信認義務（Fiduciary Duty）違反にもとづく合併差止めや取消，損害賠償請求がある。わが国では，判例法理上，少数株主に対する支配株主の信認義務は認められていないが，株式買取請求権の趣旨は，反対株主が有する企業価値の持分割合相当分（退出価値）に加えて，損害が認定できる場合には，多数株主の忠実義務違反にもとづく損害ないし不利益の塡補を認めるものと表現できるとする見解がある（神田・会社法 388 頁）。また，株式買取請求権にアメリカにおける衡平法上の救済と同様の機能を託したとの見解もある（藤田友敬「新会社法における株式買取請求権制度」『江頭憲治郎先生・還暦記念 企業法の理論 上巻』商事法務〔2007 年〕297 頁）。

6. キャッシュ・アウト（少数株主の締め出し）

（1） キャッシュ・アウト（少数株主の締め出し）の意義と手法

少数株主の意思にかかわらず，少数株主全員に対価を交付して保有する株式全部を取得し，少数株主を締め出すことを「スクイーズ・アウト（squeeze out）」といい，対価として金銭を交付する場合は「キャッシュ・アウト（cash

Glossary

アメリカのデラウエア州会社法：アメリカの証券取引所の上場会社の約 7 割，フォーチュン 500 社の約 6 割がデラウエア州を設立地として選んでいる。その理由として，同州の会社法上，取締役会に与えられる裁量が広いこと，同州裁判所の裁判官には会社法の専門知識をもつ高名な人物が任命されること，会社に関する訴訟について膨大な判例法の蓄積があり，裁判の予測可能性や迅速な判断が担保されていることなどが挙げられる（ミルハウプト・米国会社法 13〜15 頁）。

【キャッシュ・アウトの手法と少数株主の救済方法】

		株主総会決議・不要		株主総会決議・必要		
	手法	金銭を対価とする略式組織再編	株式等売渡請求	金銭を対価とする組織再編	全部取得条項付種類株式の取得	株式の併合
少数株主の救済方法	対象会社の意思決定手続	取締役会決議	取締役会決議	株主総会 特別決議	株主総会 特別決議	株主総会 特別決議
	持株要件	議決権の90%	議決権の90%	なし	なし	なし
	差止請求	株主 ・法令定款違反 ・対価が著しく不当	売渡株主 売渡新株予約権者 ・法令定款違反 ・対価が著しく不当 ・上記の場合，売渡株主が不利益を受けるおそれがあるとき	株主 ・法令定款違反 ・株主が不利益を受けるおそれがあるとき	株主 ・全部取得条項付種類株式の取得が法令定款に違反する場合 ・法令定款違反に取締役の善管注意義務違反は含まれないので，対価の不公正は含まれない。	株主 ・法令定款違反
	株式買取請求 価格決定申立	買収者以外の全株主 ・株式買取請求権	売渡株主 売渡新株予約権者 ・売渡株式等の価格決定申立	反対株主 ・株式買取請求権	定款変更に反対する株主 ・株式買取請求権 全部取得条項株式の取得に反対する株主 ・価格決定申立	株式併合に反対する株主 ・株式買取請求権

出所：森・濱田松本法律事務所・前掲M&A法大系495～496頁より引用・一部加筆。

out)」と呼ばれる（福原・組織313頁）。少数株主の締め出しは平成17年制定会社法による対価の柔軟化により容易になった。少数株主を締め出すメリットは，完全子会社化することにより，有価証券報告書の提出等，株主管理コストが削減できること，株主総会手続が省略でき，株主が一人であれば書面による株主総会決議制度（会319条）により迅速な意思決定が可能となること，少数株主から代表訴訟等により経営責任を追及されるリスクがなくなり長期的視野に立つ経営や親会社と子会社で統一的な経営が可能になることが挙げられる（坂本・後掲一問一答251頁）。

キャッシュ・アウトの手法には，対象会社の株主総会特別決議の承認を得て行うものとして，①金銭を対価とする組織再編（株式交換・三角合併）（会749条1項2号・768条1項2号），②全部取得条項付種類株式の取得による方法（会171条），③株式併合による方法がある（会180条）。株主総会の特別決議によらないものとして，④金銭を対価とする略式株式交換（会 784 条 1 項），⑤特別支配株主の株式等売渡請求による方法（会 179 条 1 項）がある（田中（亘）・会社法 636～641 頁）。手続に法令定款違反があり，株主が不利益を受けるおそれがあれば，締め出しを差し止めることができ（会 171 条の 3・182 条の 3・179 条の 7），対価に不満を持つ反対株主は株式買取請求（株式併合・合併・株式交換の場合），裁判所に対する価格決定の申立て（全部取得条項付種類株式による場合）が認められる（高橋（美）他・会社法 476 頁，三浦・会社法 330 頁）。

（2） MBO（マネジメント・バイアウト）と少数株主の保護

近年，M&A の一類型として MBO（マネジメント・バイアウト）と呼ばれる取引によって，公開買付け等の方法で上場会社の全株式を取得して非上場化する（ゴーイング・プライベート）取引が見られる。投資ファンドが設立した SPC（特別目的会社）に対象会社の経営陣が出資し，SPC が対象会社の株式につき公開買付けを実施して支配権を取得できる株式を保有するに至った後，金銭を対価とする略式合併や略式株式交換（会 784 条 1 項），全部取得条項付種類株式の取得等によって残存株主を締め出す二段階買収の手法が見られる。金銭を対価とする合併や株式交換は原則として課税されることから，平成 26 年会社法改正前は主に全部取得条項付種類株式の取得による方法が用いられてきた（神田・会社法 131 頁，田中（亘）・会社法 649～650 頁）。

全部取得条項付種類株式によるスキームでは，公開買付けにより対象会社の支配権を取得後，残りの株式取得のため，株主総会で定款を変更して対象会社の発行済株式を全部取得条項付種類株式とし，取得対価として別種類の株式の交付を決議する。公開買付けに応募しなかった残存株主には交付比率を調整して端数の株式を割り当て，端数の合計額の売却により得られる金銭を交付して（会 234 条 1 項 2 号）会社から締め出す。平成 26 年会社法改正により，公正な対価が交付されるための株式取得価格の決定や差止請求権制度（会 171 条の 3）など，少数株主の利益を保護する制度を整備し，情報開示（会 171 条の 2，会施規 33 条の 2）や合併のシナジーの分配を取り込んだ取得対価の決定（会 785 条 1 項）の条件などを満たした上で少数株主から強制的に株式を取得することを認める（反対株主の株式買取請求権：会 116 条 1 項 2 号・785 条・797 条，裁判所への価格決定の申立て：会172条・786条・798条)。

キャッシュ・アウトにおける株主保護手続が整備されたことにより，平成26年会社法改正後の実務では，第一段階の公開買付けで90％以上を取得できた場合は特別支配株主の株式売渡請求（会179条)，90％以上を取得できなかった場合は，端数株を生じる株式併合（会180条）が用いられる（福原・組織313～315頁)。

キャッシュ・アウトを行うことにより経営上，一定のメリットが生じるが，少数株主は資本多数決によって財産権であるはずの株式を強制的に取り上げられ，対象会社への投資や組織再編後の会社が生み出す利益を享受する機会を強制的に奪われる。MBOでは，企業価値の向上を通じて株主の利益を代表すべき取締役が，自ら買付者となって株主から対象会社の株式を取得するため，株主と取締役の間に利益相反構造が生じることや買付側の取締役と売却側の株主では情報が対称ではないため，経営者が業績予想を操作するなど，株価を下げて買付価格を低く設定し不当に利益を享受するなど不合理な取引が行われることへの懸念がある。また，公開買付けと略式合併を組み合わせた少数株主の締め出しでは，上場廃止や略式合併の対価が予め低く設定されている場合など，公開買付けが成功した場合に，公開買付けに応じなかった残存株主が不利な立場に置かれることが予定される場合，株主は，半ば強制的に買付に応じざるを得ないという強圧性の問題もある。

こうした状況を受けて，経済産業省は「企業価値の向上及び公正な手続確保のための経営者による企業買収（MBO）に関する指針」(2007年9月4日公表）を公表した。本指針策定後の実務の蓄積やM&Aを巡る法制度や上場ルールの改正・整備，判例法理の発展，株式保有構造の変化をはじめとする上場企業を取り巻く社会経済情勢の変化等を踏まえ，2019年6月28日，経済産業省は本指針を改訂し，「公正なM&Aの在り方に関する指針―企業価値の向上と株主利益の確保に向けて―」を公表した（経済産業省・後掲公正なM&A指針解説参照)。

(3)　特別支配株主の株式等売渡請求制度

平成26年会社法により創設された特別支配株主の株式等売渡請求制度では，

総株主の議決権の90％以上を有する株主（特別支配株主）は，対象会社の他の株主全員（売渡株主）に対し，その保有する株式全部（売渡株式）を売り渡すことを請求できる（会179条1項）。ただし，特別支配株主が株式売渡請求をするときは，取締役会の承認を要する（対象会社が取締役会設置会社の場合，会179条の3第1項・3項）。株式等売渡請求による株式等の取得は，特別支配株主と売渡株主との間の売買取引であり，対象会社は取引の当事者ではないが，株主等の利益に配慮すべき立場にある対象会社の取締役が株式等売渡請求を認めるかどうかを判断する。（坂本・後掲一問一答250～271頁，黒沼・会社法367～368頁）。

7. 企業買収

（1） 企業買収の意義と手法

買収の方法として，組織再編行為によらず，株式公開買付けや市場取引によって対象会社の**経営支配権**を取得できるだけの株式を取得する方法がある。株式取得方法には，対象会社の株式が公開されていれば，①取引所の金融商品市場を通じて対象会社の株主から株式を取得する方法，②市場外で株主から株式を取得する方法がある。

①の場合，時間やコストの面から取得できる株式数に限界があるため，通常，「公開買付け（TOB＝takeover bid/tender-offer bid）」により株式の取得が行われる。公開買付けとは，不特定かつ多数の者に対し，公告（公開買付開始公告）により株券等の買付等の申込みまたは売付け等の申込みの勧誘を行い，取引所金融商品市場外で株券等の買付け等を行うものである（金商27条の2第6項参照）。すなわち，広く市場外で株主全員に対して株式を一定価格で買い付けることを申し込む方法である（田中（亘）・会社法629～630頁）。

Glossary

経営支配権：会社経営上の重要事項は，株主総会における株主の議決権行使により決定される。公開会社（取締役会設置会社）の業務に関する事項は，取締役会が決定し（会362条2項1号・4項），業務執行は，原則として代表取締役により行われる（会363条1項）。取締役を選任・解任できるだけの株式（総株主の議決権の過半数，会341条）を取得できれば，取締役の選任・解任を株主総会で承認することができ，取締役会を支配できる。

②の場合，公開会社であれば，取締役会決議により特定の第三者に対する募集株式の発行等（第三者割当て）を行う方法で買収者が対象会社の株式を取得する方法がある。この方法では，有利発行規制や授権株式数による規制はあるが，対象会社の取締役会決議のみで株式の発行等が可能であり，迅速に買収手続を進めることができる。

（2）　支配株主権の異動を伴う募集株式の発行等

既存株主以外に募集株式の発行等（新株の発行と保有する自己株式の処分〔譲渡〕が含まれる）が行われ発行済株式総数が増加すれば，既存株主の議決権比率（総議決権に対する保有議決権の割合）が低下する。また，1 株の理論価値は，会社の純資産（募集株式の発行等を実施する前の時価総額と株式発行による調達資金額〔発行額×発行株式数〕の合計額）を発行済株式数で割って算出される。時価よりも低い発行価額で株式が発行されると，発行株式数と比べて調達資金額が増加していないため，1 株の株式価値は低下し，経済的価値の希釈化が生じる。募集株式の発行等は資金調達手段であると同時に既存株主の支配的利益（持株比率の維持に関する利益）と経済的利益に影響を与える。しかし，資金調達の機動性確保の点から，授権資本の範囲内（定款所定の発行可能株式総数，会 37 条 1 項・2 項）であれば，有利発行（払込金額が引受人に「特に有利な金額」である場合）に該当する場合を除き，新株や新株予約権の発行は取締役会決議で可能である（会 199 条・201 条 1 項・199 条 3 項・238 条・240 条等）。割当先の決定や発行方法等も取締役会に裁量が認められている（割当自由の原則，会 204 条 2 項・205 条 2 項）。

平成 26 年会社法改正前は，大規模な第三者割当ては会社支配権に重大な影響を及ぼし，合併や事業譲渡と同様の経済上の効果をもたらすにもかかわらず，株主は判断に関与できず，既存株主（反対株主）が会社から離脱し投下資本を回収するための株式買取請求権や債権者保護のための規定もなかった。平成 26 年会社法改正により，公開会社における会社支配権の異動（総株主の議決権の 50%超）を伴う第三者割当増資を行う場合，総株主の 10%以上の議決権を有する株主による反対通知があった場合には原則として，株主総会決議（普通決議）を要することとされた（会 206 条の 2）（例外的に，当該公開会社の財産の状況が著しく悪化している場合において，当該公開会社の事業の継続のために緊急の必要があるときは株主総会は不要である。会206条の2第4項但書)。公開会社の募集新株予約権についても同様の規定が設けられている（会244条の2)。また，上場規則により，議決権総数の25%以上となる議決権が取得される第三者割当てについては，経営者から一定程度独立した者（社外取締役，社外監査役または第三者委員会等）による意見の入手，または，株主総会決議による株主の意思確認を行うことが要求される（東証・有価証券上場規程432条）（江頭・株式会社法790頁，田中（亘）・会社法635頁)。

8. 敵対的買収

(1) 買収防衛策と主要目的ルール

企業買収には，買収者と対象会社の経営陣による交渉により行われる合併等の友好的買収と対象会社の経営陣に接触することなく公開買付けを仕掛けて株式を取得した後，委任状争奪戦により現経営陣を交代させるといった敵対的買収がある。わが国では，敵対的買収に直面した対象会社の経営陣が友好的な第三者を割当先として新株や新株予約権を発行し，買収者の支配比率を低下させる**買収防衛策**が広く用いられてきた。

会社法は原則として，取締役会に新株や新株予約権の発行権限を認めるが，支配権をめぐる争いがある状況では，現経営者は自己の地位を失う可能性があり構造的な利益相反関係が認められる。募集株式の発行等に係る取締役会の判断が権限濫用に該当するか，企業価値を向上させる合理的な事業計画の遂行に必要な資金調達のための判断であるかは，不公正発行の差止請求（会210条2号・247条2号）によって裁判所の判断に委ねるのが規制の仕組みである。会社法は，株主による差止請求の対象として，募集株式の発行等が，①法令又は

Glossary

ポイズン・ピル（毒薬条項）：アメリカで用いられてきた**買収防衛策**であり，ライツ・プランとも呼ばれる。敵対的買収者が対象会社の株式を一定数以上取得した場合に市場価格よりも有利な条件で対象会社の株式を引き受ける権利（ライツ）を買収者を除くすべての株主に付与しておく。ライツが行使されると発行済株式総数が増加し，買収者の議決権比率や経済的利益が希釈することで買収防衛策として機能する（武井他・後掲企業買収防衛戦略53～57頁，参照)。

定款に違反する場合（会210条1号），②著しく不公正な方法により行われる場合（同条2号）を規定している。（①は，公開会社において，募集株式を引き受ける者に特に有利な払込金額〔有利発行〕によるにもかかわらず，株主総会の特別決議を経ずに取締役会のみで決定した場合，定款所定の発行可能株式総数を超過する発行などである。②は，不当な目的を達成する手段として募集株式の発行等が利用された場合をいう。会社支配権をめぐる争いがあるときに，取締役が議決権の過半数を維持・争奪する目的または反対派の少数株主を排斥する目的のため募集株式の発行等を行う場合などである〔江頭・株式会社法799～801頁〕)。

裁判所は，敵対的買収防衛策として用いられた新株予約権や新株発行の差止仮処分（会210条・247条）における不公正発行（会210条2号）の判断枠組みとして，判例上で形成された「主要目的ルール」を採用し，資金調達目的を公正，支配権維持目的を不公正として是非を判断してきた。支配権維持目的を推認させる各種の事実と資金調達等の正当な目的により新株が発行されることを推認させる各種の事実を総合的に考慮して，どちらが主要な目的であるかを判断する。しかし，主要目的ルールは，仕手筋やグリーンメイラーの買占めの対象となった企業が対抗措置として行った第三者割当増資を容認する結論を正当化するために用いられたとの見解もある。買収者が事業戦略として真に支配権取得を目指す者である場合等，取締役が私的利益の追求ではなく，会社の正当な利益のため支配権維持目的の新株発行を行う場合もある。よって，支配権移転の是非を判断する枠組みとしてはうまく機能しない可能性が指摘されてきた（武井他・後掲企業買収防衛戦略263頁)。

（2）　買収防衛策をめぐる裁判例

近年，著しく不公正な方法による新株（新株予約権）発行か否かを判断するにあたって採用されてきた「主要目的ルール」の運用に変化がみられ，「会社・株主共同の利益の毀損防止という目的の正当性（必要性)」と「手段としての相当性」の基準にもとづいて適法性を判断する枠組みが形成されている。経営支配権をめぐる争いが生じている局面での新株予約権の発行が不公正発行に該当するか否かが争われた近年の裁判例（ニッポン放送新株予約権発行差止保全抗告事件高裁決定，平成17年（ラ）第429号，会百選99）では，主要目的ルールの枠組みを採用し，支配権の維持を主要な目的とする場合は，原則として不公正発行であるとしながら，株主全体の利益保護の点から当該新株発行を正当化する特段の事情を疎明した場合は，対抗手段としての必要性や相当性が認められる限り，例外的に許容されると判示している（支配権維持・確保目的の新株発行等が例外的に適法となる「特段の事情」の具体例として4類型を示している。買収者が，①ただ株価をつり上げて株式を高値で会社関係者に買い取らせる目的（グリーンメイラー），②対象会社の知的財産権やノウハウ等を買収者に移譲する目的，③対象会社の資産を買収者の債務の担保や弁済原資として流用する目的，④会社経営を一時的に支配して事業に当面関係していない高額資産等を売却等処分させ，売却資金により一時的に高配当させる目的である〔田中（亘）・会社法720頁〕）。他の著名な裁判例（ブルドックソース株主総会決議禁止等仮処分命令申立却下決定に対する抗告事件最高裁決定，最決平19・8・7民集61・5・2215会百選100）は，株主総会の承認を得て発動された買収防衛策の適法性を争った事案である。最高裁は，差別的な内容の新株予約権の無償割当てに対しても株主平等原則（会109条1項）の趣旨が及ぶとしながら，「特定の株主による経営支配権の取得に伴い，…会社の企業価値が毀損され，会社の利益ひいては株主の共同の利益が害されることになるような場合には，その防止のために当該株主を差別的に取り扱ったとしても，当該取扱いが衡平の理念に反し，相当性を欠くものでない限り，これを直ちに同原則の趣旨に反するものということはできない」と判示している。

9. M&A と取締役の義務

（1） 取締役の善管注意義務・忠実義務

わが国の判例および通説は，善管注意義務と忠実義務（会330条・355条，民644条）は同内容の義務であることを前提として（最判昭45・6・24民集24・6・625），取締役は，委任契約上の義務としてこれらの義務を会社に対して負うと解する。しかし，近年，キャッシュ・アウトによる少数株主の締め出しにおいて，対象会社の取締役は「株主の共同利益に配慮する義務」，すなわち「総株主」の利益を超えて，個別の株主の利益に配慮する義務まで負うか，また，株式等売渡請求制度における承認決定の際に，対象会社の取締役は，売渡株主の利益に配慮して適正な対価を確保する義務を負い，この義務には価格交渉義務まで含まれるかといった問題が議論されている。すなわち，対象会社の取締役は善管注意義務・忠実義務の一環として，会社の売却に際して合理的に獲得し得る最善の価格を引き出すよう行動する義務，いわゆる「レブロン義務」を負うかという問題である。株式等売渡請求制度における承認決定については，取締役は，会社の利益ではなく10%未満の少数株主の利益を図る義務を負うと解されている。売渡条件が適正かどうかを判断する義務を負い，売渡条件が適正でないにもかかわらず承認し，売渡株主に損害を与えた場合には，善管注意義務違反（会330条，民644条）を理由として，売渡株主等に対する損害賠償責任（会429条1項）を負うことになり得ると解されている（坂本・後掲一問一答271頁，黒沼・会社法368頁）。

（2） アメリカの判例

レブロン基準（義務）とは，米国のデラウエア州の判例法理を通じて形成された審査基準であり，会社の売却または会社の支配権に異動が生じることが確実になった場合，取締役はM&A交渉において，株主にとって合理的に獲得し得る最善の価格を実現するために十分な情報を得た上で，合理的な努力を行わなければならないとする義務である（白井正和「レックス・ホールディングス損害賠償請求事件東京高裁判決の検討〔東京高裁第1民事部2013.4.17判決〕ビジネス法務13（11）〔2013年〕，田中亘・他「座談会レックスHD事件高裁判決の意義と実務への影響（上）」ビジネス法務13（12）〔2013年〕，レブロン義務については，白井・後掲友好的買収236～345頁，参照）。レブロン義務の下では，必ずしも短期的な株主価値最大化義務を課されるわけではないが，取締役は株主の利益を犠牲にして，株主以外のステークホルダーの利益を保護することはできない。付随的に株主の利益を生じさせる場合にのみ，株主以外のステークホルダーの利益を考慮することができる。裁判所は，株主にとって合理的に獲得し得る最善の価格を実現するという義務の範囲で手続の適切性と行為当時の状況に照らして取締役の経営判断が合理的であったかを審査する。

（3） 日本の判例

わが国で MBO における取締役の善管注意義務について判断した初めての高裁判決であるレックス・ホールディングス損害賠償請求事件控訴審判決は，MBO により株主の地位を失った者が，MBO により保有する株式を低廉な価格で手放すことを余儀なくされ，適正な価格との差額に係る損害を被ったと主張して，取締役等に対して会社法 429 条 1 項等にもとづき損害賠償責任を追及した事案である。本判決は，取締役の善管注意義務は，会社の営利社団法人としての本質から，会社の構成員である「総株主」の**利益の最大化**を図る義務を意味すると解する現在の通説的見解を採用したものだと評価されている（弥永・後掲ジュリ，参照）。取締役が会社に対して負っている善管注意義務の内容には株主の共同利益を図ることも含まれるとした上で，MBO における株主の共同の利益は公正な買収価格を受け取ることであると明示し，取締役は，会社に対する善管注意義務の一環として，公正な企業価値の移転を図らなければならない義務（公正価値移転義務）を負うことを明らかにした（東京高判平 25・4・17 判時 2190・96 会百選 54）。本判決は，MBO における新旧株主間の不当な富の移転が取締役の善管注意義務違反となることを明らかにしたとされる（白井・前掲ビジネス法務）。なお，公正な企業価値とは，MBO によって実現される価値のうち旧株主に帰属すべき価値（プレミアム）を加えたものだと考えられている（会百選 54，飯田秀総「レックス・ホールディングス損害賠償請求事件高裁判決の検討〔下〕」商事法務 2023 号〔2014 年〕，参照）。本件で控訴人が主張した「価格最大化義務」（会社の売却価格を最大限に高める注意義務）については，レブロン義務を根拠とする主張と解され，わが国で行われた本件 MBO に直ちに妥当するものではないとして排斥された。しかし，本判決は，「公正価格移転義務」に関してレブロン義務に言及していることから，公正価格移転義務に

Glossary

株主利益最大化原則：経営者が意思決定で依拠すべき指標としての「企業価値」，「株主共同の利益」を法規範上の概念とし，株主の剰余部分の最大化を図ることがひいては会社の利益につながるとする。「会社の目的は株主利益の最大化であるから，会社法 330 条及び 355 条にいう株式会社とは株主（個々の具体的な株主ではなく，グループとしての株主）を意味すると解釈でき，取締役は会社の目的実現につき善管注意義務・忠実義務を負うから，取締役は株主利益最大化原則（株主の剰余部分を最大限にすること）につき，株主に対して善管注意義務・忠実義務を負うと解することができる」（落合・要説 23 頁）とする見解である。

ついては比較法的な観点からの検討を含め，議論を深めていくべきとの指摘がある（田中他・前掲ビジネス法務，飯田・前掲商事法務）。

（神山 静香）

References

江頭・株式会社法，落合・要説，神田・会社法，黒沼・会社法，高橋（美）他・会社法，田中（亘）・会社法，福原・組織，福原・組織（追補），三浦・会社法，森本滋（編）『会社法・コンメンタール 17』商事法務（2010 年），坂本三郎（編著）『一問一答　平成 26 年改正会社法（第 2 版）』商事法務（2015 年），玉井利幸「MBO に関する取締役の責任」『会社法判例百選（第 3 版）』（2016 年），白井正和『友好的買収の場面における取締役に対する規律』商事法務（2013 年），武井一浩他『企業買収防衛戦略』商事法務（2004 年），森・濱田松本法律事務所（編）『M&A 法体系』有斐閣（2017 年），藤田友敬「新会社法における株式買取請求権制度」『江頭憲治郎先生・還暦記念 企業法の理論 上巻』商事法務（2007 年），落合誠一「企業法の目的」岩村他『岩波講座現代の法（7）企業と法』岩波書店（1998 年），カーティス・J・ミルハウプト（編）『米国会社法』有斐閣（2009 年），弥永真生「会社法判例速報　MBO と取締役等の義務（東京高判平成 25.4.17）」ジュリスト 1456 号（2013 年 7 月），経済産業省（監修）『「公正な M&A の在り方に関する指針」の解説』商事法務（2020 年）。

Column ⑮ 新しい資本主義と M&A

近年，わが国では敵対的公開買付け（Takeover-bid：TOB）に対して，対象会社の経営陣が発動する買収対抗措置に関する司法判断が相次いでいる。敵対的買収のニュースが世間の耳目を集め，「TOB」という言葉も一般に浸透しつつある。法人企業統計調査によれば，内部留保の蓄積により日本企業の自己資本比率は上昇傾向が続く。国連貿易開発会議（UNCTAD）公表の報告書によれば，日本企業による外国企業の買収（アウトバウンドの M&A）件数・取引金額は高水準で推移してきたが，新型コロナウイルスの影響で大きく減少した。蓄積した資本が海外直接投資から国内に向けられたことも敵対的 TOB が増加している要因であろう。また，企業が投資収益目的以外で保有する政策保有株式を売却し，安定株主が減少したこともあげられる。2018年 6 月に改訂された「コーポレートガバナンス・コード」では，上場会社が政策保有株式を保有する場合，政策保有に関する方針の開示が求められる。金融庁が公表した「投資家と企業による対話ガイドライン」においても，持続的な成長と中長期的な企業価値の向上に向けた機関投資家と企業の対話において，政策保有株式の適否の検証など，情報開示が重点的な議論事項とされる。外国法人等の株式保有割合が増加し，物言う株主によるアクティビズムを受け，中長期的視点に立った企業価値の向上や経済的な効率性の観点から経営に対する評価がなされるようになった。

わが国では，敵対的 TOB の局面における対象会社の取締役の善管注意義務・忠実義務について十分に議論がなされているとは言い難い。取締役は，買収提案の選択において広い裁量を有し，多様なステークホルダーの利益を含む「企業価値」を基準として意思決定を行うことができるのか，株主にとって合理的に獲得し得る最善の価格を実現するため合理的な努力を行わなければならないとする義務，いわゆる「レブロン義務」を負うのか明らかではない。

国際社会では，脱株主第一主義の流れが加速する。2019 年 8 月，米国の経営者団体ビジネスラウンドテーブルが「企業の目的に関する声明（Statement on the Purpose of a Corporation）」を公表し，すべてのステークホルダーの利益に配慮することを宣言し，株主価値最大化に代わる「企業の目的」を再定義した。2020 年の世界経済フォーラムでは，ステークホルダー資本主義を提唱する「ダボス・マニュフェスト2020」が公表された。わが国でも，2015 年に年金積立金管理運用独立行政法人（GPIF）が国連責任投資原則（Principles for Responsible Investment：PRI）の署名機関となったことから，環境，社会的課題，ガバナンスを考慮要素とした ESG 投資が拡大している。M&A の局面で企業価値の向上と多様なステークホルダーの利益の保護をいかにして図り，両立していくか，取締役の意思決定を根拠づける行為規範や法規範のあり方が今後の課題となる。

（神山 静香）

第 16 章

企業の再建と整理

Essence

□ 1. 倒産法の目的はなにか。どのような手続によって倒産処理がなされるのか。
□ 2. 企業が倒産した場合にどのような選択肢があるか。法的整理と私的整理のメリット・デメリット。
□ 3. 倒産法に含まれる，破産法・民事再生法・会社更生法は，それぞれどのような手続なのか。

Introduction

「倒産」という言葉自体は，誰でも知る言葉である。しかしながら，この言葉が具体的に何を表すのか，どのような状態を言うのかについては，明確に説明することが難しい。なぜならこの「倒産」とは日常用語であり，法律上明確な定義がそもそも確立されていない言葉である。中小企業倒産防止共済法においては，破産手続・再生手続などの申立てがなされること，あるいは手形交換所・電子債権記録機関における取引停止の原因となる事実について公表されること，と定められてはいるものの，あくまで要件を列挙したものであって定義としてはふさわしくない。あえて定義するならば，「倒産」とは，債務者が自ら負っている債務を返済できなくなった経済状態にあること，つまりは，現実に社会経済生活上，活動している企業，自然人等が金銭を支払うべき時期に支払うことが一般的にできなくなる状態を表すと言えるだろう。

こうした「倒産」の状態を解消し，あるいは清算するための「倒産処理手続」を規律する法律が「倒産法（倒産処理法）」ということになる。ただし，厳密には「倒産法（倒産処理法）」という法律はわが国において存在しない。「倒産法（倒産処理法）」とは，倒産処理手続を規律する 3 つの法律，「破産法」「民事再生法」「会社更生法」の総称であり，いわば倒産法群の俗称である。

本章では，企業法に関連し，企業の倒産処理を想定しつつ，この「倒産法（倒産処理法）」について解説を行う。

1. 倒産処理制度の概要

(1) 懲戒主義と更生主義

倒産処理にあたっては，ローマ法以来，懲戒主義が採られ，倒産手続は支払うべき債務を弁済できない者への制裁として中世のイタリアを中心に発達し，大陸法諸国で普遍化した。わが国も，かつてはこの建前に立っていた。

これに対し，英米法諸国では，債務者の経済的破綻は債務者の責任とは言い切れないという理解があった。とくに19世紀のアメリカでは，西部開拓のために人材を必要とし，経済的敗者を排除する余裕が無かったこととあいまって，債務者の再生を重視する**更生主義**が定着していった。

その後，1970年代以降の大陸法諸国において，オイルショックなどの世界的な経済混乱を契機とし，懲戒主義から更生主義への移行が見受けられるようになる。わが国でも，バブル経済の崩壊を背景に，倒産は，売上不振・合理化の立ち遅れ・債務者の怠惰・経営者の無能など倒産者の責めに帰すべき内在的原因と，連鎖倒産・国際経済の急変・国内の諸政策の転換・金融機関のミスなど倒産者の責めに帰すべからざる外在的原因の複雑な絡み合いによるとの理解が広がり，現在では更生主義が採られている。

(2) 倒産処理の必要性

債務者の経済的破綻状態を放置するデメリットとしては，以下のものが挙げられる。

まず，例えば経営者が自暴自棄になって資産を処分したり，隠匿財産を形成したり，個別権利行使に応じるなど，債務者による財産処分の結果，資産が虫食い状態となり，全体としての価値が低下する。

次に，当然ながら負け組になりたくない債権者たちが個別に権利行使をすることによって，債権者の力関係により，債権回収に差が出る。

Glossary

更生主義：経済的破綻状態に陥った債務者は，経済活動の波に翻弄された被害者であり，再度立直りの機会を与えるべきであるとする考え方。

さらに，取引関係者，債権・債務関係を有する関係者，従業員等の権利関係に大きな混乱をもたらす。また，連鎖倒産の要因ともなる。

最後に，債務者が個人の場合において，財産をほとんど喪失し，再起不能の状態になることで，人的なリソースの喪失に繋がる。とくに，一家・経営者の夜逃げや自殺に結びつくと，社会不安の要因ともなる。

そこで，国家法としての倒産法制による，債権者・債務者全体の利害という観点の調整が必要となるのである。

（3）倒産処理手続の類型

こうした国家的な必要性により制定された，法にもとづいた倒産処理を法的整理と呼び，法的整理は一般的に，その目的ないし理念にもとづいて以下のように分類されている。

目的にもとづく分類として，債務者の全財産の清算を目的とする清算型と，債務者の経済活動，とくにその事業の再建を目的とする再建型の二種がある。そして理念にもとづく分類としては裁判所主導で手続を行う管理型と，債務者が占有債務者として事業の経営権を失わず，管財人と同様の権限を有し，債務者主導で手続を行うDIP型（Debtor in possession）とがある。

（4）倒産法の基本理念

1）法人格者維持の原則

法人格を有するものはすべて社会的存在であり，可能な限り再生・再建させるよう努めることが社会的悪影響の防止につながる。そのため，解体清算（破産手続）は可能な限り避け，法人格を維持することが可能な手続（民事再生・会社更生手続）を優先しなければならない。

2）再建更生型手続優先主義の原則

上述の法人格維持の原則から導かれる，可能な限り再建型手続により処理を行うとする考え方である。とくに企業の場合には解体を意味する破産手続は，最後の手段でなければならない。

3）財産の充実維持・散逸防止・取戻しの原則

倒産時に，債権者の自由な権利行使による債権回収を許すと，特定の債権者だけが得をするという不公平な状態が生じ，また，他の債権者に配当されるべき倒産者の財産が失われるおそれがある。そこで，倒産者の財産を維持するため，財産の散逸を防止すると共に，散逸財産が発生した場合には，取戻しを行わなければならない。

4）債権者平等の原則

倒産者の財産はごく限られており，これを債権の弁済に当てる以上，債権者が複数の場合には，複数の債権者について（債権額や債権の優先度に応じた）比例的平等な取り扱いがなされることが必要である。

5）適正手続の保障の原則

倒産処理手続は，倒産者を中心とする利害関係人の権利関係を制限し，利害・紛争を調整・解決する手続である。そこで，手続は安定・確実なものでなければならず，手続運営者は，誠実・慎重に法の規定に従って運用しなければならない。法的手続の大原則であり，手続法の解釈・運用の基本原理である適正手続の保障は，倒産処理手続においても当然に妥当する。

2. 法的整理と私的整理

（1） 法的整理と私的整理

上述の法的整理以外の手段として，私的整理，つまりは法にもとづかない倒産処理も存在する。法的整理が，裁判所が管財人・保全管理人・監督委員などを任命し，裁判所の関与の下で資産と負債の整理を行う手続であるのに対し，私的整理は債務者，大口債権者，あるいはその委任する弁護士が中心となる債権者債務者間の任意の協議にもとづく債務整理手続である。任意整理，内整理などともいう。

負債総額1,000万円以上の企業倒産は，年間1万件から3万件ほどある。消費者破産は，潜在的な数も入れると年間数十万人程度にものぼる。これら倒産事件全体の約30％において法的整理が行われ，残りは私的整理あるいは手続なしという状態にある。

(2) 私的整理のメリット

法的整理は，裁判所が関わることから信頼性が高く，安定した手続になる反面，融通が利かない点が指摘される。また，適正な倒産処理を図るために不可欠な制度ではあるが手続が複雑であり，費用や手間がかかることから関係者にかかる負担がどうしても大きい。そこに私的整理の需要がある。

私的整理のメリットは以下の点にある。

① 法的整理に比べて時間がかからない。

法的整理は慎重を期するために厳格な手続が定められ，それに従うことが要求されるのに対して，私的整理は，債権者・債務者間の自由な合意にもとづいて行われることから，大口債権者の同意があれば，比較的短期間で終了させられる。とくに，再建の成否は，手続のスピードによって左右される割合が高い。法的手続の場合，関係者の手続保障に留意するため，とくに迅速に配慮されている再生手続であっても，早くとも半年近くかかる。私的整理ならば，場合によっては，これよりも早い処理が可能である。

② 経済的に有利である。

法的整理のように管財人の選任などを必要としないため，手続が万事簡略で，費用が安上がりで済み，その分有利な配当が得られる。とくに法的整理では，管財人の報酬や裁判所費用だけでも結構な出費になり，その予納が必要とされるが，私的整理では，債権者委員会の委員長なども報酬を求めないことが多く，手続費用が最低限度で済む。

③ 手続が柔軟で融通が利く。

既述のように，法的整理は裁判所の関与が行われるため，ある程度手続が複雑になるし，公正な手続の実現のため，厳格な手続となる。

これに対して，私的整理は手続が法定されていないため，対象に応じて債権者・債務者間の合意でどのような形でも手続を進められ，また，途中で変更することもできる。例えば，倒産前でも行うことが可能であり，その場合，大口債権者だけを対象とすることで，多数の利害関係人への影響を最小限に抑えることができ，実際，金融機関による債務免除の形でよく行われている。また，倒産後であっても，大口債権者の譲歩を引き出すことで，他の多数の債権者に対して，弁済をすることが可能となる。こうした対応は，比例的平等が原則となる法的整理では不可能である。

④ 秘密保持ができる。

倒産の情報が流れることは，企業にとってはイメージにかかわる問題であり，とくに再建にあたり大きなダメージとなる。

法的処理の場合は，申立てたその日の晩の夕刊に掲載されることが多く，隠し通すことは事実上不可能であるのに対し，私的整理の場合は，関係者が完全に口を閉ざせば，秘密にすることも可能である。

こうしたことから，私的整理が選択されることが多い。これは，民事紛争処理について，訴訟よりも示談が多いことと似ている。

（3） 私的整理のデメリット

私的整理には次のようなデメリットもある。

① 手続として明確なかたちがない。

手続としてのかたちがないため，整理がどのような手順にのっとって行われるべきか指標がない。また，適正手続の保障もない。

② 手続が不透明である。

法律で定められた手続がないため，債権者も債務者も手続の見通しが立たず，公権力によるチェックも行われない。法的整理のような規定がないため，債務者の財務情報など必要な情報の開示の見込みもない。すべては，債権者委員会委員長など仕切り屋の個人的な資質や意思に委ねられることになるが，こうした者の資格を定める規定もないことから，こうしたポジションに就く者が有能で善良な人物であればいいが，そうでない場合，とくに「整理屋」などと呼ばれるブローカーが介在するようなケースでは，最初から自分が儲けることしか考えてないため，状況がかえって悪化するよう場な場合がある。

③ 手続が不公平な場合もある。

資産・負債を確定し，各債権者に対して実体法上の地位に応じて平等に配当・弁済を行うための必要な手続保障が全く存在せず，私的整理の主催者の意思次第で，利益の分配が決まってしまう。上記の手続の不透明性とあいまって，大半の債務者が現状を把握できないまま，うやむやのうちに処理が終了し，一部の債権者のみが他者の犠牲において利益を得てしまう危険性がある。

④ 反対債権者を拘束する手段がない。

債権者の内に一人でも，私的整理の結果または，債権者委員会の方針自体に反対の者がいれば，少なくとも，この者に債権者委員会の決定や手続の効力を及ぼすことができない。そうすると，一部の債権者による抜け駆け的な個別の権利行使を許すこととなり，追随者が出ることによって，適正な倒産処理が不可能となる。

こうした理由により従来においては，心ある弁護士は，できるだけ法的整理によることを心がけ，時間や費用の点からどうしても裁判所の手続をつかうことができない場合に限って，私的整理を利用するべきとされてきた。

倒産という状況は，倒産者を中心とする多種多様な利害関係人が存在し，それらを取り巻く法律関係ないし権利義務は複雑かつ多様なものとなる。したがって，倒産処理において十分な成果を期待するためには，経験豊かな専門家弁護士などが手続に関わることが望ましい。この要請は，裁判所の関与がない私的整理においてさらに強まり，なお一層の専門性と実務経験が必要とされる。

3. 破産手続

(1) 破産手続の概要

破産手続とは，債務者が経済的に破綻した場合にその財産関係を清算し，総債権者に公平な弁済をすることを目的とする裁判上の手続である。先述の類型でいえば，裁判所によって任命された破産管財人が，破産者あるいは清算会社の財産につき管理処分し，債権者が持つ債権に応じ清算を行う管理清算型の倒産処理手続に分類される。

(2) 破産手続の流れ

破産手続は債務者に破産原因となる支払不能あるいは債務超過（破15条・16条）が生じた場合において，債権者及び債務者，法人の理事，取締役，清算人などの申立権者（破18条・19条）による破産手続開始申立により始まる。裁判所は申立を受けて破産手続開始決定（破30条）と同時に**破産管財人**の選任を行い，**破産財団**を管理させ，これを換価することによって配当資金を用意する一方，債権者にはその債権の個別的行使を禁じ，届出・調査を経て確定させたうえ，その債権額に応じて配当を受けさせることにより，総債権者に公平な弁済をすることを目的とする。

（3） 破産財団・破産管財人

こうした破産手続において手続を主導し，中核的な存在を担うのが破産管財人である。破産管財人は虫食いの状態になっている場合も多い破産債権者の財産につきこれを管理し，手続前に行われた偏頗行為に対して否認権を行使し，あるいは債権者からの債権者取消訴訟などを受継し，**現有財団**を**法定財団**に近づけていきながら，さらには換価を行うことで**配当財団**を形成する。加えて，破産債務者が負っていた債務（破産債権者が破産債務者に対して有する債権）の整理・確定を行い，形成された配当財団を，確定された債権額に応じて債権者に配当を行う。さらには免責に関する調査までをその職責とする。

（4） 手続後について

破産手続後について，破産債務者が自然人である場合には，債務者本人が消滅しないことから，清算しきれなかった債権が自動的には消滅しない。そのため，**免責**のほか**復権**の制度が設けられており，債務者はこれらの制度によっ

Glossary

破産管財人：破産裁判所によって選任され，破産財団の管理処分権を与えられ，裁判所の監督の下に，破産手続を推進していく機関である。

破産財団：破産者から切り離された財産群を指し，破産手続において破産管財人にその管理及び処分をする権利が専属する（破２条14号）。

現有財団：実際に破産開始の時点において破産債務者の手元にあった財産のみによって構成された実際の破産財団。

法定財団：不当に弁済ないし隠蔽された財産を取り戻し，法律上破産財団に組み込まれるべき財産をすべて組み込んだ状態の破産財団。

配当財団：財産を換価し，破産手続に要した費用（財団債権）などを弁済して，最終的に破産債権者に配当されるべきものとして確定された破産財団。

免責：債務について法律上の支払義務を免除することによって，債務者の経済的な立ち直りを助けるための制度。

復権：破産者は個別の法規（例えば弁護士法第７条の5）によって特定の職業に就くことを制限されるが，この制限を解除し，いわば一般人に戻すための制度。

て，経済的に再生を目指していくこととなる。一方で，破産債務者が法人の場合には，資本金などがすべて清算されることから，解散せざるを得ない。債務者本人がいわば消滅するため，清算しきれなかった債務も残存しえない。

4. 民事再生手続

(1) 民事再生手続の概要

民事再生手続とは，裁判所の監督のもとに借金の一部を返済する計画を再検討し，結果的に利息や元金の減額，支払い期間の延長を交渉することで，破綻した債務者の再生を支援するための手続。先述の類型でいえば，DIP 再建型の手続である。

(2) 民事再生手続の特徴

本来は中小企業を念頭に置いた再生手続（ただし大企業による利用が制限されているわけではない）であるが，個人消費者にも使いやすく整備されている（民事再生法第13章・**個人民事再生**など）。DIP 型であることから，企業の場合には従前の経営者をそのまま残し（民再38条1項），経営者の技術力や手腕に依存しがちな中小企業において，それらを活用しながら柔軟に再生を図ることができる点，これにより経営者が再生手続の申立てを躊躇することなく早期の手当てが期待できる点，などが長所とされる一方で，債権者に対して個別の債権行使を制限する強制力を欠き，足並みがそろわずに財産が虫食いとなり，手続が失敗（破産手続に移行）に終わる，あるいは無責任な経営者の単なる時間稼ぎに使われる場合がある，など問題点が指摘されている。

逆に，なぜ債権者が民事再生につきあうのか，と講義において質問されることがある。義務のない債権者が交渉に応じ，手続に付き合うことに対する疑問である。しかしながら，債権者にはさほど多くの選択の余地が与えられているわけではない。現在の破綻状況を放置した場合には，破産手続によって僅かな

Glossary

個人民事再生：小規模個人再生と給与所得者再生の二種がある（民再221～245条）。いずれも，裁判所の関与の下で債務を圧縮し，負担を軽減することで個人の経済的再生を図る手続である。

配当を受け，残りが免責あるいは会社自体が解散することによって残部が消滅することとなる。そのため債権者にとって，全額とは言わずともよりましな弁済を受けられる（可能性がある）再生手続に付き合うことは，一定のメリットがあると言うことができる。

(3) 民事再生手続の流れ

原則として債務者自身が再生債務者として財産の管理処分権を持ち，再生債務者が再生計画（債務整理および債務弁済を内容とする計画）を作成し，これが債権額の過半数を占める債権者過半数により承認されることで，通常の手段による債権の回収が禁止される。再生債務者は以後，当該再生計画に従い弁済・再生をすすめていくこととなる。なお通常，三年間を手続期間とされる（民再188条）。

5. 会社更生手続

(1) 会社更生手続の概要

会社更生手続は，債務者が経済的に破綻した場合に債権者の債権の個別の行使を一旦すべて禁止し，裁判所が選任した専門家の主導のもと，大幅な組織・経営改革や株式減資などにより債務者の経済的再建を目的とする手続であり，先述の類型でいえば，裁判所によって任命された更正管財人が，当該会社の財産につき管理処分権および事業の経営権を有し，事業価値の維持および増殖を行う管理再建型の手続である。

(2) 会社更生手続の特徴

会社更生手続はそもそも，つぶすと日本経済に多大な影響を与えかねない大企業を想定し，その救済を目的とする，民事再生手続の特別手続である。利用が大企業に限定されるわけではないものの，厳格で強力な手続であることから，手続がやや複雑で相当の時間と費用がかかる点が問題とされ，敬遠される原因となっている。逆に言えば，相当の時間・コスト・手間をかけてでもつぶしてはならない会社こそが，会社更生手続の真の対象である。

このことから，大規模な会社でも，民事再生手続を選択する場合があり，会社更生の利用件数は，年間数十件程度と少ないのが実情である。結局のところ，手続選択は当事者の意思によるが，事案に応じて実際に適切な，ふさわしい手続を利用し易いように，今後さらなる改善・改正が課題であると考える。

(3)　会社更生手続の流れ

更生手続開始によって原則として債権（**更生債権**）は全部凍結され，経営者は放逐され，会社更生の業務遂行権や財産の管理処分権は裁判所によって選任される専門家（更生管財人）に専属することとなる（会更72条1項)。この更生管財人によって債務整理や調査が行われたうえで，会社分割・合併・株式交換・株式移転などを含めた更生計画が作成され，一般的には事業組織の再編やM&A（合併＆買収），100％減資などにより抜本的な再建が行われ，合法的な乗っ取りとも揶揄される。

更生手続終結の決定がされるのは，①更生計画が遂行された場合，②更生計画の遂行が確実と認められる場合，③更生計画によって認められた金銭債権の総額の3分の2以上の額が弁済された時点で更生計画に不履行が生じていない場合である（会更239条)。手続終結決定がされた場合になお残債務があるときは，更生債権者等は，更生債権者表等の記載により強制執行をすることができる（会更240条)。

一方，更生計画が遂行される見込みのないことが明らかになった場合（会更241条1項）など，法定の場合において更生手続が廃止される場合もあり得る。この場合，更生債権者等は，更生債権者表等の記載により，更生会社であった会社に対して強制執行をすることができ（会更238条6項・235条)，多くの場合には破産手続に移行することになるだろう。

（田中　誠人）

Glossary

更生債権：更生会社に対し更生手続開始前の原因にもとづいて生じた財産上の請求権（会更2条8項）であり，更生計画の定めによらなければ，弁済をし，弁済を受け，その他これを消滅させることができない債権（同47条1項)。

References

伊藤眞『破産法・民事再生法（第5版）』有斐閣（2022年），伊藤眞『会社更生法・特別清算法』有斐閣（2020年），山本和彦『倒産処理法入門（第5版）』有斐閣（2018年），山本和彦=中西正=笠井正俊=沖野眞巳=水元宏典『倒産法概説（第2版補訂版）』弘文堂（2015年），松村和徳『倒産法概論』法学書院（2014年）。

Column ⑯ サムライの国―企業の破綻―

池井戸潤氏の「銀翼のイカロス」の文庫本が，2017 年 9 月 15 日に書店に並んだ。数年前に TV ドラマで人気を博した，「半沢直樹シリーズ」の続刊である。私も発売直後に購入し楽しませていただいたこの巻のモデルになっているのが，2009 年半ばから 2010 年にかけて，新聞などで注目を集めた，JAL（日本航空）の破綻事件である。

2009 年 3 月の決算において 630 億円の赤字が報道された JAL は，当初，「法的整理は考えておらず，私的整理および銀行の追加支援で健全化を目指す。」との展望を述べたものの，その後，日本政策投資銀行を中心とした協調融資に，政府が保証を行うと同時に再建に介入した。この政府の介入についても，当初，自民党政権において議論が行われてきたが，おりしも 2009 年 9 月の民主党への政権交代で一旦白紙となり，国土交通省の肝煎りで「タスクフォース」が組まれ再度再建案の策定を行いつつ，並行して「企業再生支援機構」下での再建が検討され，結局はタスクフォース案が否定され再生機構入り，との紆余曲折があった。事件にことよせて公的資金の投入の是非・法的整理の要否などがネットや紙面を賑わせ，半年ほどの間に事態が二転三転し，最終的には会社更生法を適用して再建を図るという結論に辿り着いたのが 2010 年 1 月 19 日である。結果として JAL は 2012 年 9 月 19 日，2 年 8 カ月ぶりに再上場を果たし，事件はとりあえず決着したと言うことができる。倒産法の講義も担当する私にとって，非常に興味深い推移を見せた事件であった。

多くの事件において，法的整理，なかでも会社更生手続は敬遠されがちである。過去には，会社更生手続を準備していた代表取締役を，他の取締役がクーデターで解任し，民事再生手続を申請して取締役としての居残りを画策するという荒業をやった事件もあった（マイカル事件・結局手続がうまくいかず，途中で会社更生に切り替えた）。今回の事件でも新聞の記事などを読むと，「法的整理となれば，取引先や一般顧客から信用を失い，業務が滞る可能性が高い」（2009 年 10 月 28 日日経新聞 5 面）などと書いてある。私もその「一般顧客」に含まれると思うのだが，私個人は法的整理に入ったことよりも，私的整理でなんとかしようとするほうが信用できない印象が強い。もちろん会社や破綻の規模にもよるが，大規模な事件の場合には，私的整理よりは法的整理，民事再生よりは会社更生により，抜本的な健全化を図ることこそが，生き残りの途であり，潔いと言えるのではないか，と考えている一人である。

日本の再生手続のモデルになったアメリカでは，手続を開始する前に，問題のある経営者は既に放逐されており，再建の専門家が経営者になっている場合が多いため，私的整理や DIP がうまく機能すると聞くが，その点日本はまだまだ緩いと言わざるを得ない。経営者は，痛みを伴う改革・再建を躊躇してはならない。そして我々「一般顧客」も，そうした選択をむしろ評価しなければならないのではないだろうか。

（田中 誠人）

第 17 章

企業取引と通則的規律等

Essence

□ 1. 普通取引約款の国家的規制（立法・行政・司法的規制）には，どのような特色があるか。

□ 2. 企業活動の中核をなす企業取引には，どのような特質があるか。商行為の通則規定につき，企業取引のどのような特質が反映しているか。

□ 3. 商事売買に関する商法の規定は，民法上の一般原則を変更してどのような特則を定めているか。

□ 4. 企業取引を補助することを営業とする代理商・仲立業・取次業の法律関係は，どのようなものか。

□ 5. 寄託のうち商事寄託とはなにか。商事寄託における受寄者の義務はどのようなものか。客から物品の寄託を受ける場屋営業者および他人のために物品を倉庫に保管する倉庫営業者には，どのような法的規律があるか。

Introduction

企業取引の特質を反映した法規範の総体を，実質的な意義における商行為法ということができ，その主要な法源が商法第 2 編商行為の諸規定である。

商法第 2 編商行為では，企業取引に相応しい私法上の権利義務関係を発生・変動させる法律行為を「商行為」と呼んで，その定義と種類を定め（商 501～503 条），商行為に適用される規定，すなわち，民法の法律行為の一般原則に対する特則を商行為の通則として設けるとともに，商事売買の特則を定める。また，商人が営業のために利用する特殊な契約（交互計算と匿名組合）について定めている。さらに，特定の伝統的な各種営業に関して，仲立営業，問屋営業，運送取扱営業，運送営業，場屋営業，倉庫営業について規定している。

商行為の通則とは，行為主体の営業の種類（業態）を問わず，商行為であることによって共通して適用される規定であることを意味する。商法典の編纂上は，商行為の定義と種類の規定とともに，商行為編の総則と名付けられている。

1. 企業取引と普通取引約款

経済社会の発展とともに企業取引が集団的で大量に行われるにあたり，規格化・合理化・迅速化の要請が強まり，その要請に対応する技術的な法的処理方法として，普通取引約款（約款）が広く利用されている。普通取引約款は，特定の種類の取引において予め定められ画一的に適用される定型的な契約条項である。普通取引約款は，経済社会の発展とともに新たな企業取引が登場するにあたり，それに伴う制定法と取引慣行との宿命的な乖離や制定法の不備を克服する方法として機能している。私達の日常生活においても，約款にもとづく契約によって，あらゆる取引が行われている。

普通取引約款は，契約条件の具体的内容が取引の技術的構造を考慮した対価関係からみて公正である場合には是認されてよいし，公企業の利用者平等取扱義務の担保の法技術として利用される場合にも合理的である。しかし，取引当事者の一方が優越した取引力や供給独占的地位を有していることが通用の支えとなって，取引条件を一方的に押しつけることになると問題である。そこで，普通取引約款に対しては国家的規制（立法・行政・司法による規制）が必要となる（布井＝福原・企業 174 頁）。約款の用いられる取引部門の任意法規を強行法規に代えることは根本的対策と言える。しかし，制定法は硬直的であり，迅速かつ全面的に改正を行うことは不可能である。主務大臣の認可や標準約款の公表などによる行政規制は，個別約款毎に，また，社会経済事情の変動等に応じた迅速な規制が可能であり，多く行われている。しかし，行政による規制は官僚主義に陥る危険もある。司法による規制は，事後的であり規制の効率は大きくないという批判がある。しかし，約款利用の具体的な事情や相手毎に個別的な規制が可能であり，約款適正化の最終的な保障手段としての存在意義は過小評価すべきではない。立法・行政・司法それぞれの特色を踏まえた適切な規制が求められる。

普通取引約款の拘束力の根拠については，その法源性の理解と関連して，従来から理論上の争いがある。約款それ自体を法規と解すれば法規範として拘束力を有することになるが，法として認めることには批判が多い。拘束力の根拠として，従来の判例は，いわゆる**意思推定理論**を採る（大判大 4・12・24 民録 21・2182）。約款法規説によったとしても，不公正な契約条項の法的効力は否定され，また，そのおそれのある条項は解釈によって適用が制限されることが強調されている。そこで，たとえ合理的な約款であっても，契約相手方が了知・承諾しないままそれに拘束されるのはなぜかという理論的問題の重要性は否定されないにしても，もはや約款法規説と契約説との論争は実益がないとの批判も行われている（岩崎稜「普通契約条款の法源性」谷川久・龍田節編『商法を学ぶ〔第 3 版〕』有斐閣〔1991 年〕17 頁）。約款濫用の危険を前にして，学者の問題意識が，約款規制・約款内容の合理性確保の方向へと向けられることになったといえる（河上正二『約款規制の法理』有斐閣〔1988 年〕108 頁）。

平成 29 年改正民法 548 条の 2 以下は，約款の定義，約款の拘束力の根拠，不意打ち禁止，約款に関する不当条項規制など，約款をめぐる理解の対立を踏まえ，民法における規律の対象を「定型約款」に限定し，定型約款にのみ適用される規定を設けた。改正後の民法の定型約款に関する規律は，約款の一般的な定義，約款一般に妥当する準則を扱うものではないが，保険約款，宿泊約款，運送約款など，わが国で一般に「約款」と呼ばれているものは，ほとんどが「定型約款」の定義に該当する（潮見・後掲民法債権 224 頁・226 頁）。

2. 企業取引と商行為の通則

(1) 企業取引と商行為法

商法第 2 編商行為では，企業取引に相応しい私法上の権利義務関係を発生・変動させる法律行為を「商行為」と呼んで，その定義と種類を定め（商 501～

Glossary

意思推定理論：外国の保険会社との間に火災保険契約を締結した者が，日本の普通保険約款には存在していなかった森林火災免責条項により，保険金の支払いを拒否されたという事案につき，大審院大正 4 年判決は，保険契約者がとくに普通保険約款によらない旨の意思表示をしないで，また，約款による旨の記載のある保険申込書に署名して契約をしたときは，契約の当時その約款の内容を知悉していなくても，反証のない限りこれによる意思を持って契約したものと推定できる旨を判示した。この判決が，普通保険約款の拘束力に関するリーディングケースとなった。もっとも，保険約款は平成 29 年民法改正による定型約款（民 548 条の 2）であり，その拘束力は，民法の規定により定まる（江頭・商取引法 429 頁）。

503条），商行為に適用される規定，すなわち，民法の法律行為の一般原則に対する特則を商行為の通則として設けている。

企業は，継続的な意図をもって計画的に営利行為を実現する独立の経済主体であり，利潤の追求を本質としている。したがって，企業の活動の中核をなす企業取引（企業という経済主体が当事者となる取引）には，一般的に，営利性，計画性，集団・大量性，継続・反復性，迅速性，定型性，連鎖性などの特色がある。すなわち，企業が行う売買や賃借等の取引は，もっぱら利益を獲得することを目的として（営利性），その手段として行われる。そして，より多くの利益を効率的に得るために，資本的計算にもとづいて計画的に行われ（計画性），多数の相手方との間での多数の取引として（集団大量性），日々繰り返し行われる（継続・反復性）。その取引は，迅速に行われることが要請され（迅速性），ゆえに個性が薄くなったり定型化されたりして行われることが多い（定型性）。また，企業の取引は，経済主体間で次から次へと行われ，それぞれの企業取引が鎖のように繋がれて相互に依存しながら，生産・流通・消費のサイクルを形成している（連鎖性）（福原・取引4頁）。なお，営利性の観点のひとつとして，**法定利率**の違い（民404条・商514条），迅速性の観点のひとつとして**消滅時効**の違い（民167条・商522条）があったが，平成29年民法改正により民法の規律に一般化された（商514条および商522条の削除）。

本節では，商行為の通則規定につき，企業取引のどのような特質を反映したものであるかに着目して概観する。

Glossary

商事法定利率：法定利率は改正前民法では，年5%とし（改正前民法404条），改正前商法では，商行為によって生じた債権について，年6%としていた（改正前商法514条）。企業取引における資金は有利に運用されるのが通常であるとの考え方（営利性）が反映されていた。改正民法404条は，年5%の固定利率と異なり，法定利率について変動制を基礎に据えたルールを採用した。変動制への移行とともに，商事法定利率を定めた商法514条は削除された。

商事消滅時効：改正前民法では，債権は原則として10年の時効により消滅し（改正前民法167条1項），改正前商法では，商行為によって生じた債権は，原則として，5年の時効により消滅するとしていた（改正前商法522条）。企業取引の迅速性に応じる趣旨である。改正民法は，主観的起算点から5年，客観的起算点から10年という二元的システムを採用した（改正民法166条1項）。この改正に合わせて，商法522条は削除された。これは，商法522条の適用を受ける債権と受けない債権との間における時効期間の差異を合理的に説明することが困難な事案が生じている中で，民事時効・商事時効という区分を維持するのが適切でないと考えられたことによる（潮見・後掲民法債権47頁）。

(2) 商行為の代理

商法は，商行為の代理の方式に関し，民法の顕名主義（民 99 条·100 条）を修正し，代理人が本人のためにすることを示さないときでも，その行為は本人に対して効力を生ずるとしている（商 504 条)。このように，商法が非顕名主義を原則とするのは，企業取引の反復・継続性により代理であることを相手方が認識していることの方が常態であり，また，企業取引の迅速性を尊び，いちいち顕名を要求することは煩瑣だからである。ただし，相手方が代理人であることを知らなかったときは，相手方を保護する必要があるので，相手方は代理人に対しても請求をなすことができる（商 504 条但書)。相手方に不測の損害を与えないためである。

同条の但書が適用される場合の法律関係をめぐっては争いがある。従来の多数説は，本文の効果を維持しつつ，但書により，相手方は代理人の責任をも追及できて，代理人は本人の債務につき不真正連帯債務の関係に立つとする（代理人は履行責任のみを負う)。有力説は，代理人が相手方に対して契約関係に立つが（代理人に債権債務が帰属する)，本人も相手方に対して代理人の債務につき不真正連帯債務の関係に立つとする（本人は相手方に対して債務のみ負担する)。判例は，契約が相手方・代理人間と，相手方・本人間に成立し，相手方は選択により一方を主張でき，その場合に他方が主張できなくなると解している（最判昭 43・4・24 民集 22・4・1043)。

なお，民法の原則では，代理権は本人の死亡により消滅するが（民 111 条 1 項 1 号)，商法は，商行為の委任による代理権は本人の死亡により消滅しないとしている（商 506 条)。営業活動の継続性が尊重されている。

(3) 商事契約の申込みの効力

申込みは，契約の内容を示して契約の締結を申し入れる意思表示であり，契約は，申込みに対して相手方が承諾をしたときに成立する（民 522 条 1 項)。したがって，契約が成立するには，承諾がなされる時点で申込みの意思表示が有効でなければならない。この相手方の承諾によって契約を成立させる申込みの効力が認められるためには，本来的な効力として，その意思表示に承諾適格がなければならない。また，申込みの意思表示が撤回できない状態（申込みの拘束力，撤回制限）があるか，撤回できる場合には撤回されていないことが必要である。法律上，申込みの拘束力（撤回制限）があるのは，申込みの相手方を保護するためである（福原・取引50頁）。

1）承諾期間の定めのある申込み

承諾期間を定めてした申込みは，撤回することができない。ただし，申込者が撤回をする権利を留保したときは，この限りでない（民523条1項）。申込者が申込みに対して期間内に承諾の通知を受けなかったときは，その申込みは効力を失う（同条2項）。申込者は，遅延した承諾を新たな申込みとみなすことができる（民524条）。

2）承諾期間の定めのない申込み

平成29年改正民法525条1項は，承諾期間の定めのない申込みの撤回について，申込者が承諾の通知を受けるのに相当な期間を経過するまでは撤回することができないとする改正前民法524条を，隔地者間のみならず対話者間にも一般化した。ここに対話者間というのは，相手方との間で直接に意思表示を了知できる状況にある場合をいう（距離を隔てていても電話などリアルタイムの通信が可能な手段を用いる場合を含む）。

承諾期間の定めのない対話者間での申込みは，「その対話が継続している間」はいつでも撤回することができる（民525条2項）。承諾期間の定めのない対話者間での申込みについて，「その対話が継続している間」に申込者が承諾の通知を受けなかったときは，申込者が別段の意思を表示した場合を除いて，申込みは効力を失う（同条3項）。この規定の新設に伴い，商法507条は削除された。

商人である隔地者間において承諾期間を定めないで契約の申込みを受けた者が，相当の期間内に承諾の通知を発しないときは，申込みは当然にその効力を失う（商508条1項）。本条により，商人である隔地者間での承諾期間の定めがない契約の申込みは，相当期間内は撤回が制限されるが，相当期間の経過によって，申込みの拘束力（撤回制限）および効力（承諾適格）がともに失われる。

民法では，承諾期間の定めがない申込みは，相当期間経過後に申込者が撤回できるにとどまる。撤回制限を付すだけで承諾適格としての効力の帰趨については明文を欠く。民法学の多数説は，相当期間経過後さらに一定の期間が経過することで，承諾適格を失うと解している（北居＝高田・民法207頁）。この説では，撤回制限期間としての相当期間と，承諾適格としての効力の存続期間とが区別されているが，商法508条では，当事者が商人であることを考慮して，それら両期間を一致して規定している。商法508条の趣旨は，企業取引の迅速性の要請（商機を逸することがないようにするとの要請）にもとづき，申込みが失効される場合を明確にしたものと理解することができる（福原・取引51頁）。

（4） 契約申込を受けた商人の特殊な協力義務

商法は契約の申込みを受けた商人に対して，民法では認められていない特殊な協力義務を定めている。第1は，諾否通知義務である。すなわち，商人が平常取引をしている者から自己の営業の部類に属する契約の申込みを受けたときは，遅滞なく諾否の通知を発することを要し，これを怠ったときは，申込みを承諾したものとみなされる（商509条）。申込者の信頼が保護される。第2は，受領物品保管義務である。すなわち，商人がその営業の部類に属する契約の申込みとともに物品の送付を受けた場合には，その商人は，申込みを拒絶したときでも，申込者の費用をもって，その物品を保管することを要する（商510条）。企業取引における物品の安全保護を図っている。

（5） 商行為の営利性

商法は，企業活動の営利性に即して，特別規定を設けている。

第1は，商人の報酬請求権である。民法では，ある者が，委任（民648条），準委任（民656条），事務管理（通説〔民702条参照〕）など，他人のためにある行為をしても，特約がなければ報酬を請求することができない。これに対し，商法は，商人がその営業の範囲内において他人のためにある行為をしたときは，特約の有無を問わず，相当の報酬を請求することができるとしている（商512条）。

第2は，利息請求権である。民法では，消費貸借は，特約がない限り無利息であり（民589条），金銭の立替も，立替が委任にもとづく場合（民650条1項）を除いて，同様である（民702条1条）。これに対し，商法は，商人間で金銭消費貸借をしたとき，または，商人がその営業の範囲内で金銭の立替をしたときに，法定利息の請求を認めている（商513条）。

（6）商事債権に関する履行の確保

企業取引においては，その連鎖性にもとづき，信用を強化する必要があり，商法は，次のように商事債権に関する履行を確保すべく人的担保および物的担保を強化して，その要請に応じている。

1）人的担保の強化

第1は，多数債務者間の連帯である。民法では，特約がない限り，多数当事者の債務は分割債務となり，各債務者は平等の割合をもって義務を負う（民427条）。商法は，数人が商行為たる行為によって債務を負担したときは，特約で排除しない限り，その債務は連帯債務になるとしている（商511条1項）。建設工事の共同企業体がその事業のために第三者に対して負う債務につき，その共同体の構成員は本条項により連帯債務を負うと判示した判例がある（最判平10・4・14民集52・3・813）。

第2は，保証人の連帯である。民法では，特約がなければ，保証は連帯保証とはならず保証人はいわゆる催告の抗弁権（民452条）や検索の抗弁権（民453条）を有する。これに対し，商法では，債務が主たる債務者の商行為によって生じたとき，または保証が商行為であるときは，主たる債務者および保証人の債務は各自連帯してこれを負担する（商511条2項）。

2）物的担保の強化

第1は，**流質契約**の許容である。民法では，流質契約が禁止されている（民349条）。商法は，商行為によって生じた債権を担保するために設定した質権について，流質契約を認めている（商515条）。企業取引では当事者間の経済力格差を考慮するより，金融の便宜を優先すべきだからである。なお，質屋にも流質契約が認められている（質屋営業法1・17・18条）。

第2は，商人間の留置権の効力である。商法は，商人間の商行為によって生

Glossary

流質契約：質権設定行為または債務の弁済期前の契約において，債務不履行の場合に，質権者が質物の所有権を取得し，または法律に定められた方法によらないで質物を処分してしまうことを約する契約。

じた債権につき，民法の一般留置権（民295条）より強力な商人間の留置権を認め，債権者は，弁済を受けるまで，債務者との商行為によって自己の占有に帰した債務者所有の物または有価証券を留置することができるとしている（商521条）。この商人間の留置権は，民事留置権と異なり，被担保債権と留置物との牽連関係を必要とせず，また，破産手続において，破産財団に対し特別の先取特権とみなされ（破66条1項），優先弁済権が認められている。商人間の継続的な信用取引を助長している。

（7） 商事債務履行の場所

民法の原則では，債務の履行の場所が特約などによって定まらないときは，特定物の引渡は債権発生の当時その物が存在した場所でなし，その他の弁済は債権者の現在の住所でなすことを要する（民484条1項）。これに対し，商法は，商行為によって生じた債務については，特定物の引渡は行為の当時その物が存在した場所でなし，その他の弁済は債権者の現在の営業所，もし営業所がないときは，その住所でなすことを要するとしている（商516条）。なお，改正前民法では，債務履行の時間について，明文の規定をおいていなかったが，平成29年改正民法484条2項は，商法520条の規律を一般化した（これに伴い，商法520条は削除された）。

3. 商事売買

売買は，財貨転換のための最も基本的な形態である。商事売買とは，当事者の一方または双方にとって商行為となる売買であり，企業の取引活動において極めて重要な地位を占める。商法上，営利を目的とする売買は，絶対的商行為（商501条1号・2号）とされ，商行為の典型として「商」概念の基礎となっている。しかし，商事売買に関する商法上の規定としては，わずか5か条（商524条～528条）が存するにすぎない。これは，民法の商化現象の現れとして民法上に売買に関する詳細な規定（民555条～585条）が存するので，商事売買については，それらの規定の一般的適用を前提に，商法上は若干の特則ないし補充的規定があれば足りるからである。また，売買は私的自治のもとに契約自由の原則が最も強く現れる分野であって，商事売買について詳細な規定を設けることは商取引の自由な展開を阻害するおそれがあるからである。とくに，商事売買の実際においては，商法の規定をまたなくても，当事者の特約，商慣習法ないし普通取引約款などによって規律される場合が多いからである。今日では，商品の種類や取引の形態に応じ，関係の諸団体によって，売買に関する統一規則や標準約款が多く定められている（例えば，取引所売買に関する証券取引所・商品取引所の業務規定，自動車割賦販売契約書約款，等）（布井＝福原・企業182 頁）。

商法は，商人間の商事売買について定める。すなわち，商人間の商事売買については，買主の目的物の受領拒絶・受領不能の際に，売主に供託と自助売却の権能を認める（商 524 条）。また，目的物を受け取った買主に目的物の種類，品質または数量に関する契約内容適合性の検査・通知義務を課して，この義務を怠った買主は履行の追完・代金減額・損害賠償の請求および契約の解除ができないものとする（商 526 条）。さらに，その解除がなされた場合や，受取品が注文品と異なったり注文数量を超過した場合に，買主の目的物保管・供託・競売の義務を定める（商 527 条・528 条）。

民法の原則では，定期行為において，債務者が一定の日時までに履行しない場合には，債権者は催告（民 541 条）をしないで直ちに契約を解除することができるが（民 542 条 1 項 4 号），解除の意思表示が必要とされている（民 540 条）。これに対し，商法は，商人間の定期売買において，当事者の一方が履行しないで履行期を経過したときは，相手方が直ちに履行を請求しなければ，相手方は当然に契約を解除したものとみなしている（商 525 条）。ここに定期売買とは期限が経過すると役に立たないものに限られ，単に当事者が契約の履行について期限厳守と言っただけの場合は当てはまらない（最判昭 44・8・29 判時 570・49 参照）。

これら商事売買に関する規定は，迅速を旨とする商取引の要請に応じて，売買に伴う不安定な法律関係を速やかに処理し，主として売主の利益を保護するために，民法上の一般原則を変更する特則を定めたものである。もっとも，これらの規定は，いずれも任意規定であるから，公序良俗に反しない限り当事者は特約によって適用を修正・排除することができ，現実にはさまざまな異なった内容の売買契約が締結されている。

商人間の売買取引は継続して行われることが多く，この継続的な売買取引と関連して，コンビニエンスストアやレストランなどの業種では「フランチャイズ契約」が利用されている。フランチャイズとは，事業者（フランチャイザー）が他の事業者（フランチャイジー）との間に契約を結び，自己の商標，サービスマーク，トレード・ネームその他の営業の象徴となる標識，および経営のノウハウを用いて，同一のイメージのもとに商品の販売その他の事業を行う権利を与え，一方，フランチャイジーはその見返りとして一定の対価を支払い，事業に必要な資金を投下してフランチャイザーの指導および援助のもとに事業を行う両者の継続的関係をいう（一般社団法人日本フランチャイズチェーン協会による定義）。

なお，商事売買は，売主と買主とが同国内にあるか異なる国に属するかによって，国内売買と国際売買とに分けることができる。民法および商法の規定の適用対象となるのは，もっぱら国内売買である。国際売買（主として海上売買として行われる）については，適用法規の問題が生じ，国際売買法の統一条約や標準契約書式・統一規則が重大な役割を果たしている。また，売買取引には，商人と消費者との間の消費者売買があり，この消費者売買については，消費者保護法ないし消費者法と称される法分野での法規制が展開している（布井＝福原・企業182頁）。

4. 企業取引を補助する代理商・仲立業・取次業

(1) 代理商

代理商とは，商業使用人ではなく，自ら独立の商人として，特定の商人または会社のために，その平常の営業または事業の部類に属する取引の代理または媒介をなす者をいう（商27条，会16条）。ここに媒介とは，他人間の法律行為の成立に尽力する事実行為のことである。取引の代理をなす者を締約代理商といい，媒介をなす者を媒介代理商という。商品の販売方法等を定める継続的契約において一方が他方の代理店になる旨が定められていた場合，これが代理商契約になるか否かは，その契約内容を実質的に見て判断しなければならない

(大判昭15・3・12新聞4556・7)。代理・媒介による手数料報酬を得る関係にあることが，代理商のひとつの指標になる（竹濱修『商法〔総則・商行為〕判例百選〔第4版〕』有斐閣〔2002年〕71頁)。代理商の例として，損害保険代理店がある。

代理商は，自ら独立の商人である点で，特定の商人または会社に従属する商業使用人と異なり，特定の商人または会社の補助者である点で，不特定多数の商人を補助する仲立人や問屋と異なる。

代理商は，本人である商人あるいは会社との間に代理商契約を締結し，その契約で定められた代理や媒介の仕事をして，本人から手数料を得る。代理商は，取引の代理または媒介をしたときは，遅滞なく，商人または会社に対して，その旨の通知を発しなければならない（商27条，会16条)。

代理商は，本人たる商人または会社の許可を受けなければ，次に掲げる行為をすることができない（商28条1項，会17条1項)。すなわち，①自己または第三者のために商人または会社の営業または事業の部類に属する取引をすること（同条1号)，②本人の営業あるいは事業と同種の営業あるいは事業を行う他の会社の取締役，執行役または業務を執行する社員となること（同条2号)。代理商は独立した商人なので，商業使用人である支配人の場合と異なり，営業避止義務（専念義務）はなく（商23条1項1号3号4号，会12条1項1号3号4号参照)，競業避止義務のみが定められている。代理商が，この競業避止義務に違反して，第1号に掲げる行為をしたときは，当該行為によって代理商または第三者が得た利益の額は，本人たる商人あるいは会社に生じた損害の額と推定される（同条2項)。

代理商は，代理商契約に特別の定めがない限り，委任の規定にもとづく権利，すなわち，費用前払請求権（民649条)，および，費用償還請求権（民650条）を有する。また，代理商は，独立した商人であるから，特約の有無を問わず，報酬請求権を有する（商512条)。代理商は，民事留置権（民295条）および商人間の留置権（商521条）を有するほか，代理商固有の特別留置権を有する（商31条，会20条)。

(2)　仲立業

仲立業は，一般に，他人間の売買などの法律行為の成立に尽力することを仕

【仲立人の法律関係】

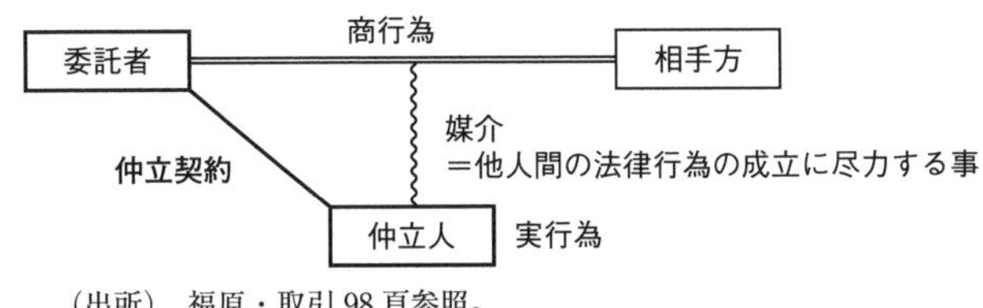

（出所） 福原・取引 98 頁参照。

事内容として，その手数料を得る営業をいう。自らが取引の当事者にはならないが，その取引の成立を促進・助長する。いわゆるブローカーと呼ばれる商人が，これにあたる（商 502 条 11 号）。商法では，仲立業を営む商人のうち，他人間の「商行為」の媒介をすることを業とする者を，仲立人と呼んで，規定を設けている（商 543〜550 条）。

仲立人と委託者の間には仲立契約があり，仲立契約は準委任契約であるから，民法の委任に関する規定（民 643 条以下）が準用される（民 656 条）。仲立人は，委託者に対し，受任者として，善良な管理者の注意をもって取引の媒介をなす義務を負う（民 644 条）。また，仲立人は，両当事者の中間に立って媒介をなすというその役割から，委託者のみならずその相手方当事者に対しても，公平にその利益をはかる義務を負う（江頭・商取引法 235 頁）。その他，仲立人には，商法上，当事者間の後日の紛争を防止するための義務（商 545〜547 条）や，黙秘の依頼を受けた場合の氏名黙秘の義務（商 548 条）と自らの履行責任（介入義務，商 549 条）が定められている。

なお，仲立人は，商人であるから，媒介した行為について相当の報酬（仲立料）を当然に請求することができる（商 512 条）。仲立人が報酬を請求できる時期は，契約が成立し，結約書の作成・署名または記名捺印・交付を終えた後となる（商 550 条 1 項）。この仲立料は，当事者双方が等しい割合で負担する（同条 2 項）。仲立人は委託者の相手方当事者に対しても直接に仲立料の半額を請求できる（江頭・商取引法 242 頁）。

(3) 取次業

取次業は，自己の名をもって他人の計算において法律行為を為すことを仕事内容とし，手数料を得る営業をいう。自ら，法律上，取引の当事者になるが，その取引の経済的実質を，委託者と相手方との間に立って処理する。取次業が活動することで，企業取引の適切な相手方を捜すことが容易になり，馴染みのない市場や専門知識の乏しい取引についても，それらに明るい取次業に委託することで取引が可能になる（福原・取引103頁）。

取次業のうち，物品の販売または買入れをすることを業とする者を「問屋（といや）」という。日常用語でいう問屋（とんや）と同じ表記であるが，問屋（とんや）は自己商であり，ここでいう問屋（といや）は取次商のことである。問屋（といや）の典型は，証券会社である。物品運送の取次ぎをすることを業とする者を運送取扱人という（商559条1項）。これら以外の行為（例えば，出版・広告・旅行業）について取次ぎをすることを業とする者を準問屋（商558条）という。商法は，準問屋については全面的に，また運送取扱人については別段の定めがある場合の他，問屋に関する規定を準用している（商558条・559条2項）。運送取扱営業については，物品運送に関する諸規定が準用されている（商564条）。

問屋と第三者（取引相手方）との関係は，通常の売買契約の当事者であり，問屋は第三者に対しこの契約から生ずる一切の権利義務の主体となり（商552条1項），委託者は第三者に対し直接の法律関係に立たない。

問屋と委託者との関係は，両者の間で結ばれる問屋契約によって定まり，この契約は，問屋が自己の名で委託者のために物品の売買という法律行為をなすことの委託を引き受けるものであるから委任契約である。したがって，両者の間には，民法の委任に関する規定（民643条以下）が「適用」される（福原・取引105頁）。問屋と委託者との関係は，法的には代理ではないが，経済的には代理類似の関係にあり，両者の間には代理に関する規定が準用され（商552条2項），問屋のなした売買の実質的効果は委託者に帰属する。このように問屋の法律関係は，法形式と経済的実質を乖離させることで，問屋の市場における特殊な知識や技能を活用して，委託者が実を得ることができる。

しかし，その乖離が問題を生じさせる場合がある。問屋が破産した場合，問

【問屋の法律関係】

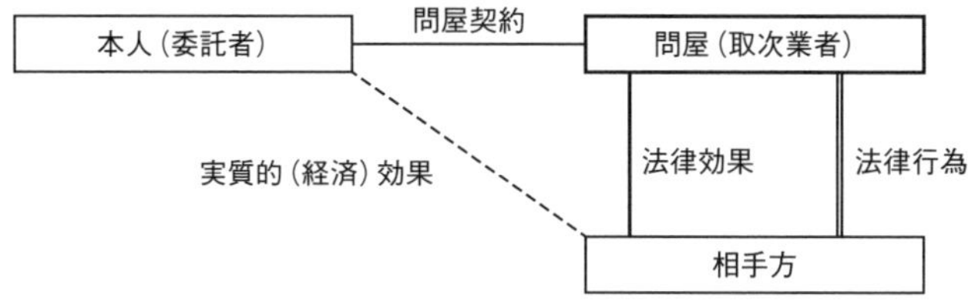

(出所) 福原・取引 104 頁参照。

屋に買入委託をしていた者は，問屋が取得した物品について，実質的な利益を有するとはいえ，権利主張ができないおそれがでてくる。そこで，このような場合には，問屋の債権者は，その権利について自己の債権の一般的担保として期待すべきではないので，委託者は取戻権を有すると解される（最判昭 43・7・11 民集 22・7・1462)。ただし，問屋の買入物品が委託者に帰属するものとして，分別保管される等，特定されていることが必要となる（福原・取引 105 頁)。

問屋は，善良な管理者の注意をもって委託者のために売買をなし（民 644 条)，取得した物品または代金を委託者に引き渡す義務を負う（民 646 条)。問屋は代理商と同様の通知義務を負う（商 557 条・27 条)。これにより委託者が結果を知ることができ，さらに指示を行う上で便利である。問屋は，売買の相手方がその債務を履行しないときは，原則として，委託者に対し自ら履行の責任を負う（商 553 条)。問屋営業の信頼を確保し，委託者を保護している。委託者が売買価格を指定したときは，問屋はこれに従う義務（指値遵守義務）を負う。ただし，問屋がこれに従わなかった場合でも，問屋がその差額を負担するときは，その売買は委託者に対して，効力を生ずる（商 554 条)。委託者の目的は達成され，問屋にとっても好都合であるからである。

問屋は，委託者に対し，費用の前払請求権（民 649 条)，立替費用の償還請求権（民 650 条 1 項)，報酬請求権（商 512 条）を有する。委託者が問屋の買い入れた物品の受取を拒み，または受領することができないときは，問屋は，商人間の売買における売主と同様，供託権および自助売却権を有する（商 556 条・524 条)。問屋は，代理商と同様の特別な留置権を有する（商 557 条・31 条)。問屋は，取引所の相場のある物品の販売または買入れの委託を受けたときは，自ら，その買主または売主となることができる（介入権，商555条1項）。この場合，問屋は売買の当事者の地位と受任者たる問屋の地位とを併有する。

5. 商事寄託と場屋営業・倉庫営業

(1) 商事寄託

寄託とは，当事者の一方（寄託者）がある物を保管することを相手方（受寄者）に委託し，相手方がこれを承諾することによって，その効力を生ずるものである（民657条）。その一般規定は，民法に定められている（民657条〜666条）。これに対して，商人がその営業の範囲内で寄託を受けた場合を商事寄託という（丸山・商法Ⅰ 130頁）。

平成29年民法改正前では，寄託は要物契約とされていたが，同改正により諾成契約とされた。無報酬で寄託を受けた者（無償受寄者）は，「自己の財産に対するのと同一の注意」をもって，寄託物を保管する義務を負う（民659条）。有償受寄者は，「善良な管理者の注意」をもって，受寄物を保存しなければならない（民400条）。

これに対して，商人がその営業の範囲内において寄託を受けた場合，すなわち商事寄託のすべてを通じて，報酬を受けないときでも，善管注意義務を負う（商595条）。無償寄託に関する民法の原則を，無償の商事寄託にそのまま適用すると商人の信用を維持することができなくなるおそれが生ずることを回避するためである（丸山・商法Ⅰ 131頁）。

さらに，商法は，客から物品の寄託を受ける場屋営業者（商502条7号）および商事寄託を営業とする倉庫営業者（商502条10号）について，それぞれ保管責任を定めている（商596条〜598条・610条）。

(2) 場屋営業

旅館・ホテル，飲食店，浴場，劇場，ゲームセンターその他の客の来集を目的とする場屋の取引をすることを業とする者を場屋営業者という（596条1項）。商法は，場屋営業者が客の荷物に関して負う責任について規定する。

場屋営業者は，客から寄託を受けた物品の滅失または損傷について，それが不可抗力により生じたものであることを証明しない限り，損害賠償の責任を免れることができない（商596条1項）。ローマ法のレセプツーム責任に由来する厳格な責任である。ここに，不可抗力とは，外部から発生した出来事であり，かつ，通常の注意を尽くしてもその発生を防止できないものと解される（折衷説・通説）。また，客がとくに寄託しない物品であっても，場屋内に携帯した物品が場屋営業者の注意を怠ったことによって滅失または損傷したときは，場屋営業者は損害賠償の責任を負わなければならない（商596条2項）。なお，客の携帯品につき責任を負わない旨の表示をしても，上記の責任は免れない（商596条3項）。

貨幣・有価証券その他の高価品については，客がその種類および価額を通知して寄託した場合でなければ，場屋営業者はその物品の滅失または損傷につき損害賠償の責任を負わない（商597条）。大阪高判平13・4・11（判時1753・142）は，商法上の高価品の特則による免責は，ホテル側に重過失がある場合にも適用があり，不法行為にも類推適用され，ホテル宿泊約款中の責任制限特則についても同様に解されると判示した。しかし，その上告審である最判平15・2・28（判時1829・151）は，上記責任制限特則が不法行為にも適用されることを認めつつ，本件特則がホテル側に故意または重過失がある場合には適用されないと判示した。

(3) 倉庫営業

倉庫営業者とは，他人のために物品を倉庫に保管することを業とする者をいう（商599条）。物流における空間的障害を克服するのが運送業であるなら，その時間的障害を克服するのが倉庫業である。倉庫営業者と寄託者との間に，倉庫寄託契約が締結される。この契約は，諾成契約であり（民657条），寄託契約の一種である。

倉庫営業者は，寄託者の請求により，寄託物の倉荷証券を交付しなければならない（商600条）。倉荷証券とは，倉庫寄託契約にもとづく寄託物の保管を証明するとともに，寄託物返還請求権を表章する有価証券である。倉荷証券が発行されると，寄託物返還請求権の行使・移転にその呈示・交付が必要となる。倉荷証券は，倉庫寄託中の物品の売買・担保等に支障をきたさないための制度である。運送中の物品について運送証券（貨物引換証（〔平成 30 年改正商法により廃止〕や船荷証券等）が発行されるのと同じ機能をもつ。倉荷証券と運送証券は，その法的性質・効力を同じくする（落合他・商法Ⅰ 269 頁）。倉荷証券は，要式証券性（商 601 条），**要因証券性**，文言証券性（商 604 条），処分証券性（商 605 条），法律上当然の指図証券性（商 606 条），引渡証券性（商 607 条），呈示証券（民 520 条の 9）・受戻証券性（商 613 条）を有する。

寄託者または倉荷証券の所持人は，倉庫営業者の営業時間内いつでも，寄託物の点検・見本の提供を求め，または保存に必要な処分をすることができる（商 609 条）。倉庫営業者は，寄託者または倉荷証券の所持人の請求があるときは，寄託物返還時期の定めの有無を問わず，いつでも受寄物を返還しなければならない（民 662 条 1 項）。この場合，寄託物返還時期の前の返還請求によって受寄者が損害を受けたときは，受寄者はその賠償を請求できる（同条 2 項）。倉庫営業者が，倉荷証券を寄託者に交付したときは，寄託を受けた諸事情を明らかにすべく，特別の帳簿を備え置き，記載しなければならない（商 602 条）。倉庫営業者は，寄託物の保管に関し注意を怠らなかったことを証明しなければ，その滅失または損傷につき損害賠償責任を免れることができない（商 610 条）。

他方，倉庫営業者は保管の対価として相当の報酬（保管料〔倉敷料〕）を請求することができる（商 512 条）。このほか，立替金その他受寄物に関する費用（輸入税・保険料など）も請求することができる。倉庫営業者は，運送取扱人・物品運送人などと異なり，特別の留置権（商 562 条・574 条）を有せず，寄託物について民法上の留置権（民 295 条），商人間の留置権（商 521 条）を有するにすぎない。倉庫営業者は，寄託者または倉荷証券の所持人が寄託物の受領を拒み，またはこれを受領することができないときは，商事売買の売主と同じ条

Glossary

要因証券：倉荷証券は，要因証券であるとされるが，その場合の要因性の意義については争いがある。第 1 の見解は，証券上の権利が証券発行の前提となっている原因関係の影響を受けることを要因性と考えるものである。第 2 の見解は，証券発行の前提をなす原因関係を証券上に記載することがその証券の本質的内容として要求されることが要因性であると考えるものである（落合他・商法Ⅰ 252 頁）。

件・手続（商524条1項・2項）をもって，寄託物を供託し，または競売することができる（商615条）。

（平泉 貴士）

References

江頭・商取引法，落合他・商法Ⅰ，北居＝高田・民法，布井＝福原・企業，福原・取引，丸山・商法Ⅰ，潮見佳男『民法（債権関係）改正法の概要』きんざい（2017年）。

Column ⑰ 消費者取引と法

1. 消費者取引の意義と特色

消費者取引とは，一方の当事者が企業を含む事業者であるのに対して，もう一方の当事者が消費者である取引をいう。企業取引の態様には企業と消費者との間（BtoC）の取引があり，これが消費者取引の大部分を占めている。消費者取引には，当事者である消費者の特性や取引の目的に由来する特色がある。第一に，企業は利潤の獲得を目的とするが，消費者は，日常生活を営む生身の人間として，自己の生存と生活の維持のために費消する財やサービスを獲得することを目的として取引を行う。第二に，消費者取引の当事者間でさまざまな格差がある（立場に互換性がないとか，非対称性ともいう）。消費者は，取引相手方となる事業者に較べて，資金力，情報力および交渉力に劣り，企業等のように取引に伴う危険や負担を他に転嫁する立場や能力をほとんど持たない。

2. 消費者保護法から消費者法へ

消費者取引では，消費者の傷つきやすい身体と生命の安全が十分に確保された上で，立場の不均衡を考慮して，取引の経済目的が達成される必要がある。消費者取引の法的規律は，消費者保護法あるいは消費者法と呼ばれる法分野に属しており，この法分野では，消費者を保護の客体に置くことに始まり，今日では，権利主張の主体として位置づける。

1968（昭和 43）年に制定された「消費者保護基本法」は，2004（平成 16）年 6 月に改正・改称され，「消費者基本法」が誕生し，同新法では，国や地方公共団体の責務を定めるほか，事業者の責務が新たに具体的に規定された（同法 5 条 1 項各号）。これにより，企業は，自主行動基準の策定とコンプライアンス経営の実践が求められている。

2008（平成 20）年 11 月に「日本消費者法学会」が設立され，消費者法理論の進展と専門教育の発展が図られている。2009（平成 21）年 5 月に成立した関連諸法によって，「消費者庁」および「消費者委員会」が新しい行政機関として創設され，わが国の消費者行政の一元化が図られている。

3. 消費者取引のための特別の法規範

消費者取引の特色に応じて求められる法的ルールとしては，民法や商法といった一般的なルールだけでは不十分であるから，取引類型毎に消費者保護を趣旨とする特別法（「割賦販売法」「特定商取引に関する法律（いわゆる特定商取引法）」等）が制定され，その改正が重ねられている。また，取引類型を問わずに消費者取引全般を対象として，一般民事ルールを確立するために，特別の契約ルールを定める「消費者契約法」や特別の損害賠償ルールを定める「金融商品の販売に関する法律（いわゆる金融商品販売法)」が制定されている(金融商品販売法は2020〔令和2〕年の改正により,「金融サービスの提供に関する法律」〔金融サービス提供法〕と改称されている)。消費者三法という場合は,消費者契約法,割賦販売法,特定商取引法を指す。さらに,電子商取引における特別な契約ルールとして,「電子消費者契約に関する民法の特例に関する法律(いわゆる電子消費者契約法)」が制定されている。

2006(平成18)年の消費者契約法改正では,適格消費者団体による差止請求制度が創設され,さらに,2013(平成25)年成立の「消費者の財産的被害の集団的な回復のための民事の裁判手続の特例に関する法律(平成25年法律96号)」(=消費者裁判特例法)により,消費者被害を集団的に回復するための二段階型の訴訟制度(消費者団体訴訟制度)が設けられた。2017年成立の民法(債権関係)改正法では,一般法としての民法には消費者概念を持ち込まないことにされ,消費経済社会の高度化や高齢化への対応は,引き続き,前記の消費者三法等の不断の改正作業に委ねられている。

(福原 紀彦)

References:福原・取引,中田邦博・他(編)『基本講義 消費者法(第4版)』日本評論社(2020年),日本弁護士連合会(編)『消費者法講義(第5版)』日本評論社(2018年)。

Column ⑱ 電子商取引と法

1. 電子商取引の意義と形態

企業取引は，引き合いと交渉に始まり，契約の締結を経て，債務の履行と支払・決済がなされるというプロセスをたどるが，そのプロセスでは，さまざまな情報がやりとりされる。そこで，取引のプロセスで必要となる情報の一部または全部を電子化して，その電子データを活用し，コンピュータ・ネットワーク上で取引の一部または全部を行うものを「電子商取引（Electronic Commerce)」または「電子取引（Electronic Transaction)」という。取引の主体が，企業（Business)，消費者（Consumer)，政府・自治体（Government）のいずれであるかに注目して，その形態別に，BtoB, BtoC，CtoC，GtoG，GtoB，GtoC と表示される（to は 2 と表記されることもある)。

2. 取引における電子データの活用と法制度

取引のプロセスでやりとりされる情報は，それ自体で伝達できるものではなく，なんらかの媒体を必要とし，その媒体として紙を利用するものが「文書」であるのに対して，電気信号を利用するものが「電子データ」である。電子データの活用は，大きな利便性を有するだけでなく経済社会に高度な変革をもたらすことが期待される。そこで，法制度の整備が，まず，文書や書面の存在を前提としてきた法制度が電子データの活用を妨げるという法的障害を除去する方向で進んだ（本書第 21 章 3. 参照)。

3. 電子消費者取引の法とルール

インターネット・ショッピングを主とする電子消費者取引は，特定商取引法上，通信販売に該当することから（特定商取引法〔以下「特商」と略称〕2 条 2 項)，同法の通信販売の規制に服する。「特定商取引に関する法律」への改称も規定する訪問販売法の一部改正（2000〔平成 12〕年 11 月成立，2001〔平成 13〕年 6 月施行）と，これに伴う省令改正では，従来の規制に加えて，電子商取引の特性に応じた上乗せ規制が施された。広告規制として，事業者氏名の明示や誇大広告の禁止を定め（特商 11～13 条)，ネット通販の申込画面での分かりやすい画面表示を求める（特商 14 条)。

通信販売では，業界の自主的なルールにもとづいて返品制度が普及し，通信販売の信頼性と公正を確保する役割を果たしてきた。そこで，特定商取引法では契約条件の広告において返品特約の表示を義務づけ（特商 11 条 1 項 4 号)，さらに，2008（平成 20）年改正により，広告等に特約を表示しない限り，購入者は商品等を受け取った日から 8 日間，送料を負担して商品または指定権利を返品できると規定し（特商 15 条の 2)，インターネット取引については，広告画面への表示に加え，電子消費者契約法（後掲）上の確認画面にも特約の記載が義務づけられ，それが返品特約の有効要件となる（同条)。併せて，割賦販売法の一部改正により，消費者保護規制の対象にカードレス取引（カードの代わりに付与された番号等のみを通知して行う取引）が追加された。

「電子消費者契約に関する民法の特例に関する法律（平成13年法律95号）」（＝電子消費者契約〔民法特例〕法，2001〔平成13〕年6月22日成立，2017〔平成29〕年民法改正整備法による改正）は，消費者が行う電子消費者契約の要素に操作ミス等の錯誤があった場合，重過失があるときは錯誤による取消しをすることができないとの民法95条3項の規定は，消費者が行う電子消費者契約の申込み又はその承諾の意思表示について，その意思表示が同条第1項1号に掲げる錯誤にもとづくものであって，その錯誤が法律行為の目的及び取引上の社会通念に照らして重要なものであり，かつ，①消費者がその使用する電子計算機を用いて送信した時に当該事業者との間で電子消費者契約の申込み又はその承諾の意思表示を行う意思がなかったとき，又は，②消費者がその使用する電子計算機を用いて送信した時に当該電子消費者契約の申込み又はその承諾の意思表示と異なる内容の意思表示を行う意思があったときの，いずれかに該当するときは，適用されない。ただし，当該電子消費者契約の相手方である事業者（その委託を受けた者を含む）が，当該申込み又はその承諾の意思表示に際して，電磁的方法によりその映像面を介して，その消費者の申込み若しくはその承諾の意思表示を行う意思の有無について確認を求める措置を講じた場合又はその消費者から当該事業者に対して当該措置を講ずる必要がない旨の意思の表明があった場合は，適用されない（電子消費者契約法3条）。これにより，消費者はネット取引におけるクリックミス等で不当な法的拘束を受けないことになり，事業者は確認画面等の工夫が求められる。

その他，電子商取引につき検討が続き実現されていない事項，法令をもって詳細を規定することが困難な事項，または技術の進歩や紛争実態の変化によって既定の法令の解釈・運用では十分な対応ができない事項があることから，経済産業省では，法令の解釈や運用にあたっての「叩き台」として，あるいは一定の指針となることを期待しつつ，2002（平成14）年7月に「電子商取引に関する準則」が定められ，以後，数回の改訂を経ている。2007年の改訂では，情報材取引に関する論点の充実を受けて，「電子商取引及び情報財取引等に関する準則」と名称が改められ，その後，CtoC（インターネット・オークション等）の諸問題も扱われている。

なお，電子商取引が行われる場となっているデジタル・プラットフォームに関して，2020（令和2）年に「特定デジタルプラットフォームの透明性及び公正性の向上に関する法律（特定DPF法）」等が制定されている（本書第21章Column ㉔参照）。

（福原 紀彦）

References：福原・取引，松本恒雄『平成28年版・電子商取引及び情報財取引等に関する準則と解説（別冊NBL158号）』商事法務（2016年），松本恒雄・他（編）『電子商取引法』勁草書房（2013年），塚本英巨・他（代表）『ビジネス法大系：企業取引法』第一法規（2017年），渡邊涼介・他『電子商取引・電子決済の法律相談』青林書院（2020年）他。

Column ⑲ 国際取引と準拠法のはなし

1. 法律は国境を越えるか？

「愛は国境を越える。」という言葉がある。私（愛）も時々外国に行く。

では，法律は国境を越えるか。

基本的には No であろう。日本以外の国では，その国の法律に従って人々は生活しているわけで，日本法の適用の余地も必要もないのが通常である。

しかし，国際取引の場面ではどうであろうか。例えば，日本のスーパーで販売されているアボカドはメキシコ産であるし，百貨店や家電量販店で電化製品や洋服を手に取ると中国製の記載を見ることがある。他方，海外旅行に出れば，日本の自動車が異国の地を走行しているのをよく見かけるし，現地のスーパーやショッピングモールでは，青森産のリンゴや日本の米といった日本産の食料品を見かけたりもする。これらは日本と諸外国の間で物品の売買契約等が締結され輸出入の手続きを経て一般消費者のもとに届いているのである。このように国際化は，われわれの日常生活においても感じ取れるほど浸透しており，二国間以上の国にまたがるようないわゆるボーダレスな取引が幅広く行われている。

かかるボーダレスな取引においては，国内の取引と異なり，どのようなルールに従ってなされるべきか。法律が国境を越えて適用されるのか。

この問題について国際取引法という法分野がある。しかし，国際法とか国際取引法という名称の法律が存在するわけではない。国際取引法とは，国際取引に関連する法の全体を意味し，各国の公法，私法，国際私法，条約，国際的な商慣習など多種多様な法律を含む概念である。

商法や民法は国際取引のために制定されたものではないが，国際取引に適用されることになれば，これも立派な国際取引法である。それとは別に，国際的な取引や法律関係を想定して制定された法律もある。法の適用に関する通則法や，国際海上物品運送法などがこれに該当する。法の適用に関する通則法は，国際的な取引においてどの法律が適用されるかについて規定するものである。私法上の取引については，基本的には当事者の合意で決定される（通則法第７条）。例えば，日本企業とアメリカ企業で売買契約を締結した場合，本件取引については日本法が適用されると合意したときには，日本法が適用される。この意味で，日本法は国境を越えて遠くアメリカの会社との取引について効果を及ぼす。また，国際海上物品運送法は，日本が批准した条約であるヘーグ・ヴィスビー・ルール（船荷証券に関するある規則の統一のための国際条約）を国内法化したものである。同法は，原則として「船舶による物品運送で船積港または陸揚港が本邦外にあるものに」適用されるとしており（1条），国境を越える海上運送に適用される。

また，前述のように，法律行為において適用される法は当事者間で選択が可能であるから，国際取引において，法律として制定されていない一定のルールの適用を当事者間で定め，同ルールに従う場合もある。貿易取引条件を定めたインコタームズやユニドロワ国際商事契約原則などである。これらに強制力はないが，契約書中に「インコタームズに従う」などの文言を入れることで当事者間に拘束力を持たせることができる法規範である。これは国境なき法律ということができるであろう。

以上のように，国際取引おいて，法律は国境を越えて適用されることがある。契約の際にはどの法律が適用されるのか，準拠法の規定をよく確認してほしい。例えば，クルーズ旅行で韓国と日本に行く船旅の乗船券の裏面をみると，クルーズ船の親会社が，米国カリフォルニア州にある関係でカリフォルニア法が適用されると書いてあるかもしれない（おまけにカルフォルニアの裁判所で争わなければならないと規定してあれば，日本人が被害を被った場合には，その権利の実現はかなり難しいと思われる)。実際，クルーズ船では，船内の疫病の流行により，長期隔離がなされたり，航海中のエンジン等の故障により，幽霊船状態（dead ship）になって海原を漂流したりすることもある。ぜひ気を付けてみてほしい。

2. 国際取引で事故が起きたときの時効の延長合意

国際間で事故などの紛争が発生した場合，損害の算定や遠隔地のコミュニケーションの難航により，思いのほか時間がかかるうえ，中には短期の消滅時効にかかる債権も存在する。

英国では基本的には債権の消滅時効（time bar）は 6 年であるが，合意による時効の延長が従来から認められており，時効間際になると，しばしば，双方当事者の代理人である弁護士同士で時効の延長合意が交わされる。何度（1 年の時効を 5，6 回など）か延長して，ついに時効の延長をしないという意思表示があると，他方当事者は，訴訟や場合によっては仲裁をするか検討することになる。債権発生から，時間が経過し，しかも本当に回収出来るか不明の場合には，断念する案件も散見される。たいていの場合は，損害を先に補填した保険会社に実質的決定権がある。それゆえ，時効の延長は請求される側にとって，いつまでも債権が残り，一見不利であるようであるが，時間をかけてうやむやにして請求を免れることが期待できるので，延長合意に従う場合が多い。

国際取引の準拠法が日本法である場合はこのような，時効の延長合意はできるであろうか。実は，英国法系の国では，ほぼ慣習的に，時効の延長合意がされていることから，かなり前から延長合意自体は行われている。しかし，法的に有効かというと，民法 146 条の「時効の利益は，あらかじめ放棄することができない。」の条文からして，有効とはいいがたかった。実際上は延長合意をした当事者間は単に事実上時効の援用をしないにとどまり，仮に，援用してしまったら，時効が完成すると思われる。

この援用を信義則や権利濫用というかもしれないが146条の強行法規性から考えて通らないであろう。

ところが，日本では民法の大幅な改正（2020年4月から施行）が行われ，合意による時効の延長の制度が新設された（協議を行う旨の合意による時効の完成猶予，民法151条)。これにより，少し，国際スタンダードに近くなったとは思うが，延長期間は1年未満でなければならず，再度の延長は5年を超えてはいけないなど，延長内容については制約がある。従って，運用には注意が必要であり，相手方弁護士が外国人である場合，丁寧に制度を説明する必要がある。

（吉田 愛）

第 18 章

運送取引・保険取引と法

Essence

□ 1. 平成 30 年商法（運送・海商関係）等改正後の運送取引に関する法的規律はどのように整理されたか。

□ 2. 商法第 2 編商行為第 8 章運送営業には，どのような総則的規律が設けられているか。

□ 3. 商法第 3 編海商には，海上運送に関するどのような特則が設けられているか。

□ 4. 国際海上物品運送法（昭和 32 年法律 172 号）には，どのような規律が設けられているか。

□ 5. 保険法（平成 20 年法律 56 号）は，保険取引に関するどのような基本的な民事ルールを定めているか。

Introduction

「運送」とは，物または人を場所的・空間的に移動させる事実行為であり，この運送を請け負う営業が「運送営業」である。生産者から最終消費者にいたる商品流通の過程で，商品の場所的移動や時間的保管に関する活動は「物流」と呼ばれる。運送営業は，倉庫営業とともに，物流に関する補助商であり，企業取引の財貨の転換を促進する役割を担っている。

「保険」とは，個人の生活や企業・団体の活動に伴う危険に対処するため，いわゆるリスク・マネジメントのための経済制度として案出され，制度的発展を遂げたものである。保険には，保険給付の内容に着目して，損害保険と定額保険（生命保険・傷害疾病定額保険）がある。

各種の保険の中で初めて誕生した営利保険は，損害保険の一種である海上保険である。海上保険は 14 世紀のイタリアの商業都市で生まれた。商業都市における自由で合理的な商人の創意工夫が海上保険を生み出した（中出哲『海上保険』有斐閣〔2019 年〕23～27 頁）。

1. 運送取引

(1) 運送取引の法規制

運送という営みは，社会のあらゆる活動にとって不可欠である。運送は，それが行われる場所によって陸上運送・海上運送・航空運送に区別され，それぞれの性格に即した法規制に服している。運送は，それぞれ多くの公法上の規制に服する（道路運送法，鉄道営業法，海上運送法，航空法など）。

私法上は，商法第2編商行為第8章運送営業にて，すべての運送契約に共通に適用される総則的規律が設けられている。海上運送契約については，商法第3編海商（国内運送）と国際海上物品運送法（国際運送）とに特則的規律が設けられている。

航空運送契約については，国際運送に関してのみ，自動執行力のある1999年モントリオール条約（2003年11月発効）が適用される（わが国は2000年6月に批准）。

その他，運送に関する各種の特別法（船舶の所有者等の責任の制限に関する法律，船舶油濁等損害賠償保障法など）や条約（船舶衝突統一条約，海難救助統一条約など）がある。

【平成30年商法（運送・海商関係）等改正後の運送に関する商法規律】

<table>
<tr><th colspan="2"></th><th>陸上運送</th><th colspan="2">海上運送</th><th>航空運送</th></tr>
<tr><td rowspan="3">国内運送</td><td rowspan="2">物品運送</td><td colspan="4">総則的規定
商法　第2編商行為
第8章第2節（商570～588条）</td></tr>
<tr><td></td><td colspan="2">商法　第3編海商
第3章第1節～4節（商737～770条）</td><td></td></tr>
<tr><td>旅客運送</td><td colspan="4">総則的規定
商法　第2編商行為
第8章第3節（商589～594条）</td></tr>
<tr><td rowspan="2">国際運送</td><td colspan="2" rowspan="2"></td><td>物品運送</td><td>国際海上物品運送法</td><td rowspan="2">ワルソー条約
モントリオール条約</td></tr>
<tr><td>旅客運送</td><td></td></tr>
</table>

（出所）　福原・取引117頁。

運送を引き受ける契約は営業としてなされるときには商行為とされ（商502条4号），運送営業者は商人とされて，商法の適用を受ける。商法上，運送人とは，陸上運送，海上運送または航空運送の引受けをすることを業とする者をいう（商569条1号）。陸上運送とは，陸上における物品または旅客の運送をいう（同条2号）。海上運送とは，商行為をする目的で航海の用に供する船舶（商684条）および商行為をする目的でもっぱら湖川，港湾その他の海以外の水域において航行の用に供する船舶（非航海船）（商747条）（いずれもろかい舟を除く）による物品または旅客の運送をいう（商569条3号）。運送契約に関する限りでは，海域・水域を問わず海上運送に関する規律が適用されることとなる。これに対して，運送契約以外の海商の諸制度が適用される航海船かどうかを判断する場合の海の範囲について**平水区域**も含むかどうかは，従来どおり解釈問題となる（山下友信「商法〔運送・海商関係〕等の改正に関する要綱について」NBL1072号10頁，問答平成30改正57頁）。航空運送とは，航空法（昭和27年法律231号）2条1項に規定する航空機による物品または旅客の運送をいう（同条4号）。

（2） 運送契約についての総則的規律（商法第2編商行為第8章）

1）物品運送人の義務と責任

物品運送契約は，運送人が荷送人からある物品を受け取りこれを運送して荷受人に引き渡すことを約し，荷送人がその結果に対してその運送賃を支払うことを約することによって，その効力を生ずる（商570条）。この契約は，運送という仕事の完成を目的とするものであるから，請負契約の性質を有する（民632条）。

運送人は，運送品の受取から引渡しまでの間の運送品の滅失・損傷または延着（以下，滅失等）について，その運送品の受取，運送，保管および引渡しに

Glossary

平水区域：船舶安全法等における概念であり，湖，川および港内の水域ならびに船舶安全法施行規則所定の水域を指す（同規則第1条第6項）。一般に，平水区域の定め方は，陸岸により囲まれ，外海からの波の侵入が妨げられる地形であること，気象および海象が年間を通じて静穏であること，海岸までの距離が小さく，非常時の乗船者の避難が容易であること等が基準とされている（商事法務編『商法〔運送・海商関係〕等の改正に関する中間試案』別冊NBL152号40頁）。

ついて注意を怠らなかったことを証明しない限り，損害賠償責任を負う（商575条）。この運送人の責任は，運送契約上の債務不履行にもとづく損害賠償責任である。民法の債務不履行責任が運送人について具体化されたものである。ただし，損害賠償額については，迅速かつ画一的処理を図るため，定額化されている（商576条1項）。

運送人または使用人の故意・過失により，運送品が滅失等した場合は，運送人は不法行為にもとづく損害賠償責任も負担する（民709条・715条）。この場合，相手方は，債務不履行にもとづく損害賠償請求権と，不法行為にもとづく損害賠償請求権のいずれをも主張することができる（**請求権競合説**，最判昭44·10·17判時575・71）。

運送品が貨幣・有価証券その他の高価品である場合には，荷送人が運送を委託するにあたり，その種類および価額を通知しなければ，運送人は損害賠償の責任を負わない（高価品の特則，商577条）。高価品は損害発生の可能性が高く，その種類および価額の通知があれば運送人は特別の配慮をし，それに応じた運送賃の請求もできるからである。ここに高価品とは，運送人の予見可能性から考えて，容積または重量の割に著しく高価な物品をいうと解されている（最判昭45・4・21判時593・87）。貴金属・宝石・高級美術品などは高価品といえる。通知がなければ普通品としての責任も負わない。なお，物品運送契約の締結当時，運送品が高価品であることを運送人が知っていた場合（商577条2項1号）および運送人の故意または重過失によって高価品の滅失等が生じたときは（同項2号），運送人は高価品としての責任を免れない。

運送人の責任について請求権競合説を採ると，高価品の特則など（商576条・577条・584条および585条の規定）による免責などが不法行為責任にまで及ぶのか否かが問題となってきた。平成30年改正法は，立法的な解決をはかった（商587条本文）。ただし，荷受人があらかじめ荷送人の委託による運送を拒んでいたにもかかわらず荷送人から運送を引き受けた運送人の荷受人に対する責任については，高価品の特則などの規定は適用されない（同条但書）。

Glossary

請求権競合説：判例・通説は，契約責任と不法行為責任とは要件と効果を異にするから，両請求権は別個の権利であり，相手方は2つの請求権のいずれを選択して行使することもでき，そのことは被害者である債権者の保護に資すると解している。

なお，約款による責任限度額の定めについて，運送人の荷送人に対する債務不履行責任に対してだけでなく，不法行為責任についても適用されると解するのが当事者の合理的意思に合致すると判示した判例がある（最判平10・4・30判時1646・162）。

商法587条により運送人の責任が減免される場合には，その責任が減免される限度において，運送人の被用者の荷送人または荷受人に対する不法行為による損害賠償責任も，被用者に故意または重過失がない場合に，減免される（商588条1項・2項）。下請運送人などの独立的な補助者は，国際海上物品運送法16条3項におけると同様に，**ヒマラヤ条項**など運送約款により対処することになる（山下・前掲8頁）。

運送人の損害賠償責任は，荷受人側の特別な事由により消滅する（商584条1項）。また，運送人の責任は，運送品の引渡しがされた日（全部滅失の場合には，引渡しがされるべき日）から1年以内に裁判上の請求がされないときは除斥期間により消滅する（商585条1項）。この期間は，運送品の滅失等による損害が発生した後に限り，合意により，延長することができる（同条2項）。

2）物品運送人の権利

運送人は，到達地における運送品の引渡しと同時に，特約がなくても運送賃を請求できる（商573条1項）。運送品がその性質・瑕疵によって滅失・損傷したときは，荷送人は運送賃の支払を拒むことができない（同条2項）。

その他，商法上，①送り状交付請求権（商571条1項），②特別の留置権（運送人は，運送品に関し受け取るべき運送賃，付随の費用および立替金〔以下，運送賃等〕について，運送品を留置することができる〔商574条〕），③供託権・競売権（運送人は，荷受人を確知することができない場合，荷受人が運送品の受取を拒む場合および荷受人が運送品を受け取ることができない場合に，運送品を供託しまたは競売することができ，この競売代金の全部または一部を運送賃等に充当することができる〔商582条・583条〕）がある。

Glossary

ヒマラヤ条項：運送契約には，荷主の請求に対し履行補助者も運送人が有するのと同じ抗弁を対抗できる旨を規定する条項がおかれ（第三者のためにする契約），ヒマラヤ条項と呼ばれる。ヒマラヤの名はイギリス判例の船舶名に由来する（江頭・商取引法325頁）。

3）荷送人の危険物通知義務

荷送人は，運送品が引火性，爆発性その他の危険性を有するものであるときは，その引渡しの前に，運送人に対し，その旨および当該運送品の品名，性質その他の当該運送品の安全な運送に必要な情報を通知しなければならない（商572条）。荷送人は運送人に対して通知義務違反についての損害賠償責任を負うことになる。荷送人は，通知義務違反が荷送人の責めに帰することができない事由によるものであることを主張立証することにより責任を免れることができる（問答平成30改正23頁）。

4）荷受人の地位

荷受人は，荷送人によって指定され（商571条1項4号），到達地において運送品の引渡しを受くべき者である。荷受人は，運送契約の当事者ではないが，運送品が到達地に達した後または運送品の全部滅失のときは，運送契約によって生じた荷送人の権利と同一の権利を取得する（商581条1項）。荷受人が運送品の引渡しを受けたとき，または運送品全部滅失による損害賠償請求をしたときは，荷送人はその権利を行使することができない（同条2項）。荷受人は，運送品を受け取ったときは，運送人に対し，運送賃等を支払う義務を負う（同条3項）。

5）複合運送

陸上運送，海上運送または航空運送のうち二以上の運送を一の契約で引き受けた場合における運送品の滅失等についての運送人の損害賠償責任は，それぞれの運送においてその運送品の滅失等の原因が生じた場合に当該運送ごとに適用されることとなるわが国の法令またはわが国が締結した条約の規定にしたがう（商578条1項）。自動車運送と鉄道運送などを組み合わせて一の契約で引き受ける場合にも複合運送に該当する（同条2項）。滅失等が生じた運送区間が特定されない場合には，運送についての総則的規律の適用があることとなる（問答平成30改正34頁）。

6）相次運送

i　狭義の相次運送　ある運送人が引き受けた陸上運送についてその荷送人のために他の運送人が相次いで当該陸上運送の一部を引き受けたときは，各運送人は，運送品の滅失等につき連帯して損害賠償責任を負う（商579条3

項)。海上運送および航空運送に準用される(同条4項)。大審院明治45年2月8日判決(民録18輯93頁)およびその後の学説においては，ここでいう相次運送とは，ある運送人が引き受けた運送についてその荷送人のために他の運送人が相次いで運送の引受けをする場合(連帯運送)をいうものとされる(商事法務編・前掲50頁)。

ii　広義の相次運送　数人の運送人が相次いで陸上運送をするときは，後の運送人は，前の運送人に代わってその権利を行使する義務を負う(商579条1項)。この場合において，後の運送人が前の運送人に弁済をしたときは，後の運送人は，前の運送人の権利を取得する(同条2項)。海上運送および航空運送に準用される(同条4項)。この場合の相次運送については，学説上，上記の連帯運送の場合だけでなく，ある運送人が全区間の運送を引き受けたうえで，その一部または全部の運送を他の運送人に委託する場合(下請運送)，数人の運送人が各自独立して一部の区間の運送の引受けをする場合(部分運送)および数人の運送人が共同して全区間の運送を引き受けたうえで，内部的に担当区間を定める場合(同一運送)を含むと解されている(商事法務編・前掲50頁)。

7)旅客運送人の責任

旅客運送契約は，運送人が旅客を運送することを約し，相手方がその結果に対してその運送賃を支払うことを約するものである(商589条)。運送人は，運送に関し注意を怠らなかったことを証明しない限り，旅客が運送のために受けた損害の賠償責任を負う(商590条)。旅客の生命・身体の侵害による運送人の損害賠償責任(運送の遅延を主たる原因とするものを除く)を減免する特約は，原則として無効である(商591条1項。同条2項1号・2号に例外事由がある)。

運送人が旅客から引き渡しを受けて運送する手荷物(託送手荷物)が損害を被った場合，運送人は，運送賃を請求しないときでも，物品運送契約における運送人と同一の責任を負う(商592条1項)。

身の回り品を含む旅客が携帯する手荷物(持込手荷物)については，その滅失・損傷について運送人またはその使用人に故意または過失があることを旅客の側で立証しない限り，運送人は損賠賠償責任を負わない(商593条1項)。物品運送契約についての定額賠償（商576条1項・3項），責任の特別消滅事由（商584条1項），責任の消滅（商585条1項・2項），運送人の不法行為責任（商587条）および運送人の被用者の不法行為責任（商588条）の規定が準用される（商593条2項）。ただし，高価品に関する特則（商577条）の準用は除外されている。

（3）　海上運送の特則

1）船舶

船舶とは，社会通念上は，水上航行の用に供する構造物すべてを指すが，法律上は，商法海商編が適用される対象を明らかにする基本概念として存在する。すなわち，商法上，船舶とは，商行為をする目的で航海の用に供する船舶（航海船かつ商行為船）のことをいい，端舟（たんしゅう）や主としてろかいをもって運転する舟は含まれない（商684条）。内水船（湖川港湾のみを航行する船）や非商行為船は，商法上の船舶に含まれない。

平成30年商法改正により，非航海船による海上物品運送には，個品運送に関する規定が準用される（商747条・756条）。船舶法により，公用船でない限りは，非商行為船の航海船にも商法第3編海商の規定が準用され（船舶法〔附則〕35条1項），非商行為船の内水船にも船舶衝突の規定（商791条）と海難救助の規定（商807条）が準用される（船舶法〔附則〕35条2項）。

船積港および陸揚港が本邦内にある船舶を「内航船」といい，船積港または陸揚港が本邦外にある船舶を「外航船」という。海上物品運送契約については，内航船によるものは商法の対象となり，外航船によるものは国際海上物品運送法（昭和32年法律172号）の適用対象となる。

2）船舶運航主体と補助者

i　船舶運航の主体　海上運送営業を中心とする海上企業活動では，自己の所有する船舶を使用すること（船舶所有，船舶共有）もあれば，他人の所有する船舶を利用すること（船舶賃借，定期傭船）もある。商法は，それらの諸形態に照らして，数種の船舶運航主体の概念を定め，特別の法的規律を設けている。

a　船舶所有者　商法上，船舶所有者とは，船舶を所有し（広義での船舶所有者)，その船舶を利用して海上活動を行うことを目的として，その船舶を航海の用に供する者（狭義での船舶所有者）をいう。船舶所有者は船主ともいわれる。

船舶所有者は，船長その他の船員がその職務を行うについて故意または過失によって他人に加えた損害を賠償する責任を負う（商 690 条)。民法 715 条の使用者責任の特則であり，船舶所有者に選任監督上の過失がなくても厳格な不法行為責任を認めるものである。

b　船舶賃借人　　船舶賃借は，船舶のみの賃借であり，船員とともに船舶を利用する定期傭船とは区別され，裸傭船といわれる。船舶賃借人は，他人の所有する船舶を賃借し（広義での船舶賃借人)，その船舶を利用して海上活動を行うことを目的として，その賃借船舶を航海の用に供する者（狭義での船舶賃借人）をいう。

船舶の賃貸借については，内部関係は裸傭船契約によって定められ，民法の賃貸借の規定が補充的に適用される。民法 606 条 1 項の特則として，賃借人に船舶の修繕義務がある（商 702 条)。第三者との関係においては，船舶賃借人は，その船舶の利用に関する事項について船舶所有者と同一の権利義務を有する（商 703 条 1 項)。したがって，船長その他の船員が職務上の行為により第三者に損害を生じさせたときは，船舶賃借人が直接に無過失責任を負うことになる。商法 703 条 1 項の場合において，その船舶の利用について生じた先取特権は，船舶所有者に対しても，その効力を生ずる（同条 2 項)。債務者以外の所有物に対し先取特権が成立するのは，海商法に特有の慣行にもとづく法理である（江頭・商取引法 335 頁)。

c　定期傭船者　　定期傭船契約とは，当事者の一方（船舶所有者または船舶賃借人）が艤装した船舶に，船員を乗り組ませて，その船舶を一定の期間相手方（定期傭船者）の利用に供することを約し，相手方がこれに対してその傭船料を支払うことによって効力を生ずる契約をいう（商 704 条)。艤装とは，船舶が適当な錨，羅針盤等の属具を備えていること，海図や航海に必要な書類を備えていることを意味する（戸田修三・中村眞澄編『注解国際海上物品運送法』青林書院〔1997 年〕123 頁)。定期傭船契約は，運送契約ではなく，船舶賃貸借契約とは別の船舶の利用（船員付き船舶の利用）に関する契約として位置づけられる。そして，定期傭船者の船長に対する指示権（商 705 条），定期傭船者の費用負担（商 706 条），運送および船舶賃貸借に関する規定の準用（商 707 条）が定められている。定期傭船者の指示権が海技事項におよばないことから（商 705 条但書），定期傭船者は船舶衝突責任を負わないのが通常である。ただし，船舶の利用実態によっては，その責任が問題になる場合もあり得る（最判平 4・4・28 判時 1421・122 参照）（箱井崇史『基本講義現代海商法〔第 4 版〕』成文堂〔2021 年〕52 頁）。

ii　船舶運航の補助者　企業活動の補助者には，対外的営業活動上の補助者に関する法制度が商法の総則編と商行為編に設けられているが，別途，海商編においては，船舶の運航を担う船長に関する独特の規定がある（商 708 条以下）。船舶運航の補助者としては，船舶所有者等との雇用契約にもとづいて船舶を運航する船長およびその他の船員がいるほか（船員については，船員法〔昭和 22 年法律 100 号〕に定義がある），船舶所有者とは独立して海上活動を補助する水先人，曳船業者，船舶代理人，船舶仲立人，港湾荷役業者などが存する。

船長は，船舶所有者（または船舶賃借人）に選任（船舶共有の場合は船舶管理人に選任）される特定船舶の乗組員である。その船舶の運航指揮権を有し，船舶所有者の代理人として航海のための法定の包括的代理権を有する。船長は，船籍港外において，原則として船舶所有者に代わって航海に必要な一切の裁判上または裁判外の行為をする権限を有する（商 708 条 1 項。例外として，船舶について抵当権を設定すること〔同項 1 号〕，借財をすること〔同項 2 号〕がある）。この船長の代理権に加えた制限は，善意の第三者に対抗することができない（同条 2 項）。また，船長は，やむを得ない事由によって自ら船舶を指揮することができない場合は，法令に別段の定めがあるときを除き，船長の職務代行者を選任できる（商 709 条）。船長は，海員を指揮監督し，海員への懲戒権を行使できる（船舶権力という。船員法 7 条・22 条〜24 条）。

船長は，航海中，積荷の利害関係人の利益のために必要があるときは，その利害関係人に代わって，最もその利益に適合する方法により，その積荷の処分をしなければならない（商 711 条 1 項）。また，船長は，遅滞なく，航海に関する重要な事項を船舶所有者に報告しなければならない（商 714 条）。

船長は，海員がその職務を行うについて故意または過失によって他人に損害を与えた場合は，損害賠償の責任を負う（商713条本文）。ただし，海員の監督について注意を怠らなかったことを証明したときは，この責任を負わない（同条但書）。

3）船舶所有者等の責任制限

海商法の分野では，古くから各国において船舶所有者の有限責任（船主責任制限）が認められてきた。この制度は，海上活動の特別な危険を考慮して船主を保護する趣旨で設けられたものであり，もっとも海商法らしい特殊制度の一つである（箱井・前掲61頁）。

わが国では，条約の批准に伴う「船舶所有者等の責任の制限に関する法律（船主責任制限法）」（昭和50年法律94号）の制定と改正によって，船主責任制限を法制度化している。責任制限の主体は，船舶所有者等もしくは救助者またはその各被用者等である（船主責任制限3条1項・2項）。船舶所有者等とは，船舶所有者，船舶賃借人および傭船者ならびに法人であるこれらの無限責任社員をいう（船主責任制限2条1項2号）。

4）海上物品運送契約

i　契約形態

a　個品運送契約　　個品運送契約は，船腹を貸切ることなく，個々の物品の運送を引き受ける運送契約である（商737条1項）。不特定多数の荷送人から種々雑多な雑貨の運送を引き受けるため，運送の引受は船荷証券などの裏面に印刷された運送約款によって画一的に行われる。当事者による商議の機会はごく限られており附合契約性が強い（戸田修三『海商法〔新訂第5版〕』文眞堂〔1990年〕89頁）。個品運送契約は定期船による一定の航路における運送について行われる。商法は，個品運送契約に関する規定として，第3編第3章第1節に一連の規定（商737条～747条）を定めている（堪航能力担保義務に関する規定を除き国際海上物品運送法15条により適用）。

b　航海傭船契約　　航海傭船契約は，特定の港から港までの1回または数回の航海につき，船舶の全部または一部を相手方（傭船者）に貸し切る形で提供して物品を運送することを運送人が引き受ける運送契約である（商748条1項）。航海傭船契約は不定期船による不特定の航路における運送について行われる。経済的に対等な当事者間で締結される（附合契約性が弱い）ものであり，契約自由の原則に委ねられる。商法は，航海傭船契約に関する規定として，第3編第3章第2節に一連の規定（商748条〜756条）を定めている（堪航能力担保義務に関する規定を除き国際海上物品運送法15条により適用）。

ii　海上物品運送契約の履行

a　船舶提供と堪航能力担保義務　運送人は，運送契約の趣旨に適合した航海を安全になしうる能力（堪航能力）を備えた船舶を荷送人に提供しなければならない。運送人は，船舶の発航当時安全に航海をなすに堪えることを担保し，これに堪えないときは，そのことによって生じた損害を賠償する義務を負う（堪航能力担保義務）（商739条，国際海上物品運送法5条〔以下「国際海運」と略称〕）。過失責任である。個品運送については堪航能力担保義務に関する免責特約は無効となる（商739条2項，国際海運11条1項）。ただし，航海傭船契約の当事者間については当該免責特約が許容される（商756条1項・2項，国際海運12条）。

b　運送品の受取り・船積み・積付け　運送人は，個品運送契約にもとづいて荷送人から運送品を受け取ったときは，その船積みおよび積付けをしなければならない（商737条）。航海傭船契約の場合には，商法は傭船者が船積みを行うことを原則としていくつかの規定（商748条〜751条）を設けているが，通常は傭船契約書により船積みに関する約定がなされている（箱井・前掲135頁）。

海上運送人は，運送品の受取時から引渡時まで善良な管理者の注意をもって，運送品を保管する義務を負う（商575条，国際海運3条1項）。

c　運送品の陸揚げ・引渡しと運送契約の終了　運送人は，陸揚げ港に船舶を入港させ碇泊させた後，運送品を陸揚げし，これを荷受人または船荷証券所持人に引き渡す義務を負う。この運送品の引渡しによって，海上運送人の運送契約上の債務が終了する。

海上運送契約は，運送の完了により終了するほか，運送契約の解除によっても終了する。商法は，個品運送契約について，荷送人による発航前の解除（商743条）と発航後の解除（商745条）を，航海傭船契約について，全部航海傭船契約の傭船者による発航前の解除（商753条）と発航後の解除（商754条）について規定している（一部航海傭船契約の解除への準用について，商755条）。

d 海上運送人の権利 運送人は，運送の終了により，運送契約の履行の対価としての報酬（運送賃）を請求する権利を取得する。運送賃の支払義務者は，運送契約の相手方である荷送人または傭船者であるが，運送品受取後は荷受人も支払義務者となる（商 741 条 1 項）。運送人は碇泊期間内に傭船者が船積みまたは荷受人が陸揚げをしない場合には，特約がない場合でも相当な滞船料を請求することができる（商 748 条 3 項・752 条 3 項）。

なお，運送人は，運送賃その他の費用の支払いを受けるまで，運送品を留置することができ（商 741 条 2 項・756 条 1 項），荷受人に運送品を引き渡した後においても，運送賃の支払いを受けるため運送品を競売に付することができる（商 742 条・756 条 1 項）。

5）船荷証券

i 船荷証券の意義 船荷証券（Bills of Lading＝B/L）は，海上運送人が海上物品運送契約にもとづく運送品の受取または船積みの事実を証明し，運送品の引渡請求権を表章する有価証券である。船荷証券は，物品証券としての経済的機能を発揮する運送証券である。また，船荷証券の裏面には，運送契約が依拠する約款が記載され，運送人と船荷証券所持人との間の法律関係を判断する重要な資料となる（福原・取引 155 頁）。今日，船荷証券は，内航運送では一般に使用されていない。

商法海商編の船荷証券に関する規律は，平成 30 年改正により，国際海上物品運送に適合するように整備されている（商 757 条以下）。

また，商法に，複合運送証券の規定が新設され，船荷証券に関する規定が準用されている（商 769 条）。

ii 船荷証券の発行 運送人または船長は，荷送人または傭船者から請求があれば，運送品の船積み後，遅滞なく，船積船荷証券を 1 通または数通交付しなければならない（商 757 条 1 項）。運送品の船積み前においても，運送品の受取り後は，荷送人または傭船者から請求があれば，受取船荷証券の 1 通または数通を交付しなければならない（同条項 2 文）。受取船荷証券が交付された場合には，受取船荷証券の全部と引換えでなければ，船積船荷証券の交付を請求することができない（同条 2 項）。ただし，運送品について現に海上運送状が交付されているときは，これらの船荷証券の交付は不要である（同条 3 項）。

iii　記載事項の法定と要式証券性　船荷証券には，次の法定事項を記載し，運送人または船長が署名または記名押印しなければならない（商758条1項）。すなわち，①運送品の種類，②運送品の容積もしくは重量または包もしくは個品の数および運送品の記号，③外部から認められる運送品の状態，④荷送人または傭船者の氏名または名称，⑤荷受人の氏名または名称，⑥運送人の氏名または名称，⑦船舶の名称，⑧船積港および船積みの年月日，⑨陸揚港，⑩運送賃，⑪数通の船荷証券を作成したときは，その数，⑫作成地および作成の年月日である（受取船荷証券にあっては⑦⑧を除く）。

船荷証券は要式証券であるが，運送契約における本質的記載さえあれば，船荷証券は有効と解される（緩やかな要式証券性）。すなわち，誰から（債務者＝運送人），どこで（陸揚港），何を（運送品）を受け取ることができるかという運送債務の本質にかかわる記載があれば，取引の安全をはかるために，船荷証券はできるだけ有効なものとして扱われる（箱井・前掲107頁）。

iv　船荷証券の性質と効力　船荷証券は，倉荷証券同様に，要式証券性（商758条1項），要因証券性（本書第17章268頁参照），文言証券性（商760条），処分証券性（商761条），法律上当然の指図証券性（商762条），引渡証券性（商763条），呈示証券（民520条の9）・受戻証券性（商764条）を有する。

船荷証券には，証券の発行者である海上運送人と証券所持人との間の債権関係を決定する債権的効力がある。運送人は船荷証券の記載が事実と異なることをもって善意の所持人に対抗することができない（商760条）。船荷証券の文言証券性の理解については，要因証券性との関係で見解が分かれている（福原・取引140頁参照）。

船荷証券が作成されたときは，運送品に関する処分は，船荷証券によってしなければならず（商761条），船荷証券の引渡しは，証券に記載された運送品の引渡しと同一の効力を有するという物権的効力がある（商763条）。船荷証券の物権的効力については，民法上の占有移転との関係で議論がある（福原・取引141頁参照）。

6）海上運送状

海上運送状（Sea Waybill）は，海上物品運送契約による運送品の受取または船積みを証し，運送契約の内容を知らしめるため，船荷証券に代えて，運送人が荷送人等に発行する運送書類である。海上運送状は，有価証券ではなく証拠証券にすぎない。

船舶の高速化に伴い運送品の受取に必要な証券の呈示がかえって不便となったことや，国際取引でも関連企業間取引や継続的取引が増加して荷為替を組む必要が低下したことにより，海上運送状は，船荷証券に代わって広く用いられている。商法は，実務上の重要性に鑑み，平成30年改正で，交付義務・記載事項等の規定を新設した（商770条）。

海上運送状は，船荷証券と同様に，運送人または船長が，荷送人または傭船者の請求により，運送品の船積後または受取後に交付すべきものとされ，記載事項は，船荷証券とほぼ同様である。荷送人または傭船者の承諾を得て電磁的方法によって提供することもできる（商770条2項・3項）。

7）国際海上物品運送における運送人の責任

海上物品運送人の責任については，内航船による海上運送については，商法第2編商行為第8章運送営業第2節に定められた物品運送一般の運送人の責任に関する規定が適用され，さらに，商法第3編海商の規定の適用を受ける。

他方，外航船によるものは国際海上物品運送法（昭和32年法律172号）の適用対象となる（国際海運1条・15条）。

a　債務不履行責任の原則　運送人は，自己またはその使用する者が運送品の受取り，船積み，積付け，運送，保管，荷揚げおよび引渡しについて注意を怠ったことにより生じた運送品の滅失，損傷または延着について，損害賠償責任を負う（国際海運3条1項）。運送人はその注意が尽くされたことを証明しなければ責任を免れない（国際海運4条1項）。債務不履行責任につき，基本的に物品運送契約に関する商法上の通則（商575条）と同様である。

b　賠償額の定型化と責任限度額　運送品に関する損害賠償の額については，荷揚げされるべき地および時における運送品の市場価格によって定めるとして，定型化されている（国際海運8条）。商法576条と同趣旨の規定である。運送人の故意または損害の発生のおそれがあることを認識しながらした無謀な行為により損害が生じた場合には当該基準は適用されない（国際海運10条。商576条3項対照）。

運送品に関する運送人の責任限度額は，次の金額のうちいずれか多い金額とする。①滅失，損傷または延着に係る運送品の包または単位の数に1計算単位の666.67倍を乗じて得た金額，②当該運送品の総重量について1キログラムにつき1計算単位の2倍を乗じて得た金額（国際海運9条1項）。1計算単位とは，国際通貨基金協定3条1項に規定する特別引出権（SDR）による1特別引出権に相当する金額をいう（国際海運2条4項）。賠償額の定型化と同様の責任制限阻却事由が適用される（国際海運10条）。

c　免責約款の禁止と法定免責　運送人が船荷証券中に置く免責約款が禁止され，運送人の責任が強行法的に規制されている（片面的強行規定）（国際海運11条1項）。ただし，運送品の船積み前または荷揚げ後の事実により生じた損害（国際海運11条3項），傭船契約の当事者間（国際海運12条），特殊の運送および生動物・甲板積みの運送（国際海運13条・14条）には，免責禁止規定は適用されない。

他方で，法定免責が定められている。運送品の滅失等が運送人の使用する者の航海上の過失あるいは船舶における火災によって生じた場合には，運送人は法律上当然に免責される（国際海運3条2項）。その他の法定免責事由として，海上その他可航水域に特有の危険，天災，戦争・暴動または内乱等がある（国際海運4条2項）。

d　責任の消滅　荷受人または船荷証券所持人は運送品の一部滅失または損傷があった場合には，受取りの際，運送人に対し，その滅失または損傷の概況につき書面による通知を発しなければならない（国際海運7条1項）。当該通知がなかった場合には，運送品は滅失および損傷がなく引き渡されたものと推定される（同条2項。商584条1項対照）。

運送品の滅失等についての運送人の責任は，運送品の引渡しがされた日（全部滅失の場合には引渡しがされるべき日）から1年以内に裁判上の請求がされないときは，消滅する（国際海運15条，商585条1項）。

e　責任減免規定の不法行為責任への準用等　国際海上物品運送法上定められた責任減免規定は，運送人に対する運送品の滅失等に関する損害賠償請求が債務不履行ではなく不法行為にもとづき提起された場合にも準用される（国際海運16条1項）。荷受人があらかじめ荷送人の委託による運送を拒んでいたにもかかわらず，運送人が荷送人から運送を引き受けた場合には，責任減免規定は準用されない（同条2項）。

運送人の被用者は，自己に対する荷主からの不法行為責任の追及に対し，運送人が有するのと同じ抗弁を援用できる（国際海運16条3項）。

2. 保険取引

(1) 保険制度

保険制度では，まず，一定の偶然な出来事（保険事故）によって同種の危険にさらされる経済主体が多数で集団（保険団体）を形成する。そして，そこに「大数の法則」が成り立つことを応用して，その集団の中で統計的に把握される事故発生の蓋然率から算出される資金（保険料）を各経済主体が拠出して共同の備蓄（保険料積立金）を形成する。個々の経済主体にとっては，将来の危険の発生を数値的に測定できないが，同種の危険にさらされる経済主体の団体では，それが統計上，測定することができる。つまり，それぞれの家屋が火災に遭うかどうかやその損害を予測することはできないが，例えば，この地域での木造建造物は，年間何件が火災にあってどれだけの損害が出ているということは，統計上，測定できる。その対象とする数が多ければ多いほど，その確率を示す統計数値は信頼が高まる。このような確率によって計算された保険料により共同備蓄がなされた上で，現実の事故発生によりリスクに対処する需要が発生した経済主体が，その共同備蓄から金銭その他の財産上の給付を受けるという仕組みが保険制度である（福原・取引212頁）。

近代市民社会は，私有財産制の前提と私的自治・自己責任の原則から成り立っているから，自己の私有財産によって危険に対処しなければならない。とくに企業活動では，将来の危険を事前の確定費用として測定する必要性が大きく，ここに保険制度が求められる理由がある。そして，保険需要が社会的に定着し，保険事業を営む経済主体や，ニーズに応じた保険商品が登場し，保険取引に関するルールが整備されてきた（福原・取引212頁）。

日本では，保険取引のルールとしては，長らく，商法商行為編に基本的な民事ルールが定められていたが，平成20年には，「保険法」という名の法律が制定され，商法商行為編にあった保険取引に関するルールは，この「保険法」に置き換えられた。この「保険法」が平成 22 年 4 月 1 日から施行されている。なお，海上保険のルールは，商法第 3 編海商第 7 章にある。

（2） 保険の意義と種類

保険法は，保険契約とは，「いかなる名称であるかを問わず，当事者の一方が一定の事由が生じたことを条件として財産上の給付を行うことを約し，相手方がこれに対して当該一定の事由の発生の可能性に応じたものとして保険料を支払うことを約する契約をいう」と規定する（保険 2 条 1 号）。共済契約と呼ばれる契約も含めて，包括的に保険契約の全般を適用対象としている。そして，保険法では，損害保険契約，生命保険契約および傷害疾病定額保険契約の 3 類型に分けてルールを設けている。ここに，損害保険契約とは，保険契約のうち，保険者が一定の偶然の事故によって生ずることのある損害をてん補することを約するものをいう（保険 2 条 6 号）。また，生命保険契約とは，保険者が人の生存または死亡に関し一定の保険給付を行うことを約するものをいい，傷害疾病定額保険契約に該当するものを除く（保険 2 条 8 号）。さらに，保険法では，傷害疾病保険契約のルールを新たに設け，損害保険契約の下部類型である「傷害疾病損害保険契約」（保険法第 2 章第 5 節）と，生命保険に類似する「傷害疾病定額保険契約」（保険法第 4 章）とに分けて規定を設けている。傷害疾病定額保険契約のしくみは，生命保険とほぼ同じである（ただし，被保険者の同意の規定〔保険 67 条 1 項但書〕等に相違がある）。

1）損害保険契約

保険法は，具体的な損害保険として，火災保険，責任保険，傷害疾病保険について規定を設けているが，現実には，その他，運送保険，自動車保険，海上保険，航空保険など多様な損害保険が行われている。ここでは，損害保険の重要なルールを指摘しておく。

損害保険契約における被保険者は，損害保険契約によりてん補することとされる損害を受ける者である（保険 2 条 4 号イ）。

損害保険契約では，実際の損害額以上に保険金が支払われることが禁止され，これを利得禁止の原則という。したがって，損害保険契約が有効であるためには，被保険利益，すなわち，保険事故が発生することにより被るおそれのある経済的利益の存在が必要である。保険法上，被保険利益のことを保険契約の目的と呼び，損害保険契約は金銭に見積もることができる利益に限り保険契約の目的とすることができる（保険3条）。

保険契約者または被保険者は，保険者の危険の測定にとって重要な事実のうち保険者が告知を求めたものについて保険者に告知しなければならない（保険4条）。この告知義務を故意または重過失によって怠ると，保険者は保険契約を解除することができ（保険28条1項），保険者は免責される（保険31条2項1号）。ただし，**因果関係不存在特則**の例外がある（同条2項1号但書）。除斥期間の定めが設けられている（保険28条4項）。保険法31条は**片面的強行規定**である（保険33条1項）。生命保険および傷害疾病定額保険にも同様の規定がある（保険37条・66条）。

保険契約者または被保険者は，保険事故発生の通知義務（保険14条）および損害発生拡大防止義務を負う（保険13条）。

被保険利益の評価額を保険価額といい，保険者がてん補すべき金額の最高限度として契約締結時に保険者と保険契約者との間で約定される金額を保険金額という。保険金額が保険価額を超える場合を「超過保険」といい，この超過保険であることに，保険契約者および被保険者が善意でかつ重過失がなかったときは，保険契約者は，その超過部分について，当該損害保険契約を取り消すことができる（保険9条）。契約締結後に保険価額が著しく減少したときは，保険契約者は，将来に向かって，保険金額および保険料額の一定の減額を請求することができる（保険10条）。

保険者が損害をてん補した場合，保険代位という制度がある。保険者は，被

Glossary

因果関係不存在特則：告知義務違反を理由に保険者が保険契約を解除できる場合であっても，その保険事故が保険契約者側の告知義務違反のあった事実とは関係のない原因から生じたときは，保険者は保険金支払義務を免れない。これは，保険者は結果的に告知義務違反の事実から不利益を受けていないので，保険金支払義務を負うべきであるという考え方にもとづく（山下友信・竹濵修・洲崎博史・山本哲生『保険法〔第4版〕』有斐閣〔2019年〕271頁）。

片面的強行規定：保険法は，保険契約者等（保険契約者・被保険者・保険金受取人）が保険者よりも相対的に弱い立場にあることを考慮して保険契約者等を保護するための規定を各所に置き，企業保険の場合を除き，約款でこれらの規定よりも保険契約者等に不利になる特約を定めることを許さないこととしている。このような規定のことを片面的強行規定という（山下他・前掲15頁）。

保険者が保険の目的物につき有する所有権その他の物権を取得し（残存物代位，保険24条），被保険者が第三者に対して有する損害賠償請求権などの債権を取得する（請求権代位，保険25条）。

2）生命保険契約

生命保険では，保険事故が人の生死であり，保険者の給付は一定金額の支払いであり，損害保険のように，被保険利益や保険価額の概念はなく超過保険の問題は生じない。生命保険契約における被保険者は，その者の生存または死亡に関し保険者が保険給付を行うこととなる者をいう（保険2条4号ロ）。被保険者が保険契約者と異なる他人の死亡の保険契約は，保険金取得目的の犯罪（保険金殺人）の誘発，被保険者の人格権の侵害（他人の生死を賭博の対象とする）等につながる危険性がある。そこで，この場合の死亡保険契約は被保険者の同意を必要とする（保険38条。絶対的強行規定）。

損害保険・生命保険・傷害疾病定額保険に共通して，故意に保険事故を発生させたり，保険事故を偽装して保険金を不正に取得しようとすることが生じやすく，そうしたモラルリスク（道徳的危険）への対処が大きな課題となる。保険者の保険契約者・被保険者・保険金受取人に対する信頼を損ない，保険契約の存続を困難とする重大な事由がある場合には，保険者は保険契約を解除することができる（保険30条・57条・86条）。除斥期間の定めが設けられておらず，因果関係不存在特則の適用もない。片面的強行規定である（保険33条1項・65条2号・94条2号）。生命保険契約では，保険契約者または保険金受取人が被保険者を故意に死亡させたときには，保険者は免責される（保険51条2号・3号）。**被保険者の自殺**の場合も同様である（同条1号）。

（平泉　貴士）

Glossary

被保険者の自殺：生命保険約款では，保険者が免責される場合を，保険者の責任開始から２年（最近では３年）以内に被保険者が自殺したケースに限定している。自殺免責期間経過後の被保険者の自殺に関し犯罪行為等が介在し死亡保険金の支払が公序良俗に反するおそれがある場合など，特別の事情のない限りは，自殺の動機，目的を問わず，保険者は免責されない（最判平16・3・25民集58・3・753）。

References

江頭・商取引法，福原・取引，落合他・商法Ⅰ，問答平成 30 改正，戸田修三『海商法（新訂第 5 版)』文眞堂（1990 年)，戸田修三・中村眞澄（編）『注解国際海上物品運送法』青林書院（1997 年)，山下友信・竹濱修・洲崎博史・山本哲生『保険法（第 4 版)』有斐閣（2019 年)，箱井崇史『基本講義現代海商法（第 4 版)』成文堂（2021 年)，商事法務（編）『商法（運送・海商関係）等の改正に関する中間試案』別冊 NBL152 号，山下友信「商法（運送・海商関係）等の改正に関する要綱について」NBL1072 号，中出哲『海上保険』有斐閣（2019 年)。

Column ⑳ 国際航空運送人の責任

1. モントリオール条約

国際航空貨物運送および国際航空旅客運送については，それぞれの特殊性にもとづき，モントリオール条約（MC）に規律が設けられている。貨物運送および旅客運送に共通する規律として次のような規定が置かれている。

運送人の責任を免除し，または条約所定の運送人の責任限度よりも低い限度を定める免責約款は無効となる（片面的強行規定）（MC26条・47条）。準拠法・裁判管轄等の紛争解決の特約により条約の規定に違反することが禁止される（MC49条）。不法行為にもとづく運送人に対する賠償請求にも条約の責任制限規定等が適用される（MC29条）。運送人の使用人・代理人による責任制限の援用（MC30条），損害賠償請求訴訟の提訴期間（MC35条）・裁判管轄（MC33条）が定められている。

2. 国際航空貨物運送人の責任

⑴ 責任原因と免責事由

運送人は，貨物の破壊，滅失または毀損の場合における損害について，その損害の原因となった事故が航空運送中に生じたものであることのみを条件として，責任を負う（無過失責任）（MC18条1項）。運送人が責任を回避することができるのは，同条2項にもとづく4つの厳格に定義された免責要件に該当することによって，または，MC20条にもとづく責任免除が認められることによってのみである。

運送人は，貨物の延着損害についても責任を負う（MC19条本文）。ただし，運送人は，運送人・その使用人・代理人が損害を防止するために合理的に要求されるすべての措置をとったこと，またはそのような措置をとることが不可能であったことを証明する場合には責任を負わない（過失推定責任）（同条但書）。運送人がこの責任を免れるための抗弁として，MC20条の主張もある。すなわち，賠償の請求者または賠償の請求者の権利を生じさせた者の過失または不当な作為もしくは不作為が損害を生じさせ，または損害に寄与したことを運送人が証明する場合には，運送人は，当該過失または不当な作為もしくは不作為が損害を生じさせ，または損害に寄与した範囲内において請求者に対する責任の全部または一部を免れる（MC20条）。

貨物（および託送手荷物）の毀損および遅延による損害について苦情の申立ての制限がある（MC31条）。なお，航行・航空機の取扱上の過失免責や火災免責については，国際海上物品運送法とは異なり，モントリオール条約に定めはない。

⑵ 損害賠償額とその制限

一般に，航空運送契約においては，賠償額の定型化の制度は採用されておらず，荷送人の申告価額またはMCに定める責任限度額の範囲内で賠償がなされる。貨物の破壊，滅失，毀損または延着の場合における運送人の責任は，原則として重量1kg

当たり22特別引出権（SDR）の額を限度とする（MC22条3項）。この責任限度額は絶対的な上限を定めたものとされ，運送人やその使用人の故意により生じた損害であっても，運送人や使用人は，これにより責任制限を主張できる（MC22条5項）。これは，責任限度額内で荷送人等への迅速な補償を行わせる趣旨である（藤田ほか〔編〕・後掲318頁）。

3. 国際航空旅客運送人の責任

⑴ 旅客に関する責任

運送人は，旅客の死亡または身体の傷害の場合における損害については，その死亡または傷害の原因となった事故が航空機上で生じまたは乗降のための作業中に生じたものであることのみを条件として，責任を負う（MC17条1項）。その損害に関しては一定限度（12万8821SDR）までの額については責任を排除・制限することはできない（無過失責任）（MC21条1項）。ただし，過失相殺は許容される（MC20条）。その限度額を超える部分の賠償については，①当該損害が，運送人またはその使用人・代理人の過失または不当な作為・不作為によって生じたものでないこと，または，②当該損害が第三者の過失または不当な作為・不作為によってのみ生じたことを自ら証明する場合は，責任を負わない（過失推定責任）（MC21条2項）。

運送人は，貨物と同様に，旅客および手荷物運送についても延着責任を負う（過失推定責任）（MC19条）。責任限度額の定めがあり，旅客運送については各旅客につき5346SDRの額とされている（MC22条1項）。運送人またはその使用人・代理人が損害をもたらす意図をもって，または無謀にかつ損害が生ずるおそれがあることを知りながら行った行為（不作為を含む）については，その責任制限は排斥される（MC22条5項・30条3項）。

⑵ 手荷物に関する責任

託送手荷物の破壊・滅失・毀損の損害についての運送人の責任は，損害が当該手荷物の固有の欠陥・性質から生じたものである場合でなければ責任を免れない（無過失責任）。手回品を含む機内持込みの手荷物については，運送人は，運送人またはその使用人・代理人に過失がある場合を除き責任を負わない（過失推定責任）（MC17条2項）。託送手荷物と機内持込手荷物とを問わず，手荷物の破壊・滅失・毀損・延着に関する運送人の責任は，各旅客につき1288SDRの額を限度とされている（MC22条2項）。この責任制限も，旅客の延着損害に関する場合と同じ要件の下に排斥される（MC22条5項・30条3項）。

（平泉 貴士）

References：江頭・商取引法，藤田勝利・落合誠一・山下友信（編）『注釈モントリオール条約』有斐閣（2020年），福原・取引。

第 19 章

有価証券・手形小切手・電子記録債権

Essence

□ 1. 有価証券とはなにか，これに関してどのような法制度があるか。
□ 2. 約束手形・為替手形・小切手は，どのようなものか。
□ 3. 手形行為・小切手行為とはなにか，その特色はなにか。
□ 4. 手形の流通と支払につき，どのような法的保護がなされているか。
□ 5. 手形取引は銀行取引のチャンネルのなかでどのように行われ，どのような制度が用意されているか。
□ 6. 電子記録債権とはなにか，どのような法制度が整備されているか。

Introduction

有価証券は，目に見えず手で触って扱えない財産的権利を証券上に表して（表章して），可視化し物理的に扱うことができるようにした技術であり，証券資本主義の発展に大きな役割を果たしてきた人類史上に誇るソフトウエアである。有価証券には，株券や社債券，手形（約束手形・為替手形），小切手，船荷証券，倉庫証券等があり，民法，商法，会社法，手形法・小切手法等に独特の法的規律が設けられている。

有価証券は，証券上に債権を表章することで，取得の安全をはかり流通を促進するが，さらに，実質的権利に対して形式的資格という地位を活用したり，本来は物権について存在する制度を援用するなど（例えば，即時取得に倣った善意取得の制度），独特の法的処理が施されている。

有価証券のうち，表章する権利の発生・移転・消滅のいずれの段階でも証券を必要とする完全有価証券として手形・小切手があり，手形・小切手は，支払決済の手段として，また，信用取引を実現し連鎖する手段として，金融取引において重要な役割を果たしてきた。

今日では，有価証券のペーパレス化と電子化が進み，電子記録債権の普及とともに約束手形の廃止に向けた取組みも現実的になっているが，有価証券の利用をめぐって発達してきた理論と法技術は，姿を変えながら，それらの新しい法的環境を支えている。

1. 有価証券と法

(1) 有価証券の意義・機能・種類

有価証券とは，財産的価値のある私権を表章する証券であって，権利の発生・移転・行使の全部または一部が証券によってなされることを要するものをいう（通説）。借用証や各種の契約書は，権利の存在や内容といった事実を証明する証拠方法として役立つ証拠証書にすぎず，有価証券ではない。また，通貨や印紙，郵便切手は，証券そのものが財産権を意味する金権であり，有価証券ではない。

有価証券は，権利と証券とを結合させて，財産的価値のある権利を市場において取引できるようにしたものであり，権利に市場における商品適格性を付与する技術であるといえる。

有価証券には，経済的機能に注目して，①資本証券と呼ばれる株券や社債券，②支払証券と呼ばれる約束手形，為替手形，小切手，③物品証券と呼ばれる船荷証券（B/L），倉庫証券等がある。また，当該の目的を達成するために発行される証券の数に注目して，大量証券と個別証券との区別があり，資本証券は前者に，支払証券等は後者にあたる。

(2) 有価証券の法理論と法制度

1) 特　徴

有価証券が種々の取引においてそれぞれ必要な役割を果たすことができるように，制度基盤として有価証券法といわれる法分野が生まれ発展を遂げてきた。この法分野では，有価証券上の権利関係を処理するため，独特の法的思考と技術を伴った有価証券法理論が展開している。

まず，「権利」と「証券」とを結合する思考として，証券の存在と記載により権利取引の法律関係を明確にし，証券の流通により権利の譲渡性を促進すること（権利譲渡手続の簡易化，権利譲渡の効力強化，権利行使の容易化）が図られている。また，そこでは，実質的権利に対して形式的「資格」を第一次的に優先して取り扱う法的処理が採用されている。

2）有価証券の法的規律

わが国では，有価証券に関する民事規律は，完全有価証券といわれる手形・小切手に関する規定が手形法・小切手法に設けられ，商法商行為編には，倉庫証券・船荷証券の制度が定められ，会社法に，株券・社債券等の制度が定められている。平成29年民法（債権関係）改正により，従来，商法商行為編の商行為の通則として，有価証券の呈示・喪失・譲渡方法・善意取得を定めていたことが改められ（商法商行為編にあった有価証券の総則的規定がすべて削除され），民法上に指図証券に関する多くの規律が新設された（有価証券の一般的規律として，民法の商化現象が進んだ）。

3）ペーパレス化・電子化の進展と新たな特別法

有価証券の技術と法制度は，証券資本主義といわれる経済社会の秩序を形成し支えてきたが，権利を表章して流通させるための証券という紙の物理的な存在が，その大量化によって，かえって流通を妨げる事態を生じさせる。そこで，最近では，証券のペーパレス化が進み，さらには，その電子化が図られている。

わが国では，まず，証券（金融商品）取引市場における株式取引量の激増に対処するため，「株券等の保管及び振替に関する法律」にもとづく株券保管振替制度により，株券の不動化によってペーパレス化が図られ，さらに，平成16年商法改正による株券不発行制度を受け，株券の無券化による高度なペーパレス化を図るべく，「社債，株式等の振替に関する法律（「振替法」と略称）」（平成13年法律75号）が成立し，これにより，新しい株式振替制度へと移行している（振替法は平成21年1月5日に施行され，株式振替制度の対象となる株式について株券は無効となった。本書第6章Column⑥参照）。また，会社法では，株券不発行が原則となっている（会214条）。他方，2007（平成19）年に「電子記録債権法」が成立し（2008〔平成20〕年12月施行），同法にもとづく電子記録債権の実施が始り，多くの金融機関が参加している。

（3）有価証券に関する民法上の一般的規律

1）有価証券の譲渡と善意取得

i　有価証券の譲渡方法　譲渡方法により有価証券は三つに区分される。

第1に，指図証券は，証券上に特定の者を権利者として記載し，その者またはその者が指図する者を権利者とする証券である。指図証券は，裏書により，すなわち，証券上に「裏書」の記載をして証券を交付することにより，譲渡される（民520条の2，手12条～14条2項）。裏書の方式については，指図証券の性質に応じ，手形法中の裏書の方式に関する規定が準用される（民520条の3）。

第2に，記名証券は，証券上に特定の者を権利者として記載し，その者またはその者より権利を譲り受けた者に権利行使を認める証券である。記名証券は，民法上の債権譲渡（民467条）に関する方式に従い，かつ，その効力をもってのみ，譲渡される（民520条の19第1項）。通説によれば，記名証券の譲渡は当事者間の意思表示によって行われ，対抗要件として債務者に対する通知または債務者の承諾を必要とするが，さらに，譲渡人に対する証券の引渡し（交付）を要する。

第3に，無記名証券は，証券上に権利者として特定の者を記載せず，証券の正当な所持人を権利者として取り扱う証券である。持参人払式証券ともいう。無記名証券および無記名証券とみなされる記名式所持人払証券（選択無記名証券，小5条2項）は，当事者間の意思表示および証券の交付により譲渡され，証券を交付しなければ効力を生じない（民520条の13・520条の20）。

ii　証券所持人の権利推定　指図証券の裏書には，資格授与的効力が認められる（民520条の4）。資格授与的効力とは，証券の占有者が裏書の連続によってその権利を証明するとき，適法な所持人と推定されることをいう。平成29年改正前商法519条1項では，小切手法19条が準用され，これによって指図証券の裏書に資格授与的効力が認められていたが，これを踏襲する規定が民法520条の4である。

記名式所持人払証券の所持人は，証券上の権利を適法に有するものと推定され（民520条の14），無記名証券には記名式所持人証券の規定が準用される（民520条の20）。これらは，平成29年改正前商法519条2項が，持参人払式証券の権利推定を定める小切手法20条を準用していたのと，同趣旨である。記名式証券については，以上の指図証券，記名式所持人払証券および無記名証券とは異なり，権利推定の規定はない。

iii　善意取得の制度　指図証券および記名式所持人払証券については，証券の占有を失った者がある場合において，その証券を取得した形式的資格を有する所持人は，その取得に際して，悪意または重大な過失がない限り，証券を返還する義務を負うことなく，証券上の権利を原始的に取得することができる（民520条の5・520条の15・520条の20）。平成29年改正前商法519条2項が，小切手法21条を準用していたのと同趣旨である。これを有価証券の善意取得といい，証券上の権利の帰属先を定めるもので，有価証券の流通過程でのリスクを分配して流通の安全を図るものである。民法192条に定められた動産の即時取得の制度に較べると民法193条や194条のような制限がなく，取得者の保護が厚い。

なお，記名式証券については，以上の指図証券，記名式所持人払証券および無記名証券とは異なって，善意取得の規定はない。

iv　債務者の人的抗弁の制限（切断）　指図証券および記名式所持人払証券については，証券に記載した事項およびその証券の性質から当然に生ずる結果を除き，その証券の譲渡前の債権者に対抗することができた事由をもって善意の譲受人に対抗することができない（民520条の6・520条の16・520条の20）。平成29年改正民法472条・473条と同趣旨である。これを人的抗弁の制限（切断）の制度といい，これによって有価証券の流通の安全が図られる。なお，記名式証券については，指図証券，記名式所持人払証券および無記名証券とは異なって，人的抗弁の制限の規定はない。

2）有価証券上の権利の行使（取立債務性と呈示証券性）

民法の一般的規律によれば，債務者が履行遅滞の責任を負うのは，債務の履行について確定期限が定められている場合は，期限が到来した時からであり，不確定期限の債務の場合は，期限の到来を知った時からである（民412条1項・2項）。しかし，有価証券のなかでも指図証券や無記名証券は，転々流通するので，権利行使する債権者（証券所持人）が誰であるかを債務者は知ることができないことから，債権者の方で証券を債務者に呈示して証券と引換に債務の履行を請求できる性質が与えられることが合理的である。

そこで，まず，指図証券および無記名証券上の債務は，債務者の現在の住所において弁済することを要すると定められ（民520条の8・520条の18・520条の20），持参債務の原則（民484条1項）の特則として，取立債務とされている。

この一般的規律に吸収される形で，平成29年改正前商法516条2項は削除された（ただし，改正前商法では，債務者の現時の営業所または住所において弁済することを要すると定められていたので，改正により，個人商人の場合に営業所において弁済できなくなるのではないかとの疑問が生じている）。

その上で，指図証券，記名式所持人払証券および無記名証券については，履行期限の定めがあるときでも，その期限到来後，所持人がその証券を呈示して履行を請求した時から，債務者は遅滞の責に任ずると定められている（民520条の9・520条の18・520条の20）。これは呈示証券性を定めたもので，平成29年改正前商法517条の内容を継承するものである。

3）有価証券喪失の場合の権利行使方法

有価証券を喪失すると，これにより実質的権利を失うわけではないが，形式的資格を有しないため，証券上の権利の移転や行使に支障が生じる。再交付を可能としても限定的にならざるを得ない。そこで，その救済を図るため，裁判所に公示催告の申立をして，「除権決定」を得ることによって，権利行使を可能とする制度が，指図証券，記名式所持人払証券および無記名証券，さらに記名証券について認められる（民520条の12・民520条の18～520条の20）。

その公示催告から除権決定までに通常6か月以上を要するので，その間に債務者の無資力や目的物の損壊のおそれがあることから，その事情を考慮して，債権者の保護を図るために，除権決定を得ずとも履行請求を可能とする方法が定められている。すなわち，金銭その他の物又は有価証券の給付を目的とする有価証券の所持人がその有価証券を喪失した場合において，「非訟事件手続法（明治31年法律14号）」第114条に規定する公示催告の申立てをしたときは，その債務者に，その債務の目的物を供託させ，又は相当の担保を供してその有価証券の趣旨に従い履行をさせることができる（民520条の12）。平成29年改正前商518条を継承するものである。また，記名証券については公示催告手続が認められていないので，同条の適用はないと考えられていたが（通説），平成29年改正により，民法において記名証券にも準用されることになった（民520条の19第2項）。

なお，会員制ゴルフクラブが発行する入会金預り証や保証金預託証書は，有価証券ではなく，公示催告や除権決定の対象とならない（東京高決昭52・6・16

判時858・101，東京地判平2・7・25金商861・30)。

2. 手形・小切手と法

(1) 手形・小切手の意義と機能

手形および小切手は，一定の金額の支払を目的とする有価証券であり，権利の証券化が最も徹底した有価証券である。手形には約束手形と為替手形とがある。わが国における手形・小切手に固有の法的規律は，旧商法第1編第12章から商法第4編を経て，ジュネーブ統一条約（1931年成立，1934年効力発生）に従って制定された手形法（昭和7年法律20号）および小切手法（昭和8年法律57号）に定められている。

約束手形は，証券の発行者（振出人）が受取人またはその他の正当な証券所持人に対し，一定の金額（手形金額）を一定の日（満期）に自ら支払うことを約束する旨を記載した証券である（手75条)。約束手形は，主として，商業信用取引または金融取引など，信用取引における支払方法として利用される。

為替手形は，証券の発行者（振出人）が第三者（支払人）にあてて，受取人またはその他の正当な証券所持人に対し，一定の金額を一定の日に支払うことを委託する旨を記載した証券である（手1条)。おもに，隔地者間の取引における送金または取立の手段として，または信用取引における支払方法として利用される。

小切手は，為替手形と同様に，証券の発行者（振出人）が第三者（支払人）にあてて，受取人またはその他の正当な証券所持人に対し，一定の金額（小切手金額）を支払うことを委託する旨を記載した証券である（小1条)。小切手は，おもに現金支払の手段として利用される。

(2) 約束手形・為替手形・小切手の異同

約束手形は支払約束証券であり，為替手形は支払委託証券である。約束手形では，振出人が手形の振出にもとづいて手形金額の支払をなすべき絶対的な義務を負担する（手78条)。これに対して，為替手形では，支払人は，手形金額の支払をなす者ではあるが，手形の振出によってただちに手形金額の支払義務を負うものではなく，自ら手形金額の支払を約束する引受行為をなすことによってはじめて支払義務を負担する（手 28 条）。また，約束手形では，振出と同時に手形の主たる債務者が存在するが，為替手形では，支払人が引受をなすまでは存在しない。しかし，為替手形では，振出人は支払人の引受および支払を担保する第 2 次的義務（償還義務）を負担する（手 9 条）。

手形の受取人は，約束手形では振出人に対して，為替手形では支払人または引受人に対して，満期に手形金額の支払を請求することができ，満期前に手形を他の者に裏書の方法により譲渡することもできる。手形の譲受人（被裏書人）も同様である。手形を譲渡した者（裏書人）は，約束手形では振出人の支払を，為替手形では支払人の引受および支払を担保する義務を原則として負担する（手 15 条・77 条 1 項 1 号）。

為替手形と小切手は，支払委託証券として同一の法律構造を有するが，その経済的作用が異なり，為替手形が支払の手段のほかに信用取引の手段としても利用できる証券であるのに対して，小切手はもっぱら現金に代わる支払用具としての性質をもつ証券である。

小切手では，支払の確実性を必要とするので，支払人は広義の銀行に限られ（小 3 条），かつ，短期の決済を本旨とするので，満期の記載が認められず，法律上当然に一覧払のものとされ，小切手の取得者は振出と同時にいつでも支払請求をなすことができる（小 1 条・28 条）。また，小切手では，支払人が引受をして絶対的な支払義務を負うことが禁止されている（小 4 条）。その代わりに，小切手には**支払保証の制度**がある。

手形と小切手は，法律上当然の指図証券であり，裏書の方法により譲渡することができる（手 11 条 1 項，小 14 条 1 項）。ただし，小切手については，証券上に受取人を記載せずに持参人払式として振り出すことも認められている（小 5 条）。この場合には，小切手は単に証券の引渡のみによって譲渡することができ，譲渡人は担保責任を負担しない。

Glossary

支払保証の制度：小切手において，支払人が支払保証をなすことによって小切手金額の支払義務を負担する制度（小 55 条 1 項）。ただし，この支払保証人の義務は，小切手の所持人が呈示期間内に支払のための小切手の呈示をすることを条件とするものであり，為替手形の引受人の義務のような絶対的なものではない。

(3)　手形・小切手の有価証券としての性質

手形・小切手は，権利の証券化が最も徹底した有価証券（完全有価証券）であり，また，金銭債権を表象する証券であって，同一の証券上に多数の権利が併存して表章される点に特色がある。

手形・小切手上の権利は，法定の方式を具備した証券の作成によって発生し（要式証券，設権証券），証券を発行するに至った原因関係の存否ないし効力によって影響を受けない（無因証券）。手形・小切手上の権利の内容は，証券上の記載によって決定され，善意の証券取得者は証券外の事由をもって債務者から対抗されることはない（文言証券）。

手形上の権利の移転は，原則として裏書によってなされる（法律上当然の指図証券）。小切手上の権利の移転は，裏書による場合のほか，証券の交付のみによる場合も認められている（無記名証券）。

手形・小切手上の権利の行使は，証券を呈示してなされることを要し，証券と引換えに支払がなされる（呈示証券，受戻証券）。このように，手形や小切手には，経済的機能が発揮されるための有価証券としての性質が与えられている。

(4)　手形（小切手）行為

1）意義と種類

手形（小切手）上の法律関係（権利義務関係）の発生または変動の原因となる法律行為を手形行為（小切手行為を含む）という。為替手形には，振出・裏書・引受・保証・参加引受の5種の行為，約束手形には，振出・裏書・保証の3種の行為，小切手には，振出・裏書・保証・支払保証の4種の行為がある。

2）手形行為の性質

i　書面性・要式性　手形行為は，すべて書面を通じてなされる意思表示であり（書面性），手形行為が有効に成立するための形式的要件として，固有の**手形要件**（必要的記載事項，手1条・25条・31条・57条・75条・77条1項）が

Glossary

手形要件：手形の振出をなす場合には，振出人が証券上に法定の事項を記載し，これに署名しなければならず（手1条・75条），この法定事項を手形要件といい，そのいずれかを欠く手形は原則として無効となる（手2条・76条）。約束手形の要件には，①約束手形文句，②手形金額および支

具備されなければならない（厳格な要式性）。手形行為が法定の記載事項を欠くときは，手形行為は効力を生じない（手2条・76条，小2条等）。一般の法律行為が方式自由を原則とするのに対して，多数人間を流通する手形については，その存在・種類・内容を明確にして手形取引の安全を図る必要があることから，手形行為は要式の書面行為とされている。

すべての手形行為に共通の要件として，手形行為者の署名が必要である（「署名なければ手形なし」）。手形行為に署名が必要とされるのは，行為者に行為を自覚させるためであり（主観的理由），かつ，行為者の同一性確認のため（客観的理由）である。したがって，署名に用いる名称は，必ずしも正式の氏名・商号に限らず，通称・雅号・芸名でもよい（通説・判例）。署名には，自署（狭義の署名）と記名捺印とがある（手82条）。記名捺印に用いる印章については，行為者自身の印章として捺印されたのであればどのような印章でもよい（通説・判例）。捺印に拇印が含まれるかにつき，判例および従来の通説は否定するが，前述の署名制度の趣旨に照らして有効と解する見解も有力である。

払約束文句，③満期の表示，④支払地の表示，⑤受取人の表示，⑥振出日および振出地の表示，⑦振出人の署名，がある（手75条）。為替手形の要件には，①為替手形文句，②手形金額および支払委託文句，③支払人の名称，④満期の表示，⑤支払地の表示，⑥受取人の表示，⑦振出日および振出地の表示，⑧振出人の署名がある（手1条）。小切手の要件には，①小切手文句，②小切手金額および支払委託文句，③支払人の名称，④支払地の表示，⑤振出日および振出地の表示，⑥振出人の署名がある（小1条）。

ここに満期とは，手形（小切手）金額の支払があるべき日をいい，その記載方法には，①確定日払（特定の日を満期とするもの），②日付後定期払（振出の日付から手形に記載された一定期間を経過した日を満期とするもの），③一覧払（支払のための呈示があった日を満期とするもの），④一覧後定期払（支払呈示があった日から手形に記載された一定期間を経過した日を満期とするもの）の4つの方法がある（手33条1項・77条1項1号）。小切手はすべて法律上当然に一覧払のものとされ，手形のように種々の満期は認められない（小28条1項）。満期の記載を欠く手形は，一覧払の手形とみなされ（手2条2項・76条2項），無効とはならない。

なお，手形，小切手の振出をなす場合に，振出人が手形要件以外の事項を記載することがある。

このような付加的事項には，①任意的記載事項（その記載が効力を生ずる事項，第三者方払文句〔手4条・27条・77条2項，小8条〕，為替手形の振出人の引受無担保文句〔手9条2項〕，裏書禁止文句〔手11条2項・77条1項1号，小14条2項〕，小切手の受取人の指定〔小5条〕など），②無益的記載事項（それを記載しても効力が認められない事項，為替手形，小切手の振出人の支払無担保文句〔手9条2項，小12条〕，小切手の満期の記載〔小28条〕など），③有害的記載事項（それを記載すると手形自体が無効になる事項，法定の4種の満期と異なる満期の記載や分割払の記載〔手33条2項・77条1項2号〕など）がある。

ii　無因性・文言性　手形行為は，その行為をなしたこと自体によって効力を生じ，手形行為の前提となる特定の当事者間の具体的取引関係の存否ないし効力により影響を受けない（無因性）。したがって，手形授受の原因をなす原因関係が不存在であったり，無効であったり取り消されたりした場合でも，手形行為は効力を生じ，手形上の権利義務関係は有効に成立する。ただし，この原因関係の欠缺ないし瑕疵は，手形行為の直接の相手方および悪意の手形取得者に対する関係では，人的抗弁事由として認められている。したがって，手形債務者は，これらの手形所持人に対しては，これらの事由を主張して請求を拒否できる。

手形行為は証券の記載を内容とする意思表示によって構成される法律行為であり，手形行為の内容は，もっぱら証券上の記載によって決定される（文言性）。その記載が証券外の実質的な法律関係と異なる場合でも，それは，手形行為の直接の相手方および悪意の手形取得者に対する関係で，人的抗弁事由となるにすぎない。

iii　独立性　一般に，手形行為は一通の証券上にいくつも重畳的になされるのが通常であるが，この場合，各個の手形行為は，それぞれ独立して効力を生ずる（**手形行為独立の原則**）。

3）手形行為の成立と手形理論

i　手形理論・手形行為論　手形行為ないし手形に関する権利義務関係についての理論構成を手形理論といい，手形行為の法律行為としての性質論（手形行為論），手形債務を成立させる意思表示の態様，手形行為の成立時期，手形債務発生と手形権利者の決定方法などを論点として，諸種の見解が対立している。

契約説類型である交付契約説では，手形行為は手形行為者とその直接の相手方との手形の授受によってなされる契約であるとする。これに対して単独行為

Glossary

手形行為独立の原則：数個の手形行為が同一証券上になされる場合に，先行の手形行為が無能力とか偽造など実質的要件を欠くため無効であったとしても，後行の手形行為は，その無効によって影響を受けず，独立して効力を生ずるという手形法・小切手法上の原則（手 7 条・32 条 2 項，小 10 条）。ただし，先行の手形行為が方式を欠くため無効である場合には，後行の手形行為も無効となる。手形行為独立の原則は，手形取得者の善意・悪意を問わず適用される（多数説，最判昭 33・3・20 民集 12・4・583）。

説類型が多く唱えられており，発行説は，手形行為は契約ではなく，単独行為であるが，その意思表示は相手方のある一方的意思表示であるとする。また，手形行為は単独行為であり，その意思表示は不侍定多数人に対する受領を要しない一方的意思表示であるとする修正発行説や創造説があり，さらに，二段階創造説（権利移転行為の無因・有因論），無因創造説（所有権論の展開）がある。

ii　手形交付の欠缺と署名者の責任　創造説では，手形行為者が手形を作成・署名すれば，その手形を直接の相手方に交付しなくても，手形行為は有効に成立し，手形債務が発生する。したがって，手形を作成・暑名した後に盗まれた場合でも，振出人は手形債務を負うことになる。これに対し，契約説および発行説では，手形の交付がない場合には，手形行為は有効に成立せず，手形署名者は手形債務を負担しない。ただし，これらの立場でも，手形署名者は，善意の第三者に対しては，権利外観理論にもとづいて，例外的に手形責任を負うとしている。この場合の帰責性の要件をめぐっては見解が分かれている。判例は，手形理論を明らかにしていないが，流通におく意思で手形に振出人として署名した者は，手形がその者の意思によらずに流通に置かれた場合でも，裏書の連続した手形の所持人に対しては，その者の悪意または，重過失を立証しない限り，振出人としての手形責任を負うとしている（最判昭 46・11・16 民集 21・1・103）。

4）手形行為と意思表示に関する一般原則

手形行為にも民法の意思表示に関する一般原則が適用されるかに関して，諸種の見解が対立している。多数説は，原則として，適用肯定説に立ちながら，手形の外観を信頼して手形を取得する第三者を保護するため，その適用にあたって意思主義に立つ規定を修正し，表示主義の優位を認めている。従来の判例は，多数説と同様に，脅迫による手形行為の取消の抗弁は，手形法上いわゆる人的抗弁として，善意の手形所持人には対抗できないとし，修正適用説の立場をとった（最判昭 26・10・19 民集 5・11・612）。しかし，その後の判例は，手形行為者が手形であることを認識して署名した以上，錯誤その他の事情により手形債務負担の意思がなかった場合でも，手形行為は有効に成立し，行為者は手形債務を免れないとし（最判昭 54・9・6 民集 33・5・630），民法の意思表示に関する一般原則の手形行為への適用を排除するに至っている。

5）他人による手形行為

i　代理人による手形行為の方式　手形行為が代理人によってなされる場合には，代理人が証券上に本人のためにする旨（代理文句）を記載して，署名または記名捺印をしなくてはならない。このような方式を「手形行為の代理」という。代理人が代理文句を記載しないで自己の署名または記名捺印をした場合には，たとえ代理人が本人のためにする意思をもっていたとしても，この手形行為は代理人自身のものとされ，代理人が手形責任を負わなければならない。

手形行為が代理人によってなされる場合に，代理人が直接本人名義の署名または記名捺印をなすことがある。判例は，このような手形行為を「署名の代理」という概念のもとで，手形行為の代理としてとらえ，このような方式の手形行為も有効であるとし（大判大4・10・30民録21・1799），通説は，このような手形行為を手形行為の代行または「機関による手形行為」という概念のもとに，本人自身の手形行為としてとらえ，代理人による署名の代行は認めないが，代理人による記名捺印の代行は有効であるとしている。

なお，法人の代表者が法人のために手形行為をする場合にも，代表者は法人のためにする旨を明らかにして自己の署名または記名捺印をしなければならない。会社の代表者が会社名を記載し，会社印および代表者印を押捺しただけでは，会社の署名がなされたとはいえない（最判昭41・9・13民集20・7・1359）。

ii　無権限者による手形行為の効力（無権代理と偽造）　無権限者が代理方式で手形行為をした場合，この手形行為は無権代理となり，無効である。本人は原則として手形責任を負わない。無権限者が代行方式で手形行為をした場合，通説によれば，この手形行為を「偽造」といい，無効であるとしている。一方，判例によれば，無権限者が本人のためにする意思をもってなしたときは無権代理であり，そうでないときは偽造であるとし，いずれにしても，この手形行為は無効となるとしている（最判昭43・12・24民集22・13・3382）。

手形行為の無権代理について，本人はこれを追認することができ，追認すれば，本人は初めに遡って代理権を与えたのと同様の責任を負う（民113条・116条）。判例によれば，この追認について，本人は直接の相手方に対しても，また，現在の手形所持人に対してもなしうるとしている（大判昭7・7・9民集

11・1604)。手形偽造の場合，被偽造者はこれを追認することができるかについて，多数説・判例は，遡及効ある追認を認める（最判昭 41・7・1 判タ 198・123)。

手形行為の無権代理については，表見代理に関する規定が当然に適用され，本人は，その後の手形取得者に対しても，その者の善意悪意を問わず，手形責任を負担する（最判昭 35・12・27 民集 14・14・3223)。多数説・判例は，手形偽造の場合にも，表見代理に関する規定を類推適用すべきであるとし，被偽造者の表見責任を認める（前掲最判昭 43・12・24)。表見代理の規定の「第三者」とは，手形行為の直接の相手方に限るのか，その後の手形取得者をも含むのかについて見解が分かれている。判例は，手形行為の直接の相手方に限るとしているが（最判昭 36・12・12 民集 15・11・2756)，多数説は，直接の相手方のみならず，その後の手形取得者をも含むと解している。

iii　無権限者の手形責任　無権代理人が代理人として手形行為をした場合，その無権限者は本人に代わって，手形責任を負担しなければならない（手8条)。ただし，手形取得者が無権代理であることを知っていた場合には，無権代理人は責任を負担しない。本人が追認した場合も，同様である。これに対し，無権代理行為について表見代理が成立する場合には，本人は表見責任を負うが，手形所持人は，本人の表見責任を追及しないで，無権代理人の責任を問うこともできる（最判昭 33・6・17 民集 12・10・1532)。

多数説・判例は，手形偽造者についても，手形法 8 条を類推適用すべきであるとし，偽造者の手形責任を認めている（最判昭 49・6・28 民集 28・5・655)。ただし，手形取得者が悪意である場合には，同条の類推適用の余地はない（最判昭 55・9・5 民集 34・5・667)。また，偽造者は自己の署名にもとづいて責任を負うとの見解がある（偽造者行為説)。

6）手形の変造

手形の変造が行われた場合には，変造後の署名者は，変造の事実を知ってい

Glossary

手形の変造：権限なくして署名以外の手形の内容を変更（追加・変更・抹消）することを手形の変造という。手形の偽造が手形行為の主体を偽る行為であるのに対して，変造は手形行為の内容を偽る行為である。変造は既存の手形が形式上有効に存在し，かつ変造後も形式的要件を喪失しないことを前提とする。すべての手形債務者の同意を得た手形の内容の変更は，適法な変更であって変造で

ると否とにかかわらず，変造後の文言（現文言）に従って手形責任を負う（手69条前段・77条1項7号，小50条前段)。変造前の署名者，すなわち変造前に手形債務を負担していた者は，依然として変造前の手形上の記載（原文言）に従って手形責任を負う（手69条後段・77条1項7号，小50条後段)。この規定は，変造後の文言の有利・不利，手形取得者の善意・悪意を問わず適用される。なお，変造者は刑事上の責任（刑法162条）および不法行為にもとづく損害賠償責任（民709条）を負わなければならない。

7）手形行為の実質関係

通常，手形行為がなされる場合には，その前提として，手形行為者と特定の者との間に，具体的な取引関係が存する。この取引関係を手形の実質関係といい，つぎの3つの種類がある。まず，①原因関係と呼ばれ，手形行為者とその直接の相手方との間に存する，手形授受の原因をなす実質的な法律関係がある。売買取引における債務の弁済，金融取引における債権の担保などがその典型的な例である。また，②手形が授受される場合に当事者においてあらかじめなされる手形の種類や内容に関する協定，すなわち手形予約と呼ばれる手形関係の設定の準備をする契約がある。さらに，③為替手形や小切手が振り出される場合に，振出人と支払人との間に存する手形や小切手の支払に関する実質的な関係であり，これは資金関係と呼ばれる。資金関係には，さまざまな形態があるが，一般に，両当事者が銀行と顧客である場合には，当座預金契約のもとに手形や小切手の支払委託関係が形成されている。

手形関係とその原因関係とは，ひとまず分離して扱われるが，手形の授受は原因関係に一定の影響を及ぼす。当事者間に，手形を原因債務の「支払に代えて」授受する旨の合意が明確に認められる場合には，原因債務は消滅する。当事者間に，原因債務を存続させる意思が認められ，手形を原因債務の「支払のために」，あるいは「担保のために」授受する場合には，原因債務は手形債務とともに併存する。手形の授受にあたって，当事者の意思が明確でない場合には，原因債務と手形債務が併存するものと推定される（最判昭35・7・8民集14・

はない。ただし，一部の者の同意を得たのみの変更は，同意を得た者との関係では，適法な変更となるが，同意を得ない者との関係では，変造となる。

9・1720)。

原因債権と手形債権が併存する場合の権利行使については，手形が「支払のために」，すなわち原因債務の支払方法として授受された場合には，債権者はまず手形債権を先に行使しなければならなず，手形が「担保のために」，すなわち原因債務の支払確保のために授受された場合には，債権者は原因債権と手形債権のいずれをも任意に選択行使することができる。なお，原因債権と手形債権が併存していて，債権者がまず原因債権を行使する場合には，債務者は手形の返還と引換にのみ支払うという一種の同時履行の抗弁を行使することができる（最判昭33・6・3民集12・9・1287)。

原因債権と手形債権が併存する場合に，手形の支払がなされたときは，原因債務も消滅する。原因債務が履行されたときは，手形を受け戻さない限り，手形債権は消滅しない。この場合は，原因債務の消滅は人的抗弁事由となる。手形債権が時効によって消滅した場合は，原因債権は消滅しない。原因債権が時効によって消滅した場合にも，手形債権は消滅しない。ただし，判例によれば，原因債権の時効消滅は人的抗弁事由になるとしている（最判昭43・12・12判時545・78)。

(5) 手形の流通保護

1）裏書譲渡とその効力

手形所持人は，原則として，満期になるまでは手形上の権利を行使して手形債務者の支払を受け手形を現金化することができないが，満期までの期間でも，別途に自らが当事者となっている取引の決済に向けて手形を譲渡したり，銀行などに満期までの利息相当額を差し引いた金額で手形を買い取ってもらうこと（手形割引）ができる。これらの場合，手形には，裏書という譲渡方法が用意されている。

通常の裏書には，次の3つの効力が認められる。①権利移転的効力として，裏書によって，手形より生ずる一切の権利が被裏書人に移転する（手14条・77条1項1号，小17条)。裏書により移転するのは手形上の権利である。手形上の権利に設定される質権や抵当権など，手形上の権利に付随する手形外の権利は，裏書により当然に移転するものではない。②担保的効力として，裏書人は原則として被裏書人およびその後の手形取得者に対して担保責任を負う（手15条・77条1項1号，小18条）。この裏書人の義務を遡求義務といい，この義務に対応する所持人の権利を償還請求権または遡求権という。③資格授与的効力として，裏書の連続する手形の所持人は，適法な所持人，すなわち手形上の権利者と推定される（手16条1項，77条1項1号，小19条）。したがって，このような手形の所持人は，自己が真実の権利者であることを立証しなくても，手形上の権利を行使することができる。裏書の連続を欠く手形の所持人は，以上のような形式的資格を有しないが，実質的権利を証明することによって，手形上の権利を行使することができる（最判昭31・2・7民集10・2・27）。

2）善意取得の制度

手形上の権利が裏書によって移転される場合，裏書人が無権利者であれば，被裏書人は本来手形上の権利を取得することはできない。しかし，手形上の権利者が手形の占有を失った場合に，手形を取得した所持人が，裏書の連続によりその権利を証明するときは，手形の取得に際して，悪意または重大な過失がない限り，手形を返還する義務を負わない（手16条2項・77条1項1号，小21条）。したがって，所持人は手形上の権利を原始的に取得する。これを手形（小切手）の善意取得という。

善意取得の制度はいかなる範囲において適用されるか（取得行為の瑕疵をも治癒するか）に関して見解が対立している。多数説（限定説）は，譲渡人が無権利者である場合に限り，それにつき悪意・重過失のない手形取得者を保護する制度であるとするが，最近の有力説（非限定説）は，譲渡人が無権利者である場合に限らず，裏書人の無能力，代理権の欠缺，人違いなど，譲渡人側の事由によって裏書が無効または取り消しうる場合にも，それにつき悪意・重過失のない取得者を保護する制度であるとしている。

3）人的抗弁切断（制限）の制度

手形所持人が手形上の権利を行使する場合に，債務者として請求を受けた者がその請求を拒否しうる一切の事由を手形抗弁という。民法上の原則によれば，債務者は，原則として，債権の譲受人に対して，譲渡人に対抗できたすべての抗弁を持って対抗することができるとしている（民468条）。これに対し，手形法は，一定の種類の抗弁については，これを善意の手形取得者に対しては対抗することができないとしている。その典型的な制度として，人的抗弁切断（人的抗弁制限）の制度がある（手17条・77条1項1号，小22条）。すなわち，手形法は，手形により請求を受けた者は，手形所持人の前者に対する人的関係にもとづく抗弁（人的抗弁）をもって，所持人に対抗することができないと規定している（手17条・77条1項1号，小22条）。この制度は，手形債務者が自己の債務につき抗弁をもって対抗できる場合を限定して，裏書による善意の手形取得者を保護し，手形流通の安全を確保することを目的とする（最判昭35・10・25民集14・12・2720）。ただし，手形債務者を害することを知って手形を取得した者に対しては，手形債務者は，この取得者の前者に対する人的抗弁をもって対抗することができ，その抗弁を悪意の抗弁という。

（6）　手形の支払確保

1）手形の支払

手形の支払とは，狭義には，すべての手形関係を消滅させる効果をもつ弁済であり，約束手形の振出人，為替手形の引受人，小切手の支払保証人（以上は手形債務者），または，支払人，支払担当者のなす支払をいう。広義には，参加支払，保証人による支払，遡求義務者による償還も，手形の支払であるが，これらは，自己および後者の債務を消滅させるにとどまり，手形上の求償権や再遡求の関係が残存する。手形関係の直接の目的は支払にあり，手形法は，通常の債務の弁済とは異なった規定を設けて，手形の支払の迅速と確実を図っている。

2）呈示証券性と善意支払の制度

手形の所持人が手形金の支払を受けるためには完全な手形を呈示（支払呈示）して，支払を請求しなければならない（呈示証券性，手38条1項・77条1項3号，小29条）。この場合，一般原則によれば，債務者は，真の権利者（または弁済受領権限ある者）に対して支払をしないかぎり，債務は消滅せず，免責されない。しかし，手形法は，満期において支払をなす者は，形式的に裏書の連続する手形所持人に対して，悪意・重過失なく支払をしたときは，たとえ所持人が無権利者であっても，免責されるものとする（手40条3項・77条1項3号，小35条）。この善意支払（善意免責）の制度は，手形の迅速な支払を保障するものであり，善意取得の制度とともに，手形の流通性を高めている。

善意支払の免責を受けるためには，支払をなす者は，所持人が真実の権利者であるか否かについての調査義務は負わないが，裏書連続の整否（形式的資格）のほか，手形要件の具備，自己の署名の真偽について調査義務を負う（通説）。

（7）　手形上の権利の消滅

1）権利の消滅原因

手形（小切手）上の権利は，支払（民474条以下，手38条以下・77条1項，小29条以下），代物弁済（民482条），相殺（民505条以下），更改（民513条以下），免除（民519条）などの一般的な債権消滅事由によって消滅する。また，遡求義務者に対する遡求権に特有な消滅原因として，権利保全手続の欠缺（手53条・77条1項4号，小39条），一部支払の拒絶（手39条2項・77条1項3号，小34条2項）などがある。

2）短期消滅時効

さらに，すべての手形上の権利に特有な消滅原因として，短期消滅時効（手70条・77条1項8号，小51条・58条）が定められている。手形の主たる債務者たる為替手形の引受人または約束手形の振出人に対する請求権は，満期日より3年（手70条1項・77条1項8号），小切手の支払保証をした支払人に対する請求権は，支払呈示期間経過後1年（小58条），手形所持人の遡求義務者に対する遡求権は，拒絶証書を作成したときはその日付から，拒絶証書の作成が免除されているときは満期日から，1年で（手70条2項・77条1項8号），小切手の場合には，呈示期間経過後6か月で（小51条1項），それぞれ時効にかかる。

手形（小切手）上の権利の時効は，それぞれの独立の権利の時効である。したがって，償還請求権が時効によって消滅しても，手形の主たる債務者に対する権利はその影響を受けない。しかし，主たる債務者に対する権利が時効によって消滅したときは，償還請求権も消滅する（最判昭57・7・15民集36・6・1113）。また，手形保証に関して，被保証人に対する権利が時効消滅したときは，保証人に対する権利も消滅する（最判昭45・6・18民集24・6・544）。

手形（小切手）の時効の完成猶予・更新については，民法の規定（民147条・152条・153条等）に従う。裁判上の請求または裁判外の請求（催告）による時効の完成猶予には，手形の呈示・所持は不要である（最判昭 39・11・24 民集 18・9・1952，最判昭 38・1・30 民集 17・1・99）。償還義務を果たした者の前者に対する再遡求権は，手形を受け戻した日または償還の訴えを受けた日から，6 か月で時効にかかる（手 70 条 3 項・77 条 1 項 8 号，小 51 条 2 項）。裏書人の前者に対する再遡求権の時効は，その者が償還の訴えを受けた場合には，前者に対して訴訟告知をすれば時効の完成は猶予され，裁判が確定した時から再び進行する（手 86 条 2 項，小 73 条 2 項）。

なお，各個の手形債務は独立した合同債務であるから，時効の完成猶予・更新の効力は，その中断事由の生じた者に対してのみ効力を生ずる（手 71 条・77 条 1 項 8 号，小 52 条）。したがって，保証における主たる債務者について完成猶予事由が生じても，保証人の時効は完成猶予されない。また，共同振出人の 1 人が債務の承認をしても，他の振出人の時効は完成猶予されない（最判昭 36・7・31 民集 15・7・1982）。

3）利得償還請求権

手形（小切手）上の権利が権利保全手続の欠缺または時効によって消滅した場合に，手形の所持人が，それにより原因関係上あるいは資金関係上利得を得ている手形債務者（振出人，裏書人，引受人）に対して，利得の償還を請求できる手形法上の権利を有し（手 85 条，小 72 条），これを利得償還請求権という。利得償還請求権が発生するには，手形上の権利が有効に存在し償還請求者がその権利を有していること，手形上の権利が保全手続の欠缺または時効によって消滅していること，手形債務者が利得を得ていること（ここに「利得」とは，原因関係で対価を得たり，資金関係で資金を得たりした現実の財産の増加を意味する）が必要である。判例は，すべての手形債務者に対する手形上の権利も原因関係上の権利のような民法上の救済方法も存しないことを要する（二次性説）としている（最判昭 36・12・22 民集 15・12・3066）が，手形債務者に対する手形上の権利が消滅すれば足りるとする見解も有力である。

（8） 銀行取引と手形決済

1）銀行との当座勘定取引と統一手形用紙

手形・小切手は，銀行取引を通じて利用される。制度上は，小切手の支払人は銀行に限られるので（小 3 条・59 条），小切手は銀行との関係なく利用できず，手形には支払担当者（第三者方払）の制度があり（手 4 条），銀行を支払担当者として利用される仕組みが整っている。

実務では，取引先企業が銀行に当座預金の形で資金を預け入れ，振り出した手形・小切手の支払を委託するため，当座勘定規定にもとづく当座勘定取引契約が結ばれる。また，手形貸付・手形割引その他の銀行取引に関しては，取引先企業と銀行との間の協定書として銀行取引約定書がある。手形・小切手の用紙については法律上の制限はないが，実務上，当座勘定規定により，銀行の交付する手形用紙と小切手用紙が用いられ，全国銀行協会連合会（現在では全国銀行協会）の制定による統一手形用紙が用いられている。

2）手形交換の制度

さらに，銀行が多数の手形・小切手の取立と支払を迅速かつ安全に行うために，実務上，手形交換が実施されている。これは，同一地域内にある銀行その他の金融機関が相互に取り立てるべき手形・小切手を手形交換所に一定の時刻に持ち寄り，これを支払呈示として，交換によって集団的な資金決済を行う仕組みである。手形交換の手続は，手形交換所規則に定められている。この規則により，交換に回された手形・小切手が支払義務者の信用に関する事由で支払拒絶（不渡り）になったときは，銀行から手形交換所に不渡届けが提出され，6 か月以内に 2 回の不渡手形を出した支払義務者は，銀行取引停止処分（手形交換所加盟銀行は 2 年間，当座勘定取引と貸出取引をすることができないという処分）を受ける。この実務上の制裁により，手形・小切手に対する社会的信頼が維持されている。

3）手形訴訟の制度

なお，法制度上，手形所持人のための迅速な権利実現を図る特別訴訟手続として，手形訴訟制度が設けられている。手形法に見られる「手形厳正」が手続法上に反映されて，反訴の提起ができないこと，証拠調べは，原則，書証に限ること，通常の民事訴訟への移行手続などが規定されている。

3. 電子記録債権

(1) 電子記録債権の意義・機能

1）電子記録債権制度の創設

事業者の資金調達の手法として金銭債権を活用する場合の法形式として，従来は，売掛債権等の指名債権を譲渡・質入れする方法や，債務者が振り出した手形を譲渡・質入れする方法によらなければならなかった。しかし，観念的な指名債権の譲渡等では，存否や帰属の確認に手間とコストがかかり，二重譲渡のリスクや人的抗弁が主張されるリスクがあり，手形の譲渡等では，紙媒体を利用するために，作成・交付・保管のコストがかかり，盗難や紛失のリスクがある。

そこで，それらのリスクとコストを回避するとともに，経済社会のIT化を背景とした金銭債権の電子的手段による譲渡につき，利便性と法的安定性を確保し，事業者の資金調達の円滑化等を図るために，電子記録債権法（平成19年法律102号，平成20年12月1日施行）により，電子記録債権の制度が創設された。

2）電子記録債権の意義と基本的仕組み

電子記録債権とは，一定の金額を支払うことを内容とする金銭債権であって，その金銭債権の発生または譲渡について，電子記録債権法による電子記録を要件とするものをいう（電子記録債権法〔以下「電債」と略称〕2条1項）。

電子記録債権制度を活用するためには，電子記録に関する業務を行う電子債権記録機関が必要であり（電債56条以下），全国銀行協会が電子債権記録機関として設立した「でんさいネット（株式会社全銀電子債権ネットワーク）」が，2013（平成25）年2月にサービスを開始している。「でんさいネット」が運用するシステムでは，全国銀行協会加盟の銀行等が参加金融機関となり，銀行間のネットワークが利用される。

支払の当事者は，自己の取引銀行等を指定参加金融機関に指定し，指定参加金融機関を通じて，電子債権記録機関にアクセスする。このシステムは，電子記録の請求は電子記録権利者と電子記録義務者の双方がすることを前提としつつ，その請求について相互に包括的に委任し，これにもとづいて，債務者が電子債権記録機関に発生記録等の請求をすれば，発生記録等がなされる（これに異議のある債権者は一定の期間内に削除の変更請求をすることができる)。債務者および指定参加金融機関は，電子債権記録機関と口座間送金決済等に関する契約を締結し（電債62条)，全国銀行内国為替制度を通じて決済がなされている。電子記録債権は，支払決済および信用授受の手段として普及が進んでいる。

3）手形との異同

電子記録債権は，債務者が一定の金額を支払うことを内容とする金銭債権である点で（電債16条1項1号)，約束手形（手75条2号）に類似している。したがって，電子記録債権については，その取引の安全を図るため，有価証券である手形と共通する各種の制度（善意取得〔電債19条〕，人的抗弁の切断〔同20条〕，支払免責〔同21条〕，電子記録保証の独立性〔33条〕等）が設けられている。電子記録が無効または取消しとなる場合に，善意かつ無重過失の第三者の保護が認められており（同12条1項)，債務者が電子記録債権を取得しても原則として混同によって消滅せず（同22条1項)，短期消滅時効の定めがある（同23条)。

他方，手形では権利内容が証券に記載されるのに対して，電子記録債権では権利内容が電子データとして電子債権記録機関が管理する記録原簿に記録される。これにより，手形利用に伴うリスクやコストの回避が図られている。また，電子記録債権は，手形債権と異なり（手12条2項)，分割譲渡が可能である。手形には印紙税が課されるが（印紙税法2条・別表第1)，電子記録債権には課されない点で利点がある。

（2）　電子記録債権の発生と効力

1）電子記録債権の発生

電子記録債権は，発生記録（電債16条1項）をすることによって生じ（電債15条)，発生記録によって，電子記録債権の債務者は債権者に一定の金額を支払う義務を負担する。原因関係が法律上有効に存在することは電子記録債権の要件ではなく，電子記録債権は無因債権である。

電子記録は，電子債権記録機関（電債2条2項）が磁気ディスク等をもって調製する記録原簿（債権記録が記録される帳簿〔電債2条3項〕）に記録事項を記録することによって行われる（電債3条）。電子記録の請求は，原則として，電子記録権利者・電子記録義務者の双方が行うことを要する（電債5条1項）。電子債権記録機関は，電子記録の請求があったときは遅滞なく電子記録をしなければならない（電債7条1項）。電子記録の請求における相手方に対する意思表示が取り消される場合，民法の第三者保護規定（民94条2項・95条1項・96条3項参照）がない場合も，取引の安全保護のため，善意かつ無重過失の第三者は保護される（電債12条1項）。

2）電子記録の効力

電子記録債権は発生記録をすることによって生じ，電子記録債権の内容は債権記録の記録によって定まる（電債9条1項）。電子記録に電子記録債権についての権利者として記録されている者（電子記録名義人）は，真実の債権者である蓋然性が高いので，電子記録名義人は電子記録債権について権利を適法に有するものと推定される（電債9条2項）。

電子債権記録機関は，不実の電子記録の場合（電子記録の内容が請求された内容と異なっていたり，請求がないのに電子記録がなされている場合）には，これを訂正しなければならない（電債10条1項柱書本文）。不実の電子記録によって，当該電子記録の請求をした者その他の第三者が損害を受けた場合，電子債権記録機関は，これらの者に，不法行為責任（民709条以下）を負う可能性があるほか，電子債権記録機関の代表者および使用人その他の従業者（電債58条参照）が職務を行うについて注意を怠らなかったことを証明しない限り，損害を賠償する責任を負う（電債11条）。

無権限者（無権代理人や他人になりすました者等）が電子記録の請求を行っても，その請求は無効であり，電子記録債権は発生しない。しかし，第三者が無効な電子記録を信頼して電子記録債権を取得した場合，電子債権記録機関は，不実の電子記録の場合と同様の損害賠償責任を負う（電債14条）。なお，無権代理人は，相手方に悪意または重大な過失がない限り，無権代理人としての責任（民117条）を負う（電債13条）。

3）電子記録債権の譲渡・消滅

i　譲渡　電子記録債権の譲渡は，譲渡記録（電債18条1項）をしなければ効力を生じない（電債17条）。譲渡記録によって電子記録債権は譲渡人から譲受人に移転し，譲渡記録には資格授与的効力（手16条1項，小19条）と同一の効力が認められる。また，取引の安全を図るため，電子記録債権の譲渡には善意取得（電債19条）および人的抗弁（原因関係の無効や取消し等の事由による抗弁）の切断（電債20条）が認められる。

ii　消滅　電子記録名義人に支払をした者には支払免責の保護が認められる（電債21条）。電子記録債権は，発生・譲渡等の場合と異なり，債権が消滅した旨の記録（支払等記録，電債24条）をしなくても支払等によって消滅する。ただし，支払等記録がない場合には，債務者は債権消滅の抗弁（人的抗弁）を善意の第三者に対抗することができない（電債20条）。電子記録債務者が電子記録債権を取得しても，原則として当該電子記録債権は混同によって消滅しない（電債22条1項）。電子記録債権は3年間行使しないときは時効消滅する（電債23条）。

4）電子記録債権の利用

i　記録事項の変更　債権記録に記録された事項を変更することができ（電債26条以下），変更の効力発生のために変更記録（電債27条）が必要となる場合（当事者の意思表示によって電子記録債権の内容〔債権額，支払期日等〕または電子記録債権を目的とする質権の内容〔被担保債権等〕を変更する場合，電債26条）と，必要ではない場合（相続等による債権者や債務者の変更の場合）とがある。電子記録が無効または取消しとなる場合には変更記録を行うが，その変更記録は，無効または取消しの効力要件ではなく，債権記録の内容を実態に合わせる手続として行われる。

変更記録の請求は，当該変更記録につき電子記録上の利害関係を有する者の全員がしなければならない（電債29条1項）。ただし，電子記録名義人または電子記録債務者の氏名もしくは名称または住所についての変更は変更の生じた者が単独で変更記録を請求できる（同条4項）。変更記録が，その請求の無効・取消しその他の事由により効力を有しない場合，当該変更記録前に債務を負担した電子記録債務者は，当該変更記録前の内容にしたがって責任を負う（電債30条1項本文）。ただし，当該変更記録の請求における相手方に適法に意思表示をした者の間では，当該意思表示をした電子記録債務者は，当該変更記録以後の内容にしたがって責任を負う（同条項但書）。

ii **電子記録保証** 電子記録債務者の支払を担保するため，電子記録保証の制度があり，電子記録保証に係る電子記録債権は，保証記録をすることによって生ずる（電債 31 条・32 条 1 項）。電子記録保証には独立性が認められ（電債 33 条 1 項），電子記録保証債務を「出えん」した（弁済その他自己の財産をもって主たる債務として記録された債務を消滅させた）電子記録保証人は，電子記録債権（特別求償権）を取得する（電債 35 条 1 項）。

iii **質権の設定** 電子記録債権を目的とした質権の制度が設けられており，質権設定記録によって効力を生じる（電債 36 条以下）。

iv **分割** 電子記録債権は分割することができ，電子記録債権が記載されている債権記録（原債権記録）および新たに作成する債権記録（分割債権記録）に分割記録をすると同時に，原債権記録に記載されている事項の一部を分割債権記録に記録することによって行う（電債 43 条 1 項・2 項）。分割記録の請求は債権者が単独ですることができる（同条 3 項）。

（福原 紀彦）

References

濱田惟道『手形法小切手法』文眞堂（1992 年），大塚龍児=林竧=福瀧博之『商法Ⅲ—手形・小切手（第 5 版）』有斐閣（2018 年），弥永真生『リーガルマインド手形法・小切手法（第 3 版）』有斐閣（2018 年），始関正光=高橋康文（編著）『一問一答 電子記録債権法』商事法務（2008 年），池田真朗=太田穣（編著）『解説電子記録債権法』弘文堂（2010 年），萩本修=仁科秀隆（編著）『逐条解説電子記録債権法』商事法務（2014 年），根田正樹=大久保拓也（編）『支払決済の法としくみ』学陽書房（2012 年），小塚壮一郎=森田果『支払決済法—手形小切手から電子マネーまで（第 3 版）』商事法務（2018 年）。

Column ㉑ 約束手形利用の現状と利用廃止の動向

1. 約束手形利用の現状と問題点

約束手形は，原因関係となる取引における支払を一定期間猶予する決済手段であり，商業流通過程で信用を授受し，事業者の資金調達の手段として，大きな役割を果たしてきた。約束手形は商人の貨幣であるとも言われ，銀行の手形割引による資金供給ルートの定着により，中小の事業者にとって不可欠な支払決済手段となった。とりわけ，取引先から支払を受けるまでに時間を要する業種である卸売業，製造業，建設業で多用され，自ら支払を猶予してもらう目的のほか，個別の代金振込より便利という理由で多く用いられてきた。

しかしながら，他の支払決済手段と較べると，約束手形の支払サイト（振出から支払までの期間）は長く，これを受け取る側の取引先が支払までに約束手形を現金化するための利息・割引料を負担し，取立費用負担において振出側が有利な慣行が定着している。受取側には，そのコストや不渡りのリスクがあり，また，振出側も受取側も，手形用紙や印紙の代金，手形の搬送や管理面でのコストとリスクを負担しなければならず，できれば約束手形の利用を止めたいとの意向が大きくなってきている。かといって，長年の商慣行から抜けられず，電子記録債権利用への移行にも受取人側の了解が直ちに得られないのが現状である。

2. 約束手形の利用廃止に向けた取組み

約束手形をはじめとする支払条件の改善を推進するため，検討会を経て，2021（令和3）年3月31日，中小企業庁および公正取引委員会は，下請代金支払を可能な限り現金にすること，手形等での下請代金支払では割引等の負担がないように下請代金を協議して決定すること，下請代金支払のための手形等のサイトは60日以内とすることなどの実施を求める新たな手形通達を発している。中小企業庁は，さらに，その検討で指摘された上記のような約束手形利用の問題点を踏まえて，5年後の約束手形の利用廃止を推進する旨を公表している。同年6月に閣議決定された成長戦略実行計画においては，産業界や金融界に対し「約束手形の利用の廃止に向けた自主行動計画」の策定を求め，約束手形利用の廃止を促進する旨が指摘されている。

歴史的な役割を担ってきた約束手形は，ITを活用した他の支払決済手段（ファクタリング，電子記録債権，インターネットバンキング）に，その役割を譲ろうとしている。その動向は，利便性や費用節約のための支払決済手段のIT化という現象にとどまらず，サプライチェーン全体での取組みによって，支払決済と資金調達の分野での大きなDXとして理解することが必要であろう。

（福原 紀彦）

References：塚本浩章「企業間取引における約束手形の利用廃止などに向けた取組方針」NBL1193号13頁（2021年）。

第 20 章

支払決済と電子マネー・暗号資産

Essence

□ 1. 企業取引における決済とはなにか。支払とはなにか，決済システムとはなにか。
□ 2. 支払決済手段にはどのようなものがあり，どのような法的規律があるか。
□ 3. 電子マネーとはなにか，どのような法的規律があるか。
□ 4. 暗号資産（旧称・仮想通貨）の正体はなにか，どのような法的規律があるか。

Introduction

企業と企業との取引にせよ，企業と消費者との取引にせよ，それらの取引が目的を達成するためには，商品の引渡しやサービスの提供とともに，取引当事者間で発生する債権債務関係を対価の支払いによって解消すること（決済）が必要となる。この企業取引の決済には，さまざまな支払決済の手段と方法が用いられ，また，制度上や実務上の仕組みが用意されている。

企業取引の決済に利用される支払決済手段や方法として，①原初的・典型的な支払決済手段である金銭（法定通貨）のほか，②約束手形・為替手形・小切手等の有価証券や電子記録債権，③企業間の簡易な支払決済としての相殺（民 505～512 条），交互計算（商 529～534 条），ネッティング，④銀行送金（振込・振替），デビッドカード（即時払式カード），新しい送金サービスとしての資金移動，⑤前払式の支払決済手段としての商品券・プリペイドカード・電子マネー等，⑥後払式の支払決済手段としてのクレジットカード等がある。ビジネスにおいても日常生活においても，それぞれの特徴と機能を踏まえた理解が必要である。

最近では，インターネット上で決済や送金の手段として利用できる特別の財産的価値として，暗号資産（旧称は仮想通貨）が登場しているほか，各種のデジタル通貨が考案され，法定通貨としてのデジタル通貨の利用も実施または検討されている。FinTech（金融と技術との融合）により，支払決済の手段と方法は高度化・多様化しており，それらをめぐる法的規律のあり方が未来社会に向けた大きな課題となっている。

1. 企業取引の決済の意義とプロセス

(1) 決済・支払手段・決済システムの意義

企業取引が目的を達成するためには，取引当事者間で発生する債権債務関係を対価の支払いによって解消すること，すなわち「決済」が必要である。企業取引の決済では，さらに，さまざまな「支払手段」を用いて，また，制度上の仕組みや実務上の「決済システム」を通じて行われる[1)]。

例えば，売買取引の当事者間で，代金の支払のために金銭が授受される場合，現金が支払手段であり，特段の決済システムは経由せず，この買主による現金（通貨）の支払いが同時に最終決済を意味する（現金決済）。また，預金口座を通じて振込や引き落としにより，銀行預金（「預金通貨」と称されるもの）を用いて行う決済（預金決済）の場合には，取引当事者が同一銀行に口座を有するときは，同一銀行内の口座間の資金付け替えによって決済され（内部決済），当事者のそれぞれが異なる銀行に口座を有するときは，銀行間の決済システムを経由して，口座振替・口座振込による決済が行われる。

企業取引の決済に利用される支払決済手段や方法として，①原初的・典型的な支払決済手段である金銭（法定通貨）のほか，②約束手形・為替手形・小切手等の有価証券や電子記録債権，③企業間の簡易な支払決済としての相殺（民505～512条），交互計算（商529～534条），ネッティング，④銀行送金（振込・振替），デビッドカード（即時払式カード），新しい送金サービスとしての資金移動，⑤前払式の支払決済手段としての商品券・プリペイドカード・電子マネー等，⑥後払式の支払決済手段としてのクレジットカード等が利用されている。最近では，インターネット上で決済や送金の手段として利用できる特別の財産的価値として，暗号資産（旧称は仮想通貨）が登場しているほか，各種のデジタル通貨が考案され，法定通貨としてのデジタル通貨の利用も実施または検討されている[2)]。

(2) 決済のプロセス

決済が行われるプロセスは，決済システムを経由する場合には，一般に，

【企業取引の「決済」のプロセス】

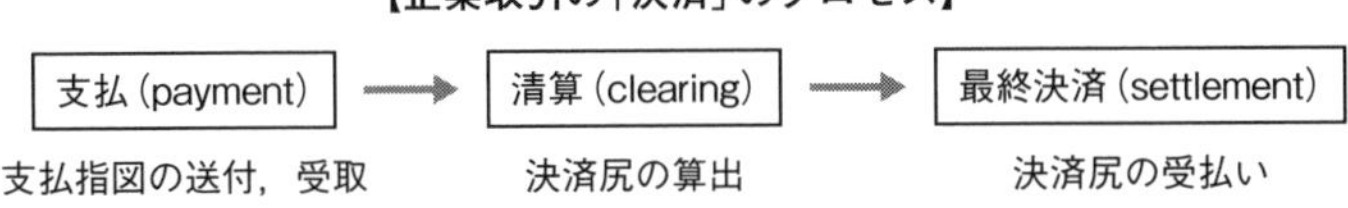

「支払（payment）」「清算（clearing）」「最終決済（settlement）」の3段階に分けて認識されている。支払（payment）は，資金決済を起動するステップであり，清算（clearing）は，決済のために取り交わされた支払指図を集計して最終的に受け渡すべき差額（決済尻）を算出することであり，最終決済（settlement）は，その決済尻の金額を実際に受渡して決済完了性（finality）を備えるものである（中島=宿輪・後掲10頁）。

2. 企業取引の決済システム

(1) 取引資金の決済システム

「決済システム」は，「決済」を多数の当事者が一定の標準化された手順に従って組織的に処理するための仕組みである。企業取引や金融取引をはじめとする経済活動は，決済が確実に行われるとの信認の上に成り立っており，万一，決済システムが円滑に機能しない場合には，経済活動に大きな影響を与えることになる。その意味で，決済システムは一国の経済活動を支える重要な基盤を構成している[3)]。

企業取引の支払決済が行われる場合には，支払段階から，一定の決済システムのもとに，清算と最終決済の段階に至ることが多い。とくに，経済規模の拡大とグローバル化を背景にして，企業相互間や金融機関相互間では大規模かつ複雑な決済が必要となり，組織的な決済の仕組みが決済システムとして開発され利用されている。

わが国では，企業取引資金の主要な決済システムとしては手形交換制度（本書第19章参照）のほかに，日銀ネット，外国為替円決済システム，全銀システムがある。また，国債，社債，株式等の証券決済システムについては，一連の証券決済制度改革による法制度整備を受けて，ペーパーレス化を進めた新しい振替制度が準備されている（本書第6章 Column ⑥参照）。

(2)　貿易取引の決済システム

貿易取引では，通貨の異なる国の当事者間での貿易決済手段として，外国為替が用いられる。外国為替は，国際間の債権債務関係の決済あるいは資金移動を，直接の現金輸送によらず実現する仕組みであり，送金為替として外国送金(電信送金・郵便送金・送金小切手)，取立為替として荷為替手形や荷為替信用状といったものがある。

国際売買となる貿易取引では，買主から直接に売買代金を取り立てることが困難であり，また，買主の信用状態を把握しておくことが容易でないため，迅速かつ確実に売買代金を回収する方策が必要となる。そこで，荷為替手形と荷為替信用状が，国際売買における典型的な代金回収方法として普及している。その仕組みは次のとおりである。

売主が買主を支払人として為替手形を振り出し，取引銀行に船荷証券を中心とした船積書類を担保として提供し，その為替手形の割引を受けるか取立を依頼する。その為替手形は，買主の所在地の銀行を通じて買主に対し引受・支払のために呈示され，その引受・支払と引換に船積書類が買主に渡される。買主が引受または支払を拒絶したときは，船積書類が処分されるか，売主に遡求権が行使されて供与された信用が回収される。この場合の為替手形が，荷為替手形と呼ばれるものである。

その手形割引等を行う銀行にとっての手形の支払性の不安，担保に供された船荷証券上の運送品処分の困難等，荷為替金融に伴う障碍を除去し，荷為替手形による代金回収の円滑化を図る補助的手段となるのが荷為替信用状(商業信用状)である。信用状は，買主の取引銀行が発行依頼人たる買主のために，一定の条件のもとに，指定された受益者たる売主またはその指図人に対して支払をなし，指定された者が振り出した為替手形の引受・支払をなし，あるいはこれらの行為を他の銀行に授権することを確約する証書である。これによって売主は確実な代金回収の便宜を得ることができる。

荷為替信用状の法律関係に関しては，国際商業会議所が制定した「荷為替信用状に関する統一規則および慣例」(1933 年制定)があり，わが国を含む各国で多数の銀行が採用して，広く世界中で利用されている(2007 年最終改訂。江頭・商取引 194 頁)。

3. 各種支払決済の手段・方法と法的規律

(1) 原初的・典型的な支払決済─金銭・通貨・法定通貨

支払や決済の手段として，物々交換に代わって，モノやサービスとの交換に用いられる最も原初的な支払決済手段である金銭（おカネのこと）を，貨幣または通貨と呼ぶ。通貨（currency）は，流通貨幣の略称で，このうち法定通貨は，国家によって強制通用力が認められている通貨であり，これによる債務弁済を拒否することはできず，法貨とも呼ばれる。日本では，日本銀行券と，造幣局製造の硬貨がこれにあたる。明治 4（1871）年に通貨の単位である「円」が誕生し，わが国の近代通貨制度が創設され，2021（令和 3）年 6 月に 150 周年を迎えた。通貨は，通常，紙幣・硬貨（補助紙幣）の形態で存在し，これを現金通貨という（これに対して，普通預金・当座預金などの決済口座で管理される形態で存在する場合を預金通貨という）。

なお，「中央銀行デジタル通貨（CBDC：Central Bank Digital Currency）」とは，①デジタル化されていること，②円などの法定通貨建てであること，③中央銀行の債務として発行されることの 3 つの要件を満たすものをいう。広くデジタル通貨と通称される場合に含まれる電子マネーや仮想通貨（暗号資産）との相違に注意を要する。

(2) 有価証券の活用による支払決済─手形・小切手・電子記録債権

企業間の取引の支払決済手段としては，従来から，手形（約束手形・為替手形）や小切手が多く利用されてきた。近時は多様化し，銀行送金（口座振込）や電子記録債権など，手形・小切手以外の支払手段の利用割合が増加している（本書第 19 章参照）。

(3) 企業間の簡易な支払決済─相殺・交互計算・ネッティング

1) 相殺（そうさい）

相殺は，二当事者間で相対立する同種の債権を対当額で消滅させて決済する制度である。この制度により，当事者が各別に弁済する時間と費用を節約でき，また，相手方の破産などにより弁済を受けられないことによるリスクを回避することができる。すなわち，相殺には，決済簡易化機能と債権担保機能とがある。

民法は，当事者の一方から相手方に対する一方的意思表示による単独行為として相殺を規定しており（民506条1項前段），これを法定相殺という。法定相殺がなされるためには，両当事者間に相殺に適した状況，すなわち相殺適状になければならない。相殺適状の要件は，①同一当事者間に債権の対立があること，②両債権が同種の目的を有すること，③両債権の弁済期が到来していることである（民505条1項）。当事者が相殺の意思表示をした場合，対当額による債権の消滅は，後述の相殺適状が生じた時点に遡って効力を生じる（民506条2項）。他方，契約自由の原則から，公序良俗に反しない限り，相殺契約として，当事者が合意により債権債務を帳消しにすることができる。さらに，民法では，相殺が許されない各場面（民505条1項但書・505条2項・509条・510条・511条）や，相殺の充当について（民512条1項・512条の2）定めている。

2）交互計算

i　交互計算の意義・機能　相殺の機能を複数の商行為に一括して応用したのが交互計算である。商法に定める交互計算とは，商人間または商人と非商人との間で平常取引をなす場合に，一定の期間内の取引から生ずる債権債務の総額につき，期末に一括して差引計算をなし，その残額を当事者の一方が他方に支払うべきことを約する契約である（商529条）。この差引計算をなすべき期間（交互計算期間）は，当事者の特約がなければ，6か月である（商531条）。交互計算は，反覆継続して大量に行われる企業取引の決済を簡易化するとともに，相殺が果たす担保的機能を制度的に保障する。

これとは別に，銀行の当座勘定取引契約のように，債権・債務が発生するとその都度，自動的に決済されてひとつの残額債権に置き換わるという段階的交互計算というものもある。ただし，段階的交互計算は，商法が定める交互計算（古典的交互計算）とは異なり担保的機能がない。なお，近時，金融取引においては，簡易な資金決済を実現し，併せて，信用リスクの削減を図る必要があることから，それらの需要に応じるために，ネッティングという仕組みが考案され普及している[4]。

ii　交互計算の効力　交互計算期間中に生じた債権債務は，当然に交互計算に組み入れられ，その独立性を失い，債権者は個々的に債権を行使・処分することができなくなる（交互計算不可分の原則）。

この原則は当事者のみを拘束し第三者に対抗できないとの見解もあるが，交互計算期間中は交互計算に組み入れられた債権は民法466条1項但書にいう，その性質上譲渡性を有しないものであり，これを譲渡・質入れしても無効であり，差し押さえもできないと解するのが通説である（大判昭11・3・11民集15・4・320）。

この原則の例外として，手形その他の商業証券から生じた債権及び債務を交互計算に組み入れた場合において，その商業証券の債務者が弁済をしないときは，当事者は，その債務に関する項目を交互計算から除外することができる（商530条）。

交互計算期間経過後において，期間中の債権債務総額につき相殺をなし，差額がある場合に，債務額の超過する当事者は，その差額を相手方に支払う義務を負い，これによって従来の債権債務の関係が更改される。その際，計算書類を作成し承認を行うことで残額債権が確定する。なお，当事者は，債権及び債務の各項目を記載した計算書の承認をしたときは，当該各項目について異議を述べることができない（商532条，ただし，当該計算書の記載に錯誤又は脱漏があったときは，この限りでない）。

また，相殺によって生じた残額については，債権者は，計算の閉鎖の日以後の法定利息を請求することができ，当該相殺に係る債権及び債務の各項目を交互計算に組み入れた日からこれに利息を付することを妨げない（商533条）。

なお，交互計算契約は，存続期間の満了その他契約の一般終了原因のほか，次の特則によって終了する。第1に，各当事者はいつでも交互計算の解除をすることができる（商534条，この場合において，交互計算の解除をしたときは，直ちに，計算を閉鎖して，残額の支払を請求することができる）。第2に，当事者の一方について破産手続または会社更生手続が開始されたときは，交互計算は終了する（破59条1項，会更63条）。

(4)　銀行送金（振込・振替）・デビットカード・資金移動等

1）為替取引・銀行振込・口座振替

遠隔地で行われる債権・債務の決済を，貨幣運搬のリスクと流通経費の発生を避けるため，現金通貨の移送を行わずに決済する方法が，「為替」という名称で実施されてきた。為替には内国為替と，通貨を異にする国際間の貸借関係を現金通貨を直接輸送することなく決済する外国為替とがある。わが国では為替を取り扱う業務は銀行業に該当し，「為替取引」は銀行業の免許を有する者または資金移動業の登録をしている者以外は業として行うことができない（銀行法 2 条 2 項 2 号・10 条 1 項 3 号）。

為替取引の手段として，為替手形や送金小切手が利用されてきたが，銀行への預金債権（預金通貨）を手段とする**銀行振込**や**口座振替**が隔地取引や企業取引で多用されている。これらの場合，無権限引出のリスクに対処するため，「偽造カード等及び盗難カード等を用いて行われる不正な機械式預貯金払戻し等からの預貯金者の保護等に関する法律（略称は偽造カード法または預金者保護法）」（平成 17 年法律 94 号）では，第三者がカードを用いて ATM から不正に出金を行った場合に，民法 478 条の適用を除外し，受けた被害を一定の範囲で金融機関が補填する義務を定めている。また，誤振込や振込が適切に完了しなかった場合のリスク分担が問題となる。誤振込でも振り込め詐欺の場合の被害者保護については，「犯罪利用預金口座等に係る資金による被害回復分配金の支払いに関する法律（略称は振り込め詐欺救済法）」（平成 19 年法律 133 号）が制定されている。

2）デビットカード

預金通貨を支払決済手段とする支払の道具として，デビットカードがある。これは，利用者が支払のために提示して，権限確認（端末への暗証番号の入力等）をすると，利用者の銀行口座から利用額が即座に引落とされる（後日，加盟店たる使用店舗の口座に入金される）仕組みで使われるカードである。利用者

Glossary

銀行振込と口座振替：銀行「振込」は，事業者が振込先口座を開設・指定し，利用者が銀行窓口や ATM に出向いて指定された口座に現金通貨を振り込む形で行われる。口座「振替」では，送金者の銀行口座の残額を下げ受取人の銀行口座の残額を上げることで送金の効果を実現する（パソコンやスマートホンによりインターネットバンキングを利用しても行われている）。

からみると，指定される後日に利用額が引落とされる後払式のクレジットカードとは異なり，即時払式のカードである。スーパーやコンビニ，インターネットショッピングで広く使われている。デビットカードでは取引時に現金通貨を使用しない店で，外見上，後述の電子マネーと似ているが，電子マネーは電子データのやり取りによって支払を実行するのに対して，デビットカードは預金債権データをやり取りする点で異なる。

3）資金移動（新しい送金サービス）

銀行等の免許を受けなくても，**資金決済法**による登録をした者は，「資金移動業者」として，1回当り100万円以下であれば，現金の輸送を伴わずに隔地者間で資金移動をする「為替取引」を行うことができる（資金決済法37条・2条2項）。資金移動業者は，履行保証金の供託義務（同43条），帳簿書類作成保存義務（同52条），報告義務（同53条）を負うほか，いわゆる金融ADR（裁判外紛争解決手続）への対応が必要とされている。

2020（令和2）年に成立した，「金融サービスの利用者の利便の向上及び保護を図るための金融商品の販売等に関する法律等の一部を改正する法律」（令和2年法律50号）にもとづき，資金決済法の一部が改正された。この改正では，資金移動業者が扱うことができる上限額（現行では1件あたり100万円）の設定につき，海外送金を含め上限額を超える利用者ニーズが存在することや，他方で実際の送金額が1件あたり数万円以下のものが多くなっている実態を踏まえて，基本的に現行制度を維持する第二種資金移動業（現行類型）に加え，100万円超の高額送金を取扱いが可能な第一種資金移動業（高額類型）と，少額送金のみを低コストで取り扱うことが可能な第三種資金移動業（少額類型）を創設した上で，それぞれの類型に機能やリスクに応じて過不足のない規制を適用することとされた。また，資金資金移動業者の行う利用者資金の保全方法が柔軟化され（供託，保全契約，信託契約のいずれも併用することが認容される），保全すべき額の算定頻度を見直して利用者保護の観点からタイムラグが短縮され

Glossary

資金決済法：資金決済法は，2009（平成21）年に制定された法律で，正式名称は「資金決済に関する法律」（平成21年法律59号）。ICT（情報通信技術）の発達や利用者ニーズの多様化等の資金決済システムをめぐる環境の変化に対応して，(1) 前払式支払手段，(2) 資金移動業，(3) 資金清算業の規律を内容としている。

た。その他，収納代行サービスや前払式支払手段も含めて，利用者保護のための措置の整備が図られた。この改正法は，2021（令和 3）年 5 月 1 日より施行されている。

（5） 前払式の支払決済―商品券・プリペイドカード・電子マネー

1）商品券・プリペイドカードから前払式支払手段へ

商品券・図書券や乗車券は，現金通貨と交換で取得され，表示される金額相当の価値で支払の手段となる。これらは，紙で存在するので無記名有価証券と解され，証券上に権利者の表示がなく証券所持人が権利者となる。それらが，電磁式（磁気型・IC 型）のプリペイドカードとして発行される場合には，**金券**と同様の性質があると理解されている。

1932（昭和 7）年に「商品券取締法」（昭和 7 年法律 28 号）として制定され，1989（平成元）年に同法が全部改正されて改称された「前払式証票の規制等に関する法律（略称はプリカ法）」（平成元年法律 92 号）は，商品券やプリペイドカードといった**前払式証票**の発行者の登録を義務づけ，その業務の適正な運営と前払式証票購入者の利益保護を目的としていた。同法は，平成 22（2010）年の資金決済法の施行に伴い廃止され，資金決済法では，前払式証票も「前払式支払手段」と総称される。

2）前払式支払手段の規律

資金決済法では，従来のプリカ法の適用対象となっていた紙型，磁気型，IC 型の前払式支払手段に加え，サーバ管理型の前払式支払手段が法規制の対象に加えられた。サーバ管理型の前払式支払手段とは，利用者識別情報だけが記録されているカードで，残高情報がサーバーと接続して管理される方式（例

Glossary

金券：金券は，証券に表示されている額面の価値が法律上認められている証券で，その証券自体に価値があるとみなされ，現金通貨や印紙・郵便切手等が典型である。金券は，有価証券以上に強い流通機能が与えられており，当該証券自体が財産権を意味し，当該証券の占有者は権利者として扱われ，所有と占有とが一致している。

前払式証票：プリカ法にいう「前払式証票」とは，金額を記載した証票（電磁的な記録を含む）や，数量を記載した証票（電磁的な記録を含む）のことで，前者には商品券・図書券・ギフト券・テレホンカード・お米券等があり，後者にはビール券などがある。IC カード型の Suica・PASMO・楽天 Edy なども含まれる。また，乗車券・航空券・入場券などは同法の規制を受けていない。

えば，コーヒーチェーンのスターバックスで利用できるスターバックスカード等）をさす。

資金決済法の対象となる前払式支払手段の要件は，①金額または物品・役務の数量が記載・記録され（価値保存），②それらの金額・数量に応じた対価を得て（対価），③その財産的価値と結びついた番号・記号その他の符合が発行され（発行），④発行者または発行者が指定する者との間での売買や役務提供の代価の弁済に使用できること（権利行使）である。乗車券・入場券その他これに準ずるもので，政令で定めたものや，使用期間が6か月以内に限定されるものは含まれない（資金決済法4条）。

前払式支払手段には自家型と第三者型とがあり，いわゆる電子マネーは第三者型前払式支払手段である。自家型前払式支払手段は，だれでも発行することができ，基準日（毎年3月31日と9月30日）の未使用残高が1000万円を超えた場合には，財務（支）局長に対する届出が必要となり（同5条），届出を行って以降は，自家型発行者として，資金決済法の適用を受ける（同3条6項）。第三者型前払式支払手段は，財務（支）局長の登録を受けた者のみが発行することができ（同7条），登録を受けた者は第三者型発行者として，資金決済法の適用を受ける（同3条7項）。前払式支払手段発行者は，基準日未使用残高の2分の1の額以上の資産を供託等によって保全しなければならない（同14条）。一定の要件を満たす業者は，その資産保全義務を免れる（同35条）。前払式支払手段の払戻しは，例外の場合を除いて，禁止されている（同20条）。

資金決済法は，制定後も，資金決済サービスの高度化と多様化に対応して，改正が重ねられている。2016（平成28）年には，銀行を中心とする金融グループの経営形態の多様化やFinTechに代表されるICT（情報通信技術）の急速な発展を背景にして成立した「情報通信技術の進展等の環境変化に対応するための銀行法等の一部を改正する法律」（平成28年法律62号）にもとづき，資金決済法の一部が改正された。これにより，前払式支払手段や資金移動業についてもICTの進展等を背景としたサービスの拡大に対応した措置（ウェアラブル端末等の電子端末前払式支払手段に対応した利用者への情報提供を可能とするべく，証票等への情報表示義務〔同13条〕を撤廃して情報提供義務の規定を整備するなどの改正）が講じられている。

3）電子マネーの意義・機能と法的規律

電子決済のひとつの態様として，決済手段となる価値を電子化して価値の授受を直接的に実行する場合があり，その電子化された決済手段は，「電子マネー」と称されている。利用されるメディアの形態に注目すると，プラスティック製のカードに集積回路を組み込んだICカード型と，ソフトウェアを用いたネットワーク型とがある。電子マネーの用語には，なお広狭があり，一般には，狭く，電子化された前払式支払手段を指すが（プリペイド型電子マネー），利用前に入金されるのでなく，ICカードやスマホによる支払の後，一定の期日に利用額が引き落とされる場合（ポストペイ型電子マネー）も含めることがある（後者は与信を伴うことからクレジットカードの類型に含める方が妥当であるが，前払金額をクレジットカードで支払う形態もある）。電子マネーは，少額支払決済の便宜のため，交通系を主とした乗車料金収受や利用者確認の便宜のため，また，付加サービス等による利用者獲得の手段として，安全なキャシュレス支払手段の中心的存在となっている。

プリペイド型電子マネーには，前述のように，資金決済法上の前払式支払手段としての法的規律（業規制）がある。また，電子マネー（プリペイド型）は，①電子マネーによる支払決済の仕組みを運営する会社と電子マネーの発行主体との間の「イシュア契約」と，②その発行主体と利用者の間の「カード（またはスマホ）利用約款」にもとづく契約と，③その運営会社と電子マネーの利用を可能とする店舗との間の「加盟店契約」の3つの契約による法律関係のもとで運用され，これらにもとづいて民事的に規律される。まず，利用者は一定の金額を支払って電子マネーを購入し（発行会社から業務委託を受けた運営会社が利用者に対して電子データを移転），利用者が加盟店との取引を電子マネーで支払う義務を負い，その電子マネーを加盟店契約にもとづき運営会社が買い取る義務を負うという仕組みが法的に構成されている。電子マネーにより加盟店に

Glossary

電子決済：企業取引の支払決済において電子情報が活用され，それらは電子決済と総称されている。電子決済の態様のひとつに，決済方法を電子化する態様がある。電子的方法により銀行に対する預金債権を付け替えることで預金を移動することを「電子資金移動（Electronic Funds Transfer＝EFT)」といい，それによって決済がなされる場合である。ネットバンキングやATM等を利用した電子的方法による振込・振替がそれである。また，クレジットカードによる支払・決済を電子的な方法で行う場合もある。もうひとつが本文でいう電子マネーである。

対する代金の支払いができるのは，電子マネーという電子データに移転による代物弁済を加盟店が承諾していることにもとづくと解されている（小塚=森田・後掲23頁）。

(6) 後払式の支払決済―クレジットカード

1）意義・機能・支払決済の仕組み

広く普及しているクレジットカード（Credit Card）は，**カード会社**から発行されたカードの保有者（カード会員）が，カードを利用できる加盟店との間で取引をする際，その代金の支払を後払いで決済する仕組みを働かせるための支払手段である。現行のクレジットカードは，一般的には，プラスチック製で作成され，カード会員の氏名・カード番号・有効期限・セキュリティー番号等が記載・記録され，会員の識別情報が磁気ストライプやICチップに電磁的に格納される形態をとる。最近では，クレジットカードによる支払決済の仕組みを，オンラインやスマホ端末を利用した情報授受により稼働させる方法が開発され実施されている。

クレジットカードによる支払決済の特徴は，後払決済によりカード会員たる利用者へ信用を供与する機能にある。信用を供与するのが加盟店である二者型信用供与の場合と，信用供与するのがカード会社である第三者型信用供与の場合がある。カード会員のカード会社への支払は，①一回払い（翌月1回払いのマンスリークリアや賞与等支給期のボーナス一括払い），②分割払い，③リボルビング払い等があり，通常は口座引落による。

2）法律関係と割賦販売上の規律

クレジットカードによる支払決済の法律関係は，カード会社とカード会員との会員契約およびカード会社と加盟店との加盟店契約にもとづき，わが国では大別して立替払方式と債権譲渡方式とがある。立替払方式では，カード会員が

Glossary

カード会社：クレジットカードの仕組みを運用するカード会社には，その業務により，カードを発行するカード発行会社（イシュア；Issure）と，加盟店の開拓・審査・管理を行う加盟店契約会社（アクワイアラ；Acquire）がある。アクワイアラは国際ブランド化しており，これには，自らはカード発行業務を行わない協同組合組織から発展した巨大な国際ブランド（VISA, MasterCard）と，自らカード発行業務も行う国際ブランド（AmericanExpress, JCB）とがあり，国際的なカード利用のインフラを形成している。

カード会社に加盟店への支払を委託し，第三者弁済（民474条）により立替払いしたカード会社が，期日に会員に求償するという法律構成をとる。債権譲渡方式では，カード会社が，加盟店から代金債権を譲り受けて（民466条），期日にカード会員から弁済を受けるという構成をとる。いずれの方式でも，カード会社とカード会員，カード会社と加盟店との決済は，銀行口座の振替によって行われる。

クレジットカードについては，「割賦販売法」（昭和36年法律159号）にもとづく行政規制と民事的規律がある。同法では，第三者型信用供与を信用購入あっせんと呼び，「包括信用購入あっせん」は，購入者（カード会員等）が信用購入あっせん業者（信販会社たるカード会社等）から予め交付された「クレジットカードその他物又は番号，記号その他の符号（カード等という）」を販売業者（加盟店）に提示または通知し，またはそれと引き換えに商品・権利を購入したとき（サービスの提供を受ける場合も同様），代金相当額が信用購入あっせん業者から販売業者に支払われ，信用購入あっせん業者が購入者から代金相当額をあらかじめ定められた時期（利用者と販売業者との間の契約締結時から2か月を超えない範囲内である場合〔マンスリークリア方式等〕は除く）までに受領するか，リボルビング方式で受領する形態をいう（割賦販売法〔以下「割賦」と略称〕2条3項）。なお，個別信用購入あっせんでは，カード等が発行されない（割賦2条4項）。いずれも2か月を超える場合は，分割払いか一括払いかを問わない。

そして，行政規律として，信用購入あっせん業者は，包括信用購入あっせん業者にも個別信用購入あっせん業者にも，登録制による開業規制がある（割賦31条以下・35条の3の23以下）。信用購入あっせんについては，割賦販売と同様に開示規制（表示義務，書面交付義務），過剰与信規制がある（割賦30条～30条の3・35条の3の2～35条の3の18）。他方，信用購入あっせんについては，契約内容の民事的規律（クーリング・オフ，解除権の制限，損害賠償額の制限）がある。また，信用購入あっせんにおいて，第三者信用供与形態において問題となる抗弁対抗を一定の範囲で認める**支払停止の抗弁**の規定が設けられている（割賦30条の4・35条の3の19，リボルビング方式の場合，割賦30条の5）。

なお，クレジットカードの利用をめぐっては，カードの紛失や盗難が生じて会員以外の者による不正使用や無権限利用によるリスクへの対処が課題であり，カード会員規約によるリスク分担の定めと保険による損害の填補が図られている。

（7）　暗号資産（旧称・仮想通貨）

1）暗号資産の意義と正体

暗号資産とは，インターネット上で決済や送金の手段として利用できる特別の財産的価値のことをいう。従来は，仮想通貨（virtual currency, digital currency）と呼ばれていたが，法定通貨との誤解が生じることを避け，また，国際的な用語法と合わせて，2019（令和元）年の資金決済法改正以降は，暗号資産（Crypto Asset）と称されている。

暗号資産の正体は，次の性質をもつ特別の財産的価値である。すなわち，①「不特定の者に対して」代金の支払い等に使用でき，かつ，法定通貨（円やドル等）と相互に交換できる，②電子的に記録され，移転できる，③法定通貨または法定通貨建ての資産（プリペイドカード等）ではないという性質である（資金決済法2条5項）。代表的な暗号資産には，ビットコインやイーサリウムなどがある。暗号資産は，**ブロックチェーン（分散型台帳）**技術を用いて分散管理される点に特色がある。

現在普及している電子マネー（貨幣価値を電子情報に置き換えて決済する手段）

Glossary

支払停止の抗弁：購入者等が，商品の販売（権利販売・役務提供も同様）に関して販売業者に対して生じている支払を拒むことができる事由をもって，当該支払請求をする信用購入あっせん業者に対して対抗することができ，これを「支払停止の抗弁」という（割賦30条の4・35条の3の19，リボルビング方式の場合，割賦30条の5）。これに反する特約で購入者等に不利なものは無効である（割賦30条の4第2項等）。政令で定められる額（4万円，リボルビング方式では3万8千円）未満の売買では抗弁対抗は認められない（割賦30条の4第4項等）。

割賦販売法上，信用購入あっせんの定義により，契約の形態を問わず，経済的に同一の効果がある第三者与信形態の販売信用取引を適用対象とする点は画期的な規定である。しかし，同法の適用のない第三者与信形態の販売信用取引については抗弁対抗が認められないのかどうか議論があり，同法の抗弁対抗規定を創設的規定と解した判例がある（最判平2・2・20判時1354・76商総行百選72）。

ブロックチェーン（分散型台帳）：ブロックチェーンは，情報通信ネットワーク上にある端末同士を直接接続し，暗号技術を用いることで，改竄（かいざん）するにはそれより新しいデータすべてを改竄する必要があるという仕組みで，データを1本の鎖のように繋げて，正確なデータの維持を図るシステムである。

では，通例，利用者の保有する残高や取引を発行者が集中管理する仕組みを採るが，暗号資産は分散管理システムを採る。また，電子マネーでは，利用者が発行者の指定する加盟店のみで使用できるが，暗号資産では，使用先が「不特定の者」であって限定されない。

暗号資産は，決済や送金の手段として利用できるが，それ自体の値動きが激しいことから投機や投資の対象として取引されることが多い。

2）暗号資産の取引と法的規律

暗号資産は，「交換所」や「取引所」と呼ばれる暗号資産交換業者との間で売買・交換して，入手・換金することができる。また，暗号資産を専ら保管・管理するための管理型暗号資産交換業者（暗号資産カストディ業者）を利用することができる。暗号資産の安全な保管と取引のために，資金決済法による規制がある。参入規制として，暗号資産交換業は，内閣総理大臣の登録を受けた事業者のみが行うことができ，金融庁と財務局の監督を受ける。行為規制として，暗号資産交換業者は，利用者財産の分別管理義務を負い，情報提供義務・利用者保護措置，委託先管理，情報の安全管理，広告・勧誘規制，一定の禁止行為等の定めに従わなければならない。

ICO（イニシアル・コイン・オファリング　initial coin offering）において，暗号資産がトークンとして発行される場合には，資金決済法の適用を受ける。また，暗号資産を原資産とするデリバティブ取引の一形態として暗号資産の証拠金取引が提供される場合には，暗号資産は「金融商品」に該当して，金融商品取引法の規制に服する（金商 2 条 24 項 3 号の 2)。

3）暗号資産と犯罪防止

暗号資産の匿名性や本人特定事項確認の不十分さから，マネー・ロンダリングやテロ資金供与に利用されるリスクが国際的に指摘され（政府間会合の金融活動作業部会（FATF：Financial Action Task Force 勧告，EU 第 4 次マネーロンダリング指令，G7 エルマウサミット，G20 ブエノスアイレス財務相中央銀行総裁会議)，わが国では，犯罪収益移転防止法により，暗号資産交換業者は顧客等と

Glossary

ICO（イニシアル・コイン・オファリング)：企業等がトークンと呼ばれるものを電子的に発行し公衆から資金調達を行う行為をいう。

【支払決済手段と規制法】

手段等	規制法	業種	参入
銀行送金（振込・振替）	銀行法	銀行業	免許
デビットカード	銀行法	銀行業	免許
クレジットカード	割賦販売法等	包括信用購入あっせん業	登録
前払式支払手段（電子マネー）	資金決済法	前払式支払手段発行業	登録*
資金移動業による送金	資金決済法	資金移動業	登録
暗号資産（旧称・仮想通貨）	資金決済法	暗号資産交換業	登録

（*一部「届出」）

の一定の取引について本人特定事項の確認等の義務を負うこととされている。

（福原 紀彦）

Notes

1） 中島真志=宿輪純一『決済システムのすべて（第3版）』東洋経済新報社（2014年）1-19頁。同書で「決済手段」とされるところは，支払（ペイメント）が決済システム稼働の引き金（トリガー）となることから，本書では「支払手段」と表現している。

2） 支払決済に関する制度が「決済の方法」を軸に整理され検討されているものに，根田正樹=大久保拓也（編）『支払決済の法としくみ』学陽書房（2014年）がある。

3） 日本銀行『決済システムレポート2019』日本銀行（2019年3月）1頁・3頁・10頁，中島=宿輪・前掲2頁。

4） ネッティングは，法的性格により，「ペイメント・ネッティング」「オブリゲーション・ネッティング」「クローズアウト・ネッティング（一括清算）」の3つに分類され，また，当事者の数により，二当事者間での「バイラテラル・ネッティング」と，三当事者以上の間での「マルチラテラル・ネッティング」がある。

「ペイメント・ネッティング」とは，二当事者間で，同じ履行期にあって，決済通貨が同一の債権債務がある場合に，履行期に，債権債務の総額を差引計算した差額を支払うことを履行とする旨の取り決めである。専ら，決済の効率化を図るものである。二当事者間の「オブリゲーション・ネッティング」では，相殺の担保機能により信用リスクの削減を図る趣旨があり，その法的性質は，段階的交互計算であると考えられている。

「クローズアウト・ネッティング（一括清算）」は，当事者の一方に破産や会社更生などの一定の期限の利益喪失事由が発生した場合に，未履行の取引から生ずるすべての債権債務を現時点での価値に再評価し，さらに単一通貨の債権債務に換算し，差引計算をして一本の債権とする取り決めである。合意期間内の支払を猶予して期末に一括相殺するものではない点で，商法上の交互計算とは異なる。この一括清算では，倒産時等に，すべての債権債務を一括して差引計算をした差額をもって，相手方当事者の損失として限定することにより，信用リスクが軽減される。金融機関が行うデリバティブ取引について，この一括清算の法的有効性を明確にしておく必要性が大きいことから，「金融機関が行う特定金融取引の一括清算に関する法律（平成10年法律108号）」が制定されている。

なお，マルチラテラル・ネッティングの法的有効性には疑義があることから，全銀システムと外国為替決済制度においては，東京銀行協会が「セントラル・カンターパーティー（CCP）」となる仕組みが導入されている。

References

福原・取引 80 頁・284 頁・272 頁・276 頁，江頭・商取引法 153 頁，片岡義広・他（編）『Fintech 法務ガイド（第 2 版）』商事法務（2018 年），小塚壮一郎=森田果『支払決済法（第 3 版）』商事法務（2018 年），根田正樹=大久保拓也（編）『支払決済の法としくみ』学陽書房（2012 年），松嶋隆弘=大久保拓也（編）『商事法講義 3 支払決済法』中央経済社（2020 年），増島雅和=堀天子（編著）『暗号資産の法律』中央経済社（2020 年），高橋康文（編著）・堀天子=森毅（著）『新逐条解説 資金決済法』金融財政事情研究会（2021 年），宿輪純一『決済インフラ入門（2025 年版）』東洋経済新報社（2021 年）。

Column ㉒ クレジットカードの利用実態の変化と法的規律

わが国では，代金を分割して支払う形式に着目し取引秩序法として成立していた割賦販売法は，その後，消費者信用取引の発展とともに，消費者契約法・特定商取引法との連携と総合クレジット法へと発展しつつある（福原・取引 2 版 270〜273 頁）。クレジットカードの新たな不正利用（IC 化によって沈静していた偽造等の不正に代わりカード番号・有効期限等のカード情報の漏洩・流出を原因とする不正利用）の増加を受けて，同法の 2008（平成 20）年改正では，①規律対象の見直し（個別信用購入あっせんについて，指定商品・指定役務制度を原則廃止，分割払い方式の信用購入あっせんの「2 か月以上かつ 3 回以上の分割」の要件を撤廃），②過剰与信の防止（信用購入あっせんの与信管理における過剰与信禁止義務を法定），③クレジットカード情報の管理強化（カードのイシュアー〔発行会社〕とアクワイアラー〔加盟店獲得会社〕にカード情報の保護・管理義務，加盟店・委託者に対する監督義務を法定）が実現した。

さらに，電子決済の手段と方法が多様化し融合され，また，国際的な展開を遂げるなかで，クレジットカード取引の利用実態が変化している。その特徴として，①クレジット業者が加盟店管理業務も扱うオンアス取引に加えて，カード発行（イシュアー，Issuer）業務と加盟店管理（アクワイアラ，Acquirer）業務とが機能分化して，別の法主体によって行われるオフアス取引が常態化していること，② PSP（Payment Service Provider）といった一種の決済代行業者が介在することが多くなったこと，③マンスリークリアー（Monthly Clear）型の利用が増えていること等である。さらには，国際的対応と国内法制との整合を図ることがいっそう必要であり，そこでは，国際ブランド会社の実務に始まったチャージバックルール（Charge Back Rule）の役割を，各国の法制度とどのように接合させるかといった問題がある。

そこで，割賦販売法の新たな改正の方向が，「クレジットカード取引システムの健全な発展を通じた消費者利益の向上に向けて」と題する産業構造審議会割賦販売小委員会報告書（2015〔平成 27〕年 7 月 3 日，追補版 2016〔平成 28〕年 6 月 2 日）にて示され，クレジットカード取引の利用実態の変化に対応させて，割賦販売法を，消費者契約法や特定商取引法とともに改正することが要望された。この要望を受けた割賦販売法改正法が，2016（平成 28）年 12 月に成立した。包括クレジット利用をめぐる苦情の増加や，キャッシュレス取引の推進とセキュリティー対策の必要性を受けて，クレジットカード取引システムの健全な発展を通じた消費者利益の向上のための改正である。すなわち，①カード会社のアクワイアリング（加盟店管理業務）への規制追加と登録制度の導入，アクワイアラーと加盟店との間に介在する決済代行者の任意登録制の導入，②加盟店調査義務の明記，③セキュリティー対策の厳格化（加盟店もカード情報の適切な管理義務を負うこと等）である（改正の背景と動向につき，阿部・逐条解説割賦販売法〔第 1 巻〕34 頁，参照）。（福原 紀彦）

第21章

DX（デジタルトランスフォーメーション）と現代企業法

Essence

□ 1. DXとはどういうことか，電子化やデジタル化とどう違うのか。情報の電子化とDXに向けた法的環境整備はどのように進行しているか。

□ 2. 企業法が市場経済社会で果たす役割はなにか，企業法は現代の高度情報化社会においてどのような傾向で展開を遂げつつあるか。

□ 3. 企業取引におけるDX法制化は，どのように進行しているか。電子契約の民事規律にはどのような課題があるか。

□ 4. 企業組織運営のDX法制化は，どのように進行しているか。株式会社の取締役会と株主総会の運営はどのように変化しつつあるか。

Introduction

高度情報化社会が“Society 5.0”と称される近未来に向けて進展し，情報通信技術（IT）による情報の電子化（デジタル化）と電子（デジタル）情報の利活用を手段として，DX（デジタルトランスフォーメーション）の推進が政策の重要課題となっている。現代企業法は，そうした高度情報化社会において，市場と企業組織の機能を強化し，企業価値の維持・向上を図るために，コーポレート・ガバナンスを重視する傾向と，情報の電子化と電子情報の利活用を促進してDX法制化する傾向を強めており，それらの傾向は相互に深く関連している。

現代企業法のDX法制化は，各法分野に共通の法的基盤整備として，書面・文書主義から脱去して，法的障碍を除去する法制度整備が進むとともに（IT書面一括法，e-文書法，会社関係書類電子化のための商法・会社法改正等），電子データの脆弱性を克服するための新たな法的安全性確保の措置（登記制度を活用した電子認証・電子公証制度，電子署名・認証法，公的個人認証制度，電子委任状法等）が整備されてきた。

現代企業法のDX法制化の進行は，企業取引法の分野では，各法分野に共通の法的基盤をいち早く活用して電子商取引法や電子契約法と称される新たな法的規律群を生み出している。また，企業組織法の分野では，会社法の分野を中心に，会社関係書類の電子化，電子公告，株主総会や取締役会の運営の電子化が進展し，同時に，投資有価証券の電子化が進展している。

1. 高度情報化社会と DX（デジタルトランスフォーメーション）

（1） 情報の電子化（デジタル化）とその活用から DX へ

いつの時代の社会でも情報はさまざまな役割を果たしてきたが，現代社会では，情報通信技術（IT・ICT）の進歩と普及によって，情報の電子化（デジタル化）と電子情報（デジタル情報）の活用が急速に進み，情報の果たす役割がいっそう重要となる「高度情報化社会」を迎えている。わが国では，近未来の高度情報化社会は，人類社会の進歩の第５段階という意味で，“Society 5.0”とも称されている。

情報通信技術による情報の電子化と電子情報の利活用は，市場と経済主体との関係において重要な経済的機能を有する。すなわち，①経済主体間で各種情報が共有されやすくなることで，情報の偏りによって市場が合理性と効率性を欠く状況が改善（市場の高コスト構造が是正）され，市場の公正と透明性が確保されて，市場の果たす機能（資源配分機能等）が高まる。また，②経済主体間での提携・協同の機会（シナジーの発揮）が増加し，新たな価値創造の機会（イノベーション）が促進される。さらに，③経済主体が組織を形成して，効率的な意思決定と業務執行が可能となり，市場取引に参入するための取引費用（相手方探索の費用・情報収集の費用，交渉費用，執行費用）を削減し，組織が市場の機能を高めたり代替することを推し進める。

最近では，それらのことは，**デジタルトランスフォーメーション**（Digital Transformation＝DX）という表現に含めて理解されている。すなわち，DX は，

Glossary

Society 5.0：情報技術の発達により，情報の電子化（デジタル化）と電子情報（デジタル情報）の活用が急速に進んだことで，社会の前提が大きく変わろうとしていることを認識して，日本政府が策定した「第 5 期科学技術基本計画」（2016 年 1 月 22 日）では，人類がこれまで経験してきた社会を，狩猟社会（Society 1.0），農耕社会（Society 2.0），工業社会（Society 3.0），情報社会（Society 4.0）と呼び，これらに続くべき新たな社会を「Society 5.0」と名付けた（http://www8.cao.go.jp/cstp/kihonkeikaku/5honbun.pdf）。

情報通信技術情報による電子化（デジタル化＝デジタイゼーション：Digitization）と電子（デジタル）情報の利活用（デジタライゼーション＝Digitalization）を手段として，企業その他の経済主体の活動様式や組織が改革され，社会構造の変革がもたらされることを意味している（単なる手段ではなく，社会が向かうべき姿を示す表現である）。

（2）　DXに向けた政策の展開

電子情報を利活用する活動が多方面で普及し，それらを推進する政策が展開されている。それらの政策のもとで進められるべき法的環境整備の課題は，既存のさまざまな法分野に渡って存在している。それらの課題を解決する具体的な立法改革のあり方としては，大規模で全般的な立法措置を講じる方法もあれば，中小規模で個別的な法改正や立法措置を積み重ねていく方法もある。企業社会の成熟度が高く先進的であるために豊富な産業法制を擁している場合には，直ちに前者の方法を採ることが困難であるから，後者の方法を採らざるを得ない。わが国の法制度整備も概ねそのような傾向にあった。

しかしながら，高度情報化社会の進展は，ICT・AIの利活用により，DXに向けたさまざまな取組みを新たに必要とし，小規模解決手法としての法的環境整備から抜本的総合的解決手法としてのDX法制と呼ばれる法的環境整備への転換が行われようとしている（福原・取引284頁）。

Glossary

デジタルトランスフォーメーション（DX）：企業がビジネス環境の激しい変化に対応し，データとデジタル技術を活用して，顧客や社会のニーズを基に，製品やサービス，ビジネスモデルを変革するとともに，業務そのものや，組織，プロセス，企業文化・風土を変革し，競争上の優位性を確立すること（経済産業省「「DX推進指標」とそのガイダンス」経済産業省〔令和元年7月〕1頁），デジタル技術とデータの活用が進むことによって，社会・産業・生活のあり方が根本から革命的に変わること，また，その革新に向けて産業・組織・個人が大転換を図ることをいう（日本経済団体連合会「Digital Transformation（DX）～価値の協創で未来をひらく」日本経済団体連合会〔2020年5月19日〕）。その他，わが国におけるDXに関するレポートとして，デジタルトランスフォーメーションに向けた研究会「DXレポート～ITシステム「2025年の崖」の克服とDXの本格的な展開～」経済産業省（2018〔平成30〕年9月7日），デジタルトランスフォーメーションの加速に向けた研究会「DXデジタルトランスフォーメーションレポート2（中間取りまとめ）」経済産業省（2020〔令和2〕年12月28日）がある。その他，参考資料として，石角友愛（順天堂大学客員教授）『いまこそ知りたいDX戦略』ディスカバー21（2021年）35頁，東京都構造改革推進チーム記事（2020年，https://note.com/kouzoukaikaku/n/nf331c946d73b）が分かりやすい。

2020（令和2）年から，全世界を襲った新型コロナウイルス感染症の影響により，テレワークやオンラインによる諸活動が一挙に普及し，DX の流れが加速している。わが国では，高度情報通信ネットワーク推進戦略本部が，Society 5.0 に向けて，with/after コロナを見据えたデジタル強靱化社会における IT 新戦略の全体像を描き，2021（令和3）年に「デジタル社会形成基本法（令和3年法律35号）」が成立した。同年9月1日に施行された同法は，2000（平成12）年制定の IT 基本法を廃止し，これに代わる基本法として，デジタル庁の創設をも定め，DX 法制整備の基盤となることが期待されている。

2. 現代企業法の傾向と DX 法制化の構造

(1) 企業法の役割と現代的傾向―コーポレート・ガバナンス強化と DX 法制化

企業の本質を市場と法制度との関連で解明しようとする新制度派経済学の知見[1)] に照らすと，企業の組織や活動のあり方を法的に秩序づけている企業法は，企業という経済主体が，市場の効率性と合理性を発揮させ，「市場の機能を代替する組織」「市場機能とは別の資源配分システム」として機能することを保障する役割を担っている。そして，高度情報社会における企業法は，その役割を担う上で，企業の存在価値の最適化と高度化（競争力や収益力の強化，組織価値の向上等）に向け，①コーポレート・ガバナンスを重視する傾向を強め，同時に，②情報の電子化と電子情報の利活用を促進して DX 法制化する傾向を強めている（福原紀彦「会社法と事業組織法の高度化―ガバナンス重視と DX 法制への展開」『商事立法における近時の発展と展望』中央経済社〔2021年〕，参照）。

この場合，コーポレート・ガバナンス重視の傾向と，情報の電子化と電子情報の利活用を促進して DX 法制化する傾向とは，相互に密接に関連していることに注意を要する。会社企業の組織運営における情報の電子化と電子情報の利活用は，意思決定と業務遂行等の合理化や効率化とともにコーポレート・ガバナンスの強化に果たす役割が大きい。なぜならば，情報の電子化と電子情報の利活用により情報の公開性と迅速性が高まり，開示内容が量的に増加でき，質的に正確と迅速を期すことができ，会社経営の透明性が増すからである。とりわけ，上場会社では，投資家との間で求められる対話の質を高める情報の提供が促進され，機関投資家等からの会社経営のチェック機能が高まるからである。

（2）　現代企業法のDX法制化の全体構造

現代の企業法の大きな傾向のひとつであるDX法制化の全体像を概観してみよう。まず，企業法分野だけにとどまらず，DX推進の前提となる情報の電子化と電子情報の利活用を実現するために，各法分野に共通してDX法制化の前提となる法的基盤が必要であり，その整備が進んでいる局面がある。この法的基盤整備には，2本の軸がある。①ひとつは，従来の法制度が書面や文書を必要としていることで情報の電子化と利活用が妨げられることを改めること，すなわち，文書・書面主義という法的障碍を除去することである。後述する「IT書面一括法」や「e-文書法」の立法，会社関係書類の電子化のための法改正等がある。②もうひとつは，電子データ（デジタルデータ）には，改ざんが容易で，誰が作成したかが分からずに「なりすまし」が行われやすいという欠点があり，この電子データの脆弱性を克服して電子情報環境下での新たな法的安全性確保の措置を設けることである。後述する「登記制度を活用した電子認証・電子公証制度」の創設，電子署名・認証法の立法，マイナンバー等を活用した公的個人認証制度の運用，電子委任状法の立法等がある。現代企業法のDX法制化は，これらを基盤に進展している。

さらに，企業法の主要な対象（企業取引と企業組織）において，DX法制化を推進することが社会的に必要となり，その整備が進んでいる局面がある。上記で指摘した情報の電子化と電子情報の利活用とが有する経済的機能は，企業取引と企業組織において，より大きく発揮される。このために，企業取引法の分野では，共通的な法的基盤をいち早く活用して，後述する電子商取引法や電子契約法と称される新たな法的規律群を生み出している。企業組織法の分野では，会社法の分野を中心に，会社関係書類の電子化，電子公告，株主総会や取締役会の運営の電子化が進展し，同時に，投資有価証券の電子化が進展している。

3. DX 法制の前提となる法的基盤整備

（1） 書面・文書主義からの脱却と法的障碍除去

わが国における情報の電子化によるペーパレス化の本格化は，「書面の交付等に関する情報通信技術の利用のための関係法律の整備に関する法律（＝IT 書面一括法）」（平成 12 年法律 126 号，2000〔平成 12〕年 11 月成立，2001〔平成 13〕年 4 月施行）により，民間と民間での書面交付義務の履行を電磁的方法によって代替することが広く認められたことに始まる。会社企業組織については，2001（平成 13）年商法改正による会社関係書類の電子化を待って法整備がなされた。しかし，これらの法制度では，電子的に作成されたデータを電子的に保存することを可能とするものであり，取引相手方から書面で受け取った契約書や領収書等の保存等（民間事業者等が法令の規定により書面による保存が義務づけられる場面）についてまで電子化が認められたわけではなかった。

そのことまで可能とするために，「民間事業者等が行う書面の保存等における情報通信の技術の利用に関する法律」（平成 16 年法律 149 号）」および「同整備法」（平成 16 年法律 150 号），いわゆる「e-文書法」（前者を通則法，後者を整備法と呼ぶ）が制定された。e-文書法により，当初からパソコン等で「電子文書」として作成された場合だけでなく，一定の技術要件（個別法令ごとの担当主務法令により，概ね，見読性・完全性・機密性・検索性の要件を定める）を満たせば，原本が紙媒体の文書をスキャニングしてイメージデータ化した「電子的文書（電子化文書）」も原本として保存することが容認され，書面の保存等に係る負担の軽減が図られることになった。会社企業組織に関しては，同法整備法による商法改正によって同様の扱いが定められた。

（2） 電子データの脆弱性の克服と新たな法的安全性確保

1） 登記情報を活用した電子認証・電子公証制度

取引の効力に重大な影響を及ぼす企業組織事項を公示し，取引の相手方の信頼の基礎として利用されてきた商業登記制度を基盤にして，登記情報の電子化と電子認証への活用が進んでいる。2000（平成 12）年 4 月の改正商業登記法により「商業登記に基礎をおく電子認証制度」が導入され（同年10月10日運用開始），同商業登記法改正と同時の公証人法および民法施行法の一部改正により「公証制度に基礎を置く電子公証制度」が導入された。

商業登記に基礎をおく電子認証制度（商登12条の2）では，法務省の商業登記認証局が商業登記情報や提出された印鑑に関する情報にもとづいて，「電子証明書」（送信者の氏名や公開鍵等の情報が含まれ，第三者機関の役割を担う登記官自身が電子署名を施す）を発行する。これが会社の実在，代表権の存在，代表者の同一性等を証明し，資格証明書と印鑑証明書の機能を兼ね備える。そして，「電気通信回線による登記情報の提供に関する法律」（平成11年法律226号）により，オンラインによる証明事項の照会制度が設けられている。これらにより，電子商取引の場面において最新登記情報にもとづく確実な取引や申請が可能となっている。この制度は，法人認証の場面で商業登記情報を活用した信頼性の高い電子認証制度の構築を図ったものであり，他の電子認証制度との連携により，高度情報化社会の企業活動の制度基盤となる。

他方，公証制度に基礎をおく電子公証制度の導入により，公証人は，従来の文書と同様に，電磁的記録についても電子署名をした者につき認証し（公証人法62条ノ6第1項），電磁的記録に確定日付を付与することができ（民法施行法5条2項），その記録の保存とその内容の証明（公証人法62条ノ7，民法施行法7条）により後日の紛争に備えることができるようになっている。

2）電子署名・認証法

「電子署名及び認証業務に関する法律（電子署名法）」（平成12年法律102号）」は，本人による電子署名のある電磁的記録は真正に成立したものと推定し，従来の手書き署名や押印のある文書が真正に成立する（本人の意思にもとづく）と推定する民事訴訟法228条4項の効力を電子文書にも与える（電子署名法3条）。

認証業務は民間の企業が営むことができるが，同法は，信頼ある電子署名と認証業務の確保のため，特定認証業務に関する主務大臣による認定の制度を定めている。この認定を受けることは任意であり，認定を受けない事業者による認証によっても電子署名の効力が否定されるわけではないが，認定を受けることで事実上の信頼が高まる。同法は，電子署名をリアルの署名と法律上同一の扱いとし（機能的等価物〔Functional Equivalent〕アプローチ），電子署名の技術を特定しない考え方（技術中立性〔Technological Neutrality〕）を維持している。

3）公的個人認証法

いわゆる行政手続オンライン化関係3法のひとつとして，「電子署名等に係る地方公共団体情報システム機構の認証業務に関する法律（公的個人認証法）」（平成14年法律153号）」が制定され，同法にもとづくサービスが2004（平成16）年1月29日から開始されている。これは，民間主導による電子署名法の運用とは別に，地理的条件等による利用格差が発生しないように市町村と都道府県とが連携して高度な個人認証サービスを実施する制度を定めることにより，電磁的方法による申請，届出その他の手続における電子署名の円滑な利用促進を図るものである。

2013（平成25）年成立の「行政手続における特定の個人を識別するための番号の利用等に関する法律（マイナンバー法）」（平成25年法律27号）にもとづいて利用が開始されたマイナンバーは，本人が拒否した場合を除き，公的個人認証サービスを利用するための電子証明書が搭載される。今後，マイナンバーカードの普及とともに，公的個人認証サービスの活用がいっそう促進されることが期待されている（片岡義広他〔編〕・前掲書Fintech法務ガイド338頁）。

4）電子委任状法

商業登記に基礎をおく電子認証制度においては，登記されない法人役職員は電子認証されず，そのような役職員の代理権限は委任状等による確認が必要であり，それが紙ベースでしか行えないと，電子データ・電子ファイルの活用が滞ることになりかねない。また，電子署名法の特定認証業務は個人本人の存在を証明するにとどまり，役職や権限といった個人の属性を証明するには別の手段が必要となる。電子署名法における電子証明書は認証事業者によって作成されるが，委任状の内容を法人代表者等が作成する場面を別途考慮する必要がある。

これらのニーズに対応するために，「電子委任状の普及の促進に関する法律（電子委任状法）」（平成29年法律64号）が平成30年元日から施行されている（総務省が，同法の所管省として，経済産業省とともに，電子委任状の普及を促進するための基本的な指針の策定や電子委任状に関する広報活動など同法の施行に必要な取組みを行っている)。

同法により，①企業が電子委任状取扱事業者に対して委任者となる代表者を登録し（その際，電子委任状取扱事業者は登記事項証明書や代表者の印鑑証明で代表者を確認)，②企業は，受任者となる役職員と委任事項を一括して，電子委任状法取扱事業者に登録した上で，③取引に際して，企業は，代表者等が使用人等に代理権を与えた旨を表示する「電子委任状」を利用し，電子委任状を受け取った者は，契約等を進めようとしている相手方が適切に権限を有していることを電子委任状取扱事業者に確認することで，電子的な取引の安全に資することになる。電子委任状は，有効期限内であれば，受任者は委任を受けた権限にもとづいて何度でも有効に契約を締結することができ，企業は，取引先に対して，役職員の電子委任状を取引の都度発行する煩雑さは避けられる。

電子委任状法の施行と連動して，政府のデジタル化が促進されている。例えば，2020（令和2年）年1月から，e-Taxでは，電子委任状によって企業の経理担当者らが代表者から委任を受けて納税の申告が可能とされ，2021（令和3）年5月からは，官公庁の電子入札で利用される政府電子調達においても利用可能となった。

4.　企業取引の電子化とDX法制への展開

(1)　概要―電子商取引法と電子契約法

企業取引のプロセスで必要となる情報の一部または全部を電子化して，その電子データをコンピュータとインターネットを活用して授受する方法で行われる企業取引のことは，「電子商取引（Electronic Commerce)」と呼ばれ，上記のB to B，G to B，B to Cの各態様において普及している。従来から，企業取引は，紙を媒体とした文書や書面，証券等を利用して行われ，そのことを前提とした法的ルールが定められてきたが，最近では，電子データを十分に活用できるようにするために，その特色に応じた新しい法的ルールの整備（前述のIT書面一括法，e-文書法，電子署名・認証法，電子消費者契約法等の制定）が進んでいる（福原・取引283頁)。

また，企業取引の支払と決済が安全で効率的に行われるために，その取引を担う事業の組織や活動に関する規制や規整が発達しており，民事的規律では，従来から，民法，商法，手形法・小切手法等の伝統的な分野に法的規律が設けられているが，今日では，電子情報を活用して次々と新しいタイプの決済手段が開発されるようになり，それらが安全性と信頼性を確保して利用されるように新たな法制度の開発・整備が進んでいる（本書第20章参照）。

電子商取引または電子取引の法的規律（電子商取引法）は，DX法制の法的基盤整備の先駆けとして，電子情報活用の有用性と経済的機能を保障することを目的として，法的整備が進んだ。それらは，取引の電子化に対応する法と実務の生成・揺籃・成長期において，いわゆる電子商取引法が生成する過程であったといえる。さらに，今日，取引の電子化に対応する法と実務の成熟期を迎え，電子商取引法をあらためて独自の法分野として認識し整理することができる（福原紀彦「Fintechによる電子商取引・決済法の生成と展開」中央大学学術シンポジウム研究叢書11巻249頁，本書第20章参照）。

電子商取引法は，行政規律・民事規律・刑事規律を擁し，実体法と訴訟法の双方に亘って展開している複合法領域性を有するが，その目的を果たすためには，取引が契約の効力を得て法的に秩序づけられることが必要であり，そのための民事規律として，契約法規律が重要な役割を担っている。この契約法規律を，電子契約法として認識し，以下のように整理できる[2)]。

（2） 電子契約の法的規律と問題点

1）電子契約の意義

電子契約は，狭義には，契約のなかで，契約締結過程において，インターネットや専用回線などの通信回線を用いた情報交換により合意の成立をはかることをいい，狭義には，その場合に，合意成立の証拠として，電子署名やタイムスタンプを付与した電子ファイルを利用するものをいう（松井他〔編〕・後掲書172頁）。

電子ファイルと呼ばれる電子文書は，リアルの書面に較べると，デジタル・データの脆弱性（改ざんの容易性，匿名性）に起因する問題点があるが，公開鍵暗号・ハッシュ関数などの技術を用いた電子署名・タイムスタンプを電子ファイルに付与することにより，その電子ファイルの存在（署名者本人による作成が署名時点で存在すること）と非改ざん（署名時点以降に改ざんされていないこと）を証明することができる技術的環境が整備され，電子帳簿保存法や電子署名法などの法的環境の整備とともに，最近では，さまざまな電子署名サービス・タイムスタンプサービスが商業ベースで提供されるようになった。また，印紙税削減などを求めるニーズや，テレワークやオンラインでの活動の促進気運を背景に，電子契約は，主に企業間（B to B）取引の手段として普及が急速に進んでいる。

2）電子契約の成立時期

平成29年民法（債権関係）改正により，契約は申込みと承諾の意思表示の一致によって成立することが明文化され（民522条），承諾の意思表示の効力発生時期についても到達主義が採用された。これにより，電子契約の成立時期についても民法規定（民522条1項・97条1項）に従う（同改正前では，承諾の意思表示の効力発生時期については発信主義が採られていたので〔平成29年改正前民526条1項〕，電子消費者契約法により，電子契約については，承諾の意思表示について到達主義を定めていた。福原・取引300頁「電子消費者契約法の平成29年改正」参照）。承諾の意思表示の「到達」とは，相手方が意思表示を了知可能な客観的状態，すなわち，意思表示が相手方のいわゆる支配圏内（勢力範囲）に置かれたことをいう（最判昭36・4・20民集15・4・774）。したがって，電子契約の成立時期となる承諾通知の到達時期は，相手方が通知に係る情報を記録した電磁的記録にアクセス可能となった時点と解される（松本恒雄〔編〕『平成28年版電子商取引及び情報財取引等に関する準則と解説』商事法務〔2016年〕61頁，以下「準則」と略称）。

この場合には，電子承諾通知が「読み取り可能な状態」でなければならないが，その状態は，当該取引で合理的に期待される当事者のリテラシーに照らして判断されなければならず，申込者が消費者，承諾者が事業者である場合には，承諾者が読み取り可能な状態（暗号化して送信するならば復号して見読可能とする状態）を確保する必要がある（準則62頁，参照）。

3）電子契約と錯誤

i　消費者のクリックミス・タッチミス　インターネットを利用した通信販売（ネット・ショッピング）において，購入者が電子契約の申込みに際しパソコン上のクリックミスやスマホでのタッチミスをした場合，購入者は錯誤(民 95 条 1 項) にもとづいて意思表示の取消しができるか，事業者は購入者の重過失を理由に取消しはできない (民 95 条 3 項) と主張することができるか，問題となる。この問題点は，電子消費者契約法によって立法的に解決されており，事業者等が消費者の意思表示を行う意思の有無について確認を求める措置を講じた場合等を除き，民法 95 条 3 項は適用されない (電子消費者契約法 3 条)。これにより，消費者はネット取引におけるクリックミス等で不当な法的拘束を受けないことになり，事業者は確認画面等の工夫が求められることになっている (福原・取引 300 頁，参照)。

ii　AI による自動契約　AI に判断を委ねた電子契約はその AI の利用者を当事者として成立するが，AI が利用者の想定しない内容の契約をした場合，AI の利用者は錯誤を理由に契約の効力を争うことができるかどうか，問題となる。この場合，利用者の動機が相手方に表示されることがないと取消しは困難である。ただし，相手方が AI の利用を認識し，利用者に当該の異常な取引をする意図はないとの前提があれば，動機が黙示的に表示されていたと解して錯誤の取消しが認められる余地がある (福岡〔編著〕・後掲書 AI の法律 167 頁)。

4) 電子契約と制限行為能力者

制限行為能力者 (未成年者・成年被後見人) が行った行為は取り消すことができる (民 5 条 2 項・9 条) ことから，電子商取引の事業者が，制限行為能力者による電子契約のこの種の取消しに事前・事後にどう対応すべきか，取消の適否をどのように判断すべきかが問題とされている (準則 110 頁，渡邊他・後掲書法律相談 27 頁)。トラブルの事前防止策としては，契約登録フォームにおいて，申込者が生年月日を入力し，未成年者であれば法定代理人の同意が必要である旨を事業者が表示し，法定代理人の同意を得ていることの確認ボタンを用意するなどのシステムの構築が推奨されている (準則 112 頁，渡邊他・後掲書 30 頁)。未成年者が詐術を用いた場合は意思表示を取消しできない (民 21 条) ので，事業者は，法定代理人の同意なく取引に入ることを適切に防止する措置を講じていれば，生年月日の虚偽入力等が「詐術を用いたこと」の重要な判断材料となる。

5）電子契約と無権限取引（なりすまし）

電子契約では，当事者本人の同一性の確認が困難なことから，盗取したIDやパスワードを悪用して，他人になりすました意思表示がなされやすく，商品購入やクレジットカード決済にあたって無権限取引が発生してしまう。表見代理規定（民110条）の類推適用により本人に効果を帰属させてよい場合もあり得るが，事業者側の過失の有無を問わず本人に効果が帰属するとの事前合意の条項は無効と解される（消費者契約法10条）。クレジットカード決済のなりすましにおいては，通例，カード会員規約によって，善管注意義務に違反しない限りはカード会員は支払義務を負わない旨が定められている（準則103頁，松井他・後掲書183頁，渡邊他・後掲書129頁）。

6）「場」の運営者の責任

インターネット上のショッピングモールやオークションサイトを利用する取引の主体は，主に，取引の「場」を提供する運営者，出店者（出品者）および消費者（購入者・落札者）の三者である。インターネット上のバーチャルな「場」を通じて利用者間で取引が行われた場合に，そこで発生した損失や危険の負担を，契約当事者ではない運営者の義務や責任によって填補されるべきか問題になる場面がある（利用規約における条項の効力を，消費者契約法の適用を含めて検討する必要がある場面もある）。

i　当事者間のトラブルとモール運営者の管理義務　インターネット上のショッピングモール等の運営者は，店舗を開設する事業者との間で出店規約にもとづく契約を締結し，他方，利用者との間で会員規約等にもとづく利用契約を締結している。後者において，出店者と利用者による電子契約当事者間の取引に関して一切の責任を負わないと明示する利用規約があるが，疑問が多い。モール等の運営者は，利用契約上の義務の一部として，信義則上，利用者にとって安全なシステムを提供する義務，出店者管理義務があると解され，その義務違反にもとづく責任を負うことがある（渡邊他・後掲書160頁）。

ii　モール運営者の名板貸責任　インターネット上のショッピングモールを利用して，出店している個別の店舗と電子契約により取引した利用者は，その取引により損害を被った場合，その個別店舗に対しては契約上の責任を追及できるが，モール運営者に対しても責任追及ができる場合があるか，検討の余地がある。リアルのテナントに出店を認めていたスーパーマーケットに対して，名板貸の責任（現行法では商法 14 条，会社法 9 条）を類推適用した事例（最判平 7·11·30 民集 49・9・2972）を参考にして，出店者がモール運営者と誤認されるような外観を呈して営業している場合，出店者と取引をした購入者が，取引相手をモール運営者と誤認した場合には，購入者が出店者との取引によって被った損害について，モール運営者に対しても賠償責任を追及することができると解される（準則 128 頁）。

iii　システム障害等におけるモール運営者・オークション事業者の責任

モールやオークションサイトのシステムが正常に作動しないことについて，運営者の免責を定める利用規約があるのが通例である。しかし，オークションサイトの運営者に欠陥のないシステムを構築してサービスを提供すべき義務があることを認めた裁判例（名古屋地判平 20・3・28 判時 2029・89），取引所に利用契約上のシステム提供義務を認めた裁判例（東京高判平 25・7・24 判タ 1394・93）がある（ネット・オークション事業者の責任を論じた裁判例として，東京地判平 16・4・15 判時 1909・55 消費者判例百選〔第 2 版〕24〔森田宏樹解説，参照〕）。

5. 企業組織運営の電子化と DX 法制への展開

(1)　概　要

わが国では，会社法改革により，会社たる法人組織の法的規律が高度化し，これにより他の法人組織を有する事業組織の法的規律の高度化が誘導されている。そこでは，コーポレート・ガバナンスの強化と IT 化・DX 法制化が相互に関連しながら 2 つの潮流をなしている（福原・前掲「会社法と事業組織法の高度化」505 頁）。

概観すれば，2001（平成 13）年商法改正により，会社関係書類の電子化等や株主総会運営の電子化（招集通知の電子化と議決権行使の電子化：電子投票）が実現し，2004（平成 16）年の商法改正により，電子公告制度の導入と，株券不発行制度が導入され，それら IT 化のルールの統合が，2005（平成 17）年に制定された「会社法」において実現し，関連法令により整備された。また，これらと併行して，投資有価証券の電子化が進んでいる[3)]。最近では，2019 年（平成元）年会社法改正による株主総会資料電子提供制度の新設と，2021（令和3）年の産業競争力強化法改正による上場会社を対象とする「場所の定めのない株主総会」（いわゆるバーチャル・オンリー総会）の制度の新設がその傾向に拍車をかけ（本章 Column ㉓参照），同時に，新型コロナウイルス感染拡大防止を契機として，会社関係書類のデジタル化の傾向が強まっている。

なお，今日，電子データの脆弱性を克服すべく開発された法的安全の仕組みは発展を遂げており，ブロックチェーン技術やスマートコントラクトの登場によって，さらに新たな法的安全措置のもとでの効率的な業務遂行と組織運営が可能となりつつある。また，「デジタルプラットフォーム（DPF）」と表現される新しいビジネスモデルの開発と普及により，それらに特化した企業の組織と活動の規律が必要となりつつある（本章 Column ㉔参照）。

（2）　株式会社の取締役会運営の電子化と DX

取締役会運営の電子化は，比較的早くから進む傾向にあった。取締役会の通知方法に制限はなく，口頭，電話，電磁的方法でも構わない。取締役および監査役の全員の同意がある場合は，招集手続を省略することもできる（会368条2項）。迅速に経営者の意思を形成する必要上，一般の株主総会ほど厳重な招集手続を必要としていない。

他方，取締役会は，取締役相互の協議により，その知識と経験の結集を図ろうとするものであり，各取締役はその個性にもとづいて選任されている。したがって，取締役会決議においては，取締役は1人が1議決権を有し，その代理行使は許されず，また，会議を開かない持回り決議や個別同意による決定は取締役会の決議としての効力を有しないと解されてきた。しかし，取締役会への出席方法については，従来から，テレビ会議方式や電話会議方式であっても，現に会議が開催され，かつ出席者間において，現実に一同に会する場合と同様の意思疎通が可能である場合など，一定の要件を満たす場合には，取締役会への出席方法として認める扱いがなされた（平成14年12月18日法務省民商3044号民事局商事課長回答）。そして，会社法制定に伴う規則整備において，取締役会議事録の内容のひとつに，「取締役会が開催された日時及び場所（当該場所に存しない取締役，執行役，…又は株主が取締役会に出席した場合における当該出席方法を含む)」と表現され（会施規101条3項1号），遠隔会議システム等による取締役会への出席方法の許容を前提にした規定が設けられた4)。

また，取締役会議事録は電磁的記録により作成することができ（会369条4項），書面で作成される場合には出席取締役や監査役等の署名または記名押印を要する（同条3項）ところ，電磁的記録で作成される場合については電子署名を要する（同条4項）。監査役会・監査委員会・監査等委員会の議事録の場合も同様である。そして，この電子署名は，電子署名法2条1項所定の電子署名ではあるが，当該措置については第三者たる認証事業者による認証は不要で暗号技術を用いることまでは要求されていない（会施規225条2項）ものの，その緩和がどの範囲まで許され，新しく開発された技術でどこまで可能かが判然としていなかった。そこで，法務省民事局参事官室は，「当該措置は，取締役会に出席した取締役又は監査役が，取締役会の議事録の内容を確認し，その内容が正確であり，異議がないと判断したことを示すものであれば足りると考えられます。」との2020（令和2）年5月29日付文書を発して，いわゆるリモート型署名やクラウド型（立会人型）署名も有効な電子署名にあたるとの判断を示している。

なお，商業・法人登記申請を行う場合の添付書類として取締役会議事録が必要となる場合の電子署名についても，2020（令和2）年6月以降は，電子署名法2条1項所定の電子署名として一定のクラウド型電子署名の利用が可能となったが，その添付書類を申請書とともにオンラインで送信する際には，所要の認証がなされたことを証明する電子証明書が付されたものであることが必要とされていた。しかし，2021（令和3）年2月15日付の商業登記規則の改正・施行により，同規則旧102条6項の「電子署名した者が印鑑提出者（代表者）である場合に付すべき電子証明書を商業登記電子証明書等に限定」する規定が削除され，登記申請に利用できる電子証明書の範囲が拡大し，商業登記電子証明書のみならず，公的個人認証サービス電子証明書（マイナンバーカード）・特定認証業務電子証明書に加え，法務大臣指定の事業者署名型電子証明書（クラウド型署名等）の利用も可能となった。

（3）　株主総会運営の電子化と DX

株主総会運営の電子化は，①電磁的方法による招集通知（会 299 条 3 項・325 条，会施規 230 条，会施 2 条 1 項 2 項，書面投票・電子投票の場合〔会 299 条 2 項 3 項・300 条・325 条〕，参考書類・議決権行使書面の電子化〔会 301 条・302 条〕），②株主総会資料の電子化としての Web 開示制度（会施規 94 条・133 条 3 項，計規 161 条 4 項・162 条 4 項）[5)]，③議決権行使の電子化としての電子投票制度（会 298 条 1 項 3 号 4 号・312 条 1 項 3 項・325 条），④電磁的記録による総会のみなし決議（会 319 条 1 項）により進展した。

そして，2019（令和元）年会社法改正においては株主総会資料の電子提供制度が導入された（会 325 条の 2～325 条の 7）。本制度は，同改正整備法により，上場会社等に対して強制適用される。すなわち，振替機関が取り扱う株式の発行会社（上場会社等）は，この制度を定款に定めなければならない（社債，株式等の振替に関する法律 159 条の 2 第 1 項）。本制度に関する施行日における上場会社等は，施行日を効力発生日とする定款変更決議をしたものとみなされる（会社法令和元年改正整備法附則 10 条 2 項）。同制度の機能として，電子提供によるコスト削減とともに，対話プロセスの充実によるガバナンスの向上に資することが指摘されている[6)]。

株主総会資料の電子提供制度の導入は，バーチャル総会の法制度化に直接結びつくものではないにせよ，ハイブリッド型バーチャル総会（出席型）およびバーチャルオンリー型株主総会の普及を促し，それらの実現に向けた DX 法制への有力な一里塚である[7)]。もっとも，現行会社法上，株主総会を招集する場合には「場所」を定めなければならず，バーチャル空間のみで行う方式の株主総会（バーチャルオンリー株主総会）の開催は困難であるので，2021（令和 3）年の産業競争力強化法改正（令和 3 年法律 70 号）により，上場会社を対象にして「場所の定めのない株主総会」に関する制度が創設され，バーチャルオンリー株主総会の開催を可能とする特例が設けられた（同法 66 条 1 項・2 項，附則 1 条 1 号・3 条）。同改正法は，株主総会の場所を定めないことに伴う最低限の調整を行うにとどまり，株主総会に関する会社法規定を基本的に変更するものではない[8)]。

（福原　紀彦）

Notes

1) R・H・コースによって提唱され，O・E・ウィリアムソンによって洗練された取引コスト理論，および，その後の後継者によって展開されているエージェンシー理論や所有権理論をいう。それらの包括的参考文献として，菊澤研宗『組織の経済学入門―新制度派経済学アプローチ（改訂版）』有斐閣（2016年），コースの著作の紹介として，R・H・コース（宮澤健一・他〔訳〕）『企業・市場・法』ちくま学芸文庫（2020年），スティーブン・G・メディマ（新田功・他〔訳〕）『ロナルド・H・コースの経済学』白桃書房（2020年），参照。
2) 電子商取引法・電子契約法に関する参考文献として，松本恒雄=齋藤雅弘=町村泰貴（編）『電子商取引法』勁草書房（2013年），吉川達夫（編著）『電子商取引法ハンドブック（第2版）』中央経済社（2012年），松井茂記・他（編）『インターネット法』有斐閣（2015年）167頁，渡邊涼介・他（著）『電子商取引・電子決済の法律相談』青林書院（2020年），高林淳・他（編）『電子契約導入ガイドブック（国内契約編）』商事法務（2020年），福岡真之介（編著）『AIの法律』商事法務（2020年）等。
3) わが国では，会社法制改革と併行して，証券決済制度改革が進行した。その改革の一環である投資有価証券取引の電子化（とりわけ株券の電子化）は，以後の会社法制改革・資本市場法制改革の推進に大きく貢献している。投資有価証券の電子化の社会的意義は，投資証券の保有・譲渡・担保取引・決済が大量となっても，迅速で安全確実に行われる制度基盤が確保され，資本市場の発展が可能となることである。また，資本取引のグローバル化に伴って，各国の証券市場に投資家を呼び込むためには，法律，制度，実務の各面で，決済リスクの軽減と決済・流通リスクの軽減を図ることが必要であり，投資有価証券の電子化による投資の安全性・利便性・市場の効率性の向上は，各国証券市場の国際競争力を強める上で不可欠ともいえる。会社法制においては，株券保管振替制度における株券の不動化によるペーパレス化から，新しい振替制度における株券の電子化（株式の無券化）への展開が実現している（福原・本書第6章Column ⑥，福原・組織190～193頁，参照）。
4) 情報伝達の双方向性および即時性が確保される等の一定の要件を満たす限りにおいて，インターネットによるチャット方式についても同様とする見解もある（相澤哲・他（編著）『論点解説・新会社法』商事法務〔2006年〕362頁）。
5) 新型コロナ感染症対策の関連で，2020年5月の法務省令の改正により，株主総会資料のWeb開示によるみなし提供制度の対象範囲が単体計算書類にまで拡大された（2020年11月15日までの時限措置として改正された）。
6) 舩津浩司「株主総会運営のデジタルトランスフォーメーション」法学教室485号10頁（2021年）13～14頁，参照。2019（令和元）年改正会社法及び同改正法務省令は2021年3月1日に施行されたが，株主総会資料の電子提供制度の創設等の一部の改正については，改正法の公布の日から3年6月以内の政令で定める日から施行されることとされ，2022年中の施行が予想される。
7) 太田洋＝野澤大和・他（編著）『バーチャル株主総会の法的論点と実務』商事法務（2021年）15頁。
8) バーチャルオンリー型株主総会の運営実務につき，澤口実＝近澤諒（編著）『バーチャル株主総会の実務（第2版）』商事法務（2021年）52頁，太田他（編著）・前掲書234頁。

References

福原・取引283頁，武井一浩・他（編著）『デジタルトランスフォーメーション法制実務ハンドブック―社会的価値を実現するDXガバナンス』商事法務（2020年）。

Column ㉓　バーチャル株主総会の動向

現在，コロナ禍でバーチャル株主総会が注目されている。日本ではリアル株主総会とオンライン株主総会を組み合わせたハイブリッド型バーチャル株主総会が開催されている。ハイブリッド型バーチャル株主総会は，株主がオンラインでも議決権行使及び質問ができる「出席型」と，株主が株主総会を傍聴する「参加型」がある。株式会社ICJの調査によると，2021年6月の株主総会は2,371開催され，バーチャル株主総会を開催した上場会社は317社あり，2020年の122社から約2.6倍に増加している。317社のうち出席型は14社，参加型303社となっている。

日本のバーチャル株主総会を巡る議論を概観すると，経済産業省は，2018年9月「さらなる対話型株主総会プロセスに向けた中長期課題に関する勉強会」を設置し，2019年8月に「新時代の株主総会プロセスの在り方研究会」を設置している。そして，2020年2月に「ハイブリッド型バーチャル株主総会の実施ガイド」，2020年7月に「新時代の株主総会プロセスの在り方研究会報告書」，2021年2月に「ハイブリッド型バーチャル株主総会の実施ガイド（別冊）実施事例集」を公表している。つまり，バーチャル株主総会は，新型コロナウイルス感染症が拡大する前から，企業と株主のさらなる対話のための環境整備等の一環で検討が行われていたところ，新型コロナウイルス感染拡大防止やデジタルトランスフォーメーション（DX）推進の観点から注目が集まり，ガイドラインに沿ってハイブリッド型バーチャル株主総会を開催する会社が増加した。

会社法298条1項1号では，株主総会の招集にあたり「株主総会の日時及び場所」を定めることが求められているところ，諸外国で認められている「場所の定めのない株主総会」（いわゆるバーチャルオンリー株主総会）を日本でも実現できる制度の導入が期待されていた。バーチャルオンリー株主総会は，①遠隔地の株主を含む多くの株主が出席しやすく，②物理的な会場の確保が不要で運営コストの低減を図ることができ，また，③株主や取締役等が一堂に会する必要がなく感染症等のリスクの低減を図ることができ，株主総会の活性化・効率化・円滑化につながることが期待されている。

そのような背景もあり，2020年12月に政府の成長戦略会議の実行計画では「ウィズコロナの中で，バーチャルオンリー型の株主総会が米欧で認められていることに鑑み，我が国においても，来年の株主総会に向けて，バーチャルオンリー株主総会を開催できるよう，2021年の通常国会に関連法案を提出する」とされ，産業競争力強化法の改正により会社法の特例を措置することとされた。2021年6月，産業競争力強化法の改正により，「場所の定めのない株主総会」に関する会社法の特例が創設され，日本においてもバーチャルオンリー株主総会の実施が可能となった。2021年8月には日本初のバーチャルオンリー株主総会が開催されている。　（山中　孝太郎）

Column ㉔　デジタルプラットフォーム規制の新立法

1. 特定 DPF 法

2020（令和 2）年 5 月 27 日に「特定デジタルプラットフォームの透明性及び公正性の向上に関する法律（特定 DPF 法）」（令和 2 年法律 38 号）が成立した（2021 年 2 月 1 日施行）。この法律は，近年の情報通信技術の分野における技術革新の進展により，データを活用した新たな産業が創出され，世界的規模で社会経済構造の変化が生じ，デジタルプラットフォーム（DPF）の果たす役割の重要性が増大している中で，DPF 提供者の自主性及び自律性に配慮しつつ，商品等提供利用者等の利益の保護を図ることが課題となっている状況に鑑み，特定 DPF 提供者の指定，特定 DPF 提供者による提供条件等の開示，特定 DPF の透明性及び公正性についての評価その他の措置を講ずることにより，特定 DPF の透明性及び公正性の向上を図り，もって特定 DPF に関する公正かつ自由な競争の促進を通じて，国民生活の向上及び国民経済の健全な発展に寄与することを目的とする。

「デジタルプラットフォーム（DPF）」とは，多数の者にインターネットその他の高度情報通信ネットワークを通じて特定の「場」を提供する役務をいい，その「場」とは，①多数の者が利用することを予定して電子計算機を用いた情報処理により構築した場であって，②当該場において商品，役務又は権利を提供しようとする者の当該商品等に係る情報を表示することを常態とするものであり，③利用者の増加と利便性向上が相乗効果の関係にあるものをいう（特定 DPF 法 2 条 1 項 1 号・2 号）。

同法は，DPF を提供する事業者のうち，特に国が指定したものを特定 DPF 提供者として，本法の規制対象とし，特定 DPF 提供者には，サービスの提供条件等の開示義務（同法 5 条），公正なサービスを提供するための手続や体制を整備する義務（同法 7 条 3 項），公正なサービスの実施状況に関する国への報告義務（同法 9 条 1 項 2 号）などを課している。

電子契約に関しては，特定 DPF 提供者は，DPF の利用者に対し，契約条件等の開示義務を負う点が重要である。商品等提供利用者（オンラインモールにおける出店者など）に対しては，サービス提供拒絶の判断基準，他のサービス等の購入や利用を義務付ける場合にはその内容及び理由，検索順位を決定するための主要な事項，DPF が商品等のデータを取得したり利用したりする場合にはその内容及び条件，DPF が取得したデータを商品等提供利用者が取得できるか否か及びその方法等，DPF に対する苦情や協議の申入れの方法，などの開示が義務付けられている（同法 5 条 2 項 1 号）。また，特定 DPF 提供者が，商品等提供利用者に対して，提供条件外の取引の実施を要請する場合やサービスの提供拒絶をする場合には，その内容と理由を開示する必要があり（同条 3 項），サービスの提供条件を変更する場合やサービスの全部の提供拒絶をする場合には，理由を付してその旨を事前に開示しなければならない（同条 4 項）。

他方，一般利用者（ショッピングモールにおける購入者等）は，検索順位を決定するための主要な事項や，DPF が購入に係るデータを取得したり利用したりする場合はその内容及び条件等を開示することが義務付けられている（同条 2 項 2 号）。

2. 取引 DPF 法

2021（令和 3）年 4 月 28 日に，「取引デジタルプラットフォームを利用する消費者の利益の保護に関する法律（取引 DPF 法）」（令和 3 年法律 32 号）が成立した（2022 年 5 月 1 日施行）。この法律は，情報通信技術の進展に伴い取引 DPF が国民の消費生活にとって重要な基盤となっていることに鑑み，取引デジタルプラットフォーム（取引 DPF）を利用して行われる通信販売（特定商取引に関する法律 2 条 2 項）を対象に，取引の適正化及び紛争の解決の促進に関し取引 DPF 提供者の協力を確保し，もって取引 DPF を利用する消費者の利益を保護することを目的とする。

同法にいう取引 DPF とは，特定 DPF 法 2 条 1 項の DPF のうち，①契約の申込みの場となる取引の DPF，または②オークションサイトに該当するものをいい，取引 DPF 提供者とは，事業として，取引 DPF を単独で又は共同して提供する者をいう。

同法は，取引 DPF 提供者による消費者の利益の保護に資する自主的な取組みの促進（努力義務），内閣総理大臣による取引 DPF の利用の停止等に係る要請及び消費者による販売業者等情報の開示の請求に係る措置並びに官民協議会の設置について定めている。取引 DPF 提供者の法的義務を規定するというより自主的取組を促している。

特定 DPF 法と取引 DPF 法とは，DPF に特化した法律として共通性を有するが，目的において，取引 DPF 法が消費者保護を中心としている点で異なっている。

（福原　紀彦）

References：岡田淳・他（編著）『プラットフォームビジネスの法務（第 2 版）』商事法務（2022 年）224 頁・312 頁，渡邊涼介・他（編著）『デジタルプラットフォームの法律問題と実務』青林書院（2021 年），特定 DPF 法に関して，武井一浩・他（編著）『デジタルトランスフォーメーション法制実務ハンドブック』商事法務（2020 年）211 頁。

索　引

き

く

け

こ

さ

し

す

せ

そ

た

ち

つ

て

と

な

に

ね

の

は

ひ

ふ

【執筆者紹介】

（執筆順・2022 年 4 月現在）

福原　紀彦（ふくはら・ただひこ）編著者

中央大学法科大学院教授・前学長
弁護士（マリタックス法律事務所）
日本資金決済業協会会長
執筆分担：はしがき・第 1 章・第 2 章・第 19 章・第 20 章・第 21 章・Column ①②⑤⑥⑪⑰⑱㉑㉒㉔

新里　慶一（にいさと・けいいち）

中京大学法学部教授
執筆分担：第 3 章・Column ③

佐藤　純通（さとう・じゅんつう）

司法書士（横浜中央法務事務所代表）
日本司法書士会連合会名誉会長
執筆分担：第 4 章・Column ④

仲宗根　京子（なかそね・きょうこ）

宮崎産業経営大学法学部教授
執筆分担：第 5 章

王　原生（おう・げんせい）

松山大学法学部教授
執筆分担：第 6 章

竹内　明世（たけうち・あきよ）

桐蔭横浜大学法学部教授
執筆分担：第 7 章・Column ⑦

武田　典浩（たけだ・のりひろ）

国士舘大学法学部教授
執筆分担：第 8 章・第 9 章・Column ⑧⑨

杉浦　宣彦（すぎうら・のぶひこ）

中央大学大学院戦略経営研究科教授
執筆分担：第 10 章

李　賢貞（イ・ヒョンジョン）

金・張法律事務所上級研究員
執筆分担：第 10 章

越智　信仁（おち・のぶひと）

関東学院大学経営学部教授
執筆分担：Column ⑩

平野　秀輔（ひらの・しゅうすけ）

青森大学総合経営学部教授・東京キャンパス長
公認会計士・税理士
執筆分担：第 11 章

原　郁代（はら・いくよ）

中央大学国際経営学部・獨協大学国際教養学部・明海大学不動産学部兼任講師
公認会計士
執筆分担：第 12 章・Column ⑫

酒井　克彦（さかい・かつひこ）

中央大学法科大学院教授
執筆分担：第 13 章・Column ⑬

小川　晶露（おがわ・あきつゆ）

名古屋商科大学大学院准教授
弁護士・弁理士（あきつゆ国際特許法律事務所所長）
執筆分担：第 14 章・Column ⑭

神山　静香（こうやま・しずか）

実践女子大学人間社会学部専任講師
執筆分担：第 15 章・Column ⑮

田中　誠人（たなか・まこと）

甲南大学法学部教授
執筆分担：第 16 章・Column ⑯

平泉　貴士（ひらいずみ・たかし）

中央大学法学部教授
執筆分担：第 17 章・第 18 章・Column ⑳

吉田　愛（よしだ・あい）

中央大学大学院戦略経営研究科特任准教授
弁護士（吉田愛法律事務所）
執筆分担：Column ⑲

山中　孝太郎（やまなか・こうたろう）

株式会社 ICJ エンゲージメントソリューション部企画役
執筆分担：Column ㉓

現代企業法のエッセンス

2022年 5 月30日　第1版第1刷発行　　検印省略

編著者　福　原　紀　彦
発行者　前　野　　　隆
発行所　株式会社　文　眞　堂
東京都新宿区早稲田鶴巻町533
電　話 03（3202）8480
FAX 03（3203）2638
http://www.bunshin-do.co.jp/
〒162-0041 振替 00120-2-96437
製作・真興社

定価はカバー裏に表示してあります
ISBN978-4-8309-5176-3 C3032